U0036295

故事≠歷史

不是

文革的紀實與書寫

啓之
[編]

編者前言

這本書的書名「故事不是歷史」，概念來自於書中的一篇文章。以此為名，是因為當代國史充斥著無數的「好故事」，而這本書中的文章非但談不上「好故事」，而且還為「好故事」所痛恨。因為這些文章的作者們剝去了「好故事」的偽裝，指出了它們的謬誤。「故事」與「歷史」的不同之處在於：「故事」是可以杜撰的，而「歷史」是事實，其真相只有一個——它是要用大量的、客觀的史料證明的。我們要對「文革」進行反思，首先要恢復歷史的真相。作者們正是懷抱著這樣一個共同的目的：求索被「好故事」歪曲、粉飾、遮蔽的真相。

這一求索之旅，首先從北京師大女附中的「八五事件」起步。領跑者葉維麗是這所著名的女子中學的66屆初中畢業生，耶魯大學史學博士，麻省波士頓分校大學的歷史教授。雖然人在大洋彼岸，但是她念念不忘中國的「十年浩劫」，尤其是其母校在文革初發生的「八五事件」。這一心結，促使她在2006年用英文寫下了〈卞仲耘之死〉的長篇論文，在這篇基於大量調查訪談的文章中，她分析並描述了文革「再次發動」（1966年7月至秋季）的特點：毛鼓動天下大亂，黨政機構癱瘓，在毛的縱容和中央文革的支持下，狂熱的青少年／紅衛兵的暴力從學校走向社會。她認為，「八五事件」中的卞仲耘之死，是這些因素共同造成的結果。

五年後，葉維麗又用中文寫下了〈好故事未必是好歷史：再談卞仲耘之死〉。在這篇文章中，葉向多年來擔任「歷史義工」，為文革中慘死的「小人物」伸張正義的校友王友琴表示敬佩，也就王友琴對「八五事件」的敘述和解釋，提出了五點有力的質疑，其中十分關鍵的一點是，王友琴所在的高一三班恰恰是鬥爭校領導的始作俑者，為什麼王多年來卻始終堅持將矛頭指向既沒有發起鬥爭校領導、也沒有參與打人的宋彬彬？

葉維麗認為，在「八五事件」上，王友琴講述的是一個關於「宋要武傳說」的好故事，而不是經得起推敲的「好歷史」。因此，葉提醒王「切記道德評判不能代替事實考證，政治正確不能代替事實准確，這樣才能在歷史上站住腳。」

因為「八五事件」與北京中學紅衛兵運動有關，所以，葉維麗對這一運動有著一份執著的關注和深入的思考。她對斯坦福大學Andrew Walder教授的新著《分裂的造反：北京紅衛兵運動》的評析表現了她思考的縝密和深度。她指出，Andrew Walder用「輸不起」來解釋北京天派地派之間的爭鬥固然「有一定道理」，但也存在著明顯的缺欠。首先，這一結論缺乏對文革的整體把握，忽略了逍遙派群體的存在。其次，這一結論缺乏對派仗參與者心態的深入瞭解，忽略了信念在他們身上所起的作用。再次，這一結論缺乏對對抗性群體心理的理解，忽略了古今中外大量存在的兩派無法和解的事實。另外，葉維麗還指出，Andrew Walder對北京的中學生在文革中的重要性缺乏充分的認識，如紅衛兵組織的發起，中學紅衛兵對毛澤東造反思想的領悟與呼應，他們在暴力上所起的示範作用，以及中學生們開創的「青年亞文化」等等。

繼葉維麗之後，北京大學法學院教授李紅雲也加入了求索「八五事件」真相的行列。李是師大女附中的67屆初中畢業生，卞仲耘之死同樣讓她刻骨銘心。她在〈工作組與師大女附中文革〉一文中，詳細考察了工作組在女附中的活動：工作組進校後「按照以往的做法，貫徹了黨的階級路線，在女附中主要體現為依靠幹部子女。」然後「將運動的目標鎖定為以卞仲耘、胡志濤為首的女附中領導。」她的結論是：「由於工作組對揭批運動出現的暴力傾向沒有制止，為後來的暴力和卞仲耘之死埋下了禍根。」工作組的撤離使局面失去了控制，卞仲耘即死在這種情勢之下。在敘述工作組開展運動的時候，李紅雲還對工作組撤銷時女附中是否成立了紅衛兵或類似的組織這一爭論不休的問題，做出了否定的，但令人信服的回答。

北京師大女附中的文革也吸引了七零後的關注。年輕的經濟學博士，北京師範大學教師范世濤從1966年兩位女附中同學的日記或筆記入手，揭示了卞仲耘早在「五一六通知」通過之前就動員全校師生積極、主動、自覺地參加這場不久置她於死地的運動；在全校動員會議後不久，卞仲耘書記按照上級傳達的宋碩5.14報告要求「加強領導」，採用班會、小組會為主的模式揭批「三家村」。但官方以支持「全國第一張馬列主義大字報」 的方式根本改變了宋碩的身份和他的報告的性質，這使認真落實宋碩的基層幹部陷入「執行了前北京市委修正主義路線」的政治困境。於是，運動的矛頭由揭批「三家村」直接轉向本校的領導。工作組進駐後，這種轉向就正式確立下來了。他的《文革是怎樣發動起來的——以師大女附中為例》一文，雖然重點探討工作組進駐前女附中開展文革的情況，但主要目的是通過這樣一個案例揭示北京市教育系統文革初期的發動過程：1966年6月1日晚中央人民廣播電臺廣播聶元梓等人大字報從根本上改變了宋碩及其報告的性質，各單位的運動矛頭紛紛從「三家村」轉向按照宋碩報告要求領導運動的本單位領導，學校的日常運轉難以繼續，中央不得不迅速派出工作組來穩定秩序，而校領導由於前一段的緊跟而犯了「修正主義路線」錯誤，正式成了鬥爭的重點。

借助於搜集來的日記，范世濤還在〈紅衛兵抓走彭真——對照民間記載與高層言辭的變化〉一文中披露了周恩來在紅衛兵揪鬥彭真前後判若雲泥的表現，訂正了若干重要當事人回憶這一事件時的不實之辭；在〈關於高萬春之死及其它〉一文中，糾正了王友琴在〈學生打老師：1966年的革命〉等文中描述的北京26中校長高萬春之死主要情節的錯誤，並提出了訪談者利用口述資料時怎樣維持學術規範等方法論問題。范世濤的論文常以收集利用民間日記為基礎，在他的四篇文章中，〈文革日記：規訓、懲罰和日常記錄〉一文最有學術文獻價值和思想文化含量。在這篇文章中，作者對毛時代如何利用私人日記規訓思想、懲罰異己，洗澡洗腦等做了相當精彩的描述與剖析：文革前，政教部門用雷鋒日記培養全民的愚忠，以至於雷鋒本人都要按照媒體公佈的雷鋒日記來校正、提升自己後來的日記行為。文革中，抄沒審查私人日記成了時尚，日記成了專政機關陷人於罪的證據，成了論證懲罰合法性的手段，成了變相的認罪書，成了不敢記錄真情實感的流水賬。但是，文革並沒有像王友琴所說的「摧毀了中國人的日記」——在整個文革時期，這種古老的文體仍舊活躍，為文革研究提供了數量巨大的民間記錄文本。

在求索歷史真相的隊伍裏，余汝信是一位奇人。他是商界人士，卻對文革研究情有獨鍾；他不是教授博導，卻有著遠遠超過官方學者的才學識膽；他沒有單位的圖書館、資料室做後盾，卻掌握並熟知大量的文獻資料且長於考證勘比。這一去偽存真的功夫在本書收入的五篇文章可見一斑。通過《吳法憲回憶錄》和《吳法憲1971年4月9日檢討》這兩個文本的比較，以及與其他文獻互參，余汝信揭示了兩個被長期掩蓋的事實：一、吳法憲迎合上意的不實交待，為官方給林彪羅織罪名提供了證據。批林批孔材料中所謂的林彪集團試圖通過設國家主席來搶班奪權云云，不過是偽證的產物。二、「《周恩來年譜》說毛批評了江青，是為毛作掩飾。」毛澤東心裏是袒護江青，袒護文革極左派的。

在〈李作鵬的「九一三」〉一文中，余汝信通過對《李作鵬回憶錄》中的相關內容逐句逐字的分析，得出了這樣的結論：毛企圖用南巡講話來敲山震虎，沒料到，那虎一口氣跑出了中國。而周恩來在「九一三」事件發生後的表現，不僅僅有自保求存之心，更有落井下石之意。因此，「九一三」的最大責任人，應該是毛本人。而周則是助紂為虐。」

《中共九屆二中全會第六號簡報》因為力挺毛是天才和要求設國家主席。被毛澤東定性為「反革命的簡報」，在批林運動中遭到了大批特批。余汝信通過讀解簡報，勘比吳德的回憶和批林材料，以及對相關人員——汪東興、陳毅、錢學森、鄭維山在事件之後的處理情況的分析，得出這樣的結論：毛的這一指控其實就是給林彪一夥打棍子、扣帽子，就是「欲加之罪，何患無辭」。說到底，就是要保張春橋，保文革的極左路線。餘汝信進而認為：「在當時的歷史條件下，要反對張春橋一類極左派，沒有其他的理論武器，也不可能拿起其他的理論武器。只得站在比他更左的方位，以其反對毛、反對毛澤東思想、反對林彪為藉口。」因此，林彪等人在九屆二中全會上的表現值得肯定，它符合歷史前進的大方向。「如果說在九屆二中全會上打張的中央委員們有什麼錯，只是錯在選擇了這麼一個發難的時機。」

文革中，毛澤東是否瞭解下面的情況，他通過哪些途徑瞭解，瞭解的範圍和程度如何，諸如此類的問題，不但為學界所關心，也為百姓所關注。然而，迄今出版的黨史國史文革史對此或刻意迴避，或含糊其詞。余汝信迎難而上，在〈中央文革小組情報搜集機制述略〉一文中，告訴我們，為了開展這場史無前例的革命，毛拋開了他不甚信任的、遍佈全國的新華社，轉而借助中央文革小組，建立起另外一個高度機密的情報系統——一個組織嚴密、功能齊全，代號811的資訊中心。這個中心「下設編輯組、通聯組、秘書組、後勤組，以及派到全國各地的記者組。通聯組負責接收和抄錄各地記者組的稿件、電話，初審、登記後送編輯組，由編輯組編成《文化革命簡報》和《快報》。」前者每天一份，後者每天數十份。《快報》印數極少，最多不超過三十份，只發給政治局委員和中央文革小組成員。而它的期數極多，僅1967年就出了六千餘份。

為了讓讀者一窺《快報》的廬山真面目，余汝信從1967年

4、7、8、10四個月中的《快報》中，各選了一期，它們的內容分別是：一、西安的「紅色恐怖隊」抄家打人，與「聯動」沆瀣一氣，反對中央文革。但因其頭目是軍區領導之子，所以，軍區對他們採取包庇態度（第0159號）。二、太原奪權功臣，北京軍區第二政委張日清刁難記者，張家有十二間屋子，但只有一間掛毛像，劉鄧的畫像被精心保存，紅寶書被冷落（第3096號）。三、廈門軍管會以明搶實送的方式將大批槍支彈藥送給保守組織「革聯」，兩名武裝部長跳樓自殺。「革聯」煽動農民進城械鬥，死傷嚴重，市內一片混亂（第3709號）。四、以成都地質學院「解放大西南戰鬥團」為首的「紅成」派，極力反對省革籌幹部劉結挺、張西挺（第4852號）。在對這幾期《快報》做了周詳的分析之後，余指出：就總體上講，「中央文革小組記者站的採編活動，是服務於中央文革小組所執行的文革極左路線、方針和政策的。記者站記者所反映、上報的各地動態，普遍帶有記者本人主觀的、強烈的傾向性，而並非是純客觀的、中立的、不偏不倚的。記者既有的傾向性加上身在北京中央文革小組內受到極左思潮薰陶更深的編輯們的加工改動，使情報資料的傾向性更為明顯。」不管這些記者多麼富於獻身精神，他們歸根結底是為一條是非混淆、黑白顛倒的極左路線服務的，「他們越努力，其實不過就是為這條錯誤路線提供更多的彈藥而已。」因此，這個「記者站的一切所作所為，應該而且必須同文化大革命一樣一並加以徹底否定。」余進一步指出：「每天能看到十多二十份《快報》的毛澤東，應對全國類似情形瞭若指掌。」「官史說毛對很多事毫不知情，受江青等人所利用所蒙蔽，自然是罔顧事實，為毛開脫。」

求索真相需要學術研究，也需要思想評論。前者靠實證邏輯安身，後者以睿智感悟立命。評論的優點是靈活親切，轉換自如，貼近時代。本書所收的五篇評論文章，有四篇出自顧土之手。顧土是北京一家大報政文部的高級編輯，也是《記憶》的主筆之一。三年前，他在《記憶》上開闢專欄，成為「文革思想遺產研究」的先鋒和重鎮。他的評論敏銳、犀利且聯想豐富，視野開闊。似乎信筆寫來，卻足以發聾振聵，解愚啟蒙。

比如，作者用大量事實告訴我們，毛時代，尤其是文革時期籠罩著全國的戰爭威脅論，不過是執政黨自造的幻影。所謂來自臺灣、蘇聯、美國的戰爭危險不過是執政黨一廂情願的無限誇大。作者指出：「二次大戰前夕，英法等國政府錯誤估計了希特勒及其德國法西斯的意圖，因而推行了綏靖政策，給歐洲和世界帶來深重的災難，其領導人至今都為此背負歷史惡名。同樣，錯誤地誇大戰爭威脅而為國家帶來了惡果，其責任人也不能置身事外！1969年毛澤東提出『要準備打仗』，當年的國防戰備費用比上年增長34%，以後兩年又持續遞增15%和16%以上，大大干擾了國民經濟，讓本已十分困窘的人民生活雪上加霜，讓原已非常艱難的中國社會更為貧窮。僅此一條，一個政府及其領導人就應該承擔重大罪責。」（〈「戰爭危險」與文革〉）

對於毛時代大力宣傳的英雄模範，作者更是一針見血地指出：這些英雄模範的基本品質就是「與現代的普世價值和常識認同大相徑庭」的愚忠、領袖崇拜、階級鬥爭和路線鬥爭。而「楊水才、王國福，還有陳永貴等模範人物的事跡為中國社會主義建設帶來的最大影響，就是將大躍進、人民公社、趕英超美、一步跨入共產主義等荒唐的想像和硬性實踐加以合理化、現實化，是將科學社會主義退化為村社烏托邦。」（〈榜樣與文革〉）

這類鞭辟入裏的警世之論，在作者的文章中俯拾即是。可惜的是，因為篇幅所限，本書不能將作者的評論悉數收入。

在本書的作者中，遲澤厚是最年長者。他來自林彪領導的四野，長期在作戰部門工作，曾任黃永勝將軍的專職秘書。文革期間，任廣東省軍管會辦公室副主任及廣州軍區司令部動員部部長等職。1987年離休後，遲老以研究中共黨史、軍史為職志，撰寫、發表了大量重要文章。本書收入的〈假作真時真亦假——質疑〈邱會作之父得罪班長挨了打〉及其他〉一文，是他對程光所寫的《歷史的回顧》一書的批評。遺憾的是，遲老再也不能為文革史的撥亂反正的貢獻力量了——兩個月前（2012年10月26日）遲老在廣州病逝。

求索真相包括以求實之心記述生平，回憶往事。本書收入的三篇文章都是這一類作品。以尹曙生和宋彬彬為例。尹曙生是政法學院畢業的大學生，文革發動的前一年分配到青海省公安廳，親眼目睹了這場革命在青海的瘋狂。他以資深作家的嫻熟之筆，描述了青海省長王昭荒誕而悲慘的人生——從糾正左傾到執行左傾，最後被極左奪去生命的真實經過。

宋彬彬是北京師大女附中66屆高三畢業生，1966年8月18日上天安門給毛戴袖章，毛在問了她的名字之後，來了一句「要武嘛！」。宋從此成了老紅衛兵的代表，成了文革的政治符號。四十多年來，堆積在這個符號上面的流言蜚語不計其數，關於宋要武打死七八個人的傳說不脛而走。宋彬彬在沈默了多年後，終於拿出勇氣，寫下了〈四十多年來我一直想說的話〉。此文在《記憶》上首發之後，在網上瘋傳，並引起了各種議論。有人表示遺憾，提醒《記憶》注意影響，不要拉偏架；有人表示憤怒，指責《記憶》為老紅衛兵，為「太子黨」說話；有人主張和諧，希望保護王友琴「文革研究第一人」的名聲，不要搞窩裏鬥；更有人造謠惑眾，說《記憶》之所以發表宋彬彬這篇文章，是因為拿了宋的錢。

我將宋文收入此書，與其說是傳播資訊，不如說是表明一種態度：求索真相，首先要允許人說話。不聽人家解釋而固步自封的「一家之言」，無論是怎樣的煌煌巨著，都只能是「好故事」，而不是「好歷史」。

編者識於

2012.12.29

目次

論文

卞仲耘之死[1]

葉維麗

1966年8月5日，原北京師大女附中（現北京實驗中學）黨總支書記、副校長[2]卞仲耘在校園裡遭受長時間的毆打折磨後癱倒在地，奄奄一息。對她進行毆打辱罵的是該校的學生。之後她被置於一輛垃圾車上。數小時後當她終於被送進一家近在咫尺的醫院時，已無救治的可能。

1949年新生的人民共和國剛一成立，卞仲耘便來到女附中工作。從資歷上講，卞屬於中共裡「三八」式幹部。1937年抗日戰爭爆發時，卞正在大學讀書。像同時代眾多的知識青年一樣，她被共產黨的主張所吸引，並於1941年入黨。當時在中共裡，像她這樣有名牌大學學歷、受過良好教育的人並不多。她曾在《人民日報》工作，那時該報社尚在河北農村。隨著新中國的成立，一個和平建設時期終於到來。在朋友的引薦下，卞仲耘欣然放棄了

---

[1] 這篇文章的原文為英文，在美國學術刊物*Chinese Historical Review* 2006年秋季期發表。2007年秋原北京師大女附中成立90周年之際，該文譯文在「二閑堂」網站（www.edubridge.com）以「白芳」署名發表。此次我在忠實英文原文的基礎上，對原中文譯文做了修改和潤色，譯出原文全部注釋，並在個別處添加了新注釋。下面是2007年在「二閑堂」發表時我寫的一段話的摘要：「本人1966年文革開始時是北京師大女附中的初中學生。是年8月5號，副校長兼黨總支書記卞仲耘老師在受到本校學生施加的體罰和折磨後不治慘死。這一事件成為這所著名女校歷史上的奇恥。2002年母校紀念成立85周年時我恰在北京，注意到在為這一慶典製作的校史『大事記』上，對卞校長之死隻字未提。不但如此，整個文革十年的歷史幾乎是一片空白……。在母校喜慶的日子，拿出一篇祭奠卞仲耘校長的文章，有些『煞風景』。但是，我們不但應該慶祝校慶，也不應該忘記校恥。」

[2] 1966年時該校沒有正校長。做為黨總支書記和副校長，卞仲耘是學校職位最高的負責人。

報社編輯的工作，投身於教育事業，實現自己少年時即懷抱的當一名教師的理想。開始時她教語文，後來逐漸成為學校的主要負責人。到1966年，她已經在女附中工作了17個年頭[3]。

卞仲耘不是8月5號那天唯一被侮辱和毆打的人，還有四位校領導也遭到相似的折磨[4]，因此沒有理由認為卞仲耘受到有意識的重點摧殘。1966年6月份文革一開始，這五位校領導便成為「黑幫分子」，受到批判和審查。作為校黨總支書記，卞仲耘被控執行了一條「資產階級教育路線」，被定性為「四類幹部」——問題最嚴重的幹部。對她的批判包括「反對毛澤東思想」和提倡「白專道路」[5]——都是此時流行的對學校領導人的指控。換句話說，按照當年的標準，卞沒有犯在她的崗位上任何出格的「罪行」。

在西方，卞仲耘之死已經成為著名的文革案例，這與眾多人的努力是分不開的：王友琴多年來堅持不懈地對文革受難者一例一例地進行艱苦地調查、第一例便是關於卞仲耘的[6]；Emily Honig的學術性研究[7]；卡瑪（Carma Hinton）等人拍攝的紀錄

---

3 錢江，「紅衛兵運動第一個殉難者卞仲耘」，《炎黃春秋》，2006年第6期，頁54-59。這篇文章有大量關於卞仲耘生平的寶貴資料。一個值得注意的細節是，當初邀請卞到女附中工作的是胡志濤。做為女附中負責人之一，胡在1966年8月5號也遭到毒打折磨，為該事件的倖存者。

4 她／他們是：副校長胡志濤（女）、劉致平（男），教導主任汪玉冰（女），副主任梅樹民（男）。

5 有關卞仲耘「罪行」的細節，請看王友琴，《文革受難者》（香港：開放出版社，2004年），卞仲耘篇。她的「罪行」包括：反對毛澤東思想，反對黨的政策，提倡「白專道路」等。這些都是當年對學校領導們常見的指控。這裡需要補充的是，一個前夫在女附中工作的女人，出於個人動機，利用文革之便對卞進行報復。在工作組的聽任下，她散佈關於卞私生活的沒有任何事實根據的謠言，對敗壞卞在女附中師生中的名譽起了極為惡劣的作用。但是我們沒有堅實的證據將這個女人與卞在8月5號的死亡連在一起。

6 見王友琴著，《文革受難者》，1-24頁。在這本書出版之前，王在網上設立專門網站，公佈了許多文革受難者的故事。見文革受難者紀念園，網址：http://www.chinese-memorial.org.

7 Emily Honig, "Maoist Mappings of Gender: Reassessing the Red Guards"（《毛主義圖解中的性：重估紅衛兵》），收入Susan Brownell & Jeffery Wasserstrom編，*Chinese Femininities/Chinese Masculinities*（《中國的女性〔諸態〕中國的男性〔諸態〕》）（伯克利：加州大學出版社，2002年），頁255-268。

片「早晨八九點鐘的太陽」（「Morning Sun」）[8]，等等。卞仲耘之死的確值得關注：她是北京市由於學生暴力導致死亡的第一人，而當時此風尚未流行[9]；對她的折磨和毒打發生在光天化日之下，距中共中央所在地中南海僅數里之遙；暴力發生在北京市最負盛名的女子中學裡。此事件本身的殘忍性、女附中作為一所精英學校的身份、以及施暴者為女性等事實都使卞仲耘之死成為文革中最惡名昭著和最令人困惑的案件之一。不到半個月之後，暴力之風開始席捲北京及全中國，不斷有人被打死，這也使得卞仲耘之死成為一起有先兆性和重大影響的事件。

作為原女附中學生，像王友琴和其他許多同學一樣[10]，卞仲耘之死帶給我巨大的心靈創傷。幾十年後它仍出現在我的噩夢中，驅使我去探究其複雜的前因後果。[11]本文不打算考察「文化大革命」中暴力發生的中長期政治與社會原因[12]，也不打算探究

---

8 紀錄片「早晨八九點鐘的太陽」由卡瑪（Carma Hinton），白傑明（Geremie Barme）和Richard Gordon製作，Long Bow Group（長弓）2005年出品。

9 1966年8月3號，南京師範學院負責人李敬宜被學生遊鬥折磨致死。她的丈夫、江蘇省教育廳廳長吳天石也遭到折磨摧殘，於兩天後的8月5號去世。這是迄今所知文革開始後由於學生暴力導致死亡的最早案例。見王友琴，《文革受難者》，頁202-207。

10 據我所知，我的校友中對卞仲耘之死寫下文字的有：馮敬蘭：「記憶的瘡疤」（者永平編輯，《那個時代的我們》，呼和浩特：遠方出版社，1998年），第二卷，頁471-475；羅點點：《紅色家族檔案》（海口：南海出版公司，1999年），頁223；〔唐〕伏生：「那天我是殘殺卞仲耘的目擊者」，王友琴「文革受難者紀念園」網站。近年來，我就卞死一案對我的校友們進行過採訪。此事件在我的同學們記憶裡留下深刻的印記。我的一位同班同學說，「我怎麼能忘？」

11 1994年，我寫過一篇未曾發表的文章「三個場面和一篇文章：關於文革的一點思索」。在這篇文章裡我談到文革中的三個場面：女附中的八五事件（卞仲耘之死）；1966年8月10號發生在我父母的單位新華社的暴力遊鬥事件；1966年8月24號作家老舍投湖自殺。我將上述三個「場面」與毛澤東的文章〈湖南農民運動考察報告〉連繫在一起。我最近出版的書：*Growing Up in the People's Republic: Conversations between Two Daughters of China's Revolution*（New York: Palgrave Macmillan, 2005）是我對我這一代人成長過程的反思，也思索為什麼我們中的一些人在文革中會施行暴力。該書的中文版為：《動盪的青春：紅色大院的女兒們》（北京：新華出版社，2008年）。

12 有關這方面的著作和文章，見Lynn White, *Policies of Chaos: the Organizational Causes of Violence in China's Cultural Revolution* (Princeton: Princeton University Press, 1989), Lynn White & Kam-yee Law, "Explanations for China's Revolution at its Peak", 收入Kam-yee Law編輯，*The Chinese Cultural Revolution Reconsidered: Beyond Purge and Holocaust* (New York: Palgrave Macmillan, 2003) White的觀點是，文革在一定程度上是1950和1960年代政

卞仲耘事件中的「性別」因素[13]。我想做的，是將此事件〔後文將稱「八五事件」〕置放在它所發生的文革初期的具體歷史場景之中。這是因為，如果沒有對那一關鍵時刻多方位的理解，包括市區兩級有關黨政機構的突然癱瘓、不同尋常的「上下互動」、學生群體的迅速分化、甚至人們的心態等方面因素的理解，我們就無法充分認識卞仲耘之死的分量。除了將八五事件放置在具體的歷史場景之中，我也會將我本人調查瞭解的一些情況寫下來，也許它們會對理解這一事件有所啟示[14]。

治運動的結果，這些運動具有強制性政治的特點。其他有關文革發生原因的著作及文章包括Tang Tsou, *The Cultural Revolution and the Post-Mao Reforms: A Historical Perspective* (Chicago: University of Chicago Press, 1999), Anita Chan, *Children of Mao: Personality Development and Political Activism in the Red Guard Generation* (Settle, WA.: University of Washington, 1989); Anita Chan, Rosen Stanley, and Jonathan Unger, "Students and Class Warfare: The Social Roots of the Red Guard Conflicts in Canton", *China Quarterly* 83, September 1980, 397-446; Jing Lin, *The Red Guards' Path of Violence: Political, Educational and Psychological Factors* (New York: Praeger, 1991); Andrew Walder, "Cultural Revolution Radicalism: Variations on a Stalinist Theme", 收入William Joseph, Christine Wong and David Zweig eds., *New Perspectives on the Cultural Revolution* (Cambridge, MA.: The Council on East Asian Studies/Harvard University, 1991), 43-61, Xiaoxia Gong, "The Logic of Repressive Collective Action: A Case Study of Violence in the Cultural Revolution",收入Law ed., *The Chinese Cultural Revolution Reconsidered*, 113-132.

13 Emily Honic在「毛主義圖解中的性：重估紅衛兵」一文中，認為文革中的暴力具有深層的性別原因，與人們對何謂「男性」、何謂「女性」行為的不同的理解有關。

14 在這裡我特別要感謝王晶垚先生，感謝他讓我看到他多年來珍藏的與卞校長之死有關的資料和照片，包括他本人在卞去世後不久即開始做的對若干人的採訪。在當時能夠冒著危險進行調查和保留下有關的證據和材料，顯示出王先生的勇氣、決心、堅韌和歷史的遠見卓識。他不但為自己的妻子、也為所有文革受害者做了一件大好事。

我要感謝于羚，她也是原女附中的學生。于羚幫助王先生整理與卞校長之死有關的大量材料。已經退休的她學會了打字。在幾年時間裡，她志願和無償地幫助王先生。于羚的工作大大方便了我本人的研究。

我要感謝接受過我訪談的二十幾位原女附中校友，包括我的同班同學（1966年初中三年級三班），原高中三年級的一些同學，以及8月5號那天發起遊鬥校領導的原高一某班的幾位同學。她們都沒有忘記女附中歷史上那個恥辱的日子。她們的回憶、看法和反思對我寫作這篇文章提供了極大幫助。

我還要感謝在過去幾年裡我訪問過的幾位原女附中老師。他／她們的看法豐富了我這篇文章的寫作。

過去幾年裡，在我做關於卞仲耘之死的研究和思考的過程中，我曾多次與北京大學印紅標教授進行過交談。印教授是一位受尊重的文革研究者。他慷慨助人的態度以及廣博的知識和有見地的看法使我大為受益。

Hong Yung Lee在他的著作中曾指出，「文化大革命」的突出特點就是「任意的暴力」[15]。「暴力」始終是「文革」研究的重點[16]。中國文革研究者印紅標概括了三種基本的暴力形式：派性武鬥，私刑審訊，「紅色恐怖」[17]。如果說前二種暴力針對的是具體的敵人、目的在於獲取實質性結果：或是為了消滅「敵對的一派」，或是為了迫使人招供，那麼第三種暴力的目的則和受害者本身沒有多少關係，因為他們大多數屬於前學校領導或「黑五類」[18]人員，已經「投降」了，施虐者不打算從他們身上攫取有價值的資訊。對他們施行暴力的目的，正如印紅標指出，在於「製造革命的氛圍」，取得「震懾」的效果[19]。卞之死便屬於第三種類型的暴力，她成為這一類型的最早犧牲品。

1966年8月18日毛澤東身著軍裝在天安門城樓上接見了百萬「紅衛兵」。在北京市，「紅色恐怖」於八月下旬達到高潮。學者和一般的觀察者通常把注意力集中在這一異常血腥的階段。卞仲耘死於大規模暴力爆發之前的八月初。她的死亡在時間上有昭示意義嗎？對於7月底到8月初那一特別時間段所發生的事情，卞之死能夠告訴我們些什麼？

1966年8月1號到12號，中國共產黨召開了有重要歷史意義的八屆十一中全會。權威「文革」研究者王年一用「再次發動文化大革命」來論述這次會議的目的，來強調文革不止有一次的發動、還有「再次」的發動[20]。學者們對於「文化大革命」的最初

---

15 Hong Yung Lee, *The Politics of Chinese Cultural Revolution: A Case Study*《中國文化大革命的政治：一個案例的研究》（Berkeley: University of California Press, 1978），頁18。

16 Liu Xiuyuan在他的文章"A Step toward Understanding Popular Violence in China's Cultural Revolution"（〈理解中國文革中的群眾暴力〉）中對與文革暴力有關的著作和文章〔主要是英文的—作者注〕進行了梳理。*Pacific Affairs*, (winter 1994), pp.533-463.

17 印紅標，〈文化大革命中的武鬥〉，《中國研究》（香港），第二期，（1996年秋），頁55。

18 「黑五類」為文革中的政治標籤，包括地主、富農、反革命、壞分子、右派。

19 印紅標，頁56。

20 王年一，《大動盪的年代》（鄭州：河南人民出版社，1988年），頁9。

發動（以5月底「聶元梓的大字報」的發表為標誌）有共識並做了詳細研究，但王年一先生「再次發動」的觀點在學術界鮮有呼應[21]。Roderick MacFarquhar在其頗有影響的著作中就沒有區分文革初期不同的階段，把1966年5月底到8月中上旬所有重要的事件都當成「第一幕」（Act One）中不同的場景。[22] 在這篇文章中，我將追隨王年一先生，對文革「再次發動」做更詳細的探討，因為卞仲耘之死恰恰發生在這一特別的時期。

除去八屆十一中全會，王年一沒有提到與「再次發動」有關的其他事件，也沒有探討文革「初次發動」與「再次發動」各自的特點。我認為「再次發動」是以毛澤東7月中下旬回到北京為標誌的，此前他在長江遊了泳，媒體對之進行了廣泛的宣傳。7月底撤銷「工作組」的決定、8月上旬八屆十一中全會的召開、八月十八號（「8・18」）毛接見北京紅衛兵、隨後的「破四舊」以至秋季開始的「大串聯」和整個秋天對各省來京紅衛兵的接見，都可被視為毛「再次發動」文革的組成部分[23]，但「再次發動」的關鍵期是1966年7月底到8月初，這也是本文所要討論的重點時間段。

這一時期發生的事情像一出跌宕起伏的戲劇，毛本人乃集編劇、導演和主角于一身。與「初次發動」相比，「再次發動」有以下四點明顯的不同：首先，毛本人是策動者，「再次發動」同時伴隨著黨政最高權力的改組。第二，「大亂」的理念得到有意識的鼓勵，而「初次發動」時期則力圖維持脆弱的秩序。毛回到北京後不久就命令撤銷北京大中學校的工作組，這等於廢除了

[21] 我注意到高文謙同意王年一這一觀點。見高文謙，《晚年周恩來》（香港：明報出版社，2003年），頁124。

[22] Roderick MacFarquhar, *The Origin of the Cultural Revolution 3 The Coming of the Cataclysm 1961-1966* (Oxford University Press and Columbia University Press, 1997), pp.461-462.

[23] 在我和印紅標討論文革「再次發動」這一觀點時，印提到我們甚至可以認為文革有「第三次發動」，以1966年10月3號發表的《紅旗》雜誌社論「在毛澤東思想的大道上前進」為信號。該社論標誌著反對「資產階級反動路線」的開始。如果可以認為有「第三次發動」，那它與「再次發動」在時間上有重疊。

中共進行歷次政治運動所遵循的「遊戲規則」。其結果，不但導致京城許多學校出現相當程度的權力真空，也令北京市、區兩級的黨政機關特別是主管「文化大革命」的部門陷於癱瘓。這一局面給人們帶來的政治與心理衝擊之巨大，怎麼強調都不過分。第三，北京一些中學生作為「毛主席的紅衛兵」被引領上文革「舞臺」的中央。紅衛兵在此時的登場是年輕的造反者與「文革」領導人特別是毛澤東在「心靈」和行動上一系列互動的結果，這一「上下互動」帶來極為強大的「氣場」。第四（與本文主旨直接相關），暴力成為「再次發動」最突出的特點，並具有其本身的「意義」（meaning）。工作組在的時候曾限制暴力，而此時暴力得到以毛為首的「文革」領導者的縱容和支持。十幾歲的青少年是以「表演革命」的姿態來實施暴力的[24]。

上述的一些觀點曾有學者論述過，但不是在文革「再次發動」的框架中進行的。下面，我將對它們進行詳細深入的討論，並將我們的討論與卞仲耘之死聯繫起來。

動盪與混亂的一刻

對北京中學生來說，1966年7月底到8月初是一段極度動盪和混亂的時期。7月下旬，師大女附中的大多數學生正在幾百公里之外的部隊軍訓[25]。令大家不解的是，這項活動在8月1日[26]突然被

[24] 此處「表演革命」的觀點，是我從周錫瑞（Joseph Esherick）和Jeffrey Wasserstrom「表演民主：現代中國的政治劇場」（"Acting Out Democracy: Political Theatre in Modern China"）一文中得到的啟發。該文發表在Jeffery Wasserstrom and Elizabeth Perry eds. *Popular Protest and Political Culture in Modern China: Learning from 1989* (Boulder: Westview Press, 1994), pp.28-57.

[25] 大約在7月23號左右，大多數女附中學生赴河北邢臺軍訓。同時，一些經過挑選的「學生積極分子」（包括鄧小平的女兒鄧榕）留在北京，參與對校領導和教職員「問題」的定性和解決。還有一小部分學生，由於「家庭出身」或「本人表現」方面的問題，沒有資格參加軍訓，留在北京參加勞動，「改造思想」。

[26] 8月1號這一時間是根據我一位同班同學的記憶。作者對同班同學的採訪，2002年5月18號。

叫停，全體立即返回北京。當人們從火車站步行返回校園時，聽到的消息是：工作組撤了，因為他們執行了一條錯誤路線；從現在開始，大家要「自己解放自己」，自己學會幹革命。至今我仍記得和我們一同返京的一位女工作組成員滿臉愕然的表情——這個消息顯然也令她吃驚。整整兩個月之前，《人民日報》發表了題為「橫掃一切牛鬼蛇神」的社論，隨之而來的是女附中校領導的轟然倒臺和我們學業的戛然中止。不久之後到來的工作組使學校在一定程度上恢復了秩序。現在工作組也撤了。在短短的兩個月內我們兩次經歷了權威的垮臺，這一次的衝擊力絕不因為是第二次而變輕。

派遣工作組是中共在建國前後多次政治運動中的一貫作法，其目的是為了堅持「黨的領導」。現在毛澤東認為這是個壞主意，這一轉變不但讓普通幹部感到茫然，也讓劉少奇、周恩來、鄧小平等中央領導人感到難堪和困惑，這可以從他們7月29日在人民大會堂向數千名北京大中學校代表宣佈撤銷工作組的講話中感覺到。[27]新任北京市委第一書記李雪峰被推出來向學生們宣佈這一消息，而他本人幾天前在北京大學聽到中央文革小組批評北大工作組時，感到的是「不知所措」[28]。市委副書記吳德更認為，工作組撤銷後要他這樣的人去領導文化大革命是「不可能的」[29]。

在人大會堂聽到撤銷工作組消息的青年學生們也是茫然不安。鄧小平的女兒、女附中學生鄧榕回憶道：「寬大的主席臺上一片寂然，整個會場悄然無聲。我們是學校中支持工作組的

[27] 鄧榕，*Deng Xiaoping and the Cultural Revolution*（《鄧小平和文化大革命》）(New York: C Bertelsmann, 2003)，頁18。Sidney Shapiro譯。

[28] 李雪峰，〈回憶文化大革命初期的「五十天路線錯誤」〉，收入張化、蘇采青編，《回首文革：中國十年文革的分析與反思》（北京：中共中央黨史出版社，2000年），頁670。

[29] 吳德，《十年風雨紀事》，口述紀錄，整理者朱元石等（北京：當代中國出版社，2004年），頁12。

一派，我們哭了。」[30] 這個消息對她的震動或許比其他人更大，因為她從父親和其他中央領導者的講話中感到「一種抵觸和無奈」[31]。但沉重的氣氛很快就因毛本人意外地從後臺出現而變成一片「歡騰的海洋」。毛向驚喜的學生們揮手，完全無視他那些驚訝的同僚[32]。如鄧榕所描述的，在人大會堂的青年學生經歷了「過山車」一般大起大伏的情感變化，許多人極度困惑。後來發生的事情表明，這只是毛在這一時期出其不意地出現在公眾場合的頭一次。[33]

一首詩，一封信和一個報告

1966年春、夏為文革初次發動之際，毛澤東人在南方，直到7月19日才返回北京。除了一首詩和一封信外，人們對他在這一時期想些什麼所知甚少。他6月間寫的詩表達了對「一陣風雷驚世界」（顯然指不久前開始的「文化大革命」）所感到的喜悅。在全中國經歷著文革的衝擊和震盪時，他卻「憑欄靜聽瀟瀟雨」。結尾一句「故國人民有所思」[34]則是點睛之筆。正如一位中國學者所指出，這裡的「故國人民」乃毛本人，或者說是他在替人民「有所思」[35]。那麼毛思的是什麼呢？

從6月18號到6月底，毛住在「滴水洞」，那是他在家鄉湖南韶山的一處隱密居所。在那兒的十天左右時間裡，毛閉門不出，

---

[30] 鄧榕，頁18。

[31] 見上書。

[32] 見上書。並見Li Zhisui，*Private Life of Chairman Mao* (New York: Random House, 1996), p.470.

[33] 8月10號，毛隻身出現在中南海附近的中央文革接待站，讓在場群眾驚喜萬分。8月18號清晨，毛現身天安門城樓前的人群中。

[34] 見逢先知、金沖及主編，《毛澤東傳1949-1976》（北京：中央文獻出版社，2003年）；高華，〈從七律「有所思」看文革的發動〉，《炎黃春秋》，2004年第一期，頁54-57。這首詩直到1996年《毛澤東詩詞集》出版時才為中國公眾所知。

[35] 高華，頁57。

甚至連慣常的散步也沒有。他每天只是「讀和思」[36]。月底他從隱居狀態復出，接見了當地的黨政幹部。他對後者說：「過去我帶你們進行過長征，今天我要帶你們進行新的長征。」[37]

7月8日毛從武漢寫了一封信給江青。幾位中國學者均認為，信中的主要想法是毛在滴水洞中形成的[38]。有學者認為，這封信比那首詩更能夠「揭示毛當時的心境」[39]。最引人注意的是其中一句話：「天下大亂達到天下大治。」[40] 這是毛對5月末「文化大革命」開始以來全國出現的混亂局面的回答。與在北京的那些急於派遣工作組恢復秩序的中央領導人不同，毛認為「亂」、以至於「大亂」是好事，它可以動搖「修正主義」的政治基礎，從而在新的基礎上建設一個新的社會。

毛的醫生李志綏回憶毛在那個時期說過：「我想這次會有一千人死亡……事情都顛倒過來。我喜歡大亂。」[41]

可是當毛回到北京後，他發現運動搞得「冷冷清清」，這令他大為不悅。文革需要被搶救，需要被重新賦予活力。毛的第一道命令是「趕走」所有的工作組，在他看來，工作組起了撲滅「革命之火」的「滅火隊」作用。在隨後匆忙召開的八屆十一中全會上毛重新改組了中共中央。[42]此舉同時結束了中共中央領導層奉行了近十年的「一線二線分工」，[43] 毛本人親自「出

---

[36] 張耀祠，《張耀祠回憶毛澤東》（北京：中共中央黨校出版社，1996年），頁38-40。（引自高華，頁55。）張耀祠負責毛澤東在滴水洞期間的警衛。

[37] 《毛澤東回湖南紀事》（長沙：湖南人民出版社，1993年），引自《毛澤東傳》，頁1419。

[38] 高華，頁55；《毛澤東傳》，頁1419。

[39] 高文謙，頁119。

[40] 在1971年9月13日林彪事件後，這封信得到公佈。

[41] 李志綏，頁463。

[42] Wang Shaoguang (王紹光), “Between Destruction and Construction: the First Year of the Cultural Revolution, ”in Law, *The Chinese Cultural Revolution Reconsidered*, p.34

[43] 雖然此前毛在「二線」時也隨時干預「一線」的工作，但當時確實存在一定程度的一、二線共同的「集體」領導，儘管這種狀態十分脆弱。關於這一變化的重要含義，見單少傑，《毛澤東執政春秋1949-1976》（香港：明鏡出版社，2000年）。

場」了。7月29日他在人民大會堂的突然亮相便象徵著這一重大的改變。

八屆十一中全會的重要成果是「十六條」。[44]其中第四條為：「要相信群眾，依靠群眾，尊重他們的首創性。不要擔心，不要怕亂，毛主席經常教導我們，革命不能那樣『溫、良、恭、儉、讓』」。[45] 毛的這句話出自他1927年寫的「湖南農民運動考察報告」。當時黨內有人批評席捲湖南的農民運動的「過火」行為，毛的「報告」是他的看法和回答。在「文化革命」的重要關頭重提毛四十年前的文章意味深長。在所有毛的舊著中，此文對「文化大革命」的走向影響最為深遠巨大。

「造反有理」

「十六條」以不尋常的口吻對「革命小將」大加讚揚，說他們曾經「默默無聞」，現在成了「大無畏的闖將」[46]。正如一位文革學者指出，對青年學生們如此誇讚表明「文革領導者已決定以青年學生作為這場運動的先鋒和『威懾力量』」[47]。

這裡的「革命小將」多半指為毛和「文革小組」看中的一些北京中學生，這些青少年公開或暗地裡反對學校的工作組，主張以更激進的方式進行「文化大革命」和以更嚴厲的手段對待被批判對象。[48] 他們大多出身於「紅五類」，是革命幹部或革命軍

44 王紹光認為十六條的發表是文革的轉捩點。見王，頁35。

45 有關16條，見林蘊輝等編，《人民共和國春秋實錄》（北京：中國人民大學出版社，1992年）。

46 見「十六條」第二條。

47 Huang Shaorong, *To Rebel is Justified* (New York: University Press of America, 1996), p.37.

48 關於北京清華附中紅衛兵，見卜偉華，〈清華附中紅衛兵成立始末〉，《中共黨史資料》，1999年6月，頁96-112；丁曉禾，〈清華附中紅衛兵與工作組的蜜月〉，收入丁曉禾編，《狂飆：紅衛兵的童話》（北京：中共黨史出版社，1998年），頁24-17；秦曉鷹，〈紅衛兵之旗〉，收入于輝編，《紅衛兵秘錄》（北京：團結出版社，1993年）。

人子女，認為自己是當然的革命接班人。其中清華附中的一些學生表現得最為突出，他們稱自已為「紅衛兵」，以鼓動造反令世人震驚。今天我們已經熟知他們的故事，但是「造反」的說法是如何「被發現」的以及它如何帶來「上」「下」之間的互動，卻值得重新一提。這是一個「由下而上」和「從上到下」的往復過程。「上」即「偉大領袖」，他特別善於挖掘和利用基層力量；「下」則指那些渴望在革命中一顯身手的青年學生，他們在關鍵時刻打出了造反的旗幟。如果說是這些青少年幫助定義了「文化大革命」到底要幹什麼，應該不算誇大其辭。事實上，作為「文革」核心價值的「造反」精神，是在「再次發動」的階段才變得清晰的。

「紅衛兵」組織是清華附中的一些學生於1966年5月底成立的。[49] 6月份工作組進校時，「紅衛兵」成員感到處境有些尷尬。畢竟自五十年代以來，獨立自發的學生組織在黨的眼中是可疑的，實際上是不允許存在的。最初「紅衛兵」與工作組相安無事，但後來不可避免地發生了衝突。出於對工作組的不服氣和為自己的叛逆行為正名，「紅衛兵」決定寫一份大字報。讓他們喜出望外的是，他們偶然發現了毛澤東在四十年代的一個不出名的講話，其中說，「馬克思主義的道理千頭萬緒，歸根結底就是一句話：『造反有理』」。多年後，「紅衛兵」的創始人之一卜大華描述了自己在《人民日報》上看到這段語錄時的心情。他驚喜地對同伴們說「快來看，我發現了寶貝！」[50]

這些青年人當時感覺毛主席的話是直接對他們說的。隔天的6月24日[51]，校園裡出現一張題為「無產階級造反精神萬歲」的大

[49] 有關清華附中紅衛兵的回憶，見卜偉華，頁96-105；陶正，〈我本隨和〉，收入《那個年代的我們》，第一卷，頁108-115；米鶴都，《紅衛兵這一代》（香港：三聯有限公司，1993年），頁111，124，127，142-143。

[50] 見秦曉鷹，〈紅衛兵之旗〉，收入《紅衛兵秘錄》，頁11。

[51] 我在原文中將時間寫成7月4號，在此更正。——作者新注。

字報，署名「清華大學附屬中學紅衛兵」。為了將工作組蒙在鼓裡，「紅衛兵」決定不透露「造反」一說的出處。「造反」的說法立即引起人們的注意，並在學生中引起激烈的辯論。多數人認為它含有否定一切的意味。[52]人們質問最多的是：「在社會主義社會，你們要造誰的反？」

學校工作組認為「紅衛兵」的文章是「反動」的，紅衛兵們因此承受很大的壓力。在7月28日由「中央文革小組」召集的宣佈撤銷海淀區各中學工作組的會議上，紅衛兵成員乘機把大字報的抄件〔此時已有三篇論造反精神的文章—作者注〕交給毛的妻子江青，請她拿給毛看看，讓毛判定他們是不是反動。毛很快作出了答覆，於8月1號寫了一封給清華附中「紅衛兵」的信。但毛並沒有將覆信直接交給後者，而是把它作為八屆十一中全會的附件在會議出席者中傳閱。在信中，毛對青年學生的「造反精神」表示大力支持。有了毛的表態，對學生自發組織的禁令隨之消解。「造反」一詞很快成為「文化大革命」的「關鍵字」，為這一「史無前例」運動定了調子。

多年後，清華附中紅衛兵創始人卜大華仍然對他們與毛之間的「心有靈犀」感到不可思議。在毛政治生涯關鍵的一刻，全體國人中似乎只有這些青少年知道偉大領袖要什麼：失控。 而為了達到「失控」的目的，則須「造反」。[53]他們與領袖之間的「心有靈犀」並沒維持多久，但其造成的後果不可估量。由於從下到上的共同努力，「大亂」的局面迅速形成了。在8月4號的八屆十一中全會上，毛突然向劉少奇發難，用非常激烈的言辭

52 毛澤東在文革前夕的幾次私下談話中，已經開始提倡「造反」精神，並直接使用該詞，但沒有引起人們的注意。

53 秦曉鷹，《紅衛兵之旗》，頁9。秦文引「他說」〔不知具體是誰，但為清華附中紅衛兵成員〕：「『失控』可能是某些政治家需要的，有過那麼一瞬間，我們覺得和這些政治家的心靈感應是相通的。否則，為什麼會事事通、路路通」。——作者新注。

批劉。[54]第二天（8月5號）他寫了「炮打司令部」的著名大字報——採用這個標題顯然是為了製造轟動效應。今天回過頭去看，人們不禁會問：毛是不是被他剛剛讚賞不已的「無產階級造反精神」所感召，讓自己成了個「超級造反派」？

在這段時間，「中央文革小組」對「紅衛兵」們大加推崇，江青甚至把這些青年人喚做「小太陽」，說她和「文革小組」要向他們學習，做他們的「學生」，為他們服務。一時間，這些中學生成了國家的英雄，被「中央文革」視為「一個戰壕裡的戰友，」8月18日他們在天安門城樓上受到毛的接見時，《人民日報》稱他們為「革命小將」。不難想像，這一切都極大程度的、令人擔憂地使那些本來就頭腦發熱的青少年更加不可一世。

中學生們在文革舞臺中央停留的時間並不長，他們的地位不久便為大學「造反派」所取代。但中學生們對「文革」的影響是深遠的。這不僅在於他們創立了「紅衛兵」組織，還在於他們引領了服裝、髮式和語言（口頭的和文字的）等日常生活方面的潮流。這些都是值得深入探討的題目，對它們的認識有助於我們多方位地理解「文革」對中國社會、尤其是對日常生活的影響。[55]

暴力

青年學生如何看待「文革」中複雜的政治以及自己在其中扮演的角色？從一名十六歲北京中學生的日記中我們可以看出些端倪。他在參加了「中央文革小組」7月28日召集的海淀區學生大

[54] 見高文謙，頁126；王紹光，頁34；王年一，頁54。王年一用「異常」來描述毛對劉的突然發難。

[55] 法國學者Lynn Hunt在她的著作*Politics, Culture and Class*裡討論了政治事件（法國大革命）對日常生活的影響。關於文革中的語言，見Elizabeth Perry & Li Xun, "Revolutionary Rudeness: The Language of Red Guards and Rebel Workers in China's Cultural Revolution"（〈革命的粗魯：文革中紅衛兵和造反工人的語言〉），收入Law，頁221-236。

會後寫道：「革命形勢越來越嚴峻了，用鈍刀子割肉，是半天也割不出血的。清華附中紅衛兵、北大附中『紅旗』已經拿起了磨好的快刀了，而我的刀在哪裡……！」[56] 箭已拔，弩已張，只待找到合適的目標了。

就在這次會上，江青講了一段關於打人的話。她說：「我們不提倡打人，但是如果發生了，也不是什麼了不得的事……好人打壞人，活該；壞人打好人，光榮；好人打好人，誤會，不打不相識」[57]。這等於認可「好人打壞人」。這段話後來被許多施暴者引用，證明他們的所做所為有理。事實上，在此前的6月份李雪峰就說過類似的話。[58]他們的話都源自據信是毛澤東1949年以前的一次講話。[59] 這表明：「文革」爆發之初，一些領導者頭腦中便有對暴力的意識。他們清楚 「階級鬥爭」式的群眾運動總是帶有暴力傾向的。

在師大女附中工作組6月23日組織的一次批判會上，卞仲耘初次嘗到了暴力的滋味。她在事後寫給上級的一封信中描述了那天的遭遇：「她們（學生）對我拳打腳踢，把我的手捆綁在背後，用軍訓用的木槍打我，把土塞進我的嘴裡，還朝我的臉上吐唾沫。」[60]這一切都是工作組在場的情況下發生的。這說明只要是「好人打壞人」，工作組是允許的，也說明女附中一些學生已經表現出暴力的傾向。

但總體說來，與8月份「失控」的情形相比，6、7月時的暴力還是零星和偶發的。雖然卞遭受了肉體折磨，但此時暴力的程度尚有一定的限度。卞所以事後能向包括鄧小平在內的上級領導

[56] 申曉輝，〈文革日記〉，收入徐有漁編，《1966：我們那一代的回憶》（北京：中國文聯出版公司，1998年），頁174。

[57] 王年一，頁75。

[58] 印紅標，頁60。

[59] 同上。

[60] 摘自卞仲耘給鄧小平等人信件的附件。我從王晶垚先生處看到此信抄件。

報告，[61]說明當時的形勢雖然險峻，卻並沒有完全失控。關於這方面的情況，6月18日發生在北大校園中的事件有參照意義。[62]那天一些學生在事先沒有徵求工作組同意的情況下對四十來名「黑幫分子」進行了暴力性批鬥，採取了包括「遊街」、「坐飛機」和戴高帽等帶有人身侮辱和折磨的鬥爭形式。這些形式在8月份以後變得十分流行，但在6月份尚不多見。北大工作組制止和嚴厲批評了這次批鬥會，並馬上把情況彙報給坐鎮北京的劉少奇和鄧小平。劉把報告轉發給了其他工作組，並加了批示，肯定北大工作組迅速制止「亂鬥」的做法。[63] 劉的態度與中共中央在6月份制定的、簡稱「中央八條」的政策相符，其中包括「不要搞大規模的聲討會」等內容。[64]

需要指出，在劉鄧的領導下暴力雖然受到控制，但他們領導「文革」的方式可以說是「反右」加「四清」式的，其結果是把一些敢於挑戰工作組權威的人打成「右派學生」，很多人只有十幾歲。[65]劉鄧沿用的是中共長期以來對政治反對派的路數。正如清華附中紅衛兵的例子表明，打擊反對派學生的做法最終為文革

---

61 事發之後的7月初，卞寫信給鄧小平和北京市委的兩位領導人李雪峰和馬力，講述了6月23號女附中批鬥會上她挨打的情況。7月5號，鄧小平在家中會見了女附中工作組成員和學生代表。鄧顯然已經看到了卞的信，這次會見可以被認為是鄧對卞信的回應。在談話中，鄧將卞在信中提到的一個「外校的人」〔即那個前夫在女附中工作的女人〕稱作「壞人」，並表示反對暴力。鄧的態度與6月份中共中央制定的「8條」一致。關於那個「壞人」，請看注釋3，頁6。

62 北大「6・18事件」在多位中國文革研究者的著作中都有提及。見王年一，頁39-40；高皋、嚴家其，《文化大革命十年史》（天津：天津人民出版社，1986年），頁26-27；印紅標，頁59；《毛澤東傳》，頁1415、1422。

63 王年一，頁39-40。

64 王紹光，頁32、51。

65 鄒讜在他的文革研究中看到這一問題。見鄒，頁82-93。並見Mark Lupher, *Power Restructuring in China and Russia* (Westview, 1996), p.187.蕭喜東：《1966年的50天——記憶與遺忘的政治》，二閑堂文庫，http://www.edubridge.com.蕭的文章談到工作組如何在北京師大一附中和師大女附中迫害挑戰他們權威的學生。劉少奇和鄧小平直接介入上述兩所中學的運動，他們的女兒分別為兩所學校的學生。關於劉少奇在文革中的情況，見Lowell Dittmer, *Liu Shao-ch, i and the Chinese Cultural Revolution: the Politics of Mass Criticism* (Berkeley: University of California Press, 1987).

「再次發動」提供了動力。中國國內的「文革」研究者往往輕描淡寫劉鄧壓制〔反對派〕的一面。[66]

引人矚目的是，在八屆十一中全會上毛澤東推翻了「中央一線」對北大事件的結論。 這樣做不啻是給劉少奇的當面一掌，更為後來的「亂鬥」開了綠燈。對北大事件的反應顯示毛與劉鄧對「亂」、尤其是對暴力的不同態度。這些老資格的革命者深知混亂形勢與暴力之間的有機聯繫。毛認為革命群眾應該不受任何束縛。如果不可避免地出現了暴力，那就隨它去。無獨有偶，毛對北大事件的翻案恰恰發生在8月5號，卞仲耘死亡的那一天。

死亡

8月初，當毛與劉在中央全會上攤牌時，女附中的學生們發現她們處在一個充滿火藥味、迅速變動和極度混亂的世界。與兩個月前校領導垮臺後工作組迅速進駐的情形相比，此時的秩序幾乎蕩然無存。唯一剩下的「權力機構」是工作組進校時成立的「革命師生代表會」，其主要成員是一些學生積極分子。[67]因工作組的撤銷，此時該機構的正當性已受到質疑，其威望也大打折扣。實際上，校一級代表會的五個學生負責人中已有兩個不再露面，因為她們認為自己和工作組一道犯了錯誤。[68]儘管圍繞學生領導層的政治氛圍發生了變化，但這時仍然存在一個「核心學生群體」（這是我給的稱呼—作者），它包括原革命師生代表會的

[66] 見王年一，頁45。「中央八條」包括「大字報不要上街」，「內外有別」，「開會要在校內開，不要在街上開」，「不要上街，不要示威遊行」，「不要搞大規模的聲討會」等內容。

[67] 女附中的師生代表會有三層機構：校、年級、班。代表們並非是選舉出來的，而是由工作組指定的。校一級的代表會有主席一人，副主席4人，另有教師代表兩人。作者2006年5月12日對李松文的訪問。

[68] 作者2006年5月12日對劉進、宋彬彬的採訪。

主要負責人及其他學生積極分子。[69]工作組撤離後，她們在多數學生中還有一定的威信，這也與此時沒有其他「權力機構」取代工作組有關。[70]8月8日，也就是卞仲耘死後3日，女附中「籌委會」成立，它標誌著革命師生代表會的正式終結。[71]也就是說，8月5日的女附中處於權力機構不確定的「灰色」過渡期（a transitional and rather grey period）。認為工作組撤離之後學校仍然存在一個堅實的權力機構（solid power organ）是不符合事實的。[72]對這一極度混亂和不確定的特殊時刻有所理解，是把握卞仲耘死亡發生的背景的關鍵。

也正在此時，北京的中學校園裡開始流行一幅對聯：「老子英雄兒好漢，老子反動兒混蛋」。[73] 剛從軍訓返校的大多數女附中學生，還沒從撤銷工作組的震動中緩過勁兒來，就撞上了鋪天蓋地而來的對聯。對那些家庭出身「不好」或不夠「好」的學生，對聯是個嚴重的警告。一位出身「資本家」的學生回憶她看到對聯時的反應說：「我感到惶恐。軍訓時我們受的是正面教育，現在來了個大轉彎。」[74]另一方面，對聯大大促進了那些本來就因為「出身好」而膨脹的人的優越感。對聯給學生群體帶來的撕裂以及心理上的巨大衝擊是我們需要考慮的重要因素。可以說，8月初的女附中處於這樣一種狀況：學校近乎處於權力的真空狀態；同時學生群體迅速分化：一部分人亢奮激動，另一部分

---

69 這一群體由各級師生代表會的一些骨幹分子組成。8月晚些時候當女附中紅衛兵出現時，她們是紅衛兵的負責人。

70 工作組撤離後，一些學生，尤其是此前「反工作組」的學生，不再承認這些人的權威，認為她們與工作組一道犯了錯誤。

71 籌委會的成立顯示由工作組建立的師生代表會已喪失正當性。新成立的籌委會的主要成員與原師生代表會領導成員基本上是同一批人。

72 王友琴，頁13-14。

73 很多人都寫過這副對聯在當時的重大影響。見印紅標，「紅衛兵運動兩大潮流」，收入劉青峰編，《文化大革命：史實與研究》（香港：香港中文大學出版社，1996年），頁239；王紹光，頁35。

74 作者對同班同學採訪，2002年5月18日。

膽怯恐慌，還有一部分人要努力證明自己也是革命的。無論屬於什麼家庭出身，人人都必須儘快適應一個大變動的世界。

許多學生（特別是那些出身「紅五類」家庭的）急於證明她們知道該怎麼幹革命。她們興奮，躁動，甚至有些焦慮，就像前面提到的那個16歲的男孩一樣。此刻的問題是：「文化大革命」怎麼搞？這需要學生們自己來回答。沒人懷疑那些被指控為「執行了資產階級反動教育路線」的校領導是當然的目標。此前工作組對她／他們「太手軟」了，現在一些學生要證明她們更知道該怎麼對付「牛鬼蛇神」，即前校領導們。過去只有工作組才有權召開鬥爭會，現在主動權在學生們手裡了。此時北京其他一些中學已開始出現暴力。這類消息傳播得很快，空氣中充滿了火藥味，雖然尚無血腥味。

8月4號下午，一些學生沖進關押校領導的屋子，用棍棒和皮帶抽打了她他們，沒人出來阻止。[75]大多數學生甚至不知道發生了什麼，至今誰也說不出那天的事是何人所為。這也從一個側面顯示出當時學校的無政府狀態。8月4號下午發生的暴力是八。五事件的前奏。

卞仲耘和副校長胡志濤都已意識到更可怕的事還在後面。當天晚上卞仲耘對丈夫說：「她們打死我會像打死一條狗一樣。」[76]第二天早上出門時，她與丈夫握手道別，似乎已預知這是最後的告別。

---

75 關於那天下午發生的事情，見胡志濤在王晶垚1966年12月9日對她採訪時的描述，並見胡志濤，〈八五祭〉，收入胡志濤、丁丁，《生活教育論》（合肥：安徽教育出版社，1996年），頁130。在1967年某日召開的批判工作組大會上，汪玉冰也提到那天發生的事情。另一位八月5日挨鬥的校領導梅樹民則不記得他8月4日與卞、胡等人在同一房間並挨打。（據作者2006年4月22日對梅樹民的訪問。）八月5日那天挨鬥的第五位校領導劉致平已去世多年，生前沒有留下關於8月4日或5日的個人回憶。從我們已知的情況看，五位校領導中至少有三位8月4日下午在同一間辦公室。當時她／他們的情況不能被看做是被關押，因為她／他們仍能回家，但她／他們處於受審查狀態，同時要以「勞動」來改造思想。她／他們很可能並不能在校園裡自由走動，如走動則需要批准，不管批准出自什麼「權威」。

76 作者對王晶垚的採訪，2001年11月17日。

大難臨頭之際，胡志濤的反應很不一樣。8月4號下午被打後，當晚她便去了位於學校馬路對面的西城區委。她明確地說，學校領導的人身安全沒有保障了。接待的人只是簡單地把她的話記錄下來。[77]當她遍體鱗傷回到家中，丈夫問她為什麼沒人出來制止打人，她回答說：「工作組走了，沒有人管，有什麼辦法?!」[78]但她仍不甘心。第二天早上她做出在當時看來更為大膽的舉動，登門造訪北京市委和北京市負責中學文革的辦公室。在頭一個地方，沒人聽取她求救的呼聲；在第二個地方，她被告之機構剛成立，提供不了幫助。[79]她的遭遇表明：北京市、區兩級負責文革的機構在工作組撤離後不作為的狀況。這是即將在女附中校園發生的慘劇的背景。

萬般無奈之下，胡志濤於下午二點鐘左右回到學校。此後發生的事情王友琴已經做了記述。[80] 下面提供的一些新情況也許會增進我們對事件複雜性的瞭解。需要指出的是，沒有人在事件發生的過程中從始至終在場（五位校領導後來被分開，每人被分派了不同的「勞改」任務，因此沒有人可能同時在不同的現場）。把數月甚至數年後的片斷的回憶拼成一幅完整的「畫面」是困難的，這裡提供的只能是由碎片組成的、近可能接近當年事實的記述。

根據不止一個目擊者的回憶，發起8月5號暴力遊鬥校領導的是高一某班的學生。[81]師生代表會主席及核心學生群體的重要

---

77 在王晶垚1966年12月9日向胡志濤詢問情況時，胡說她8月4號當晚去的西城區委。在胡多年後寫的「八五祭」中，她說8月5號上午去的區委。這裡採用8月4日當晚一說，因為從時間上講胡在1966年12月對王的講述更接近事發當天。

78 胡志濤，〈八五祭〉，頁139。

79 見上文。並見王晶垚1966年12月9日對胡志濤的採訪。

80 見王友琴，頁2-24。五位校領導均遭到批鬥折磨。除卞仲耘死亡外，汪玉冰腰椎骨折，須住院治療；胡志濤骨盆受重創，同時有若干根肋骨骨折，幾個星期無法起床。兩位男性校領導也受到身心殘害，梅樹民從此心臟不好。我們不清楚8・5事件對劉致平的影響，但可以想像絕不會輕。那天他曾被一些學生勒令跪在卞仲耘奄奄一息的身體旁。

81 作者2002年5月18日和8月18日對同班同學的採訪；作者2002年8月17日和2003年8月20日對劉進的採訪；作者2004年1月17日和2006年6月1日對艾立川（艾世訓）的訪問，艾時為高一某班〔即8・5發起批鬥校領導的班〕的班主任；2004年1月14日作者對該班兩名

成員劉進（高三學生）回憶說，師生代表會那天沒有開鬥爭會的計畫，她也不記得有任何學生找她要求召開這樣的會。[82]由於當時學校相當的無政府狀況和師生代表會「疲腳鴨」的狀態，事前沒人知會劉進和核心學生群體要召開遊鬥會是可能的。即便有事先的告知，劉進等人對遊鬥「黑幫分子」也是不可能反對的，因為在工作組撤走後，一般人都把批鬥校領導看做「鬥爭的大方向」。

初中一年級學生〔唐〕伏生記得她看見校領導被一些手拿棍棒的高一學生押著從樓裡走出來，神色黯然。其中一個學生對此時已經聚集在操場上的人群說：「工作組保護黑幫份子，讓他們養尊處優，今天我們就是要滅一滅他們的威風。」[83]

據目擊者說，「遊街」剛開始時，在場觀看的學生不到二十人。[84]漸漸地有數百人出來看，[85]把校領導裡外包圍了好幾層。一個學生內心不願意來，只是被「鬥黑幫」的喊聲從教室裡招呼了出來。[86]組織者顯然希望有更多的人在場。有個被迫出來看的學生嚇壞了。這位出身「黑五類」的學生本來見血就發暈，但她不敢離開恐怖的現場，怕如果表現畏縮自己也會挨打。[87]另一個學生看到校領導被如此殘忍地對待，在酷暑的天氣裡突然覺得周身發冷，兩手緊抱雙肩，同時又想是不是自己心太軟了，努力使自己對校領導硬起心腸來。[88]

學生的採訪；作者2006年6月28日對該班第三位學生的採訪。

82 作者對劉進在2002到2006年期間進行過多次採訪。

83 見伏生。

84 作者2002年5月18日對同班同學採訪。

85 王晶垚1966年11月27日對王永海的採訪。王永海為女附中工友。8·5那天他和另外一人將卞奄奄一息的身體抬上一輛垃圾車。

86 作者2002年5月18日和8月18日對同班同學的採訪。一位同學記得從教室的喇叭中聽見讓大家都出來看「鬥黑幫」；另一同學記得有人在樓道裡一個教室一個教室地通知人們出來看鬥黑幫。

87 作者2002年5月18日和8月18日對同班同學的採訪。

88 同上。

很難估計參與打人和其他形式體罰的有多少人。有人認為人數不多，只有十幾個人。但也有人認為，在有些時刻，學生們就像一大群暴徒。[89]

據一位目擊者說，最殘酷的體罰是強迫校領導們擔沉重的沙土。擔不動的，如卞仲耘、胡志濤等人，便遭到毒打。[90]卞的心臟不好又有高血壓，[91]在炎熱濕悶的盛夏，即使沒有精神和肉體上的折磨，擔沉重的沙土對她也是極為困難的。她對胡志濤說：「擔不動，怎麼辦？」[92] 這很可能是卞仲耘說過的最後一句話。

有幾個高三學生（時年19歲）對積極活躍的低年級學生說，不要強迫她們（校領導）擔這麼重的東西了。[93]在當時的情形下她們的勸說無人理睬。一般來說，高年級學生相對溫和。[94]但這幾個高三學生所以敢於出面勸說，除了年齡原因，也因為她們不但家庭出身好，不久前「反工作組」的經歷也讓她們說話比較有「底氣」。[95]

一位老師後來解釋說，教職員中之所以沒人敢站出來為校領導說話，是因為在那種氛圍下如果誰敢這麼做，就會遭到與校領導同樣的命運。[96] 文革開始後大多數教師都遭到學生不同程度的批判。八五當天暴力行為一起，多數教師都膽顫心驚，一心想伺機逃離。最後有幾個留下來的幫助把卞送進醫院。[97]

89 同上。一位同學的說法是，參與打人的人圍著校領導，「你一下」「我一下」地打。

90 王晶垚1967年5月27日對劉文蓮的採訪。劉為女附中青年教師。

91 在7月初給鄧小平等人的信中，卞談到她自己的身體情況。

92 王晶垚1966年12月9日對胡志濤的採訪。

93 作者2004年1月17日對高三學生李樂群的電話採訪。

94 在我於2006年7月28日對劉進的電話採訪中，她告訴我她們班（高三三班）也有一位同學試圖阻止低年級學生的暴力。當勸阻失效後，她離開了學校。可以想見，還有其他一些比較成熟的高年級學生做了同樣的努力。在當時的情況下，這樣的努力必然是零星和無力的。

95 我們這裡說到的高三學生是當時女附中著名的「高三四班十三人」，她們在6月和7月公開反對工作組。她們中多數出身「紅色」家庭。

96 王晶垚對劉文蓮的採訪。

97 同上。據劉文蓮說，在卞被送進醫院之前，一位女老師拿來一套乾淨衣裳想為她換上，但無法脫下卞身上已與血肉連在一起的衣服，只好作罷。據艾立川老師說，他和其他教這裡需要認真審視一下核心學生群體在這個過程中幹了些什麼。據劉進講，外面的遊鬥開始時，她們正在一間屋子裡開會，[98] 議題是工作組撤走後文革該如何搞。有人衝進來報告說，人打得太過火了。於是幾個人出去「勸阻」過激的行為。[99] 當再次有人闖進來報告時，帶來的消息是：「卞仲耘不行了。」

需要指出的是，雖然可能有些「非紅五類」家庭的同學也動了手，但施暴者的骨幹始終是出身革幹和革軍家庭的人。[100] 能以暴力懲罰「階級敵人」是需要「資格」的，是出身「紅色」家庭學生的特權。富有諷刺意味的是，正是這些學生在文革前被視為「革命事業的接班人」，受到校領導的重點培養。[101]

卞仲耘的丈夫王晶垚認為，如果老師們能夠集體行動，如果較成熟的高年級學生能夠積極阻攔，如果師生代表會的成員能夠堅決反對過火行為，這場導致死人的暴力本來是可以制止的。[102] 但這三種情況都沒有成為現實。

老師們未能集體行動是容易理解的。前已指出，「文革」開始後不但校領導成了黑幫，多數教師也受到批判，根本不可能團結一致地行動。運動開始後，教師們都擔驚受怕，8月5號出現的暴力更加深了他們的恐懼。同樣的，比較成熟的高年級學生也不是一個整體。「文革」的爆發，尤其是那幅對聯的出現，造成學生

員從他們的辦公室（物理教研室）視窗可以看到操場上發生的事情，但無人敢下去干涉。（作者2006年6月1日對艾老師採訪）。李松文老師談了他和幾位「政治上比較過硬」的年輕老師那天都做了些什麼：他們幫助將卞送進醫院，並通知卞家人。（作者對李松文老師的採訪，2006年5月12、13日）。

98 作者在2002-2006年曾就8・5事件與劉進進行過多次訪談，反覆核實一些關鍵問題。

99 有同學記得看見核心學生群體的成員在校領導被逼下跪承認自己「罪行」時，曾出面阻止暴力的發生。（作者2006年5月18日對校友訪談）。

100 根據作者多次與同學（同班及同校）的訪談。並見伏生文。該文指出了「家庭出身」在此刻的重要性。

101 文革前我曾參加過一次學校專門為出身「革幹」「革軍」家庭的學生召開的會議。會上校領導說我們這些人對革命負有特殊的責任。這類會令所謂出身「紅色」家庭的人有優越感。

102 作者對王晶垚先生的採訪，2004年1月18日。

群體的巨大分裂，她們當中相當多的人變得膽小和恐懼。不但對老師們、就是對很多學生而言，「怕」都是此刻的「主旋律」。

至於核心群體的學生沒有堅決反對和有效制止暴力，倒不是出於「怕」而是出於「惑」。在內心裡她們不贊同低年級同學的暴力行為，但對於後者〔革命行動〕的出發點卻無從指摘。劉進記得她當時對那些行為過火的人說，「鬥黑幫可以，但不許打人。」對於一個在和平環境長大、從未見過暴眾行為的20歲青年女子來說，能夠聲言不贊成暴力已經需要幾分勇氣和一些政治上的成熟了。但是她不得不隨著「鬥黑幫」的潮流走，因為當時「黑幫」是「文革」的主要目標，是無產階級專政下「繼續革命」的新的階級敵人。在這一「革命」「框架」之下，暴力從根本上獲得了正當性，極少有人敢於質疑。像劉進這樣自小受到「革命教育」薰陶的一代人，讓她們去懷疑革命的正確性或「鬥爭黑幫」的合理性是不可能的。[103]即使在反對同學的過火行為並試圖加以制止時，劉進在內心深處也為自己跟不上「革命形勢」而自責。[104] 我們在考察卞仲耘之死時，對於「革命」理念佔據絕對權威這一1966年夏天的基本事實一定要充分認識。

「表演革命」

在政治秩序倒塌之時，毛澤東的著作成了唯一的權威之源。此時人們引用最頻繁的是毛的「湖南農民運動考察報告」，其中的經典話語被剛剛發表「十六條」重新提及，更加重了這篇文

[103] 一個有些可比性的例子也許可以幫助我們理解女附中8・5事件。1966年8月4日，北京四中也發生了規模較小的暴力事件。暴力行為比較快地得到當時四中的「核心學生群體」制止。他們用來勸阻過火行為的說法是：「〔暴力行為〕是革命行動，但〔打人〕下不為例」。作者2006年7月27日對印紅標（時為四中學生）電話採訪。

[104] 作者2006年5月12日對劉進的採訪。在這次訪談中劉進談了革命教育在她（及她的一代人—作者注）成長過程中的深刻影響。她的坦率和反思精神令我感動。

章舉足輕重的分量。文中最著名的一段話為：「革命不是請客吃飯，不是做文章，不是繪畫繡花，不能那樣『溫、良、恭、儉、讓』……革命是暴動，是一個階級推翻另一個階級的暴烈行動」。「報告」在文革這一關節點〔再次發動〕的巨大影響絕不能低估。[105] 它為「革命」下了定義，贊許了過激行為，並詳細地描述了懲罰和羞辱敵人的包括「遊街」在內的各種具體方法。如果我們把8・5那天女附中學生的行為看做一場「表演」，[106] 它的腳本就是「湖南農民運動考察報告」。

Ralph Thaxton在他對二十世紀中國農村革命的研究中談到農民的價值觀和行為方式對革命的重大影響，[107] 1927年的湖南農民運動是一個典型實例。由於毛的文章，農民暴動在中國共產黨的革命歷史上獲得一種特殊的地位。耐人尋味的是，四十年前在湖南農村發生的事竟於1966年在北京市一所精英學校（以及其他許多學校和工作單位）重演。如果更進一步挖掘，我們也許會像J. ter Haarb那樣，發現湖南農民運動與中國宗教文化的聯繫，這一傳統視以暴力「驅邪」為正當。對罪孽者施以遊街示眾和拷問具有驅逐「邪氣」象徵性意義，而年輕人在這一活動中起關鍵作用。[108]從這個角度來看，1966年發生的事情與中國的歷史和文化有著比以前想像的更為深遠和複雜的源流關係。

當女附中的學生遊鬥「黑幫」時，她們希望有人觀看，這透露出她們所作所為的「政治表演」的成分。[109]她們更多是為了表

[105] 很多回憶文章都提到了該文的重要影響，見陶正，頁112；米鶴都，頁155、159。

[106] Goran Aijmer, “Introduction”, 1 in Goran Aijmer and Jon Abbink eds., *The Meaning of Violence: A Cross Cultural Perspective* (Berg Publisher, 2000).

[107] Ralph Thaxton, *China Turned Rightside Up* (New Haven: Yale University Press, 1983), Introduction, p.xv.

[108] Barend J.ter Haar, “China’s Inner Demons: The Political Impact of the Demonological Paradigm”, in Woei Lien Chong ed. *China’s Great Proletarian Cultural Revolution* (Boulder: Rowman & Littlefield Publishers, 2002), pp.27-28, 58-59. Haar的觀點是，相比中國其他地區，在湖南「為驅邪進行遊街以達到『彌賽亞』〔最後的救贖〕」的情況尤為顯著。

[109] 「政治舞臺」和演出的說法來自周錫瑞和Wasserstrom的文章，”Acting Out Democracy”.

現自我而不是鬥爭「敵人」，是做革命的姿態而不是真有什麼深仇大恨。1966年夏天暴力發生時，以往政治運動造成的積怨並不是背後的原因，[110]它毋寧是青年學生們在表演革命。暴力行為成為她／他們的「成年」儀式，是她他們的「成年禮」，其「指導手冊」為「湖南農民運動考察報告」。同時，暴力也起著創造一個「文革」所追求的「紅通通」新世界的作用。[111] 從這個意義上說，8・5暴力雖是舊腳本的重演，其含意卻是新的。

八・五事件是「紅衛兵行動」[112]還是一些學生基於革命熱情的自發行為？如為前者，該事件背後就存在著一個組織。鑒於紅衛兵在當今中國乃至世界的惡名，這是個省事的解釋。但是在做了廣泛的調查之後，我認為在8月5日當日女附中就已存在「紅衛兵」組織的可能性幾乎不存在。[113]在工作組撤走和「紅衛兵」出現之間有一個短暫但很關鍵的間隙。女附中「紅衛兵」出現後，由於家庭背景，八。五事件的主要發起人很可能是它的成員，但在8月5日那天她們不是以「紅衛兵」的名義發起行動的。許多當天在場的人都一致指認高一某班學生為遊鬥的發起人。這一事實

---

110 見Lynn White, "The Cultural Revolution as an Unintended Result of Administrative Policies" in *New Perspectives on the Cultural Revolution*.

111 關於暴力的「建設性」功能見Goran Aijmer in the "Introduction" of *Meanings of Violence*.

112 見王友琴，頁2。

113 王友琴認為，女附中「紅衛兵」成立於1966年7月31日。見王，頁13。該資訊有可能來自「星火燎原戰鬥隊」編撰的〔關於女附中文革的〕「大事記」。「大事記」作者看來不像是「紅衛兵」裡面的人。為瞭解女附中「紅衛兵」成立的確切時間，我詢問了15個以上的女附中校友，包括當年「紅衛兵」負責人。無人認可7月31日這一時間為「紅衛兵」成立日。更重要的是，沒有人有8月5號女附中已出現「紅衛兵」的記憶。我本人也不記得那段時間在女附中見過「紅衛兵」。我推測「紅衛兵」成立於8月5日之後不久，在毛澤東寫於8月1日的支持清華附中紅衛兵的信流傳到社會上之後。該信在8月3日向清華附中紅衛兵主要成員宣讀。由於那是一段極為混亂的時期，也由於女附中「紅衛兵」本身的非正規性和鬆散性（informality and looseness），我們很可能無從知道它出現的確切時間。
在此文發表之後，根據新的證據，在7月31日女附中確實成立了一個紅衛兵組織，全稱為「毛澤東主義紅衛兵」，是由一部分「反對工作組」的學生成立的，她們與後來女附中出現的「紅衛兵」為完全不同的一批人，和8・5事件也毫無關聯。她們在女附中的影響相對較小。——此段為作者新注。

也從一個側面顯示了八。五事件混亂、自發和狂熱的性質。

「死了就死了」

卞仲耘死後當晚發生的事也必須提及。在附近醫院的醫生確認卞已死後，[114]劉進、宋彬彬（師生代表會副主席）及另外一位高三學生連夜設法找到北京市委第二書記吳德，向他報告了這一事件。[115]據劉進回憶，吳在聽完彙報後「面無表情」，停頓了一陣才說：「像文化大革命這樣的運動，死人的事是不可避免的。她（卞仲耘）已經死了，死了就死了。你們不要擔心和害怕，不要傳播消息，不要擴大影響。」[116]

吳德的話為第二天對全校宣佈卞仲耘死亡定了調子。當我在教室廣播喇叭裡聽到劉進平板的語調時，我能想像她臉上沒有表情。在我們班，這一簡短的宣告之後是一段長時間死一般的寂靜。我被這個消息震呆了，特別是那句「死了就死了」，它在我耳邊迴響了很多年。人怎麼能這樣就死了！甚至我到美國之後，卞之死仍出現在我的惡夢中。[117]

從最近的採訪中我感到，人們對卞之死的反應，以及她們對「死亡宣告」的記憶，反映出每個人在當時所處的政治地位和個人處境，也說明了記憶的主觀性。我當時的反應是，如果革命就是暴力，那我當不了革命者。而對我的一個家庭出身「不好」

114 卞仲耘的死亡證明由北京郵電醫院一位醫生簽字。它包含下述資訊：死亡時間：晚8點55分；死因：不詳；症狀：外傷和失去知覺。我願在此感謝王晶垚先生讓我看到這一文件。

115 作者對劉進的採訪，2002年8月17日；作者對劉進、宋彬彬採訪，2006年5月13日。除去核心學生群體成員，據我所瞭解，少數其他學生也通過各種途徑向領導機關報告卞死亡的消息。

116 作者對劉進的採訪，2002年8月17日。

117 在我的書，*Growing Up with the People's Republic: Conversations between Two Daughters of China's Revolution* (Palgrave Macmillan, 2005), 我談到自己對卞之死的反應。見"*Bian Zhongyun is Dead -That Is It*", pp.76-80，並見中文版《動盪的青春》中有關章節。

的同班同學來說，不是當不當革命者的問題，而是她感到自己的安全已無保障。她回憶說，在劉進宣佈卞之死的同時也對她那樣的「狗崽子」發出了警告，說她們如果不老實，也會遭到同樣下場。接受我採訪的其他人都沒聽到劉進這麼說。[118]梅樹民的記憶則與這位同學的正相反。梅是當天受到遊鬥的五位校領導之一，也是今天唯一活著的一位。他記得劉進在宣告完卞死的消息後，還說今後不許再打人了，他聽到後松了一口氣。[119] 這當然是他想聽到的話。但除了梅樹民和另外一位學生外沒有其他人記得聽見這句話。[120]我一位同班同學從小失去母親，繼母待她不好。卞仲耘的死讓她最覺悲傷的是，卞的孩子們從此沒有了媽媽。[121]

多年之後劉進本人講述了她得知卞死消息後的心情和反應。她說：「當聽到卞已死時，我覺得出了大事。我們沒經歷過戰爭，沒經歷過死人。在心裡，我很難接受卞的死亡。我父親當時也在受審查。一個人還在接受審查期間怎麼能就這樣被打死了呢？……那天晚上我們堅持要見吳德本人。當聽到吳德說卞『死了就死了』，我心一驚。我原本以為他會更嚴厲地對待這件事……第二天我向全校宣佈時說『死了就死了』，是吳德的原話，否則我不會這樣對待這起死人事件。」[122]

有理由相信，作為中央候補委員的吳德很可能出席了八屆十一中全會，[123]知道毛和劉少奇在會上的公開衝突，也清楚他們對待「亂」的不同態度。事實上，不久前吳剛受到毛的批評，說他和李雪峰支持工作組「鎮壓群眾」。[124]如前面提到的，吳承認工

[118] 劉進說「狗崽子」不是她的語言，她不會這麼說話。根據我對劉的觀察和瞭解，我相信她不會這麼說話。（作者對劉進的採訪，2006年7月13日。）

[119] 梅樹民2006年4月22日的談話。

[120] 在我對校友的採訪中，有位同學記得聽見劉進說以後不許再打人了。作者2006年5月18日對校友採訪。

[121] 作者對同班同學採訪，2002年8月18日。

[122] 作者對劉進的電話採訪，2004年1月15日。

[123] 做為中央候補委員，吳德有資格出席八屆十一中全會。

[124] 吳德，頁11。毛在1966年7月23日批評了吳和李。吳說毛的批評十分「嚴厲」。

作組撤走後他不知道該怎麼辦了。他對卞之死的態度無疑反映了他在這一特殊政治關頭的心態。九十年代學者們曾對吳德進行了訪談。在關於文革的回憶中他沒有提到卞仲耘之死。他說1966年夏天發生的事情太多了，他都混在一起了。為了說明當時混亂失控的情況，他講了一件給他留下深刻印象的事：市委大學工作部的部長差點被他以前的學生打死，直到部裡的人趕來，撲到他身上，說：「要打先打死我吧！」[125]文革中遭受肉體折磨的人極少如那位部長那樣幸運。

鑒於八。五事件的性質和在當時的罕見性，以及發生在學生中有若干國家高級領導人親屬的名牌學校裡等因素，[126]不難推測卞死亡的消息很快就為比吳德更高層的幹部所得知。[127]

但這起事件不久即被「文化革命」的新發展、特別是北京紅衛兵運動的蓬勃興起掩蓋了。8月18日毛澤東在天安門城樓上接見紅衛兵後，暴力迅速在全市升級，一發而不可收拾。像卞仲耘一樣，許多受難者都是前學校領導，被他們的學生毒打折磨致死。[128]

「他們就怕紅衛兵」

毛澤東對來勢兇猛的暴力持什麼態度？西方學者普遍認為「野蠻行為」是「當局批准的」，毛縱容甚至支持暴力。[129] 中國

[125] 同上書，頁17。

[126] 劉少奇和鄧小平的女兒都在師大女附中。

[127] 據王晶垚說，周恩來辦公室在卞死當天晚上即給女附中打電話。不清楚他們如何得知消息的。王猜測電話的目的是瞭解情況。（作者電話採訪王，2006年7月10日）。據王友琴說，周恩來辦公室的人與王晶垚談了話，要求他「正確對待群眾運動」。見王友琴，頁14-15。在我對王晶垚的訪談中，他記得比較確實的是8月5號當晚他和北京市委一個幹部之間的談話，後者於卞死後來到醫院。當年為年輕教師的趙桂英認為，在卞倒下後〔尚未死亡〕，可能有女附中教員給市委打電話報告情況。作者對趙桂英老師的採訪，2006年5月12號。

[128] 見王友琴，《文革受難者》。

[129] Ann Thurston, "Urban Violence during the Cultural Revolution: Who is to Blame?" in Jonathan Lipman and Stevan Harrell eds., *Violence in China* (New York: State University of

學者的態度較為保留。如王年一即認為，毛不贊成打人，但他希望群眾在運動中自已教育自己，因此不願嚴格地約束他們；應為暴力氾濫負責的是康生、江青、謝富治等「壞人」，特別是時任公安部長的謝富治，他告訴警員不要干預紅衛兵的暴力。[130]

鑒於中國的政治現實，學者們對毛的寬宥不難理解，但也反映出毛在暴力問題上說話的不一致性，人們對他的態度可做多種詮釋。1966年8月下旬是「紅色恐怖」籠罩北京之時，「暴力」問題肯定受到毛的注意。但毛說話向來有兩頭逢源的特點。例如8月21日在政治局的一次會議上，毛說，「我們要提倡文鬥，不要武鬥。」但在同一次會上他又說，「總之，我們不干涉，亂它幾個月。」[131] 此時「破四舊」之風開始席捲京城，暴力呈迅速上升之勢。在8月29日舉行的另一次政治局會議上，毛重申了他對「文鬥」和「武鬥」的看法。但當一位副總理提出應有具體的條例來制止混亂時，毛的回答是：「一條也不要。何必十條？來一個放任自流。」[132]此時僅在北京一地紅衛兵暴力導致的死亡就已超過了千人，對此「文革」的領導者應該是清楚的。

據吳德講，66年8月底時連謝富治也對暴力的規模擔心起來，想以北京市公安局的名義發一個佈告制止暴力。當把佈告的擬稿拿給毛看時，毛批評了謝，讓他不要像救火隊員那樣去鎮壓群眾運動。吳德說，因此「沒人敢對混亂的局面加以干預了。」[133]

一些學者說，「文革」初期毛經常是通過對已經發生的事件做反應來表達他的態度，而不主動去促成什麼，因此不應當被看做是「無所不在和對歷史先知先覺」的。[134]但我們看到的是，

New York Press, 1990), p.151.

[130] 王年一，頁71。

[131] 《毛澤東傳》，1438年。

[132] 同上，頁1439-1440。

[133] 吳德，頁28。

[134] Nick Knight, “From Harmony to Struggle, From Perpetual Peace to CR: Changing Future in Mao Zedong’s Thought”, in Woei Lien Chong ed., 1990.

毛對事情的「反應」是有高度選擇性的。他在北大「6.18」事件上果斷行事，推翻了中央「一線」的決定，但當暴力之風在北京肆虐之時，他又以「旁觀者」（雖然並不是沒有權力的）的姿態出現。

從毛自己的談話裡可以看出他對1966年夏天發生的事情的立場。最近出版的官方毛傳記力圖強調毛反對暴力，但一些材料證明恰如其反。1967年5月毛向到訪的非洲客人這樣講述紅衛兵的功績：「我們的一些事，完全沒辦法。我們政府、中央、公安部毫無辦法，紅衛兵、群眾一起來，就有辦法了」，「你不借紅衛兵的力量，什麼法子也沒有，一萬年也不行」。[135]此前的1966年12月，他對一位波蘭客人說，他曾為與「黨內修正主義者」鬥爭感到「毫無辦法」，接著又說道，「他們就怕紅衛兵。」[136]因此，如果毛想要他的敵人害怕，只有紅衛兵能夠幫助他達到目的。如果在這個過程中傷害了一些人，那也隨它去。毛對暴力是縱容和默許的，因為它有效地震懾了他的政敵，不管他們是誰。暴力由此獲得戰略上的價值，成為文革「再次發動」的促發劑。

Mark Mazower在論述二十世紀世界歷史上的暴力和國家權力時說，對於暴力在「不同時期」、「通過不同媒介和不同國家權力形式」所起的作用要做「更細緻的分析」。[137]我們在考察中國在「文革」這一特別階段的情形時，重要的是要意識到此時「國家權力」不是整齊劃一、鐵板一塊的，同時由於最高層突然出現的裂變，北京區市一級的許多機構都陷於癱瘓。即使在這種情況下，雖然毛佔據優勢，但是一些個人和機構並非完全無所作為，而是在當時的條件下力所能及地對暴力加以約束限制。周恩來領導下的國務院就試圖讓一些「精英」紅衛兵管束胡作非為的

135 《毛澤東傳》，頁1486-87。

136 同上，頁1459-60。

137 Mark Mazower, "Violence and the State in the 20th Century", *American Historical Review,* October, 2002, 2.

紅衛兵。[138]我們在認真考察1966年夏天北京出現「紅色恐怖」的同時，也需要探究這股來勢洶湧的暴力浪潮為何和怎麼在入秋時迅速退卻。[139]應當指出，一些紅衛兵負責人是明確反對暴力的，[140] 但他們所倡導的「造反」精神一旦興起，便沒人能控制它會如何表現了。這也許是為什麼一些當年著名的紅衛兵領袖至今不能正視暴力問題的原因。

宋彬彬與「文革謎思」（mythology）

自1966年夏天起，宋彬彬在師大女附中八。五事件及此後全市範圍的「紅色恐怖」中扮演了什麼角色一直引人關注。宋之所以出名是因為她8月18日在天安門城樓給毛澤東戴上了「紅衛兵」袖章。在我最近對她的採訪中，她講了自己怎樣成為這個「幸運」（或從回顧的角度講「不幸」）的人。那一天大約1,500名北京中學紅衛兵被邀請登上天安門城樓。[141]有機會近距離見到毛澤東使這些年輕人異常興奮和激動，不久他們就在城樓上隨意走動起來，情況有些失控。[142]一些人向所遇到的黨和國家領

[138] 周恩來和他領導下的國務院在這一時期所起的作用值得認真考察。高文謙談到周要紅衛兵「學習掌握黨的政策，嚴格遵守紀律，……要文鬥，不要武鬥。」見高，頁139-147。一些精英紅衛兵在限制暴力氾濫上起的作用是一個值得考察的複雜問題。見印紅標，頁56。

[139] 據印紅標說，〔紅衛兵〕暴力在1966年9月中旬左右基本在北京市消失。見印，頁56。並見王友琴，頁224。王書中有北京市8月份和9月份死亡人數統計。

[140] 徐浩淵，「老三屆的過去、現在和未來」，《世界日報》，1997年3月30日；計三猛，「悲愴父與子」，收入于輝編，《紅衛兵秘錄》（北京：團結出版社，1993年），頁147-150；駱小海，〈致中央文革〉，引自卜偉華，〈清華附中紅衛兵成立後的一些情況〉，收入《中共黨史資料》，2001年12月，頁139-144。

[141] 關於毛澤東接見紅衛兵情況，見張輝燦口述，〈毛主席八次接見紅衛兵內情〉，《炎黃春秋》，2006年第四期。張當時負責接見活動的保衛工作。據他說，8·18那天之所以邀請紅衛兵上天安門城樓是因為天安門廣場上青年學生的激情和城樓上領導人（剛剛開完八屆十一中全會）的低沉情緒形成鮮明對照（張，頁18）。他注意到劉少奇、陳雲和賀龍都情緒低落。

[142] 同上，頁19。

導人獻紅衛兵袖章。有人注意到毛還沒有，覺得他也應該戴上一個。[143]一個男生在人群中從背後推了宋彬彬一下，大聲說：「你上」。這是一件在激情之下自發和偶然的事件。此後就是眾所周知的故事。對宋來說發生在瞬刻的事，影響了她的一生。[144]

此時女附中已經有了紅衛兵組織，宋是負責人之一。第二天全國各大報紙上都出現了她給毛戴袖章的照片，「宋彬彬」成了家喻戶曉的名字。在她與毛的那段廣為人知的對話中，毛問她的名字，她說叫「宋彬彬」，毛問：「是文質彬彬的『彬』嗎？」她說是，毛於是說：「要武嘛」。以後的說法是，宋彬彬把名字改成了「宋要武」，女附中的校名也改為：「紅色要武學校」。

關於「宋要武」一名的發明有段故事。據宋講，她從天安門回到學校後有一位《光明日報》的記者採訪了她。那位記者要她談與毛對話的內容以及見到偉大領袖時的感受。在採訪中宋並沒表示要改名字。第二天在報紙（《光明日報》）上出現了署名「宋要武」的文章，文章的樣稿事先沒給她看以征得同意。[145]從此之後宋彬彬有了眾所周知的新稱謂和新身份。她的名字成了「公共財產」。

8月18日以後的幾個月裡有很多傳言，說宋要武是卞之死和一系列其他死亡事件的責任人。多年來在許多人的頭腦中宋是個殺人惡魔，這一形象甚至出現在西方學者的研究著作中。[146]是啊，有什麼能比一個紅衛兵殺人狂把該組織的袖章戴在毛的胳膊上更說明問題呢？最近宋在紀錄片《早晨八、九點鐘的太陽》中出現（臉被暗影遮住），這是近四十年之後她第一次公開為自己澄清。但

143 一開始時學生們不知道是不是可以給毛獻袖章。他們徵得負責保衛的人同意之後才獻的袖章。作者對宋彬彬電話採訪，2006年7月30日。

144 同上。作者對宋電話採訪。

145 多年來宋一直希望找到當時採訪她的記者，當面問他為什麼不徵得她的同意就發表署名文章，並將她的名字給改了。最後她被告知那人當時是個實習記者，已經不在報社工作了。作者對宋的採訪，2006年5月12日。

146 見Emily Honig, p.259；Anne Thurston, p.149.

她不但沒能使事情平息反而引起了更多的質疑。問題集中在：在8・5那天她是否「打人了」，她對卞之死應付什麼責任。[147]

在上文對革命師生代表會及核心學生群體的討論中，我已部分觸及了上述問題。宋是代表會的四個副主席之一和核心學生群體的一名重要成員。但在8・5那天，她沒有與核心群體其他人明顯不同的表現。由於這個原因，如果不是因為她後來成為一個知名人物，我不會去特別關注她。但是她不僅在當年而且在今天仍然出名，不僅在中國而且在海外人們對她的興趣長盛不衰，因此值得對她特別關注。

關於8月5號她是否「打人」的問題，由於當天下午我不在學校，只能依據目擊者的敘述。近年來我採訪了九位當天在場的我的同班同學，並就宋打人問題專門詢問她們，沒有一個人看到或聽說宋彬彬參與打人。其他管道的資訊，包括我對數名其他年級校友的訪談，以及卞的丈夫王晶垚在事發後不久對若干人進行的採訪，也都沒有提到宋打人。因此，就我所知，沒有目擊者看到宋參與8月5號的打人。

在1967年某日與王晶垚先生的談話中，[148]宋說，她在卞倒下時看到了，但是在距離現場較遠的地方。看來她當時並沒有意識到卞情況的嚴重性。宋顯然不是核心群體學生中唯一知道情況的人。[149]如果她和其他核心群體的成員能夠及時把卞送到附近醫

---

147 電影上映後，網上關於宋彬彬在女附中8・5事件的角色有激烈的討論。

148 在此我願感謝王先生讓我看他對宋彬彬的採訪。王先生不記得採訪的具體時間，大約應在1967年的某天。從採訪的內容和語氣看，該訪談具有一定的可信性。事發後，王晶垚先生就卞死事件採訪了若干人，包括原女附中工作組負責人。

就王先生當年對她的採訪，我曾在本篇文章發表之前和之後多次詢問宋彬彬。她說她反覆搜索自己的記憶，無論如何想不起來她在卞死後曾見過王晶垚先生並和他談過話。宋說由於王先生的身份，如果有過這次見面談話，她應當記得，但她確實毫無印象了。在我聽來，宋彬彬的說法有一定道理。在這裡，我將這次王先生對宋彬彬的訪談做為一件「疑案」留存。——此段為作者新注。

149 在王先生的記錄中，宋提到她從遠處看到卞倒下時，身邊有其他核心學生群體成員（不是劉進）。——作者新注。

院，也許還有搶救過來的希望。但事實上卞被棄置在一輛垃圾車上兩個小時左右，無人理睬。如果當時有什麼人處在能夠救助卞仲耘的位置，那也只有核心學生群體的成員，但她們沒有及時採取措施。[150]

「8・18」以後宋彬彬成了紅衛兵的化身，在公眾眼中她是紅衛兵的「臉」。很快，紅衛兵就由於在「破四舊」活動濫打濫殺無辜而惡名昭彰。在這一背景下，宋打死多人的傳言不脛而走。[151]但沒有人親眼見到宋打人，更不要說打死人。因此對她8月18日以後打死人的指責也是沒有根據的，正像她自己在《八、九點鐘的太陽》中所申明的那樣。

然而，這一說法一直流傳至今。我以為，「宋要武」的故事與類似的「陳小虎」的故事是「文革」中最出名的兩個「謎思」。傳說中的「陳小虎」是陳毅元帥的兒子、殺人不眨眼的魔頭。[152]宋彬彬與陳曉魯（他是「陳小虎」名字的來源，陳毅元帥的兒子）都沒有過任何暴力行為，但兩人卻都因為與暴力有關的的傳言而深受其苦。

這些傳言並非空穴來風。宋彬彬是打死了校領導的學校的學生負責人，陳曉魯則參與組織過一個校際批鬥大會。結果會場失控，暴力橫行，儘管陳本人竭力制止。那次批鬥會是「8・18」之後不久召開的，開了一個很壞的頭，很可能促成後來北京暴力行為的升溫。[153]

[150] 劉進向我解釋了從她的角度講沒有及時救助的原因：她當時不知道卞已倒下並處在垂危狀態。不知為何原因，這一關鍵資訊沒有通達到她那裡。一旦聽說情況嚴重，她馬上趕到卞身邊，盡她所能將卞送往醫院。因為卞為「黑幫」，醫院一開始不願搶救。劉進堅持要醫院搶救，說「是生命就要救」。（作者2006年5月12日對劉進採訪。）由於劉進等學生（包括宋彬彬——作者注）和李松文等教師的堅持和努力，醫院最終同意搶救。我對當時參與救助的學生和教師分別進行了訪談。雙方都已不記得對方也參與了救助。

[151] 在1966年秋「大串聯」期間，我和同學曾在武漢或長沙看到宋打死七八個人的傳單。類似內容的傳單也可能同時出現在其他城市。我們沒人相信這張傳單的真實性。

[152] 見計三猛，頁144。

[153] 關於這次大會，見王友琴，頁137。所謂「陳小虎」打死人的謠言威力強大，以致陳曉

本文不打算探討有關宋和陳（特別是宋，她是比陳名氣更大的公眾人物）歷久不衰之謎思背後的複雜的政治、社會乃至心理方面的原因。我想說的僅是，關於「文革」還有許多未解決和未搞清楚的問題。這一事實使得有關「文革」的各種謠傳和謎思流傳至今。40年後，宋彬彬仍在為國家未償清之債付出代價。

王友琴關於女附中八。五事件的文章進一步強化了「宋要武謎思」。[154]宋在核心學生群體中的地位及她「文革」初期在學校所起的作用被王友琴突出和誇大了。更有甚者，王似乎認為宋彬彬之父宋任窮在八屆十一中全會上升任政治局候補委員與「8・18」之後「宋要武」名聲鵲起有某種聯繫。[155]作為當年女附中的一名學生和現在的一個歷史工作者，我看不出它們之間的關聯。1966年時宋彬彬19歲，應當能為自己的行為負責。把她和她父親的政治生涯系在一起是沒有道理的。這是不是「血統論」的翻版？

一個困擾人的問題：誰之過？

誰應為卞仲耘的慘死負責？這是一個困擾人多年的問題。四十年過去了，仍然沒有人站出來向卞的家屬道歉。年過八旬的王晶垚先生仍在等待。

毫無疑問，那起暴力事件的發起者和對卞施暴者（她們不一定是同一些人）要負責任。如果說事件的發起者是容易被確認的，[156]要指認在混亂場合下的打人者就不那麼容易了。況且，誰又說得清是哪一拳、哪一腳致卞於死命呢？無法找出這起事件的

魯不得不多年避走他鄉。多年後回顧這段經歷，陳沒有怨言。他說他對文革的經歷，「更多的是內疚和反省」，並說「我所受的迫害也是微不足道的。很多很多的人被整得很苦，這其中我也有一份責任」。見計三猛，頁167。

[154] 見王文。對宋的指摘貫穿其中。

[155] 見王，頁15。這兩件不相干的事情被放在同一段落裡，給人以它們之間有某種關聯的印象。

[156] 根據我對多位校友和老師的採訪，我認為找出事件的發起者是可能的。

終極責任人，這使卞之死悲上加悲。

在場的觀眾表現如何呢？據目擊者說，有時在場者多達數百人。她們是否也在某種程度上參與了這場「革命表演」呢？一位當年的學生告訴我，雖然她是個不情願的觀眾，但當校領導們擔不動沉重的沙土時，她也附和眾人一起喊：「打倒黑幫份子！」這是那些施暴者需要的效果。如果沒有觀眾，這場「戲」很難演下去。

核心群體的學生又怎樣呢？在打人最厲害的時候她們在哪裡？這是五位校領導之一、現在唯一活著的梅樹民老師提出的問題。[157]40年過去了，這仍然是一個沉重的質問。

我自己又會怎樣呢？在那個流血的下午，如果在場，我會為校領導們做些什麼嗎？很可能什麼都不會做。我會被嚇壞了。幾年前當我第一次見到王晶垚先生時，我為他寫下了這樣一句話：「作為當年女附中的學生，我感到有罪。」我的負罪感是發自內心的。

近年來，當年的紅衛兵一代人中有人提出個人的責任和懺悔的問題。[158] 面對這個錯綜複雜難題，靈魂的自省已經開始。在我就卞仲耘之死對原女附中同學的採訪中，大家腦子裡轉著一個共同的問題：為什麼名牌學校的「好女孩」成了殺人者？為了挖掘為什麼我們「失去了童真」（估且用這個說法），我們不能不認真審視「文革」前我們接受的教育。它越來越強調階級鬥爭，以之取代以前尚存的人文主義的教育。[159]這樣的探究是有意義的。

---

157 梅樹民2006年4月22日的談話。他並沒有用「核心學生群體」這一說法，他的問題是向「學生黨員們」提的。由於這兩個群體有一定的重疊，我在這裡仍採用「核心學生群體」的說法，以求一致。

158 見余開偉編，《懺悔還是不懺悔》（北京：中國工人出版社，2004年）。

159 在我最近出版的書*Growing Up in the People's Republic: Conversation between Two Daughters of China's Revolution*中，我和我的對話者馬笑冬（她文革前是北京另一所女子中學學生）認真梳理了我們從小到大受教育的每一步過程，以便找到問題出在哪裡。我們共同感到，文革前兩年左右，我們所受教育的方向和內容都出現了轉折性變化。今天回過頭去看，從那時起，我們及我們一代人被逐步培養成「文革中的我們」。請看這本書的中文版《動盪的青春中》有關章節。

1966年，我們中年齡最長者也不過20歲（高三學生一般為19歲），畢竟是年輕的學生。成年人又怎樣呢？那些市委、區委中對胡志濤在「人身安全沒有保障」時發出的求救之聲充耳不聞的幹部們，他們是不是也要負一定的責任呢？我想應該。

但是他們為什麼在危機的形勢下如此不負責任、如此無所作為？

這個問題將我們帶回本篇文章關注的重點：文革「再次發動」中有意製造的「亂」局，與此相伴隨的暴力，以及毛澤東應負的首要責任。

本文考察了1966年夏季中國北京發生的一起死亡事件。我將它置於文革「再次發動」的背景下論述，以便理解暴力在文革這一關鍵時刻所起的作用，上層和下層之間的互動，以及其他導致八・五事件最終發生的因素。2006年是「文革」40周年，也是卞仲耘校長去世40周年。謹以此文作為一份菲薄的祭禮，祭奠我昔日的校長，北京「文革」最早的犧牲者，四個孩子的母親卞仲耘。

好故事未必是好歷史
——再談卞仲耘之死

葉維麗

《記憶》登載了一篇美國哈里斯先生關於原北京師大女附中卞仲耘老師之死的文章，文中點了我的名，我覺得應該有所回應。

卞校長之死，是文革初期的一起駭人聽聞的暴力事件。該事件由於其發生的時間、地點，施暴者的性別、年齡，特別是施暴者與被害人的（師生）關係，在當年就震驚京城。多年過去了，文革中絕大多數暴力死亡事件逐漸淡出公眾視野，但卞仲耘之死，卻日益凸顯出來。近年來不斷有關於卞之死的電影和書籍、文章面世，最近又由校友們集資，在實驗中學（原女附中）裡為卞校長立了一座紀念銅像。為文革中死於非命的師長塑像，這應是開了先例。很多很多年以後，當文革成為遙遠的歷史，在眾多文革受難者中，一個叫卞仲耘的名字大概會流傳下來。她曾是北京一所最好女校的領導，在該校工作了17年。1966年8月5號，她遭受自己學生的毒打折磨，不治身亡。她是全北京和全中國第一個遇難的中學教育工作者。她之後，又倒下了一大批中學教職員工，使這個群體死於非命的人數在文革受難者中觸目驚心。她的名字應該被歷史記住。

作為原女附中的學生，我感謝所有提醒我們不忘記卞校長之死的人，包括哈里斯先生。一個人不必學過「法律」，也不必是「檢察官」，更不必為自己不是中國人卻關心中國事而解釋。文革是20世紀世界史上的一場大罪惡，但目前在中國卻公然遭到抹煞和遺忘，天底下關注它的人越多越好。

←卞仲耘銅像。實驗中學東樓一層會議室。
原北京師大女附中部分學生敬立。
2009年11月18日。

這是我對哈里斯先生文章的基本態度。

我曾經寫過一篇題為〈卞仲耘之死〉的學術論文。[1]在最近出版的中文書籍中，我也對我校「八五事件」進行了敘述。[2]寫出來，就是希望大家評頭品足，我非常歡迎批評。

哈里斯先生的文章沒有對我的具體觀點進行評論，也沒有對具體事實提出非議，卻質疑我在卞仲耘之死的問題上基本的是非立場。我願明確地對哈里斯先生說，對這樣的批評，我不能接受。我的文章和書籍都不難找到，請大家不妨自己去作評判。

《記憶》在推介哈里斯先生的文章時，將它稱為對女附中八五事件的「調查」。但嚴格地說，哈里斯先生做的不能算是調查。他在北京逗留期間用了25個小時與7人談話，這7人中，大多數人與女附中無關。如此草率匆忙，他的文章中有若干處事實上的硬傷就毫不奇怪了。

1 葉維麗：《卞仲耘之死》，見本書。原文為英文，作者署名「白芳」。
2 葉維麗：《動盪的青春：紅色大院的女兒們》，北京：新華出版社，2008年，第三章。

從哈里斯文中，不難看出他對八五事件敘述的基本脈絡：那一天，女附中「紅衛兵」肇事，殘忍批鬥校領導，導致卞仲耘死亡。當時紅衛兵的負責人是宋彬彬。13天後的八一八，宋登上天安門，給毛澤東戴上紅衛兵袖章，毛對宋說，「要武嘛」，由是表明毛批准「紅色恐怖」。哈里斯先生認為，卞仲耘之死一案也因此而獲得了「歷史意義」。

因為做關於卞校長之死的調查，我查閱了很多材料，對這個敘述脈絡十分熟悉。哈里斯先生在文中幾次提到的王友琴女士，就是照這個脈絡講述卞仲耘之死的。看起來，哈里斯先生受到王友琴女士很大影響。我和王女士都是當年女附中的學生，王上高一，我上初三，我們兩人近年來都為卞校長之死寫過文章。在關於八五事件的敘述上，我們在一些關鍵處有不同說法，在一定意義上，提供了有關事件的兩個版本。哈里斯先生對我的批評，也與這兩個版本的不同有關。我想，與其回應對女附中文革所知實在有限的哈里斯先生，不如借《記憶》的版面，直接與王友琴女士對話。這裡所引用的，全部來自《文革受難者》中的卞仲耘篇。[3]所以想公開地討論問題，不僅因為卞仲耘之死是極具影響的文革案例，值得一絲不苟地對待；也因為從我和王友琴女士的分歧中，或許能反映出文革研究中一些帶有普遍性的傾向。

在向王女士請教之前，我想先說，我對王女士多年來擔當「歷史義工」、為文革中慘死的「小人物」們伸張正義的作法十分敬佩，這個意思我在以前的文章中已有表達。這裡具體涉及的，僅與卞校長之死一案有關。

如果沒記錯，我和王友琴是見過面的，但沒有真正交流過。今天，我就借此機會向老校友請教吧。說實話，有些問題在我心裡已經存了很久。這裡會涉及到當年事件的一些重要細節，

3 王友琴：《文革受難者》，香港：開放雜誌出版社，2004年。

希望大家能夠耐心地讀下去。有個英諺說，the devil is in the details，或許可以翻譯成「真相在細節中」。作為一個歷史工作者，我不相信歷史能夠被「還原」，但我相信，經過努力，包括對細節的認真挖掘，可以儘量接近歷史真實。

我向王友琴女士請教五個問題：

一、8月5號時，女附中處在一個怎樣的形勢？是否存在一個名分明確、有職有權的「權力當局」？

王女士的說法是，7月底工作組被撤銷後，「控制學校的是紅衛兵組織以及工作組建立的『革命師生代表會』」；又說，卞死後的當晚，「女附中的權力當局」接見了她的丈夫王晶垚。即是說，王認為工作組撤走後存在著一個立即接管學校的「權力當局」，這個權力當局由紅衛兵組織和革命師生代表會共同組成。

根據我的調查和當年的記憶，7月底突然撤銷工作組後的一段時間裡，女附中陷入混亂、失序和相當無政府的狀態，並不存在王女士所說的那樣一個權力當局。這個問題是我和王友琴的一個重要分歧。

8月5號被打的五位校領導之一、副校長胡志濤在多年後的回憶文章中提到，8月4號下午她和卞仲耘在辦公室已遭到一些學生毒打，為此她曾不顧自己「黑幫」身份，在4號晚上和5號上午分別去西城區委和北京市委向有關部門呼救，說明「生命不保」的危急形勢，但無人理睬。[4]4號晚上回家後，她丈夫看到她的傷痕，問道，怎麼打得這麼狠？胡回答說，工作組不在了，沒人管了。「沒人管了」是胡志濤眼中女附中在工作組突然撤離後的狀況，而胡志濤在區委和市委的遭遇，說明當時區、市兩級權威機構在領導文革的問題上的不作為、甚至癱瘓的狀態。

[4] 胡志濤《八五祭》，收入胡志濤、丁丁著《生活教育論》，合肥：安徽教育出版社，1996年。

但說女附中完全「沒人管了」，似乎也不儘然。這裡需要提及由工作組建立的「革命師生代表會」。卞死前在醫院的搶救、死後向上級報告及第二天向全校公佈消息，都是由代表會負責人員做的，可見事情到了一定的地步，還是得由代表會出面張羅維持。但工作組撤離後代表會的身份變得尷尬，也是一個基本事實，否則就沒有必要在8月8號，由代表會學生成員中的基本骨幹發起，成立了一個叫「籌委會」的機構。改名換姓就是為了脫離和工作組的關係，「重打鼓、另開張」，「名正言順 」地管理學校事務。

因此，我的看法是，8月5號時的師生代表會，由於它的權力來源「工作組」轟然倒臺，使它「名分」不清，「餘威」猶存，更像一個「維持會」或「留守處」。據我瞭解，此時有一些學生（「反工作組」的學生）已不承認它的權威；代表會的個別原負責人，也認為自己因追隨工作組而「犯了錯誤」，不再任事。同時，工作組的突然撤離和毛澤東對派工作組做法的嚴厲批評給代表會的主要成員帶來極大困惑。8月5號當天她們在開會，議題是：工作組走了，文革怎麼幹？

其實，在歷史的這一刻，不要說中學生們，就連「老革命」們，從北京市負責人李雪峰、吳德到中央的劉少奇、鄧小平，都連呼不知怎麼幹了，從上到下一片混亂，胡志濤在西城區和北京市上訪無門就是明證。不誇張地說，整個北京都亂了套。有人認為，此時的京城正在發生由毛澤東發動的「十級政治大地震」。在這種嚴重失序和複雜詭譎的形勢下，說女附中仍然存在一個按部就班運作的「權力當局」，實在是無視風雲突變的大局對一所中學可以產生的劇烈影響。何況這所學校集中了中共黨政軍高層幹部子女，對時局的變化應該比一般學校更為敏感。

我在寫作關於卞之死的學術論文時遇到的一個挑戰，是如何向今天的讀者解說當年那個非常的時刻。為此，我下了相當的功夫，有興趣的讀者可以去看我的文章。在這裡，我只想簡要地說，研究卞仲耘之死離不開對當時文革形勢突變大局的把握。在我看來，這是理解該案的鑰匙。

1966年7月下旬8月中上旬，毛澤東自南方返京後，親臨第一線，再次發動文革。[5]這輪發動的關鍵詞是毛7月份給江青信上寫的「天下大亂」。這時的女附中，由於工作組的突然撤離和「對聯」（「老子英雄兒好漢，老子反動兒混蛋」）的橫空出世，處在一種亢奮、困惑、恐懼的混亂氛圍中（學生們往往由於「出身」不同而感受不同）。來自「上面」的資訊是，學生們應該「踢開工作組，自己鬧革命」、「自己解放自己」。沒有了工作組的約束，唯一的權威就是「最高指示」。「革命不是請客吃飯」成為當時最流行的語錄和對「革命」最權威的詮釋。要革命，就不能「溫良恭儉讓」，這是當時的信條。可以說，8月初的女附中達到了最高領袖所希望的「亂」，而「亂」和暴力如影隨形，這是中共歷次運動所證明了的。暴力有通過威懾打開局面的重要功能。在這一輪發動中，毛似乎有意借助暴力。（我在論文中對暴力的功能有探討，不贅述。）卞的死恰恰發生在這個節骨眼上。無獨有偶的是，8月5號當天，正在主持八屆十一中全會的毛澤東撤銷了此前劉少奇關於反對「亂鬥」的指示。在女附中校園發生的正是失控下沒有節制的亂鬥。

所以用了這麼長的篇幅來談這個問題，是想說明，在對女附中當時是否存在通常意義上的「權力當局」上，我和王友琴有不同看法；而不同看法的背後，是對當時文革大背

5 我對這一時間段文革史的理解，受到王年一先生《大動亂的年代》的啟發，該書1988年由河南人民出版社出版。

景的把握。我的主要觀點是，毛澤東「大亂」的指導思路，直接導致女附中校園相當程度的失序和無政府，暴力在這個背景下發生。（關於工作組撤離後的師生代表會的地位和狀況，以及代表會負責人在八五事件中的表現，我在署名「白芳」的論文中曾用了相當篇幅討論，在本期的女附中五人座談會中也有探討，在此不贅述。）

二、女附中當時是否已出現紅衛兵組織？該組織是否應對八五事件負責？

對這兩個問題，王友琴女士在多處做了肯定的回答。

我調查的結果是，7月31號，女附中成立了一個叫「毛澤東主義紅衛兵」（「主義兵」）的組織，主要由「反工作組」的高中學生組成。8月5號那天打人沒有她們的事。「主義兵」始終是少數派，從未在學校掌過權。

女附中還有一個叫「紅衛兵」的組織，參加的人數較眾。這是一個一哄而起、較為鬆散的「組織」。沒有證據證明這個組織在8月5號已經存在。這兩個紅衛兵是有明顯區別的，作為當年女附中的學生，王女士不應將二者混淆。

澄清是否存在「紅衛兵」的問題，是為了在事實上力求準確，也是為了從一個重要的方面反映當時的氛圍：個別班級的一些學生有資格、也有能力在全校發起鬥爭校領導，這只能是在一個極度混亂、相當無政府的非常時期才可能發生。不僅如此，自發的行動正是毛澤東宣導的，學生們起事的資格來自最高領袖對「自己解放自己」的鼓勵。因為是「正當時令」的「革命行動」，無人敢質疑其合法性，頂多是像師生代表會的一些負責人那樣，在事件進行的過程中做些無濟於事的勸阻。

需要指出的是，在血統論無比猖獗的8月份，「革命」是要有資格的。發起鬥爭校領導的學生應以「紅五類」幹部子女為主，紅衛兵在女附中出現後，她們很有可能是紅衛兵，但八五那天她們不是以紅衛兵身份發起鬥爭校領導的。

三、王女士是否知道8月5號那天發起鬥爭校領導的始作俑者，就是女士同班高一3班的某些學生？

高一3班在那天所起的關鍵性作用，是當年女附中很多人都知道的。我在調查中，訪問了班主任艾老師和若干位原高一3班學生，她（他）們都非常坦率地說到這個基本事實。老實說，對那天鬥人時，誰格外活躍，大家也都心中有數。事過多年後，艾老師仍然不理解，一個文革前「不起眼」的班級怎麼會在文革後突然瘋狂。

我的遺憾是，沒能找到當年的「活躍分子」，直接和她們交談，瞭解她們當時的心態和今天的想法。據說，多年來高一3班從未有過全班聚會，一些人的蹤跡已難以找尋。

在提及八五事件發起人時，王女士僅用「高一年級的紅衛兵」作為主語。很難想像，作為高一3班的一員，王女士不知道她同班同學的關鍵作用。在當時和後來，王女士都有其他班級的人所沒有的優勢，來瞭解批鬥校領導的活動到底是如何策劃發起的，誰是主要的組織者，以及她們事先是否知會師生代表會。今天，所有這些重要資訊都已模糊不清（據原師生代表會的負責人說，她們事先並不知道。其實，她們即使知道，也只能支持學生自發的「革命行動」）。在這些關鍵問題上，王女士並沒有給我們提供任何幫助。如果王女士明明清楚是本班同學發起的，但出於種種原因希望模糊淡化這一事實，我可以理解。我不理解的是，為什麼王女士總在突出和強調宋彬彬的作用？這是我下一個問題。

四、為什麼多年來王友琴女士一直將矛頭指向既沒有發起鬥爭校領導、也沒有參與打人的宋彬彬？

有關宋彬彬的問題，因為涉及到我認為非常重要的文革研究中帶有普遍性的傾向，我會在後面做比較詳細的討論，這裡僅僅提出問題。

五、王友琴女士在關於卞仲耘之死的調查中，提到一份包括宋彬彬在內的七人名單。學「法律」的哈里斯先生將此名單認定為宋彬彬等紅衛兵應對卞之死負責的「證據」。由王友琴女士做顧問的胡杰影片《我雖死去》也給人以這份名單的重要性非同小可的印象，可見這份名單在王女士敘事版本中舉足輕重的分量。請問王女士是否對該名單做過認真調查？是否知道這個名單是誰的筆跡？當時做什麼用途？

關於這份名單，王女士是這樣說的：王晶垚先生在卞去世後趕到醫院，因為不認識在場的人，王先生請求「女附中權力當局」寫下他們的名字，事後他保留了這份有七人名字的紙片。王女士說，「這七人中有六人是紅衛兵，名單的第一個名字是宋彬彬，該校高三的學生，紅衛兵負責人」。

據我瞭解，這份名單是李松文老師寫的，他豎著寫了七個人的名字。閱讀豎排字的通常順序是從右到左（而非王女士的從左到右）。名單中第一名是李老師本人，也是七人中唯一的教師，最後一名是宋彬彬。六個學生中，三名高二學生，三名高三學生。當時的情況是，8月5號傍晚7點多鐘卞

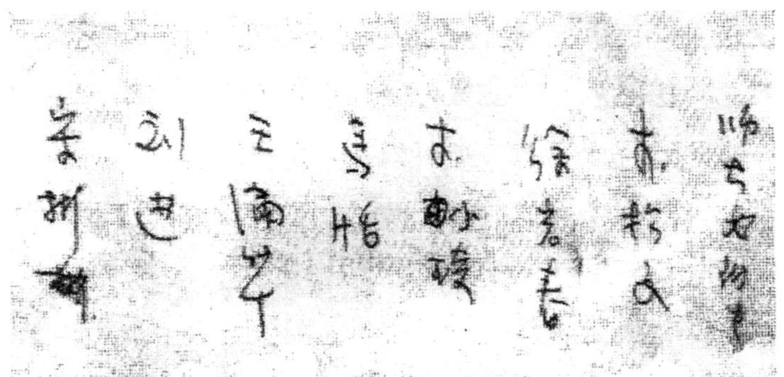

←七人名單

校長終於被送到郵電醫院，師生代表會教師代表李松文老師和其他幾位教師、師生代表會主席劉進、副主席宋彬彬和其他一些學生，都參與了送卞仲耘入院的過程。到了醫院後，起初院方不願救治，要求出示學校證明，因一時無法做到，而時間不等人，李松文老師簽名作為擔保，並征得學生同意，寫下了在場他認識的六個人的姓名，共同承擔責任，這樣醫院才進行了搶救。（多年後還有原女附中老師說，很佩服李松文當年的膽量。）當然，這時的搶救已經無效。關於這份名單，最近有原女附中學生做了詳盡的調查。我希望這個調查能夠和大家見面，這裡僅作簡要說明。

這份名單後來到了王晶垚先生手中。看起來，王先生對它的記憶有誤差。事隔多年，有誤差不奇怪。作為研究者，王女士應調查核實，起碼該找找健在的李松文老師。

上述五個方面涉及了女附中八五事件的一些核心問題。我和王友琴女士對該事件敘述的基本不同，或曰我們兩個「版本」的基本區別，在這五個方面有清晰的反映。

現在，我想再回到第四個問題上，集中談談與宋彬彬有關的「事兒」。

坦白地說，我在寫作關於卞仲耘之死的學術論文時，並不願意涉及宋彬彬，原因在於，我沒有找到任何宋在8月5號參與組織遊鬥卞仲耘或其他校領導的證據。如果說，我以前不想糾纏宋彬彬的問題，是認為這與嚴肅的學術討論無關，現在我願意認真地對待它。所以這樣做，是因為王友琴女士不斷將我們的注意力引向宋彬彬，也因為關於宋彬彬「宋要武」與八五事件有關的說法，不自王女士始，而是流傳了幾十年，長盛不衰，這本身就是一個值得歷史工作者注意的有趣現象。

仔細閱讀王友琴女士關於卞仲耘之死的調查，不難看出她時時將注意力鎖定在宋彬彬身上，但關於宋與八五事件的關係卻又語焉不詳。王女士沒有提供任何證據證明宋參與策劃發起遊鬥校領導的行動，也沒有任何證據證明宋具體參與了對包括卞仲耘在內的校領導的言語辱罵和人身傷害。但同時，宋彬彬又是王女士文中唯一被點名的人，她的名字反覆出現在王女士的敘述中。她與八五事件到底是什麼關係？在這最關鍵的問題上，讀者似乎得順著王女士的敘述邏輯，得出自己的推論：八五事件是紅衛兵的行動→宋彬彬是紅衛兵負責人→作為負責人，宋彬彬應該負責任。

不僅在八五事件上王友琴女士突出了莫須有的「紅衛兵負責人」宋彬彬的作用，就是6月初文革開始以來女附中的一系列重大事件，如「第一張大字報」，師生代表會的成立，和向鄧小平彙報，宋彬彬都是唯一有名有姓的學生，其他人都成了她後面的「等」。

文革開始以來，宋彬彬確實是主要的學生積極分子之一。但如果一定要在文革初期的女附中找出一個學生「頭兒」，這個頭兒應該是劉進，不是宋彬彬。「第一張大字報」是劉進發起寫的，宋彬彬與另一個學生參與簽名；在師生代表會裡，主席是劉進，宋是四個副主席之一（而並非像王女士所說的，「主任」是工作組長，「宋彬彬等」為「副主任」）。沒有任何證據說明在文革初期骨幹學生群體裡，宋彬彬比劉進更重要。不提劉進，只提宋彬彬，對於熟悉當年女附中情況的人來說，是有些奇怪的。

但認真一想，又並不奇怪。是「宋要武」害了宋彬彬，是「八一八」改寫了「八五」，也改寫了文革初期以來的女附中歷史。

自從八一八宋彬彬上天安門給毛澤東戴紅衛兵袖章，成了紅衛兵的「臉」，宋彬彬就不再屬於她自己，甚至連叫什麼名字都無法做主了。（這裡加一句：在得到上天安門的通知後，是劉進決定由宋彬彬帶領四十名女附中學生上天安門，劉本人和多數學生留在廣場。）因為毛澤東一句「要武嘛」，宋彬彬在全國人民心中變成了欽定的「宋要武」。八一八後局勢的迅猛發展，使北京成為「紅色恐怖」的無底深淵，「紅衛兵」成了無法無天、草菅人命的代名詞。還有什麼比「要武」二字更能精煉地概括暴力橫行天下的恐怖？而這個「宋要武」正好來自剛剛打死校長的學校，還有什麼能比這更說明問題！「宋要武」頓時成了一個鮮明的符號，一個濃縮的象徵，在很多人的心目中，它代表的是以幹部子女為主體的「紅衛兵」的蠻橫、暴虐，對生命的極端漠視，和對法制的任意踐踏。不要忽略宋彬彬是東北局書記宋任窮女兒的家庭背景，這一背景也是王女士刻意提醒讀者的：一個來自打死校長的學校的高官的女兒。不經意中，19歲的宋彬彬背負了沉重的歷史和政治的十字架。

「宋要武」迅速地成為了傳說，在大江南北不脛而走。1966年10月我和我的同學們在南方串聯，看到一份到處張貼的傳單，上面說宋要武打死了多少人，印象中有六七個人之多。記得我們看後一笑置之，覺得編得太離譜。

但既然是「宋要武」，怎能與發生在她自己學校打死校長之事無染？她必得有染才是宋要武，她必得殺人如麻才是宋要武。於是就有了上面提到的1966年秋天的傳單。

令人遺憾的是，事隔多年後，王友琴女士仍然沒有脫離「宋要武傳說」的窠臼，所以才在她的敘述中，出現了女附中在8月初即存在紅衛兵、紅衛兵打死了校長、宋要武是紅衛兵負責人等一系列說法，也才有了宋彬彬在文革之初即為女附中造反學生第一人的指認。如此，才能圓「宋要武傳說」，成全一個有頭有尾、「順理成章」的「故事」。也只有頭尾連貫，才使得女附中八五事件在哈里斯先生眼裡獲得「歷史意義」。宋彬彬成為賦予八五事件歷史意義的關鍵人物，連接了8月5號的女附中校園和八一八的天安門大舞臺，因此，就註定了她在八五那天不能因工作組的撤離而心感迷茫，不能在鬥校領導事發後反應乏力、勸阻無效，不能最終出現在將卞仲耘送往醫院的人群中，不能連夜和另外幾個學生一起向上級彙報，而只能做打死校長的「紅衛兵」的「負責人」。

美國有一位叫柯文的中國史學者，在他的題為《歷史三調》的書裡，談到歷史書寫時，有這麼一句話：What comes after cannot influence what came before，[6]這句話的意思是，後面發生的事情不能倒過來影響已經發生了的事情。我在琢磨「宋要武傳說」到底是怎麼回事時，這句話給以我啟迪。我們眼前看到的，是一個典型的「後面發生的事情」影響「已經發生了的事情」的例子。

其實，柯文說的這一歷史書寫中的傾向，古今中外都不罕見；在中國文革史的書寫中，這個現象可以說比比皆是。不說別的，就說對林彪的研究，一個「九一三事件」，就抹煞了歷史上的林彪和他的戰功，明明會打仗也成了不會打仗。在中國二十世紀其它時期的歷史研究中，這種例子也不乏見，使歷史喪失了公信力。在這個意義上，女附中的例子不是孤立的個案，而有相當的代表性。

在《歷史三調》中，柯文討論了「神話」（myth）現象，認為這是人們和「過去」發生聯繫的一個重要方式，而且往往比嚴肅的歷史書寫更容易深入人心。我馬上想到的一個例子，就是《三國演義》比《三國志》更為人們熟知。一提起曹操，就是《三國演義》裡的大奸雄，而對歷史人物曹操，既沒有多少人瞭解，也沒有多少人感興趣。拿宋彬彬和曹操相比，極不恰當，但人們對「宋要武」的興趣遠遠超過真實生活中的宋彬彬，卻是實情。Myth（神話）所以能夠流傳久遠，是因為它往往表達了人

6 Paul Cohen, *History in Three Keys: The Boxers as Event, Experience, and Myth,* NY: Columbia University, 1997, p.62.《歷史三調：作為事件、經歷和神話的義和團》，杜繼東譯，江蘇人民出版社，2000年。

們心中受到壓抑的訴求，甚至可以成為人們對現實批判的一種方式，因而有深厚的「群眾基礎」。有時myth甚至可以成為一些人堅守的「信仰」，觸犯它會激起「眾怒」。

我的感覺，經過多年「發酵」，「宋要武傳說」已具備這個特點，質疑它會激起人們強烈的情緒反應。我署名「白芳」的文章在網上發表後，我對此已有領教。有意思的是，對「宋要武傳說」不但在中國、在外國也有人「追捧」，哈里斯先生就是個例子；不但普通百姓，嚴肅的學者也無法「免俗」。就在最近，一位在國內頗受尊重的學者仍在一份很有影響的雜誌上重複此說。柯文說，myth雖然偏離歷史真實，但對瞭解人們的心理、精神和情緒有重要價值，具有心靈史上的意義。學者也是人，胸中也有塊壘，有時也要借題發揮，而對某一說法是否有事實根據未必總那麼在意。應該承認，「宋要武傳說」是個「好故事」，對今天的中國頗有寓意。但好故事未必是好歷史，事實上，好故事往往不是好歷史。作為一個歷史工作者，我別無選擇，只能有一說一，有二說二。哈里斯先生說我是「宋彬彬和劉進的朋友」，我最初的反應是不值一駁，但又一想，覺得這背後的思維方式很成問題。對不同意見，不是就事實和觀點進行辯論，而是對我和宋劉二人的關係進行主觀臆測，這不夠高明。至於要解釋「宋要武傳說」是如何形成的，為什麼幾十年來長盛不衰，值得認真寫一篇論文，在這裡無法展開。但說到底，與文革從未得到過徹底清算，與人們對中國現實的種種不滿，應該有密切的關聯。這就是為什麼我對王友琴女士其實有「同情的理解」。

為了寫這篇文章，我再次翻看了王女士的《文革受難者》，再次被女士挺身為文革中遇難的「小人物」代言而感動。我們雖然在關於女附中八五事件的敘述上有諸多分歧，但我們用自己的心血，提醒人們不忘人類歷史上無比殘暴血腥的一頁的目標是一致的。我們兩人均在海外，有很多國內沒有的便利條件。目前，文革研究在國內幾成禁區。在這種情況下，有條件做文革研究的人，就更有責任力求在事實上準確嚴謹，切記道德評判不能代替事實考證，政治正確不能代替事實準確，這樣才能在歷史上站住腳。我欣賞胡適的一句話：「有幾分證據，說幾分話；有七分證據，不說八分話」，願與王友琴女士共勉。

最後，我想對哈里斯先生說，你提出了一個很好的問題：誰之責？哈里斯先生不滿意將一切責任都推給毛澤東，我也不滿意。和哈里斯先生不同的是，我不認為卞仲耘之死的慘劇是個易於審理的法律問題。法律不是全能的，特別是應用於由最高領袖有意製造的「天下大亂」的非常時期。在一度出現「你一下、我一下」眾人參與打人的混亂情形下，到底誰是「兇手」？在「革命不是請客吃飯」成為很多人最高信條的時代，如何判斷個人還剩下多少「自由意志」和「是非標準」？這樣說，絕不是否認個人應負的責任，而是說，事情不像哈里斯先生想的那樣簡單明瞭、黑白分明。但同時我也認為，即使在那樣一個癲狂的時代，不管怎麼有限，仍然存在一定的個人選擇空間。我曾自問，如果當時我在場，會怎麼做？我知道，我會嚇壞了，我甚至會在心裡譴責眼前的暴力，但我絕不會有膽量上前阻攔，我不具備那樣的道德勇氣，我所受的教育不足以使我那樣去做。

我想，四十多年後的今天，我們要做的不是去「抓兇手」，而是每個人面對自己的良知。我們都已鬢髮灰白，夜深人靜時，我們是否曾捫心自問？就像當時選擇怎麼做是要經過每個人的大腦一樣，今天的反省也只能是個人的。在調查瞭解卞校長之死的過程中，我發現我和我很多校友們共同的問題是：

為什麼當年北京最出色的女校的學生，會做出如此傷天害理的事情？

我們都在追問。

工作組與師大女附中文革

李紅雲

文革初期，在派工作組問題上，中央高層曾發生過重大分歧。這也曾是劉少奇、鄧小平被打倒的一大「罪狀」。

在1966年6月1日文革初期的混亂局面出現之後，中共中央決定向大學和中學等單位派出工作組。7月26日，在中央政治局常委擴大會議上，根據毛澤東此前的兩次談話，決定撤銷工作組。7月28日，北京市委正式發出《關於撤銷各大專院校工作組的決定》，文件註明「這一決定也適用於中等學校」。[1]

從工作組派出到工作組撤銷僅短短不到兩個月的時間，在這段時間發生的事情，反映了中央高層對文革理解、指導上的深刻分歧。也正是在這段時間裏，在許多大學和中學，紅衛兵和造反派與工作組發生了激烈的衝突。

重新回顧和審視這一段歷史，可以瞭解毛與劉鄧在工作組上的重大分歧，以及後來紅衛兵運動的形成和發展。對整個文革研究都有重要的意義。

本文擬選擇當時的北京師範大學附屬女子中學（現「北京師範大學附屬實驗中學」）（以下簡稱「女附中」）工作組從派遣、開展工作到撤銷的整個過程作為個案進行研究。這主要是由於女附中是當時北京市中學中一所非常特殊的學校。她不僅是當時北京錄取初中高中學生分數最高的中學之一[2]，而且因其集中了

[1] 參見鄭謙、張化著：《中華人民共和國史1966-1976》，人民出版社，2010年，頁40。

[2] 北京當時的教育制度是小學升入初中和初中升入高中均進行全市的統一考試。

中共第一代領導人及黨政軍高層幹部的女兒們而名聲顯赫。而文革期間女附中的工作組更是和鄧小平有直接的聯繫。此外，還有一個私人的原因：筆者當時是女附中初中二年級的學生，是那場運動的親歷者。

需要指出的是，本文是在史實和史料的基礎上進行的學術研究，這裏使用的資料是公開出版物，包括注明「內部發行」但是公開的書面文字。此外，當時的原始資料也是本文使用的重要資料，它們是，1、文革中女附中署名「星火燎原聯隊」[3]於1966年10月後編輯的《師大女附中無產階級文化大革命兩條路線鬥爭大事記（1966.6.1-10.3）》（以下簡稱《大事記》）。2、女附中高二學生羅治當時的筆記（以下簡稱「羅治筆記」）。3、女附中高三年級一位學生的日記[4]（以下簡稱「《日記》」）。4、筆者的日記，以及女附中校友保存的一些原始資料。

本文的研究不針對任何個人，包括原工作組的成員。

一、工作組進校

1966年6月1日，中央人民廣播電臺全文播發了北京大學聶元梓等人的大字報，其矛頭直接指向被稱為「黨內一小撮走資本主義道路的當權派」——北京市委領導宋碩（宋當時任北京市委候補委員、市委大學科學工作部副部長）、北大黨委書記陸平、副書記彭佩雲。《人民日報》同時發表社論〈橫掃一切牛鬼蛇神〉，社論中稱：「一個勢如暴風驟雨的無產階級文化大革命高潮已在我國興起。」

6月2日，《人民日報》第一版以醒目標題〈北京大學七同志一張大字報揭穿了一個大陰謀〉全文發表了聶元梓等人的大字

3 「星火燎原聯隊」為女附中文革初期成立的一個以教師為成員的群眾組織。

4 該日記為范世濤先生收集並保存。謹此致謝。

報，並配發了評論員文章：〈歡呼北大的一張大字報〉。同時，《人民日報》還發表了社論：〈觸及人們靈魂的大革命〉指出：「你是真贊成社會主義革命，還是假贊成社會主義革命，還是反對社會主義革命，必然要在怎樣對待無產階級文化革命這個問題上表現出來。」[5]

在當時新聞傳播的手段僅僅是廣播和報紙的情況下，中央人民廣播電臺的廣播和《人民日報》的文章，就是黨中央毛主席的最高號令。因此，6月2日傳遞的資訊已足以讓包括女附中學生在內的許多青年學生極度亢奮。文革中出版的《毛主席的革命路線勝利萬歲》一書中，用這樣一句話形容當時的形勢：「全國各地和北京市各單位的革命群眾紛紛聲援北大的無產階級革命派。革命的烈火迅速在北京市和全國燃燒起來。」[6]

6月2日，女附中的三名學生預備黨員劉進、宋彬彬、馬德秀在學校貼出了第一張大字報，題目是「校領導把我們引向何處？」大字報指出：「外界革命形勢轟轟烈烈，而學校卻是死水一潭，學校一心想引導的是讓我們進行高考復習。」[7]這張大字報的矛頭指向並不十分清楚，有指向北京市委的，有指向北大彭佩雲的。[8]它在學生中引起了強烈的反應。有人歡呼，有人質疑，也有人跟著貼出揭發校領導的大字報。學校立即召開全體黨員會議，會上，副校長胡志濤[9]強調要「一致對外」，「區別兩類矛盾」。

5 《人民日報》1966年6月2日。

6 佚名：《毛主席的革命路線勝利萬歲——黨內兩條路線鬥爭大事記（1921年7月-1969年4月）》，北京：1969年7月1日，頁365。

7 見馮敬蘭等：〈也談卞仲耘之死〉，《記憶》47期，2010年4月30日。

8 胡志濤：〈八五祭〉，載胡志濤、丁丁：《生活教育論》，安徽教育出版社，1966年。

9 當時女附中隸屬北京師範大學，未設校長一職，黨總支書記兼副校長為卞仲耘，胡志濤為副校長。

6月3日早上、晚上都召開了黨員大會，矛頭對準了寫大字報的三名學生黨員。有學生撕掉了給校領導貼的大字報。[10]一時間，學校陷入從未有過的混亂之中。[11]而此時，校領導的權威已經失去，校黨總支和行政管理機構基本陷入癱瘓狀態。北京其他學校的情況也大致如此。

工作組就是在這種情況下派出的。

派工作組的決策過程，沒有留下原始的文字記載。大致的經過是根據現有的資料和當事人的回憶整理而成。[12]

其實，在6月2日之前，中央已將兩支工作組派出，即：5月30日派到人民日報的工作組和6月1日晚十點多鐘進駐北京大學的工作組。這兩支工作組的派出是根據5月29日，劉少奇、周恩來、鄧小平等同志開會研究，並經29日和30日請示毛澤東，獲得毛的同意後派出的。[13]

6月3日，劉少奇主持中央政治局常委擴大會議，彙報和討論北京地區「文化大革命」的情況。周恩來參加了這次會議，在《周恩來年譜》中有如下記載：

> 1966年6月3日 參加劉少奇主持的中共中央政治局常委擴大會議。會議制定了內外有別，注意保密，大字報不要上街，不要搞示威遊行，不要串連，不要搞大規模聲討會，不要包圍「黑幫」住宅，不准打人和侮辱人等八條規定。會議還同意李雪峰提出的對領導癱瘓的學校派工作組的意見，決定派工作組到大中學校協助領導文化大革命。[14]

10 星火燎原聯隊編：《大事記》，1966年。

11 詳見范世濤：〈文革是怎樣發生的——以北師大女附中為例〉，載《記憶》第82期，2012年3月31日。另見馮敬蘭等：〈也談卞仲耘之死〉，載《記憶》第47期，2010年4月30日。

12 黃崢編著：《劉少奇的最後歲月1966——1969》，九州出版社，2012年1月，頁131。

13 同上，頁131-132。

14 中共中央文獻研究室編：《周恩來年譜》（1949——1976下卷），中央文獻出版社，由此可見，這次會議有兩項重要決定，一是制定了「中央八條」；二是向大中學校派出工作組，其任務是協助領導文化大革命。派工作組的意見是李雪峰提出，經與會者一致做出的。目的是要把學生限制在校園內，消弭動亂。[15]並力圖把運動納入黨的領導的軌道。派工作組的決定做出後，大學工作組的成員主要從中央、國務院有關部委中抽調，中學的工作組由團中央抽調。

當時為什麼要派工作組，據王年一分析，主要的依據是以下四點。

> 第一，大、中學校領導已經癱瘓或將要癱瘓，情況混亂。這是最現實的情況。為了堅持黨的領導，工作組非派不可。第二，廣大師生員工要求派工作組。如北京各校向北京新市委要求派工作組。工作組去時，學生很歡迎，敲鑼打鼓。第三，有例可循。毛澤東批准了派工作組進駐人民日報和北大。第四，派工作組是傳統的、慣常使用的工作方式。[16]

6月3日傍晚時分，由團中央幹部組成的工作組來到了女附中，西城區工作組的負責人為胡啟立，女附中工作組組長是張世棟。[17]他們是在黨員正在開會批評寫大字報的三位學生時直接進入會場的，進來後他們宣佈工作組正式進校，並對貼大字報的劉進等人表示了支持。並且說：「你們是毛澤東時代的好學生，你們做得對，你們做得很好。你們跟中央的形勢跟得很緊，我們來和你們一起參加鬥爭，並且向你們學習。」[18]這應該是第一個進

1997年5月版，頁35。

15 米鶴都：《心路　透視共和國同齡人》，中央文獻出版社，2011年8月，頁101。

16 王年一：《大動亂的年代》，人民出版社，2009年5月版，頁27。

17 據梅樹民同志（時任女附中教導處副主任）回憶：6月3日傍晚，以胡啟立為首的西城區工作組派了以張世棟為組長的五人工作組進入學校。見《北京師範大學附屬實驗中學校史1917-2007》，湖北長江出版集團，長江文藝出版社，2007年9月，頁138。

18 資料來源：《羅治筆記》。本文中提到女附中工作組的講話，如無特別說明均來自於《羅治筆記》。

駐中學的工作組，也是繼向北京大學派出工作組後派出的第二個工作組。

6月4日，工作組進駐女附中，並受到師生的熱烈歡迎。當日，羅治的筆記中記載：「張士棟領導的工作組來了，胡克實同志也來了！」《日記》的作者寫道：「同學們高興極了，校園裏到處可以聽到『毛主席派人來』的歌聲，到處可以看到『毛主席派來了工作組』的標語。新的戰鬥即將在工作組的領導下開始。」[19]

6月5日以後，以北京新市委名義派出的工作組陸續進駐北京的大學和中學。

二、工作組進校後的情況

工作組進校後在6月4日和6月6日，召開了全校師生大會。在會上工作組成員作了講話，並傳達了有關領導同志的講話。根據羅治筆記記載，工作組講話的主要內容如下：

1、工作組肯定了女附中的形勢，肯定了劉進等人寫的大字報。「大字報從總的來講是保衛社會主義，保衛黨中央，保衛毛主席的大字報。」「我們女附中是一派大好的革命形勢。看了真叫人歡欣鼓舞。」

2、工作組強調：要在黨的領導下進行文化大革命。因為：「新的北京市委已經組成了，新的北京市委是選派了毛主席的好學生組成的。新的市委機關報《北京日報》改組了，《北京日報》已經是我們黨的機關報了。北京市委是毛主席派來的。我們北京的群眾和學生都要擁護新市委的領導。」

[19] 女附中一高三學生的日記。

3、工作組注意了對學生的引導。「在問題沒有弄清前，毛主席告訴我們，要用解決人民內部矛盾的方法來解決。」「希望同學們揭露具體事實，前一階段我們義憤填膺，表明態度要誓死保衛黨中央，保衛毛主席。但是光有熱情，運動往往不能深入，我們要踏踏實實把教學中的黑線搞掉。」在細節上，工作組也告訴學生：「不要寫人家的私生活，男女關係」，「這樣容易轉移目標」。「政治歷史問題我們不要寫大字報，這樣容易給壞人鑽空子，這樣的問題要通過組織調查解決。」

4、在對待教師的問題上，工作組指出：「老師絕大多數是要革命的，要好好發動他們。一切革命的師生團結起來，共同搞革命。」

在6月4日的會上，女附中副校長胡志濤還傳達了北京市新市委領導召集北京市中學書記、校長、教師、學生代表的會議精神。在這次傳達中，羅治清楚地記下了「中央八條」的內容。

6月6日，工作組再次強調：

> 中央的八條規定主要精神就是放手發動群眾，支持群眾。應該懂得什麼事都有兩個方面。紀律是要有的，不約束就亂了，約束是為了更好地發動群眾。
>
> 有幾點注意：
>
> 1、不要著急。鬥爭是長期的、複雜的。被貼大字報的人要不要表態，由他自己決定，這是決定他是革命派還是保皇派的關鍵。
>
> 2、不要圍住那些被揭的人。
>
> 3、要貫徹政策，不要打罵人。
>
> 4、遇事要沈著，不要盲動，幹革命要有秩序。[20]

[20] 資料來源：《羅治筆記》。

6月6日，在工作組主持下，成立了女附中革命師生代表會。代表會由七人組成：五名學生，兩名教師。而最早貼大字報的學生劉進、宋彬彬、馬德秀均為代表會的成員，此外兩名學生是耿麗蘭和尹斐。五人均為幹部子女。這表明，工作組首先貫徹的是「階級路線」。即：依靠紅五類子女[21]（在女附中就是依靠幹部子女），團結和教育其他非剝削階級家庭出身的子女，改造和鬥爭剝削階級家庭出身的子女。

工作組進校後，新秩序建立。原來各班的團支部、班委會被廢除，班主任靠邊站，取而代之的是班核心小組。工作組——師生代表會——班核心小組，成為學校新的三級組織。[22]在教師中也成立了核心組。

從上述情況來看，工作組進校後嚴格貫徹6月3日中央政治局常委擴大會議的精神，尤其是「中央八條」，緩和學生與校領導教師之間的緊張關係，努力把運動納入黨組織領導的軌道。

6月8日、9日、10日，工作組通過各班的代表向學生佈置了學習的要求：要以毛主席著作為武器，學習6月1日以來的社論。在大字報問題上，工作組主張「要提高大字報的質量」；「要好好討論，要有材料，有分析」。同時，工作組再次強調，要「執行政策：不打人，不罵人。這是考驗人的立場，考驗你聽不聽黨的話的問題」。

6月13日，即就是工作組正式進校後的第九天，工作組召開全校師生大會。會上揭發批判了黨總支書記兼副校長卞仲耘河胡志濤。大會事先指定了八個人發言。[23]會上，工作組這樣總結了這一段的工作：

[21] 「紅五類」即革命烈士、革命軍人、革命幹部、工人、貧下中農的子女。

[22] 《記憶》第47期。

[23] 見星火燎原聯隊編：《大事記》，1966年。

這幾天運動怎麼樣？好得很！因為我們學校的文化革命進入了一個新的高潮，新的階段：

1、廣大師生員工對文化革命在認識上有很大提高，並積極行動起來了，對修正主義黑線和代表人物進行大量揭發，大、小字報已經貼出一千多張了。廣大師生員工行動起來了，勇敢批評。

2、建立了師生代表會，把革命的師生組織起來了。

3、從6號開始上課。文化大革命、上課和學毛選等，建立了新的革命的秩序。

4、出現了一大批有材料、有分析、有分量的切中要害的大字報。鬥爭水平和戰鬥力不斷提高。

5、廣大師生思想覺悟、階級覺悟有了飛躍的提高。幾天的進步超過幾年。立場堅定了，鬥爭性增強了。

6、取得了一些經驗，為下一步鬥爭打下了良好基礎。[24]

在這次總結中，工作組再次強調：「要堅決執行中央八條規定，建立一個更健全的新的革命秩序。這樣可以更有利於鬥爭，提高戰鬥水平。」

6月15日，工作組西城工作隊隊長胡啟立指示工作組要在教師中「排隊」。所謂「排隊」，實際就是沿用「四清」[25]運動中的做法，將學校中的幹部和教師分為四類，即：好的，比較好的，問題多的，性質嚴重的。[26]

這一階段（6月3日到6月16日），在將近兩週的時間裏，工作組在進校後按照中央政治局常委擴大會議的精神，貫徹執行

24 資料來源：《羅治筆記》。

25 「四清」即：清政治，清經濟，清組織，清思想。

26 「北京市中學文化革命的初步規劃」（1966年7月14日送審稿）」，載《批判資料：中國赫魯雪夫劉少奇反革命修正主義言論集（1958.6——1967.7）》，人民日報資料室，1967年9月10日，第693頁。

「中央八條」，支持並依靠了最早寫大字報的學生，成立了師生代表會，基本控制了局面。

三、揭批開始

然而，「風平浪靜」只是暫時的，既然是「疾風暴雨」式的群眾運動，「暴風驟雨」終將是要到來的。

帷幕終於拉開了。

6月12日，南京大學率先舉行萬人大會，揪鬥了1926年入黨的校黨委第一書記兼校長匡亞明。6月16日，《人民日報》發表社論：「放手發動群眾，徹底打倒反革命黑幫」，歡呼「揪出了反黨反社會主義的反革命分子匡亞明」。社論號召「把一切牛鬼蛇神統統揪出來，把他們鬥臭、鬥垮、鬥倒。」[27]

6月18日上午，北京大學的一些學生，將40多位黨團幹部、教師拉出來批鬥，並發生了往臉上抹黑、戴高帽子、罰跪、少數人被扭打的情況。當時情況比較混亂。工作組發現後迅速予以制止。[28]6月20日，劉少奇將北大工作組關於這次事件處理情況的《北京大學文化革命簡報（第九號）》轉發全國。並在批語中指出：

> 中央認為北大工作組處理亂鬥現象的辦法，是正確的，及時的。各單位如果發生這種現象，都可參照北大的辦法處理。[29]

[27] 《人民日報》，1966年6月16日。

[28] 「北京大學文化革命簡報（第九號）」，載《批判資料：中國赫魯雪夫劉少奇反革命修正主義言論集（1958.6-1967.7）》，人民日報資料室，1967年9月10日，頁663。

[29] 見黃崢編著：《劉少奇的最後歲月1966-1969》，九州出版社，2012年1月，頁134。

當時女附中的情況基本穩定，6月17日，工作組通過廣播向全校發表講話稱：「現在轉入重點批判的條件還不成熟，有很多人的意見還沒講出來。……因此現在仍進行一般廣泛普遍的揭發。只有搞好這點，才能領導同學更好地有重點的揭發批判。」「希望一切革命的師生積極行動起來，掀起一個大揭發、大批判、大評論的高潮。」[30]同時，工作組也提出：

> 怎樣進行普遍廣泛的揭發批判呢？有什麼問題就提什麼問題，願意點誰的名就點誰的名。全校教職員工、學生，只要你感到他有問題，就可以揭。大家可以採取多種形式對任何人都可以揭發批評。可以提不同的意見。這樣我們才能弄清是非。我們提倡大家辯論，揭發批判的形式可以隨便點，可以自己搞，也可以幾個人搞。[31]

6月19日，胡啟立在女附中講話說：

> 我們進行的是三個揭發：1、揭發前北京市委修正主義黑線及其領導。2、反黨反社會主義的黑線。3、在黨內的領導核心內的代表人物。我們師大女附中是朝著這個方向發展的。其他的資產階級修正主義的一切東西也都有揭露，但有關主攻方向——清理黨的領導核心。……同學們揭發了卞仲耘、胡志濤，她們是要檢討的。

6月20日，《人民日報》發表社論：〈革命的大字報是暴露一切牛鬼蛇神的照妖鏡〉。社論稱：

---

30 資料來源：《羅治筆記》。

31 另可參見《北京師範大學附屬實驗中學校史1917-2007》，湖北長江出版集團，長江文藝出版社，2007年9月，頁139。工作組講話內容基本相同。

要放手發動群眾，採取大鳴、大放、大字報、大辯論的方法，讓群眾把意見充分地講出來，把那些反黨反社會主義反毛澤東思想的資產階級代表人物統統揭出來，把一切牛鬼蛇神統統揭出來，把資產階級的反動堡壘一個個地砸得粉碎。[32]

按照工作組的佈置和社論的精神，女附中的大字報已是鋪天蓋地，矛頭指向了以卞仲耘、胡志濤為首的校領導。

6月20日女附中全校開會，劉進代表師生代表會講了三點意見：「1、要按照黨的政策辦事，不能過早下結論。2、反對在學生當中開鬥爭會。3、堅決不打、不罵、不圍、不哄，堅決貫徹黨的政策。」工作組成員做了補充，向全校提出了「邊學、邊議、邊揭、邊批」的要求，說現在不適宜把重點集中在某一個校領導身上，還需要廣泛的揭發、批判和集中材料。[33]

6月21日上午，工作組在全校大會上做了進校18天的小結，提出「從今天開始轉入重點揭發批判」，並安排當日下午召開揭發卞仲耘的大會。這是文革開始後女附中召開第一次針對校領導的批鬥會。

6月21日下午兩點半，第一次揭批會在大操場召開。當時被批鬥的人有：黨總支書記兼副校長卞仲耘（女）、副校長胡志濤（女）、劉致平、教導處主任汪玉冰（女）、副主任梅樹民。其中卞校長站在臺上，其餘四個人站在台下。在這次揭批會上，除幾位教師發言外，還有校外一個叫袁淑娥的人發言。袁系女附中一教師的前妻，文革前因私人問題就對卞校長有意見。袁的發言在很大程度上誤導了學生，並激發了她們對卞校長的仇恨。

32 《人民日報》，1966年6月20日。

33 資料來源：《羅治筆記》。

在會議結束的總結中，工作組宣佈：「卞仲耘的問題，根據大家的揭發，是非常嚴重的。大家要提高警惕。」並經請示上級，「決定從現在起停她的職。為了徹底弄清楚，為了清算她，我們要開大會，繼續開下去。不獲全勝，決不收兵。」

6月22日揭批會繼續召開，會議的主要目標仍然是卞仲耘。此前校園中已有一位管過人事的教員貼出大字報，揭發卞仲耘是假黨員。這張大字報再次點燃了學生仇恨的烈火。兩次揭批會都有一些暴力行為。

面對突發的暴力行為，工作組還是進行了勸阻，指出「今後注意不用打她，因為揭發就可以打倒她」。

這段時間，按照工作組的部署，不管是教職工還是學生，只要有問題就可以揭發，在學生中已經出現學生揭批學生的情況。例如，6月18日，高二二班的大字報是這樣寫的[34]：

> 這兩天，咱們班空前一致，沒有矛盾是不符合辯證法的，這完全是假像。反革命黑幫的大紅人×××及其爪牙×××；自己承認是反革命的×××；一貫陰險、兩面三刀的投機分子×××、×××；一貫仇恨黨中央和毛主席的階級異己分子××；一貫欺騙組織、處心積慮的撈政治資本的投機分子×××；一貫與組織對抗、對黨不滿的小市儈××；一肚子壞水的極端利己主義者×××；一貫仇恨革命幹部及其子弟笑裏藏刀的陰險分子×××、×××、×××等人紛紛出頭露面、上竄下跳，企圖混水摸魚，鑽進革命左派隊伍。警告你們，渾水摸魚是不行的，誰個真革命，誰個假革命，誰個反革命，我們心裏一清二楚！堅決橫掃一切大的、小的、明的、暗的牛鬼蛇神！！！

[34] 羅治保存並提供。

大字報署名「毛主席的共青團員」。這張大字報點了12個學生的名字，給她們扣的大帽子足以使她們被認定為階級敵人。

初中的同學因為年紀小些，她們還沒有使用太多階級鬥爭的詞語，但火藥味也是相當濃。例如，6月23日初二五班在教室裏貼出的一張大字報是這樣寫的[35]：

> 同志！敵人磨刀霍霍，要殺我們的頭，要推翻我們的政權，你怎麼能視而不見，聽而不聞呢！！！！
>
> 無產階級文化大革命正在深入發展，這就是一場保衛黨中央，保衛毛主席的鬥爭。
>
> 但是，在我們班還有的同學沒有全力以赴地投入這場鬥爭，保衛黨中央，保衛毛主席的態度不鮮明，有的人在平時不愛說話，在這場你死我活的階級鬥爭中還是不言不語。這不是性格問題，而是立場問題！更可恥的是，有的人還從個人利益出發，想在這場保衛黨中央保衛毛主席的鬥爭中投革命的機。這簡直是用毛主席的生命為自己換取政治資本。毛主席說：「共產黨員無論何時何地都不應以個人利益放在第一位，而應以個人利益服從於民族的和人民的利益。」真正的革命同學，勇敢地站出來，用自己的生命保衛黨中央保衛毛主席！

兩張大字報都使用了相當極端的詞語，表明女附中的學生們已經全身心地投入到她們心中的革命運動中，並以極端的、近乎狂熱的語言把矛頭對準她們所認為的敵人，不管這個敵人是誰，哪怕是過去朝夕相處的同學。

以上情況表明，在揭批開始之後，特別是在有重點的揭發批判之後，女附中的形勢實際已經開始發生變化。雖然工作組還

35 筆者的日記。

在控制著局面，但混亂已經開始出現。6月25日，工作組佈置了批判卞仲耘的「十天計畫」，即從6月25日至7月5日，分為「兩個戰役」。第一戰役（6月25日至7月1日），以班為單位進行座談、討論，學習社論。討論的問題有：結合實際討論怎樣高舉毛澤東思想紅旗；怎樣保證、體現黨的領導；怎樣團結大多數；怎樣主動貫徹黨的政策；鬥爭目的等。在班級的揭發批判後召開大會揭發批判。第二戰役為7月2日至5日，先召開班級的揭批會，然後召開全校的揭批會。並在27日宣佈了卞仲耘反黨反社會主義罪行摘要的「八大罪狀」。[36]

此時，工作組的鬥爭目標已經很清楚了，就是以卞仲耘為首的校領導。差不多在這個時候已經決定了卞仲耘們在這場史無前例的運動中的在劫難逃。

然而，令人沒有想到的是，在劫難逃的還不只是這些人。

四、反工作組

1966年6月9日，劉少奇、周恩來、鄧小平到杭州向毛澤東彙報「文化大革命」運動問題，毛指出：派工作組太快了並不好，沒有準備，不如讓他亂一下，混戰一場，情況清楚了再派。[37]表示了不支持，但是也沒有明確反對派工作組。

在工作組進入女附中兩週之後，情況發生了急劇變化。6月17日，高三四班李黎黎等13位同學貼出了題目為 「我校工作組站在什麼立場上」的大字報。[38]大字報質問工作組是無產階級革命派還是資產階級保皇派。指出工作組進校以後運動搞得冷冷清清，而不是轟轟烈烈。

[36] 見星火燎原聯隊編：《大事記》，1966年。

[37] 黄崢：《劉少奇》（下卷），中央黨史出版社，1998年，頁1368。

[38] 見星火燎原聯隊編：《大事記》，1966年。另一說法為大字報的題目為〈工作組把我們引向何方？〉，見《記憶》第47期。本文採用《大事記》的提法。

在文革中編輯印刷的《毛主席的革命路線勝利萬歲》一書對此事有如下記載：

> （1966年）6月17日 北師大女附中革命小將貼出反工作組的大字報。當晚，工作組策劃了一場圍攻這張大字報的所謂「辯論會」。會後，鄧小平的女兒鄧X向鄧彙報，問鄧反工作組對不對，鄧小平說：「反工作組不對，這符合了社會上反工作組的逆流。」[39]

這是有文字記載的最早的公開反對工作組，發生時間甚至早於一些知名的大學。例如：6月20日，北京師範大學譚厚蘭等17人貼出反對工作組的大字報，同日，北京地質學院貼出反工作組大字報，6月21日，清華大學蒯大富貼出反工作組大字報。6月24日，清華工作組宣佈向工作組奪取是反革命行為。

6月17日的大字報貼出後，當晚就引起了全校的激烈辯論。辯論一直進行到深夜，有人支持，有人反對。辯論中出現了圍攻、謾罵、亂扣帽子的現象。《日記》的作者記錄了自己對大字報的態度及全校的反映：

> 我看到了張大字報，同意。意見是打中要害的，提到了工作組不放手發動群眾，不深入群眾等許多原則性問題。儘管語氣過火了些。
>
> 萬萬沒想到這張大字報竟引起了大風波。全校多數人反對，少數人同意。當晚，大操場自動召開了一個「辯論會」。所謂辯論會，實際上是不折不扣的鬥爭會。高三四班十三個人和我們（高三四支持者），公然被稱為反對學

[39] 佚名：《毛主席的革命路線勝利萬歲——黨內兩條路線鬥爭大事記（1921年7月-1969年4月）》，北京：1969年7月1日，頁368。

生、大右派、反黨反社會主義黑幫……。會場氣氛緊張至極，有的同學甚至挨打，工作組並未制止。

18日，辯論繼續進行。《日記》作者寫到：

上午，又有一個全校性質的鬥爭會，氣氛較之昨天有過之而無不及。人們大喊大叫，把高三四的同學拉上拉下（臺子有一人多高，人們根本不管這些）。許多口號都是從未聽過的「不許動工作組一根毫毛」，「混蛋」「王八蛋」的叫罵聲從未停止過……。這哪裡叫什麼辯論會！

從《日記》作者的描述中，可以想像當時女附中的情況，反工作組的同學受到了很大的壓力。面對這種情況，她們中的一些人跑到團中央反映情況並尋求幫助。團中央的同志接待了她們並「看了高三四的大字報，連聲說好。」「被罵為『反革命』的我們聽到這些激動得幾乎落淚」。[40]

6月19日清晨，語文組教師王瑞光、曾恬貼出大字報，支持高三四班13位同學的大字報，並到市委及團中央反映工作組鎮壓革命群眾的情況。[41]19日上午和下午又進行了全體教職員工和部分學生參加的辯論會。辯論會對立情緒嚴重，有過火行為發生。

針對學生反工作組的大字報，6月19日胡啟立來到女附中講了幾點意見，他說：

對工作組的意見有爭論，應採取分析的態度，不要籠籠統統，要加以具體分析。……我們允許不同意見也發表出來，這不是壞事。……怎樣對待爭論？1、態度：正確的、

[40] 參見《日記》1966年6月18日。

[41] 見星火燎原聯隊編：《大事記》，1966年。

錯誤的話都要聽，都要等人講完（二十三條規定的），然後把各種意見擺出來，進行爭論。2、方法：抓大是大非，不要抓小是小非。有不同意見可以辯論，但一定要抓大是大非。……3、在辯論中，我們不要過急過早地下結論。用擺事實、講道理的方法解決問題，統一思想。[42]

6月20日，工作組對全校講話，明確對反工作組的大字報表示了歡迎，他們承認在工作中存在缺點和錯誤，歡迎全校師生員工對工作組加強監督。「同學們對我們的批評是最大的關心和愛護。」

由此可見，女附中工作組對突然出現的反工作組情況採取了寬容和理性的態度，善意理解了反工作組的情緒並盡力採取緩和的方法解決矛盾，同時盡力要保證運動的大方向不被干擾，於是才有了6月21日、22日對卞仲耘等的揭批。

在6月21日，胡啟立再次向全校師生講話。他再次承認工作組的工作是有缺點的，但成績方向是第一位的，缺點是第二位的。與革命師生發生一定的爭論是避免不了的，但這是人民內部的矛盾。他說：

鬥爭的目標仍要指向學校領導中的牛鬼蛇神，也要批判鑽進黨內的反黨反社會主義的資產階級代表人物，黨外的反黨反社會主義的資產階級權威。鬥爭目標必須明確，重點必須鮮明。同學中大量矛盾屬人民內部矛盾，極個別的有反動言論，極右思想，但不能把矛頭指向他們。……對於工作組和同學之間的大量矛盾，是人民內部矛盾，要用團結——批判——團結的辦法解決。[43]

42 見《羅治筆記》。

43 見《羅治筆記》。

6月23日，工作組再次強調革命師生要團結一致，「鬥爭矛頭應該針對那些反黨反社會主義反毛澤東思想的牛鬼蛇神，而不是針對同學們，在同學中不能亂批亂鬥亂扣帽子。」

6月25日，工作組傳達了團中央負責人胡克實的報告。主要內容是：1、工作組是運動的領導力量，在新市委的領導下，在運動中間不斷進步，不斷提高；2、黨中央委託團中央組織工作組領導文化大革命體現了黨的領導，群眾運動中有不一致意見，加強黨的領導就可達到目的。[44]

然而，工作組的報告並沒有使反工作組的聲音停止。6月25日，以高三三班梁二同為首的18人（都是高中學生）貼出了第二張反工作組的大字報，題目是「把無產階級文化大革命進行到底」。[45]指出工作組鬥爭卞仲耘的「十天計畫」是反毛澤東思想的，她們與工作組的矛盾是無產階級革命派與資產階級保皇派爭奪無產階級文化大革命的鬥爭。但這張大字報並沒有引起轟動效應。

在派工作組的問題上，劉鄧派出工作組，當然不是要對抗毛澤東，壓制群眾運動，而是沿用了中共歷史上行之有效的領導方式。土改、三反、五反、四清都派了工作組。在文革中派工作組的問題上，直到6月30日，劉少奇、鄧小平致信毛澤東，要求發出《中共中央、國務院關於工業交通企業和基本建設單位如何開展文化大革命運動的通知》，該通知強調運動要由工作隊領導。該通知7月2日經毛澤東批准後下發。[46]因此，毛澤東在6月30日之前都沒有反對派工作組。

在女附中發生反工作組之後，北京的許多中學和大學都發生了反工作組的情況，到了6月23日，學生與工作組的對立已相當嚴重。面對這種情況，北京市委及時召開了工作會議，研究這些

44 見星火燎原聯隊編：《大事記》，1966年。

45 關於這張大字報的時間，《大事記》記載為6月25日。另一提法為6月27日，見《記憶》第47期。

46 黃崢編著：《劉少奇的最後歲月1966－1969》，九州出版社，2012年1月，頁134。

問題。6月23日，市委書記李雪峰在會議上做報告，談了反工作組問題。他指出，多數反工作組者是人民內部矛盾，但是確有壞人「與工作組爭奪領導權」，是「打著紅旗反紅旗，利用群眾的革命積極性和對黑幫的仇恨，企圖反對無產階級專政」。所以他要求「反干擾」，不反干擾，不反對反工作組，學校情況一片混亂，工作組難以立足，運動失去領導。[47]

根據《羅治筆記》的記載，李雪峰的23日的講話在6月29日由工作組傳達。《羅治筆記》詳細記下了講話的全部內容。

另外，據米鶴都《心路：共和國同齡人》一書中稱，對反工作組問題，有關中央領導指示：對大中學生中的反黨反社會主義分子，一定要把他們揪出來，對高中應屆畢業生經過市委批准，可以批判鬥爭和戴帽。[48]由此可見，在李雪峰講話之後，對反工作組的人，是要按反革命來處理的。這項政策並不比「反右」運動的措施更寬容。也正是在6月23日，據當時北京的24所高校統計，被工作組認為是反革命、右派的教職員工和學生就已高達10211人，其中學生5611人。[49]

女附中的學生中是否有人被認定為反革命，還不得而知。但也許是考慮到女附中學生的家庭背景（高三四班13人和同意高三四大字報的，除二人外，皆為幹部子弟）[50]，對反工作組的學生，工作組採取了比較溫和的態度，他們分別找參與的同學談心，如果是幹部之女或者軍隊幹部之女，就通過組織找家長，讓家長做女兒的工作。實際上，工作組進校後就貫徹了階級路線，很注意做學生中的一個群體——幹部子女的工作，筆者7月4日的日記中有這樣的記載：

[47] 王年一著：《大動亂的年代》，人民出版社，2009年5月版，頁33。

[48] 米鶴都著：《心路 透視共和國同齡人》，中央文獻出版社，2011年8月，頁102。

[49] 同上。

[50] 見《日記》，1966年6月19日。

聽了老馬同志傳達的胡啟立同志的報告，才感到黨對我們革幹子弟期望特別高，希望我們在鬥爭中站穩立場，做堅定的革命左派。我們這場文化大革命就是在毛澤東思想下進行的，沒有毛澤東思想我們的文化大革命是不能勝利的。我一定好好學檔，做堅定的無產階級左派！

從筆者日記來看，工作組是對幹部子女提出了特別的要求的。這無形中加深了學生對家庭出身的意識，為日後「老子英雄兒好漢」對聯的出臺埋下了伏筆。

還有一個問題是，為什麼女附中的學生能率先反對工作組，有沒有人幕後操縱或指揮，她們反對工作組與家長有無關係？從目前的資料看，還不能確定這一點。但在第二張反工作組的大字報貼出之後，這些反工作組的學生就經常不來學校了，她們與海澱區的學校，包括大學有了來往。6月30日，在工作組的談話後，兩位反工作組的高一學生交出了清華大學後來成為著名造反派的蒯大富寫給她們的信，但信的內容不詳。這證明有些學生與蒯大富有聯繫。在7月8日工作組的講話中稱，女附中反工作組的幕後人物是清華的蒯大富。[51]

7月5日，師生代表會貼出大字報，要求群眾對反工作組的大字報表示態度，隨後全校展開討論。工作組做了開展辯論的動員報告，主題是「運動要不要工作組的領導」。[52]7月6日準備，7月7日、8日、9日開了三個半天的辯論會。辯論對象主要是李黎黎、梁二同、鄭中偉、王南芬等人。在7號的辯論會上，梁二同聲明不能參加辯論，鄭中偉中途退場，以示抗議。[53]

[51] 見「大事記」。
[52] 見「大事記」。
[53] 見「大事記」。

這次辯論結束後，反工作組的事情基本劃上了句號。反工作組的同學中有的承認自己犯了錯誤，如《日記》的作者寫到：「我承認自己犯了大錯誤，脫離工作組，脫離群眾，沒有積極參加鬥卞（仲耘）」。但她們在班裏也被孤立，承受了很大的壓力。

五、鄧小平與女附中工作組

由於當時鄧小平的女兒鄧榕（筆名「毛毛」）是女附中高一年級的學生，因此，鄧小平選擇了女附中作為他直接瞭解文革情況的一個點。類似的情況是，劉少奇因其女兒在師大一附中學習，他選擇了師大一附中作為他瞭解情況的點。此外，劉少奇還於6月19日，派其夫人王光美去清華，幫助指導運動。

根據宋永毅主編的《中國文革文庫》（光碟）（以下簡稱「文革文庫」）所載的資料，鄧小平對女附中的文革有過三次指示或談話。分別是1966年6月2日、6月28日和7月5日。「大事記」也記載了鄧小平對女附中文革的三次指示，後兩次的時間與「文革文庫」完全相同，但第一次的時間不同。按照「大事記」的記載，鄧小平的女兒鄧榕第一次向工作組傳達鄧小平指示的時間是6月23日，但是沒有具體內容。筆者暫時採用「文革文庫」提供的時間。

1966年6月2日，鄧小平就女附中文化革命運動對鄧榕的指示是這樣的：

> 亂就亂一下子，不要怕亂，壞人興風作浪，不怕，讓大家貼大字報。至於對不對，將來要核對領導的性質，不對再改，不要怕。
>
> 你們現在的缺點是沒有把性質弄清楚，不要所有的老師都打擊，不然將來學校沒法辦。大字報要貼准，不要不注意，哪個老師都貼，不要什麼目標都打擊。

不要著急，現在不要做檢討，運動要有秩序地進行，要動動腦子考慮好，動動腦子犯錯誤，比糊裡糊塗犯錯誤好，要好好考慮問題。

這樣做如果是敵我矛盾就對了，如果不是敵我矛盾就不好了，但是也沒有什麼錯。對了最好，把運動帶動起來了，也許搞得不恰當，但也沒有什麼錯。不要跟他們吵，讓他們貼，讓他們放，如果都不出來，讓誰辨呢？要好好學文件。

不怕錯，錯了就承認嘛，錯了就檢討嘛！[54]

鄧小平第二次指示是在1966年6月28日。當時女附中已有學生開始反對工作組，工作組也已組織召開了針對校領導的揭批會。據「大事記」記載，鄧的這次的指示是由鄧榕向工作組傳達的。在這次指示中，鄧小平說：

可以和他們（指反對工作組的學生——筆者注）展開辯論，規模不要大，但也要有力量，讓那些爭取過來的人也參加辯論。

要以理服人，不能壓服人。開會之前要做充分的準備，不打無準備之仗。不要罵他們，不要讓他們站著低頭，要和他們說理。

慢慢要把黨團組織逐漸恢復起來。在團內也可以受教育，可以過組織生活，宣傳黨的政策和毛澤東思想。左、中、右都讓參加，都受教育，右派不來，正好暴露自己。可以改組團組織。

傳達雪峰同志的報告要分步驟，先給骨幹後給黨團員，對不同的人講得內容不要一樣。對一般人只講政策，不講策略。

[54] Song Yongyi (editor in chief), Chinese Cuttural Revolution Database, Published by Universities Service Center for China Studies, 2006(second edtion) 宋永毅主編：《中國文革文庫》（光碟），中國研究大學服務中心出版，2006年（第二版）。

不做老師的工作將來誰教課？要吸收教師參加革命委員會，現在你們最大的弱點，就是老師中沒有左派，老師這方面的工作差。老師的工作也應讓學生去做。老師中一個積極分子也沒有怎麼行呢？要向老師交代政策，他們都怕，不知那天就會鬥到自己，怕揭露和自己有關的事情挨罵，帽子越戴越大，要再三向他們講政策。

有很多人聽了就揭露東西了。要爭取老師，老師絕大多數還是好的，大量的是中間派，要團結他們，讓他們革命，講政策的目的是要分化他們，使他們中的一些人覺悟，消除顧慮，團結多數。[55]

文革中編輯的《毛主席的革命路線勝利萬歲》一書，對此次講話也做了記載：

6月28日　鄧小平對師大女附中工作組發出黑指示，公開對抗毛主席關於不要過早恢復黨團活動的指示，提出「要把黨團恢復起來」。他還別有用心地說：「如果這次運動是把共產黨和青年團都打垮，那還是勝利嗎？」[56]

從這個談話中可以看到鄧對待女附中文革的基本態度。對反對工作組的學生，鄧採取的是相當溫和的態度，要「以理服人」，不要打罵。值得注意的是，鄧主張逐步恢復黨團組織，表明他仍主張這次運動要在黨的領導下進行，在他看來，黨的領導是不能動搖的，共青團作為黨的助手，其地位也是不能動搖的。

鄧的講話中還出現了一個詞「革命委員會」，這應該是在工作組領導下逐步建立的一個機構，目的是逐漸恢復學校的正常秩

[55] 見宋永毅主編：《中國文革文庫》（光碟），2006年。

[56] 佚名：《毛主席的革命路線勝利萬歲——黨內兩條路線鬥爭大事記（1921年7月-1969年4月）》，北京：1969年7月1日，頁369。

序。根據「大事記」的記載，女附中於7月13日成立女附中「革命委員會」，委員十五人，其中教師二人，職工一人。

鄧小平的第三次指示是在7月5日的上午，由工作組的兩位主要負責人帶著師生代表會的學生劉進和宋彬彬去中南海鄧小平家中直接向鄧彙報學校的運動情況，在場的只有鄧和夫人卓琳。鄧榕在其所著《我的父親鄧小平——文革歲月》中，寫到了這次談話，但談話的時間她錯寫為6月4日。[57]她寫道：

> 在談話中，針對學生批判老師「資產階級學術權威」的問題，鄧小平說：「如果（老師）真有學問，還要團結他們。女附中數學、物理都不錯。好的學校熱火朝天，名氣大，有一套。如果沒有好教師，也就教不出好學生。要善於分析。工作組要教育、幫助學生提高水準。打人沒有？打人是沒有本事的，是沒理的。鬥爭要講道理，批判要做好準備，事實要核對清楚，要充分講道理。有些人是真黑幫，有些不是黑幫。講錯了話都是壞人，那就沒有好人了。材料不夠，不要輕易開鬥爭會。不要搞變相肉刑，戴高帽子也不好。有些搞錯了，將來賠禮都賠不完。政治問題要用政治方法解決。（黨的）總支中總有些好的嘛，校長、副校長總有些好的嘛。把黨都搞垮了怎麼行？把團搞垮了怎麼行？如運動把共產黨、共青團都打倒，是勝利了嗎？總是共產黨領導的無產階級專政國家嘛。教師大多數是好的。說老師都壞，我不同意。」[58]

[57] 據《大事記》記載：「7月5日上午，胡啟立、張世棟、劉進、宋彬彬向鄧小平彙報了我校文化大革命的情況，聽取了有關指示。晚上召開了全體工作隊員會議，傳達了鄧小平指示的精神。」另根據宋永毅編：《文化大革命文庫》（光碟）所載的內容和時間，此次談話是1966年7月5日。《北京師範大學附屬實驗中學校史1917-2007》一書，也認為鄧榕寫錯了時間，此次談話應7月5日。見該書頁142。

[58] 這次談話內容見毛毛著：《我的父親鄧小平 「文革」歲月》，中央文獻出版社，2000年6月版，頁19。另可參見宋永毅主編：《中國文革文庫》（光碟）。

鄧小平這次談話的主要內容是強調黨團組織的領導地位不能動搖。鄧說：「把黨都搞垮怎麼行？把團搞垮怎麼行？如運動把共產黨、共青團都打倒，是勝利了嗎？總是共產黨領導的無產階級專政的國家嘛。」鄧的話是針對在海淀區一些學校出現的紅衛兵組織說的，他對待紅衛兵的基本態度是：一定要由黨、團組織來取代類似紅衛兵這樣的非法學生組織，要把學校裏學習好、思想好，有威望和組織能力強的學生，吸引到團委或學生會裏面，讓他們（非法學生組織）沒有領頭人，沒有市場，他們就鬧不起來。[59]

鄧小平還說了一條，對於學校的走資派批一兩個就可以了，不要牽扯的面太廣。他說要不然欠下的債太多，我們還不起。他也明確反對打人、變相肉刑、戴高帽子等行為。

6月20日、7月11日，劉少奇與師大一附中工作組談話。據「大事記」記載，7月12日，工作組副組長向全體工作組成員傳達了劉少奇對師大一附中工作組的指示。

劉少奇在7月13日討論《北京市中學文化革命的初步規劃》時的指示：

> 建立、健全黨團組織生活，恢復和發揮黨支部的領導作用，團支部的助手作用。這應單列一條。不要把黨、團組織放在一邊，要在運動中觀察黨團組織，看它能不能領導，同時也鍛煉黨團組織。要明確地提出，把建立、整頓、健全黨、團組織，恢復黨支部的領導作用，團支部的助手作用，作為一個任務。要不工作隊走不了。不完成這個任務，將來學校由哪個來領導。[60]

59 參見《記憶》第47期。

60 《批判資料：中國赫魯雪夫劉少奇反革命修正主義言論集（1958.6－1967.7）》，人民日報資料室，1967年9月10日，頁687。

由此可見，劉少奇的想法與鄧小平是基本一致的，他們都主張發揮黨團組織的作用，強調黨的領導，並未認可一些學校成立的紅衛兵組織的合法性。正是由於鄧小平對女附中文革的直接關注和指示，女附中工作組進校後支持和依靠了最早貼大字報的三位同學，因為她們三人都是預備黨員，而且在工作組在校期間，女附中並沒有成立紅衛兵組織。這或許是女附中紅衛兵成立較海澱的學校晚的原因。

六、工作組後期的工作與《北京市中學文化革命的初步規劃》

本文所稱「工作組後期」是指7月10日至29日這段時間。

在這段時間裏，工作組宣佈要掀起一個「揭批高潮」，要求教師下到班級，宣佈教師是「四清」對象，讓學生揭批老師。並於7月13日成立校「革命委員會」，取代原來的「師生代表會」。

正是在這段時間，根據劉少奇的指示，由北京市中學文化革命工作團（實際是共青團中央）制定了《北京市中學文化革命的初步規劃》（以下簡稱「《規劃》」）。1966年7月13日討論時劉少奇作了指示，送審稿標明時間是7月14日。[61]這份檔集中體現了文革開始後劉少奇鄧小平等人對文革的認識及其對運動的基本思路。該檔因毛澤東決定撤銷工作組而流產。

工作組後期的工作，基本是按照《規劃》進行的。

《規劃》由「形勢」、「目的和要求」、「辦法」、「政策」、「整黨整團，發揮黨組織的領導作用和團組織的助手作用」、「自始至終活學活用毛主席著作」、「工作隊的革命化」

[61] 《北京市中學文化革命的初步規劃》（1966年7月14日送審稿）全文載《批判資料：中國赫魯雪夫劉少奇反革命修正主義言論集（1958.6－1967.7）》，人民日報資料室，1967年9月10日，頁692-701。劉少奇在討論該文件時的指示載該書頁687-692。

七個部分組成。其基本的思路是：以毛澤東「學制要縮短，教育要革命，資產階級知識份子統治我們學校的現象，再也不能繼續下去了。」為中學文化革命的總綱。整個運動分兩大階段：「第一階段，放手發動群眾，組織革命隊伍，開展清政治、清經濟、清組織、清思想的鬥爭；第二階段，有計劃、有步驟地進行教育和學制改革。」

在具體作法上，《規劃》提出了三種辦法進行：

第一種：以校為單位開展鬥爭。「鬥爭的辦法是：首先在適當場合，讓教師洗手洗澡，解放大多數，然後，團結全體革命師生，通過師生代表會，大、中、小會結合，集中力量揭發批判黨內外的資產階級代表人物。或者，先鬥爭重點人物，接著解放多數教師。」

第二種：分批集訓（即幾校聯合召開師生代表會）。其中提到，「初中一、二年級學生放假，教師、學生代表集訓。」「學生代表主要是左派，也吸收一些中間派參加，由各班推選或由文化革命委員會提名的辦法確定。」

第三種：區、校活動，兩者結合。總起來說，全市的中學，第一階段的任務可有一百個多學校參加，於八月底基本完成，其餘學校九月底基本完成。初中爭取九月上旬至遲十月一日以後能夠恢復上課。

在政策方面，《規劃》提出「幹部和教師分為四類，即：好的、比較好的、問題多的、性質嚴重的。」其中「對性質嚴重的，也就是對反黨反社會主義分子，要痛駁他們的謬論，清算他們的錯誤，撤掉他們的職務。」

對於組織工作，《規劃》考慮的是發揮黨組織的領導作用和團組織的助手作用。逐步實行工作組、黨支部、文化革命委員會的「三結合」。

根據《規劃》，在揭批高潮之後的7月18日，工作組分別召開了軍訓，集訓的動員大會。初中三年級以上的學生到邢臺軍訓，初一、初二的學生放假。同時還把不符合軍訓條件的少數「有問題」的學生送到郊區勞動。全體教職工和部分學生代表到馬神廟小學集訓。根據「大事記」的記載，軍訓和集訓是7月23日開始的。筆者日記的記載，初中一、二年級開始放假的時間是7月27日。

胡志濤在《「八五」祭》中寫了集訓的情況：「7月20日左右，工作組把校領導和全體教職員弄到白堆子馬神廟小學集中學習，不許回家。由學生代表主持會議，讓每人準備'洗澡、下樓'，實際是人人過關。」

根據《規劃》的要求，卞仲耘等被定為「四類」幹部，即「性質嚴重的」，也就是反黨反社會主義分子。他還有一個名字——牛鬼蛇神。「什麼是牛鬼蛇神？就是那些反黨反社會主義的分子。」[62]

總的來看，《規劃》照搬執行了「四清」運動中的那套作法，將幹部分為四類；在工作方法上，用軍訓、集訓的方法，目的是儘快恢復學校的正常秩序。

《規劃》中還有一段值得注意的話：

> 在運動中，學生離開黨團組織另外自發建立起來的一些左派組織，多數的在運動初期起過積極作用，但是長期下去後果不好，不利於鞏固無產階級專政和鞏固黨的絕對領導，應當用說服教育的方法，把他們的活動逐步統一到黨團組織和文化革命委員會的活動裏來。經過運動考驗，可以吸收他們當中優秀的革命分子為黨、團員。

[62] 〈北京市中學文化革命的初步規劃〉（1966年7月14日送審稿）全文載於《批判資料：中國赫魯雪夫劉少奇反革命修正主義言論集（1958.6－1967.7）》，人民日報資料室，1967年9月10日，頁692-701。

這段話很明顯是針對一些學校已建立紅衛兵組織說的。《規劃》表明，它的制定者並不贊成成立紅衛兵，而是希望把紅衛兵這種自發建立的、無序的組織融入到黨團組織中來。對於共產黨而言，在其理論領導上，不能容忍存在「脫離組織領導的群眾」，更不能容忍出現「失去組織控制的群眾運動」。這種態度顯然與紅衛兵的想法是對立的，難怪許多紅衛兵要起立「造工作組的反」。與城區的中學不同，在紅衛兵發源地的海淀區的學校，紅衛兵與工作組的對立是很普遍的。

7月23日軍訓、集訓的師生走了之後，混亂了一個多月的校園似乎又恢復了以往的平靜。但隨處可見的大字報表明，這已不是以前的校園了。留在學校裏已經學會了說髒話的初中學生，穿衣打扮也要儘量像個「革命者」。不僅有人穿起了舊軍裝，還有人為了鍛煉革命意志，整天不穿鞋光著腳在校園裏跑來跑去。更重要的是，她們的心已經被熊熊燃燒的「革命火焰」燃燒，再也無法平靜了。

筆者7月27日的日記是這樣寫的：「暑假又開始了。過去我特別想放假，可現在我一點也不願意放。真他媽的沒意思。在學校文化大革命搞得熱火朝天，可是院子裏冷冷清清。」覺得自己好不容易趕上一場革命的學生，此時的失望是十分明顯的。但令筆者沒有想到的是，幾天之後，一切都變了。

七、撤銷工作組

根據現在的資料，撤銷工作組的決定大致是這樣做出的。[63]

1966年7月18日，毛澤東從武漢暢遊長江後回到北京，看了中央文革小組提供的有關工作組的材料，對「文化大革命」運動

[63] 筆者主要參考的資料有：鄭謙、張化著：《中華人民共和國史1966-1976》，人民出版社，2010年8月，頁39-41。黃崢：〈劉少奇與「文革」初期的工作組〉，載黃崢編著：《劉少奇的最後歲月1966－1969》，九州出版社，2012年1月，頁131-139。

的進展情況表示不滿。[64]但他最初並沒有提出撤工作組。直到7月23日，中共中央批轉總政治部《關於抽調幹部支援地方文化大革命的請示》時，其中還提出：「採取抽調幹部支援地方四清的辦法組織工作隊，支援地方文化大革命。」毛澤東對此仍表示同意。[65]

7月13日、19日、22日，陳伯達在參加政治局常委召集的彙編會時，三次對工作組問題提出非議。但在這幾次會議上，劉少奇、鄧小平不同意馬上就撤銷工作組。

7月24、25日，毛澤東先後找一些人談話，再次對前一段的運動情況提出批評，明確提出要撤銷工作組。[66]

7月26日，在政治局常委擴大會議上，傳達了毛澤東兩次講話的內容。會議最後決定撤銷工作組。第二天由中央文革小組起草撤銷工作組的決定，毛澤東親自作了修改。

7月28日，由中共中央北京市委正式發出《關於撤銷各大專院校工作組的決定》，文件中註明這一決定「也適用於中等學校」。[67]

突然出現的變故使得在馬神廟的集訓在7月28日中止，當晚，部分師生參加了在音樂堂開的大會，由中央文革小組的成員參加。會上肯定了北京四中關於要不要保姆工作組的倡議。該倡議的要點是：1、革命的路自己走，任何人不能包辦代替，辯論革命師生要不要工作組；2、罷胡啟立的官；3、軍訓、集訓暫停，回校參加文化大革命。[68]

7月29日參加集訓的人員返回學校。

---

64 中共中央文獻研究室編：《周恩來年譜1949-1976（下卷）》，中央文獻出版社，1997年5月版，頁40。

65 黃崢編著：《劉少奇的最後歲月1966－1969》，九州出版社，2012年1月，頁136。

66 毛澤東「關於撤工作組的講話」在1967年2月佚名編輯的一本《資料彙編》中有記載，見該書第322頁，但時間注明是1966年7月下旬。

67 黃崢編著：《劉少奇的最後歲月1966－1969》，九州出版社，2012年1月，頁137。

68 見《大事記》。

7月29日在人大會堂召開了有一萬多人參加的北京市大專院校和中等學校文化大革命積極分子大會，李雪峰在會上宣讀了北京市委關於撤銷工作組的決定。劉少奇、周恩來、鄧小平都說明派工作組是中央決定的，並代表中央承擔了責任。鄧小平、周恩來在先後的講話中，都表露出對「文化大革命」很不理解的困惑心情，說是「老革命遇到了新問題」。劉少奇在講話中說得更為直截了當：「至於怎樣進行無產階級文化大革命，你們不大清楚，不大知道，你們問我們，我老實回答你們，我也不曉得。」就在這次會上，宣佈撤銷所有工作組。以後，派工作組被指責為「實際上站在資產階級立場上，反對無產階級革命」，「是犯了方向，路線錯誤」。[69]

參加了這次大會的女附中學生鄧榕是這樣講述她當時的感受的：

> 作為學校的紅衛兵代表，我也參加了那次大會。我今天仍然清楚地記得，望著那空曠的主席臺，萬人大會堂內鴉雀無聲。我們這些「保工作組派」，一邊聽著，一邊流下了眼淚，在內心深處體會著父輩們言語之下的抵觸和無奈。我也清楚地記得，大會結束時，毛澤東令人意外地出現在大會堂的主席臺上。他以無人企及的巨人風采向全體與會者頻頻揮手致意。會場立時沸騰，紅衛兵小將們因震驚與奮而激動歡呼，一個個熱淚灑面。為了看到毛主席，後面的人不顧一切地站到椅子上和桌子上，盡情地高呼「毛主席萬歲！」會議由開始時那極端的壓抑和沉悶，一下子變成了歡騰的海洋。[70]

[69] 中共中央黨史研究室：《中國共產黨歷史大事記》，中共黨史出版社，2006年版，頁243。

[70] 毛毛著：《我的父親鄧小平「文革」歲月》，中央文獻出版社，2000年6月版，頁23。

鄧榕作為鄧小平的女兒可能會體會到父輩的「抵觸和無奈」，但更多的人感受不到這點。更多人感受到的是茫然，他們不清楚到底發生了什麼事情。茫然之餘還有興奮與激動。因為，毛澤東在會場出現了。毛澤東的出現令他們「心潮澎湃」，毛澤東至高無上的地位讓這些年輕人毫不猶豫地支持他做出的任何決定，哪怕是上刀山下火海在所不辭。

另外，必須指出的一點是，鄧榕文中所說她參加會議的身份是「學校紅衛兵的代表」，「紅衛兵小將們」如何如何是不準確的。理由是：1、沒有證據表明7月29日之前女附中已成立了任何形式的紅衛兵組織。2、紅衛兵組織雖然在北京的一些中學中已經成立，但在7月29日它並沒有合法地位。毛澤東的支持也是在此後的8月1日。所以不可能有人是以紅衛兵的身份參會的。

根據《大事記》的記載，女附中在7月13日成立了校革命委員會，參加大會堂會議的「一個造反派也沒有，而是革委會的原班人馬」[71]。另據一女附中校友提供的資料，革委會的成員有：劉亭亭（初一）、蔡豎平（初二）、楊東榮（初三）、鄧榕（高一）、孫阿冰（高一）、郭松平（高二）、耿麗蘭（中五實驗班）、雷元（中五實驗班）、尹斐（高二）、劉進（高三）、宋彬彬（高三）、馬德秀（高三）、趙德順（工友）、李松文（教師）、陳雲蘭（教師）。[72]根據這份名單，鄧榕是革委會的成員。

7月30日下午，工作組召開全校大會，把7月29日的領導講話錄音放了一遍，隨後就宣佈工作組撤出師大女附中，讓學生自己解放自己，自己起來革命。

工作組一撤，真正的暴風驟雨就來了。

---

71 見《大事記》。

72 該名單由一女附中校友提供。名單中有15人，基本構成為：初中每年級一名，高中（含實驗班）每年級二人，高三年級三人。這份15人的名單與《大事記》中所稱革委會為15人相符。

八、結論

經過上述分析，可以得出如下結論：

女附中工作組是文革開始後繼向北京大學派出工作組後向學校派出的第二個工作組。工作組進校後支持並依靠了最先給校領導貼大字報的學生，並按照以往的做法，貫徹了黨的階級路線，在女附中主要體現為依靠幹部子女。

工作組將運動的目標鎖定為以卞仲耘、胡志濤為首的女附中領導。召開揭批會，已有暴力傾向出現。

女附中工作組在鄧小平的直接指導和參與下開展工作，主張依靠黨團組織，不主張學生自發建立群眾組織。工作組在校期間，女附中沒有成立紅衛兵或類似紅衛兵的組織。

6月17日，女附中在全國率先貼出反對工作組的大字報，在校內引起了激烈的辯論。目前資料表明工作組對此採取了相對寬容與溫和的態度。

工作組執行《北京市中學文化革命的初步規劃》的精神，採取了對學生軍訓，教師集訓的方法，初一初二學生放假，目的是儘快恢復正常秩序。

這段時間內出現暴力傾向、為後來的暴力埋下了禍根。

其實，這段時間內發生的一切，都醞釀了後來大動亂的爆發。工作組在時，一切還能控制，工作組撤銷之後，一切都變得無法控制了。女附中的情況如此，北京，乃至全國的情況亦然。

文革是怎樣發動起來的？
——以北師大女附中為例

范世濤

歷史書通常將劉少奇主持中央政治局擴大會議，全體一致通過毛澤東多次修改的中國共產黨《通知》為文革正式開始的標誌。[1]但具體到各個單位，情況其實各有不同，有的早一些，有的晚一些。分析各單位文革開始階段的具體過程，有助於我們更好地理解文革到底是怎樣發動起來的。

僅就北京市的學校來說，文革的開始時間早於「五・一六通知」。大體來說，在5月14日到6月1日之間，運動的模式是「開小組會」為主的模式，矛頭針對「三家村」；6月1日晚，中央以公開支持聶元梓等人的大字報的方式對此前運動提出嚴厲批判，這直接導致運動矛頭轉向各基層單位的領導。本文以卞仲耘書記領導北師大女附中文革的情況為案例，描述和解釋這一切是怎樣發生的。

在論述過程中，本文使用了兩種北師大女附中同學的筆記：一為66屆高三某班同學的個人日記（本文作者收集，以下簡稱《日記》），[2]該日記起自1965年5月28日，止於1966年7月17日，作者出身「革命軍人」家庭，曾參加歡迎工作組，不久又與反工作組的少數同學「孤軍奮戰」近一個月；一為67屆高二2班同學羅治的筆記，該筆記起自1965年2月20日，止於1966年7月

1 「五一六通知」。

2 暫不披露姓名。

13日，主要記錄了這段時間校會和年級會的主要內容（以下簡稱《羅治筆記》），以後記錄的主要是領導講話了。

一、5月9日文革進入北師大女附中

5月9日，星期一，晴。這一天，北師大女附中一位高三同學的日記中第一次出現「文化大革命」字樣。她說，「萬沒想到，我竟趕上了一場比反右鬥爭還要激烈的階級鬥爭！」

她這一天的日記全文是這樣的：

> 文化大革命發展的速度快得驚人，深入的程度也是沒有料想到的。
>
> 昨天《解放軍報》、《光明日報》分別發表文章，對《三家村》的黑店、工具、喉舌——《北京日報》和《前線》雜誌進行批判。
>
> 《解放日報》的文章題目是〈向反黨反社會主義的黑線開火〉。先前對吳晗、鄧拓、廖沫沙的反黨反社會主義是絲毫不懷疑的，認為他們就是黑線的組成者。但萬沒想到《北京日報》、《前線》雜誌扮演了同樣的角色。《解放軍報》的文章明確指出，「《前線》、《北京日報》長期以來，為吳晗等人打掩護，現在突然『積極』起來，急急忙忙拋出這一套東西（《北京日報》發表的〈關於《三家村》和《燕山夜話》的批判〉），這究竟是怎麼回事呢？……這裡面大有文章，大有奧妙。他們不過是借批判之名，行掩護之實，打起鬥爭的招牌，幹著包庇的勾當。」
>
> 《光明日報》的文章題目是〈擦亮眼睛，辨別真假〉。文章指出《北京日報》發表的所謂檢討，實質上「假批判，真掩護，假鬥爭，真包庇」。文章以非常嚴肅

的質問結尾：「我們不能不問《前線》和《北京日報》，近幾年來，你們究竟是無產階級的陣地，還是資產階級的陣地？你們是無產階級專政的工具，還是宣揚復辟資本主義的工具？你們究竟要走到哪裡去？」明明白白的事實告訴我們，這場文化大革命並非什麼學術上的爭論，而是「文化戰線上興無滅資的鬥爭，是無產階級同資產階級、社會主義同資本主義兩個階級、兩條道路、兩種意識形態之間的階級鬥爭的一個重要方面。」

這場文化大革命的意義是偉大而又深遠的。「這是現階段我國社會主義革命深入發展的關鍵問題，是關係全域的問題，是關係到我們黨和國家命運和前途的頭等大事，也是關係到世界革命的一件頭等大事。」

萬沒想到，我竟趕上了一場比反右鬥爭還要激烈的階級鬥爭！57年的反右鬥爭是全黨全民同右派分子的一場大搏戰。鬥爭的結果，鍛煉了黨，提高了人民的階級覺悟，鞏固了社會主義的人民民主專政。但也有不少人，在疾風大浪中迷失了方向，墜入了右派分子的大泥坑。今天，在這場更大更激烈更深入更複雜的階級鬥爭中，我應該以什麼姿態自居呢？這不是嘴巴能夠回答的問題。這要看腳跟，看行動，看自己到底站在什麼立場上。到底跟著誰走，這是個非常嚴肅的問題。我一定要聽黨的話，步步跟著黨前進。同時我對自己還有一個要求，即積極參加這場階級鬥爭，在風浪中鍛煉自己的階級分辨能力，使自己的政治覺悟、階級分子觀點真正在鬥爭中得到提高。

（《日記》，5月9日條，本文作者收集）

正是同一天，清華大學附中一位同學也在日記中第一次記錄文化大革命：

當前，在國內，正面臨著一場史前未有的文化大革命，正在進一步地揭露以鄧拓為首的一小撮反黨反社會主義分子的罪行，正在全國範圍內展開一個向反黨反社會主義的黑線開火的鬥爭。

目前的鬥爭是複雜的，尖銳的，這一小撮反黨分子以《北京日報》、《前線》、《北京晚報》為工具，倡狂地向黨進攻。《北京日報》一再包庇它們，通過這幾天的報紙可以看出這些問題。毛主席一再教導我們：「在拿槍的敵人被消滅以後，不拿槍的敵人依然存在。他們必然地要和我們作拼死的鬥爭，我們決不可以輕視這些敵人。如果我們現在不是這樣地提出問題和認識，我們就要犯極大的錯誤。」他又說：「凡是錯誤的思想，凡是毒草，凡是牛鬼蛇神，都應該進行批判，決不能讓他們自由氾濫。」目前這場文化大革命正是一場激烈的階級鬥爭，是個政治問題，根本不是什麼學術問題。我們一定要加入這場鬥爭中去，去鬥爭鄧拓，揭露鄧拓，保衛黨中央、毛主席，打退他們的倡狂進攻。作為一個革命的青年，我們有權利質問鄧拓，我們有權利為保衛我們的黨中央毛主席而鬥爭。

（《劉運通日記》，1966年5月9日條，本文作者收集）

為什麼兩位素不相干的中學生不約而同，都在5月9日的個人日記中第一次記錄文化大革命呢？

早在1966年4月16日，《北京日報》曾經以三個版面篇幅發表了《關於「三家村」和「燕山夜話」的批判》和由彭真修改定稿的《前線》、《北京日報》按語，批判《前線》雜誌和《北京晚報》雜文專欄「三家村（札記）」和「燕山夜話」。所以《日記》中提到：「先前對吳晗、鄧拓、廖沫沙的反黨反社會主義是絲毫不懷疑的，認為他們就是黑線的組成者」。

但兩天後（即4月18日），《北京日報》的「三家村」和「燕山夜話」批判卻成了「假批判，真包庇」、「製造混亂的措施」，作為關於彭真的材料發給了在杭州出席中央政治局常委擴大會議人員；會上彭真和北京市委受到嚴厲批評，會後彭真失去了自由；[3]會議還基本通過《通知》（即「五一六通知」）草稿。[4]接著，北京召開中央政治局擴大會議（5月4日-26日），彭真等人被集中揭發、批判，5月16日全體一致通過《通知》。但是，這些決策在嚴格保密環境下進行，公眾並不瞭解上面發生了什麼。

5月8日，《光明日報》發表何明的文章〈擦亮眼睛，辨別真假〉，《解放軍報》發表高炬的文章〈向反黨反社會主義的黑線開火〉，兩篇文章第一次向全國公開披露4月中下旬中央政治局常委擴大會議和正在召開的中央政治局擴大會議精神，從而「吹響了徹底埋葬舊北京市委反革命修正主義集團的進軍號」。[5]

這對北京市發揮了巨大的文革動員作用。華北局第一書記、新北京市委第一書記李雪峰在6月23日回顧北京市的運動時，明確將5月8日到5月底看作三個階段的第一階段，稱「何明和高炬同志的文章出來以後，把批判『三家村』提高到一個新的階段，全市出現了一個文化革命的大好形勢。」[6]新北京市委文教書記郭影秋也說，「5月8日高炬、何明的文章發表後，全市革命知識份子和工農兵一起，憤怒地展開了聲討、搗毀『三家村』黑店的鬥

3 蕭冬連等，《求索中國——文革前十年史》，紅旗出版社，1999年，頁1179-1181。

4 李雪峰，〈我所知道的「文革」發動內幕〉，載張化、蘇采青主編《回首「文革」——中國十年「文革」分析與反思》，中共黨史出版社，2000年。

5 文化部機關革命戰鬥組織聯絡站編印《徹底清算反革命修正主義分子彭真在文化方面犯下的滔天罪行》，1967年6月，頁18。

6 〈李雪峰六月二十三日在北京市委工作會議上的講話（摘錄）〉，載北京大學文化革命委員會革命串聯組編《無產階級文化大革命大字報選（二）》，1966年11月，鉛印，頁24-28。

爭，運動開始進入高潮。」[7]上面引用的兩則日記，其實正是這「大好形勢」或大潮流的點滴。

這樣來看，《日記》和《劉運通日記》不約而同地在5月9日第一次記錄文化大革命，表明文革走出中央核心決策層、進入普通民眾視野正是通過何明和高炬的文章；至於《日記》作者和劉運通的反應為什麼比文章刊發晚了一天，可以解釋為他們只能讀到前一天的《光明日報》和《解放軍報》。所以，本文認為，5月9日，正是文化大革命進入北師大女附中的時間。

二、5月12日卞仲耘動員全校積極參加文化大革命

在5月9日的日記中，《日記》作者決心「積極參加這場階級鬥爭」。但這還只是她個人的決心。3天後，情況完全不同了。

5月12日，北師大女附中總支書記、副校長卞仲耘在全校做了參加文化大革命動員報告，要求學校「每一個人都要積極、主動、自覺地參加這場革命，捍衛黨中央、毛主席」。這標誌著北師大女附中文化大革命的正式開始。

卞書記動員報告主要內容如下：

> 這場社會主義文化大革命關係著我國革命和世界革命的前途，是我們黨當前第一大事，每一個人都要積極、主動、自覺地參加這場革命，捍衛黨中央、毛主席。這場鬥爭是看每個人是不是突出政治的試金石。

[7] 〈郭影秋關於北京市文教系統文化大革命運動的彙報要點〉，1966年7月3日，http://www.wyzxsx.com/Article/Class14/201002/131169.html。郭影秋談過這份提綱的起草過程：1966年7月初，「華北局要在北京市召開華北局工作會議，集中討論『文化大革命』的問題。我和黃志剛根據李雪峰一次講話精神，先草擬了一個提綱，再由市委簡報組起草成文，經過書記處會議討論，最後由李雪峰、吳德定稿，而後讓我在會上代表北京新市委發言，還用市委名義，以〈北京市文教系統文化大革命運動彙報要點〉上報中央。」參見郭影秋口述、王俊義整理《往事漫憶》，2009年，中國人民大學出版社，頁251。

要求：

1、通過社會主義文化大革命，要認識到社會主義過渡時期階級鬥爭的複雜；

2、以主席思想為武器，大家進一步揭發、批判，通過揭發和批判，提高大家分辨香花、毒草的能力，提高大家學習主席思想的自覺性，大興無產階級思想，大滅資產階級思想，進一步樹立無產階級世界觀，提高無產階級階級覺悟，提高辨別大是大非的能力，站穩黨的立場。

方法：

邊學習，邊討論，邊揭發，邊批判，邊提高自己的覺悟和思想認識水準。

文件：

毛主席〈在延安文藝座談會上的講話〉，〈在中國共產黨……〉，〈新民主主義論〉，〈正確處理人民內部矛盾〉；《解放軍報》社論，何明的〈擦亮眼睛，辨別真假〉，高炬的〈向反黨反社會主義的黑線開火〉，姚文元的〈評「三家村」〉。

問題：

1、學習態度：在這場大是大非的鬥爭中，站穩立場，積極、主動、自覺、認真參加學習和批判；

2、當前鬥爭矛盾主要對準鄧拓這一夥反黨反社會主義的分子，要根據主席思想認真檢查自己；

3、有意識鍛煉考驗自己，是否真的站在黨的立場上，把無產階級情懷投進去；

4、允許不同的意見都發表出來，對待不同的意見要說理，這場鬥爭是在黨的領導下。

這場鬥爭是在搞階級鬥爭，搞革命，大家應把自己的學習和工作與此聯繫起來，使我們的工作搞得更好，我們要把立場和鬥爭搞到底。它是對我們每個人的政治思想的考驗，從鬥爭中得到鍛煉、改造、提高。

（《羅治筆記》，感謝羅治老師同意使用這份筆記）

上述動員報告比「五一六通知」正式通過早4天，但並不是北京最早的全校文革動員。[8]

5月10日，清華大學附屬中學的萬邦儒校長已經在全校做過「社會主義文化大革命」動員報告。[9]

再如，5月12日，西城區一所中學的領導周立人做「文化大革命動員報告」，要求全校「把當前的文化大革命當作中心工作抓」，大家要「積極參加這個鬥爭，積極得到鍛煉」，「在會上帶頭發言，聯繫實踐思想，不走形式，在會下積極看報紙、互相談論，帶頭寫批判，同學有什麼反映應積極反映，要站在階級鬥爭的最前面，在討論前把文章多看」。[10]

這三位中學領導人是否因為上級指示才在全校做參加文化大革命動員報告呢？

我們看一下上級機關所處的局勢。

早在4月下旬，北京市委全體委員已經知道中央對彭真和「二月提綱」的態度。因為在杭州召開中央政治局常委擴大會議期間，毛澤東讓中央辦公廳給中共北京市委副書記劉仁送去了會

[8] 全市最早做全校文革動員的可能是中宣部子弟學校——北京景山學校，該校領導先後在4月26日、27日、5月3日、6日就「社會主義文化大革命」做出安排。不過，該校動員以「教育革命」為中心，如5月3日陸鑫所做報告的題目為「高舉毛澤東偉大思想紅旗，積極參加社會主義文化大革命，把我校教育革命推進到一個新的試驗階段」，這與本節談及的其他動員報告有明顯區別。參見《王瑞筆記》4月26日、27日、5月3日、6日條，本文作者收集。

[9] 卜偉華〈關於《毛澤東最後的革命》的幾個問題〉，載《記憶》58期，2010年9月30日。

[10] 引自本文作者收集的一冊中學生筆記，但我不知道這是西城區的哪一所中學。

上揭批彭真的簡報。[11]劉仁4月21日收到材料後，於 4月22日至26日，主持召開三屆十次市委全體會議，傳達了毛澤東派人送來的材料。[12]此後，市委書記處的書記們「不便」再公開露面，[13]但市委委員之外的工作人員還並不瞭解上面的情況。

5月8日高炬、何明的文章公開杭州政治局常委擴大會議和正召開的中央政治局擴大會議精神，「引起市委機關極大震動」。11日，市委機關貼出第一張大字報，短短的10天時間內，就貼出4000多張，形成大字報高潮，「以彭（真）、劉（仁）為首的反黨黑幫分子陷入了革命群眾的汪洋大海之中，有不少部委革命群眾已經開始鬥爭黑幫分子。」[14] 5月11日，華北局派出以李雪峰為首的工作組進入市委大樓，12日下午工作組和市委機關幹部見面。[15]

照這樣看，在5月9至12日，北京市委的日常工作已陷入停頓癱瘓狀態，可能難以向基層發出指示；而派到北京市委的華北局工作組12日下午才與市委機關幹部見面，也還來不及發指示。所以，萬邦儒、卞仲耘和周立人關於參加文化大革命的全校正式動員，可能是基層單位領導「積極、主動、自覺」回應中央號召的結果。考慮到李雪峰6月3日仍強調「群眾一下子起來了」，各單位的領導還「來不及做報告」，[16]他們就同屬全市較早對文化大革命號召做出積極回應的中學領導人。

---

11 中共北京市委《劉仁傳》編寫組，《劉仁傳》，北京出版社，2000年，頁521、571。

12 出處同上。

13 曹綺雯〈魂繫戰友憶宋碩〉，載《懷念宋碩同志》編寫組，《懷念宋碩同志》，北京工業大學出版社，1991年，頁145。

14 劉政等二十餘人，《北京飯店會議是執行資產階級反動路線的典型》，1966年10月，電子版，http://wenku.baidu.com/view/7a63fcf8770bf78a6529544e.html。

15 馮寶珠、劉祖培等，《市委機關文化大革命兩條路線鬥爭大事記》，1966年10月21日，油印本。

16 〈李雪峰六月三日在市委工作會議上的講話（摘錄）〉，載北京大學文化革命委員會革命串聯組編，《無產階級文化大革命大字報選（二）》，1966年11月，頁22-24。

這當然僅僅是推測。事情果然如此嗎？在本文徵求意見過程中，何蜀對上述推測提出質疑：

> 作為一個學校的領導，要動員全體師生開展一場大的政治運動，若無上級的部署，基本上是不可能的。至於為什麼在他們的報告中沒有體現出有關情況，那只能說是或者記錄者沒有記，或者報告中沒有講到，但這並不能說明就是沒有上級部署。而且，北京市委當時不管如何「癱瘓」，對中央的有關部署仍然會照樣往下佈置的。這是一種執政機器的慣性動作。決不是一癱瘓就什麼事都不做了。所謂癱瘓是相對的，只是某些方面停擺了，但許多具體工作仍然會一如既往地按部就班進行。[17]

正如何蜀推斷的那樣，我在重讀周立人 「文化大革命動員報告」筆記後，果然發現了關於市委部署的記錄。在這份筆記中，周立人在動員報告中明確提到「市委號召我們立即行動」。[18]雖然筆記沒有對「市委號召」做更具體的解釋，但清楚地表明周立人的報告係響應市委「立即行動」號召所為。既然市委曾號召「立即行動」，卞書記和萬校長的動員報告是否也應做如是觀呢？當然，這也是推測。更明確的判斷，需要收集更豐富的證據後才能做出（比如卞書記動員報告的其他版本，或者收集其他學校的文革動員報告筆記）。

在卞書記的動員報告中，提出了8篇文章作為主要學習文件，除4篇為毛澤東的舊作外，後4篇全是近10天報紙上的文章。這表明她和學生們一樣，主要通過報紙瞭解文化大革命。這4篇文章中，除了前面提到的何明、高炬文章，還包括《解放軍報》

[17] 2012年3月4日何蜀給范世濤的電子郵件。

[18] 佚名中學生筆記，本文作者收集，5月12日條。

社論，這指的是5月4日，也就是中央政治局擴大會議開始那天的社論，「千萬不要忘記階級鬥爭」；以及姚文元的《評「三家村」》，這是毛澤東支持、經上海市委討論修改後，於5月10日由《文匯報》和《解放軍報》同時發表的。這4篇文章剛好是5月12日前能公開讀到的、最重要、最政治正確的文革文獻。卞書記要而不繁地選取這4篇文章作為學習材料，表明她確實具備很高的政治水準，通過報紙已經準確把握當前政治動向。

相形之下，萬校長的動員報告在政治正確方面似乎稍遜一籌，以致很快受到清華附中一些同學的批評。[19]而周立人報告指定的閱讀文獻，是高炬、何明文章和《燕山夜話》、「三家村札記」，這與卞書記指定的閱讀文件也有差距。

三、5月14日後女附中按華北局統一部署「加強領導」

如果說上文提及的三所中學5月10至12日間的全校文革動員可能緣於北京市委曾「號召我們緊急行動」，但怎樣「緊急行動」並不明確。因而三校動員報告的調子和指定閱讀文件有不少出入。

這種情況只延續到了5月14日。在這一天，北京市委大學工作部副部長宋碩在北京市高校黨委書記緊急會議上講話，傳達了已進駐北京市委的華北局工作組意見。此後，北京市各高校及其附屬中學按照上級機關統一部署，都以「加強領導」、「開小組討論會，寫小字報，寫批判文章」的模式開展運動。北師大女附中也是如此。

我們看一下宋碩報告的背景。5月12日以李雪峰為首的華北局工作組與原北京市委幹部見面。時任中共北京市委候補委員、

[19] 卜偉華，〈關於《毛澤東最後的革命》的幾個問題〉，載《記憶》58期，2010年9月30日。

市委大學科學工作部副部長的宋碩曾對妻子說：「我意識到該輪到我了，躲也躲不過去。現在市委內有的人已不抓工作而去考慮交代自己的問題了。我是管大學黨的工作的，我不能這樣做，學校再這樣搞下去就會出亂子。我想向華北局工作組彙報學校的情況和問題，讓工作組抓一抓學校的工作。我向李琪同志（北京市委宣傳部長，5月19日被免職——引者注）說了我的考慮，表示我一定堅持到底，決不臨陣脫逃，得到李琪的同意。我向工作組做了彙報，工作組於5月14日召開了高校黨委書記會議，開會時沒人肯去講話，臨時由工作組指定我去會上傳達華北局的指示精神，講了運動要內外有別等。我強調各校黨委要堅守崗位，加強領導，把運動引入正軌。」[20]也就是說，這次北京市高校黨委書記緊急會議是華北局工作組進駐北京市委機關後召開的第一次規模較大的會議，宋碩在會上講話系工作組臨時指定，講話內容係傳達華北局的指示精神。

宋碩在講話中說，「華北局要求學校黨組織加強領導, 堅守崗位。」[21]「群眾起來了要引導到正確的道路上去」，「這場意識形態的鬥爭，是一場嚴肅的階級鬥爭，必須從理論上徹底駁倒反黨反社會主義的言論。堅持講道理，方法上怎樣便於駁倒就怎樣作，要領導好學習文件，開小組討論會，寫小字報，寫批判文章，總之，這場嚴肅的鬥爭，要做得很細緻，很深入，徹底打垮反黨反社會主義的言論，從理論上駁倒他們，絕不是開大會所能解決的。」「如果群眾激憤要求開大會，不要壓制，要引導開小組會，學習文件，寫小字報。」[22]

[20] 曹綺雯，《魂系戰友憶宋碩》，載《懷念宋碩同志》編寫組編《懷念宋碩同志》，北京工業大學出版社，1991年，頁146。

[21] 王效挺、孟容，〈康生、曹軼歐與「第一張大字報」〉，載陸欽儀主編《緬懷宋碩同志》，北京工業大學出版社，2002年，頁187。

[22] 轉引自聶元梓等，《宋碩、陸平、彭佩雲在文化大革命中究竟幹些什麼？》直接引語部分，1966年5月25日。

北京各高校黨委書記出席會議後，回去做了緊急傳達。如陸平當天就在北京大學做了傳達，北京師範大學黨委書記的傳達報告也應在當天或次日。

卞仲耘雖然沒有出席市高校黨委書記緊急會議，但作為北師大下屬單位的總支書記，肯定參加了北師大傳達宋碩報告的會議，[23]並做了詳細筆記；然後根據筆記，又對學校各支部（包括學生黨支部）做了傳達。如女附中高三學生支部的劉進提到過，「1966年5月，宋碩有個報告，我們認為……」，[24]所謂「宋碩有個報告」，指的就是宋碩5月14日在北京市高校黨委書記緊急會議上的講話。

由於宋碩代表華北局要求各單位「加強領導，堅守崗位」的方式是「引導開小組會，學習文件，寫小字報」，卞書記在5月12日的全校動員後，按照上級要求沒有再發表全校公開講話；羅治並非學生黨員，《羅治筆記》中也不再出現卞書記的講話記錄。

不過，女附中敏銳的學生黨員已經注意到，宋碩報告所傳達的意見與調門越來越高的主旋律存在明顯落差。據劉進回憶：

> 1966年5月，宋碩有個報告，我們認為是壓制革命的，和社論講的精神不一樣。黨支部的老師說，我們應該按照黨的安排去做，要服從黨的組織紀律，所以儘管有意見，我們還是在黨內提出和討論。宋碩報告和66年上半年社論宣傳精神有明顯的區別，聽完傳達，學生黨員議論紛紛，意見不少，我的意見也很大。老師照例用黨紀要求不許外傳。[25]

學生黨員對宋碩的報告「議論紛紛，意見不少」，但北京市委和華北局工作組正忙於召開北京飯店會議，沒有再向高校或中

23 感謝卜偉華老師在3月中旬的一次電話中指出這一點。

24 馮敬蘭、劉進等，〈也談卞仲耘之死〉，載《記憶》第47期，2010年4月28日。

25 馮敬蘭、劉進等，〈也談卞仲耘之死〉，載《記憶》第47期，2010年4月28日。

學發佈怎樣開展運動的具體指示；而女附中的老師也只好「照例用黨紀要求不許外傳」，學生黨員們也照例從命。

其他單位也出現了類似意見，最著名的當然是北京大學。北大幾位年輕人認為，北大黨委陸平、彭珮雲傳達的宋碩報告，強調學校黨組織要加強領導、堅守崗位、遵守紀律等，實際是壓制運動，運動方向違背了中央精神。他們決定從宋碩報告入手，批判北大黨委書記陸平、副書記彭珮雲。5月25日下午2點左右，聶元梓、宋一秀、夏劍豸、楊克明、趙正義、高雲鵬、李醒塵一起署名的大字報〈宋碩、陸平、彭珮雲在文化大革命中究竟幹了些什麼？〉在北大學生食堂的東牆上貼出，從而在全校公開了對宋碩和校黨委書記、副書記關於運動部署的質疑。[26]

這張大字報轟動全校，並引來更多大字報。最初多為支持聶元梓等人的，很快維護校領導的大字報占了上風。幾個小時後，陸平主持，教育部部長蔣南翔、副部長劉仰嶠參加，召開了北大800人的黨團員幹部會；很快，新北京市委書記李雪峰征得康生同意，也應陳伯達之請到了北大，於是由劉仰嶠和國務院外辦副主任張彥陪同，原班人馬又開了一次黨團幹部會。[27]李在會上說，「不要開聲討會」，「不要提倡大字報」，「黨內問題貼大字報，涉及到黨和國家機密的，不要在外面張貼」，「貼了怎麼辦……有些人說通了，贊成撕，可以撕，不撕你可以貼上新的。」「因為這場文化大革命涉及面很廣，所以要一步步來，要有領導，有計劃，有步驟地進行，一個戰役接著一個戰役地打。現在只是第一個戰役，剛剛發動，目標就是『三家村』黑店，別的還沒有準備好。」「北大的黨要把運動領導好」。[28]這些意見

26 印紅標，〈「全國第一張馬列主義大字報」出籠記〉，《百年潮》，1999年7月。

27 李雪峰，〈我所知道的「文革」發動內幕〉，載張化、蘇采青主編《回首「文革」》，中共黨史出版社，2000年。

28 北京大學毛澤東思想紅旗兵團哲學系《滅資興無》戰鬥隊〈李雪峰在五月二十五日的報告是反革命的報告〉，載北京大學文化革命委員會革命串聯組編《無產階級文化大革命

根據張彥傳達的周恩來意見和康生等人意見提的。[29]雖然李並沒有直接評論聶元梓等人的大字報，但基調與聶元梓等人所批判的宋碩5・14講話明顯一致。次日，康生找新北京市委文教書記郭影秋談話時，也稱讚「李雪峰同志解決得好，內外有別嘛，這是原則。」北京市委「是否有修正主義代理人，要等中央文件出來再說，現在不能說。」「北大的隱患在後頭，是要繼續擁護宋碩大學部。」[30]也就是說，即使是康生，也認為在「五一六通知」未對外公佈的情況下，應繼續支援宋碩和大學工作部。

所以，雖然有人注意到宋碩報告與報刊輿論之間的落差，甚至在北大公開提出了質疑，但在6月1日前，全市教育系統的運動其實始終在宋碩報告傳達的「加強領導」框架內進行。宋碩的5・14報告，其實是這一時期全市高校及其附屬中學運動的指導性報告。

四、5月27日一次聲討「三家村黑店」的班會

宋碩的報告要求各學校「開小組討論會，寫小字報，寫批判文章」，正是在這種統一部署下，北京的學生們完成了「積極、主動、自覺」參加文化大革命的思想情緒動員工作。從女附中的案例，我們可以清楚地看到這一點。

我們還是回到本文開頭提到的女附中高三學生。她在5月23日的日記中說，在文化革命中「要當林彪同志所說的『思想上過硬，生活過硬，技術過硬』的神槍手，槍槍打中靶心——三家村的大黑店」。

大字報選（二）：徹底批判北京市以李雪峰同志為代表的資產階級反動路線專輯》，1966年11月，頁5-6。

29 李雪峰，〈我所知道的「文革」發動內幕〉，載張化、蘇采青主編《回首「文革」》，中共黨史出版社，2000年。

30 郭影秋口述、王俊義整理《往事漫憶：郭影秋回憶錄》，中國人民大學出版社，2009年，第262頁。

5月27日，她所在的班裡召開了一次別開聲面的聲討「三家村黑店」大會：

> 下午班上開了聲討以鄧拓為首的三家村黑店的大會。黑板上的大字醒目而有力：
>
> 「向反黨反社會主義黑線猛烈開火！」
>
> 大家義憤填膺。句句質問，陣陣口號，卻表達不盡對敵人對鄧黑幫的恨，表達不盡對黨對敬愛的領袖毛主席的愛。
>
> 許多同學用自己的血淚斑斑的歷史駁斥了鄧拓的所謂王道勝於霸道；用祖國欣欣向榮的現實駁斥了鄧拓所謂黨吹牛皮、說大話；用工農兵對主席著作的無比熱愛駁斥了鄧拓所謂黨不堪信任、不得人心……有的同學氣不過，甚至放聲大罵鄧黑幫，罵得開心，罵得解氣！
>
> 文化大革命愈搞愈深入。近幾天的報紙上工農兵除了指責、痛斥三家村黑店，同時一再聲明三家村的老闆並非鄧拓一人，鄧拓後面還有更大的老闆，更老的靠山。說得對！倘若僅僅鄧拓之身，他是不敢這樣瘋狂之極的。其時間之久、規模之大、程度之深，都不能達到開國以來如此罕見的地步。這個大靠山，是比鄧拓更大的敵人，更老的修正主義，不鬥倒他，非但三家村黑點砸不爛，而且中國還會存在資本主義復辟的危險！想到這些，我恨不得一把揪出這個大壞蛋，讓他暴露於鐵打的江山面前，暴露於億萬人民大眾的汪洋面前。
>
> 最近正在學習胡喬木同志所著的「中國共產黨的三十年」。重溫當時，再看現實，越發覺得中國共產黨和毛主席的堅強偉大，我們的黨從來都是在和黨內機會主義和黨外一切敵人的鬥爭中成長起來的。我敢斷言，鄧拓的靠山正是今天黨內的新機會主義，這個機會主義就是修正主

義。文化大革命我們一定要搞到底，因為這是一場剷除資產階級、修正主義根子的、你死我活的階級鬥爭！

毛主席告訴我們，各種剝削階級的代表人物，「他們有長期的階級鬥爭經驗，他們會作各種形式的鬥爭——合法的鬥爭和非法的鬥爭。我們的革命黨人必須懂得他們這一套，必須研究他們的策略，以便戰勝他們。切不可書生氣十足，把複雜的階級鬥爭看得太簡單了。」

今天來看毛主席的這段話，有血有肉。書生氣十足的人，往往都是在不知不覺中被敵人利用了的人，會在糊裡糊塗中成為人民的敵人利用了的人，會在糊裡糊塗中成為人民的敵人，我一定要步步跟緊黨，堅決不當這種表面的書呆子，敵人的後備軍。

今天《人民日報》發表一篇題為〈評鄧拓的「新編唐詩三百首」〉的文章，給我敲起了警鐘。萬沒想到，在不知不覺背唐詩的當兒，卻有一場嚴肅的階級鬥爭擺在自己的面前！鄧拓這幫傢伙無孔不入，唐詩也被他們作為反黨反社會主義、謾罵毛主席的得意資本。

……

想用古詩作為傳修正主義經的護身符，辦不到！妄想！

在高三畢業班的課堂上，同學們「義憤填膺」，「句句質問，陣陣口號」，有的同學「甚至放聲大罵」，「罵得開心，罵得解氣！」這種場面與日後盛行的「批判會」已經沒有什麼區別——只要把「三家村黑店」、「鄧黑店」代換為「資產階級反動路線」、「劉少奇」、「劉鄧陶」或別的人名、罪名就可以了；如果再加上對批鬥對象的「面對面」體罰，就成了一場典型的「鬥爭會」（或「批鬥會」）。

在這則日記中，作者相當熟練地使用了「猛烈開火！」、「指責」、「質問」、「駁斥」、「痛斥」、「謾罵」、「鬥倒」、「砸爛」、「揪出」、「剷除」、「妄想」、「大壞蛋」、「黑線」、「黑幫」、「黑店」等有暴力色彩的詞彙，並活學活用報刊文章批判套路對「新編唐詩三百首」大張撻伐。這表明報刊輿論鼓動和校方組織的政治學習，已經使她完成了「積極、主動、自覺」參加文化大革命的思想動員工作。

這位高三女生還注意到，「近幾天的報紙上工農兵除了指責、痛斥三家村黑店，同時一再聲明三家村的老闆並非鄧拓一人，鄧拓後面還有更大的老闆，更老的靠山」，認為「這個大靠山，是比鄧拓更大的敵人，更老的修正主義，不鬥倒他，非但三家村黑店砸不爛，而且中國還會存在資本主義復辟的危險！想到這些，我恨不得一把揪出這個大壞蛋，讓他暴露于鐵打的江山面前，暴露於億萬人民大眾的汪洋面前。」顯然，她已經熱切地希望將鬥爭的矛頭從「三家村」轉向「比鄧拓更大的敵人」，其他北京市委領導的名字已經呼之欲出。

五、宋碩身份的變化和女附中運動開始轉向

在卞書記領導女附中運動時期，女附中的學生雖然積極、自覺地參加了文化大革命，但批判矛頭一直對準「三家村」；有的同學5月底已經準備將矛頭轉向 「三家村」之外的「階級敵人」，但到底轉向誰尚不清楚。

但是，6月1日晚8點30分，中央人民廣播電臺根據毛澤東的決定全文廣播了聶元梓等人的大字報，北師大女附中的運動矛頭迅速轉向本校領導。

我們先看一下女附中的第一張大字報。6月2日早晨，劉進聽到廣播聶元梓等人的大字報後，「特別激動」， 隨後「與宋彬彬、馬德秀一起貼出了師大女附中第一張大字報，題目大概是『校領導把我們引向何處？』」，內容以問話為主，頭一句話就

是「外界革命形勢轟轟烈烈，而學校卻是死水一潭，學校一心想引導的是讓我們進行高考複習……」雖然矛頭指向仍比較模糊，「有指向北京市委的，有指向北大彭珮雲的」，但這是女附中運動開始以來第一次轉向本校，因而格外引人注目。[31]

《日記》作者生動記錄了大字報貼出後全校的反應：

> 人民日報發表一篇社論，歡呼北大的一張大字報。立刻，學校裡動了起來，有人勇敢地貼出了揭發女附中校領導的大字報。萬沒想到，黑雲滾滾而來，風雨壓城城欲摧，學校召開黨員緊急會議，鎮壓學生革命運動。頓時，學校內傳來一陣歪風，大喊「一致對外」、「共同對敵」。「共產黨員」四處遊說，到處壓人，揚言校領導是革命的，要保衛校黨委。其欺騙程度之深，使得一部分同學哭哭啼啼撕下揭發校領導的大字報，並連帶一篇「喪失立場，幫了敵人的忙」的深刻檢討。
>
> 看到這種情景，我氣得要死，當我班班主任（共產黨員）楊玉芝來班上遊說時，我和她大吵一架。她理屈辭窮，只得連連擔保，擔保校長參加過幾十年革命，是真革命，擔保某某入黨多少年，是好黨員……真有意思，這一連串的「鑒定」竟當真迷惑了一部分人！……
>
> 下午，校內氣氛很不正常，楊振（政治教員）唆使幾十個同學在操場正中念「分清敵我，一致對敵」的語錄，其用意不言而喻。[32]

一位女附中同學數十年後這樣描述：「印象裡是教室的小喇叭突然在課間響了，然後就是夏青在播送一個社論，我的感覺好

[31] 馮敬蘭、劉進、宋彬彬、于羚、葉維麗《也談卞仲耘之死》，載《記憶》第47期，2010年4月28日。

[32] 《日記》1966年6月17日，省略號為原文所有。

像戰爭發生了，立即心跳加速頭皮發緊。下課後，就在校園裡看見了大字報。大字報前人頭攢動，劉進，是你們寫的大字報，打破了校園平靜的空氣。」。[33]

一份文革出版物稱：

> 6月2日，革命的闖將們貼出了一份份揭發前校黨總支的大字報，刷出了一張張「誓死保衛黨中央！」「誓死保衛毛主席！」的巨幅標語。[34]

這表明很多「革命闖將」繼續第一張大字報的功課，參與到質疑和揭批校總支的隊伍。《日記》作者也參與其中。

6月3日，《日記》作者與幾位同學一起貼出了題為「怎樣正確對待當前校園內的這場大革命」的大字報，內容是「歡呼大字報，歡呼校內大革命」，「許多同學完全贊成，踴躍簽名，當然膽小怕事的人沉默無語，縮到了群眾運動的後面」。「高中學生自動組織起來，初中同學滿操場亂轉」。[35]

我們很容易設想，如果三位同學大字報在一兩天前或更早的時候貼出，她們很容易被校方處理，也很難得到全校師生的同情和支持。而這時為什麼三位同學打破了此前遵守的「組織紀律」約束，貼出了含有懷疑校領導內容的大字報？為什麼大字報貼出後在全校產生一連串激烈反應？為什麼 「許多同學完全贊成，踴躍簽名」「歡呼大字報，歡呼校內大革命」的大字報？這裡的關鍵不在於三位同學和「完全贊成」的「許多同學」，而在於中央公開支持聶元梓等人的大字報後，宋碩的身份發生了根本性變

---

33 馮敬蘭／劉進／宋彬彬／于羚／葉維麗：〈也談卞仲耘之死〉，載《記憶》2010年第10期。

34 新北大公社0262-（1）支隊調查組《斬斷鄧小平伸向北京師大女附中的黑手》，1967年4月15日，http://blog.sina.com.cn/s/blog_5ef66f4b0102dvys.html。

35 出處同上。

化：他不再是上級黨組織的代言人，而是成為「『三家村』反黨集團分子」！

前文說過，宋碩5・14講話系傳達以李雪峰為首的華北局工作組意見，聶元梓在聽陸平傳達的宋碩講話筆記也明確記有「華北局要求加強領導，堅守崗位」字樣。但是，聶元梓等人的大字報有意回避了宋碩講話與華北局的關係，將其看作少數個人的「陰謀詭計」而進行逐條批評。[36]中央人民廣播電臺和《人民日報》公開支持這張大字報，也就同時公開認可了大字報將宋碩5・14講話看作宋碩 「陰謀詭計」的說法。事實上，6月2日《人民日報》評論員文章「歡呼北大的一張大字報」中，明確指認宋碩為「『三家村』反黨集團分子」，5月14日講話是「『三家村』黑掌櫃」鄧拓被「揭露」後的「負隅頑抗」，「加強領導」是「指揮他們的夥計作垂死掙扎、力圖保持他們反黨反社會主義的陣地」。[37]6月4日下午，新北京市委第二書記吳德在與北京市委機關全體幹部見面會上，也說「宋碩同志背著工作組進行活動，到5月14日還發指示，這就不好了。」[38]

宋碩從上級機關的領導同志變成「『三家村』反黨集團分子」， 5月14日講話成了「負隅頑抗」，「指揮他們的夥計作垂死掙扎」，這使按照宋碩5月14日講話精神「加強領導，堅守崗位」的基層領導紛紛陷入困境。

作為女附中的主要領導，卞仲耘5月中旬聽到宋碩報告的傳達後，認真按照該講話的部署領導本校運動：一方面向各個支部傳達過宋碩的報告；一方面召開班會、小組會而不是全校大會聲討「三家村」。但是，聶元梓等人的大字報全文廣播後，校方不

[36] 王效挺、孟容〈康生、曹軼歐與「第一張大字報」〉，載陸欽儀主編《緬懷宋碩同志》，北京工業大學出版社，2002年，第187頁。

[37] 《人民日報》評論員〈歡呼北大的一張大字報〉，載1966年6月2日《人民日報》。

[38] 馮寶珠、劉祖培等《市委機關文化大革命兩條路線鬥爭大事記》，1966年10月21日，油印本。

僅失去了將不同意見約束在有限範圍的理由，而且此前不開大會的「加強領導」做法也成了最為可疑的地方。對校領導的質疑意見，高三某班班主任也只能用「連連擔保，擔保校長參加過幾十年革命，是真革命，擔保某某入黨多少年，是好黨員」來應對，這對同學來說是缺乏說服力的。於是，校領導失去了權威，學校陷入混亂。就這樣，運動矛頭的轉向自然而然地發生了。

在6月2日至5日間，類似女附中的運動鋒芒轉向現象在北京到處都在發生。華北局第一書記、新北京市委第一書記李雪峰講過，「6月1日以後，形勢迅速轉變，北大的大字報一出，一批判黑幫、一批判前市委，一下子就聯繫到各學校，各單位的領導和工作，廣大群眾同各單位的領導就面對面接火了。」[39]他將各個單位的運動鋒芒轉向「單位的領導和工作」的原因，歸結為「北大的大字報一出」，這當然是大概的說法。更準確地說，由於中央公開支持了北大的大字報，使認真貫徹落實宋碩傳達的華北局精神，領導運動的基層幹部，紛紛陷入困境。

六、6月4日第一個中學工作組來到女附中及運動的轉向

上面談到，第一張大字報貼出後，圍繞校領導的不同評價，女附中分裂為不同的群體。一些人認為「校領導是革命的，要保衛校黨委」，另一些人 「歡呼大字報，歡呼校內大革命」，聲援劉進等人，還有一些人在觀望。既然她們不能取得一致，正常秩序也就難以維持下去了，全校陷入混亂。

39 〈李雪峰六月二十三日在北京市委工作會議上的講話（摘錄）〉，載北京大學文化革命委員會革命串聯組編《無產階級文化大革命大字報選（二）：徹底批判北京市以李雪峰為代表的資產階級反動路線專輯》，1966年11月，第25頁。

不過，這種情況只持續了兩天，因為6月3日黃昏，團中央派人來到女附中，第一句話就是「師大女附中的革命形勢好得很！」《日記》是這樣寫的：

> 誰能料到，（6月3日）黃昏大喜，團中央派人來我校了！團中央同志的第一句話即「師大女附中的革命形勢好得很！……」話未落聲，歡呼四起。兩天來，校內一片「糟得很」的叫罵聲，頓時被這一聲猶如春雷般的響亮的「好得很」沖刷得一乾二淨。同學們跳著，哭著，因為這是對我們的最高評價。團中央的同志看了我們的大字報，並告訴我們，他們以後還要來，要天天來，來的人將會更多。
>
> **6月4日**誰能料到，昨天的那兩位同志，竟是被派到我校的工作組成員！同學們高興極了。校園內到處可以聽到「毛主席派人來」的歌聲，到處可以看到「毛主席派來了工作組」的標語。新的戰鬥即將在工作組的領導下開始。想到這些，徹夜難眠。（《日記》6月17日條）

這是文革中全北京、也許是全國第一個派到中學的工作組。它對女附中運動的含義，可以借用北京景山學校的工作組的話來解釋：「前一段黨支部領導沒有、（領導）好壞，不要再爭論。好就不會派工作隊，黨支部前一階段沒有能很好地領導。」[40]而工作組來後，「校園內到處可以聽到『毛主席派人來』的歌聲，到處可以看到『毛主席派來了工作組』的標語。」這樣的場面也表明，圍繞校領導的爭論不復存在，全校經過短暫的混亂，再次達成一致。甚至卞仲耘自己也贊成這樣。她在一封給鄧小平的信中「承認她執行了前北京市委修正主義路線，說學校運動六月十

[40] 《王瑞筆記》6月9日條，本文作者收集。

三日以前正常」，[41]換句話說，卞仲耘本人也認同了同學們對她的批評和質疑，並贊成工作組代替她來領導學校運動。12年後，中共中共北京市西城區委員會所作的《關於卞仲耘同志的昭雪決定》表揚了這一點，稱卞仲耘同志「對黨和群眾始終堅持正確態度」。[42]

現在的人或許對團中央所派工作組以及卞仲耘本人的態度感到不可思議，但放在當時背景下並不難理解：既然黨中央已經以支持聶元梓等人大字報的方式公開批判宋碩報告所要求的「加強領導、堅守崗位」，「開小會」是「修正主義路線」，認真貫徹落實宋碩講話要求的女附中領導當然也算做執行了「前北京市委」的「修正主義路線」。團中央派來的中學工作組既無可能、也無力量與黨中央唱對臺戲。而一旦工作組明確支持「校園大革命」，以卞仲耘為首的校總支也就正式退出了女附中運動的領導舞臺。

女附中的經歷在全市很有代表性。李雪峰說過，聶元梓等人的大字報公開後，「許多單位領導癱瘓了，怎麼辦？只有派工作隊。團中央把北京的中學包了，6月上旬大批工作組派到各個中學，並得到各校的熱烈歡迎。」[43]這意味著基層黨組織領導文革階段的正式謝幕，也標誌著針對基層領導的運動矛頭轉向被正式確立下來了。

[41] 張世棟等整理〈鄧小平七月五日對師大女附中工作組的談話〉，北京師大井岡山公社《六盤山》1967年1月7日轉抄，油印件。

[42] 中共北京市西城區委員會〈關於卞仲耘同志的昭雪決定〉，1978年6月3日，載《記憶》第47期，2010年4月28日。

[43] 〈李雪峰六月二十三日在北京市委工作會議上的講話（摘錄）〉，載北京大學文化革命委員會革命串聯組編《無產階級文化大革命大字報選（二）：徹底批判北京市以李雪峰為代表的資產階級反動路線專輯》，1966年11月，頁25。

七、餘論和小結

本文將女附中文革的正式開始界定為5月12日，標誌是卞仲耘書記在全校做參加文化大革命動員報告。這與以前的看法有所不同。

在一篇記錄北師大女附中運動初期情況的經典文獻中，幾位作者說，「女附中的文革是從1966年6月2日開始的」；宋彬彬在另一篇重要文章中也有類似的看法。[44]

為什麼她們都強調6月2日是女附中運動的開始呢？對這個問題，劉進和宋彬彬給出了解釋。劉進認為，作為女附中初期文革的當事人和第一張大字報的作者，「對學校的事負有責任」。[45]宋彬彬說，「我逐漸認識到，儘管文革是全國性的運動，但具體到我們學校，這張大字報實際上起的是拉開學校文革序幕的作用。我參與寫了，就應當承擔責任。」[46]她們顯然將女附中第一張包含質疑校領導內容的大字報看作運動矛頭指向校領導的原因，並願意承擔相關的責任。

既然文革史回憶文獻普遍存在推卸和轉嫁歷史責任現象，她們勇於承擔責任的意識顯得非常珍貴。但問題在於，以6月2日為起點的說法難以解釋很多現象：比如為什麼早在5月12日卞仲耘就動員全校積極參加文化大革命？為什麼5月27日高三某班出現義憤填膺聲討三家村的班會？為什麼6月2日女附中第一張大字報對學校領導提出疑問？為什麼第一張大字報貼出後校方無法給出滿意的回答，許多學生熱情聲援？為什麼團中央派出的工作組會支持第一張大字報？為什麼卞仲耘自己也肯定了第一張大字報的

44 馮敬蘭、劉進、宋彬彬、于羚、葉維麗〈也談卞仲耘之死〉，載《記憶》2010年第10期；宋彬彬《四十多年來我一直想說的話》，載《記憶》第80期。

45 本刊特約記者〈面對歷史的責任——劉進訪談錄〉，載《記憶》第81期，2012年1月31日，頁17。

46 宋彬彬〈四十多年來我一直想說的話〉，載《記憶》第81期，2012年1月31日，頁15。

懷疑，承認「執行了前北京市委修正主義路線」，認為「學校運動六月十三日以前正常」？

本文認為，女附中運動的開始不能從6月2日說起；6月2日的意義在於學校運動矛頭開始轉向本校領導，開始轉向的原因，在於校方此前認真貫徹落實了宋碩關於怎樣開展運動的指示，而黨中央卻以支持聶元梓等人大字報的方式公開批判了宋碩的指示，將宋碩定性為「『三家村』反黨集團分子」。在這樣的背景下，對此前認真貫徹宋碩指示的校領導提出疑問和否定意見就是水到渠成的事了。我們說6月2日只是「矛頭開始轉向」，是想強調運動完全轉向非三人大字報力所能及，團中央派來工作組肯定她們之後，運動矛頭的轉向才正式確立下來，而且全校師生無人對此提出異議。

在本文最後，我們再簡要回顧一下女附中文革的發動過程：

一、5月8日何明、高炬的文章公開披露杭州政治局常委擴大會議精神和中央政治局擴大會議精神，使文革走出中央核心決策層、進入普通民眾視野。5月9日，文革滲透進了北師大女附中。

二、5月12日，女附中總支書記卞仲耘在全校做參加文化大革命動員報告，要求學校「每一個人都要積極、主動、自覺地參加這場革命，捍衛黨中央、毛主席」。這標誌著北師大女附中文化大革命的正式開始。她之所以做這一動員報告，可能因為「市委號召我們立即行動」。是否如此，需要進一步考證。

三、5月14日後6月1日前，女附中根據北師大黨委傳達的宋碩5・14講話所提要求，以「開小組討論會，寫小字報，寫批判文章」的模式「加強領導」，安排全校認真揭批「三家村」。在班會為主揭批「三家村」的模式下，北師大女附中完成了「積極、主動、自覺」參加文化大革命的全校動員。

四、6月1日晚，中央以公開支持聶元梓等人大字報的方式對宋碩5・14講話進行逐條批評，次日《人民日報》評論員文章稱宋碩為「『三家村』反黨集團分子」，5月14日講話是「『三家村』黑掌櫃」鄧拓被「揭露」後的「負隅頑抗」，「加強領導」是「指揮他們的夥計作垂死掙扎、力圖保持他們反黨反社會主義的陣地」。這使原本對宋碩報告有議論的師大女附中同學公開貼出第一張懷疑校領導的大字報，而校領導確實一直認真落實宋碩5・14講話，因而大字報迅速得到許多同學的支持。學校陷入混亂，失去了正常秩序。

五、6月4日，北京市、甚至全國第一個工作組來女附中，並宣佈支持同學們質疑校領導的意見。甚至卞仲耘書記本人，也承認自己「執行了前北京市委修正主義路線」。於是，全校再次達成一致，並恢復秩序。

上述過程其實適用于全北京市的教育系統。由於宋碩的5・14報告其實代表了以李雪峰為首的華北局工作組對全市文革運動的意見，6月1日前北京各所學校都在該報告的框架內進行。6月1日至2日，中央以公開讚揚聶元梓等人大字報的方式對宋碩及其5・14報告進行嚴厲批判後，各所學校都迅速出現質疑認真落實5・14報告的本校領導的大字報。為了應對各所學校的混亂，工作組迅速派出，這意味著全市的運動矛頭從「三家村」正式轉向各單位的領導。發生這一切的根本原因，是毛澤東6月1日決定廣播聶元梓等人大字報，從根本上改變了宋碩的身份和5・14報告的性質。至於工作組領導運動的情況，就不是本文的任務了。

2012年3月2日初稿

2012年3月25日定稿

文革日記：規訓、懲罰和日常記錄

范世濤

2010年5月，我讀到麥克法誇爾和沈邁克合著《毛澤東最後的革命》一書，注意到作者援引了幾種中學生日記手稿，[1]從此開始關注和收集文革日記。本文以個人的收集和閱讀經驗為基礎，對文革日記承擔的功能、存世情況及其史料價值嘗試加以考察。

一、作為規訓的模範日記

按照法國哲學家福柯（Michel Foucault）的定義，規訓（surveillance，discipline）指的是「規範人的多樣性的手段」。社會通過多種制度（如學校、家庭或文化的力量）用權力對人的行為、思想進行規訓。這種規訓不是壓制，而是自我管制和參與的過程，結果造就「順從的身體」和適合主流社會的思想。

日記本來是一種常用的個人應用文體，作者可以以日為單元記錄自己的經歷見聞、所思所感。但在上世紀60年代，這一文體被政教機關廣泛發掘利用，開始承擔起政教規訓的功能，目的是將那些思想尚不成熟的年輕人塑造為宣教者期望的「革命青年」。《雷鋒日記》的流行可以看作這種規訓的典範。

1 參羅德里克・麥克法誇爾、沈邁克（Roderick MacFarquhar、Michael Schoenhals，2006）：《毛澤東最後的革命》，關心譯，唐少傑校，香港：香港星克爾出版公司，2009年。

雷鋒（1940-1962）原為中國人民解放軍瀋陽部隊工程兵某部運輸連四班班長，是當時的一位先進模範典型。1960年12月1日，瀋陽軍區《前進報》以〈聽黨的話，把青春獻給祖國——雷鋒同志日記摘抄〉為題，選登雷鋒從1959年8月30日至1960年11月15日間的15篇日記，並加編者按。

雷鋒去世後，《前進報》又於1963年1月20日補充17篇，合計摘錄發表32篇雷鋒日記。[2]同年2月6日，《人民日報》也發表長篇專題報導和摘發的雷鋒日記。周恩來認真閱讀了這一天的《人民日報》，當晚打電話向毛主席推薦了雷鋒；次日，他又給人民日報社社長吳冷西打電話，說「要估計到這個戰士影響很大，需要很好地宣傳這個典型。」[3]在接到《中國青年》編輯部2月15日寫的關於請為雷鋒同志題詞的信件後，周很快寫下「雷鋒同志是勞動人民的好兒子、毛主席的好戰士」題詞。毛澤東也收到《中國青年》編輯部的信，他讓秘書先擬寫幾個題詞供他參考。不過，毛澤東並沒有採用秘書的擬稿，而是在2月22日自己寫下「向雷鋒同志學習」幾個字。[4]2月26日，周恩來在全國農業科學技術工作會議和解放軍政治工作會議聯合舉行的報告會上說：「雷鋒同志的高貴品質，可以總結成這樣幾句話：堅定的階級立場，表現在愛恨分明上；充沛的革命精神，表現在學習和工作上；高尚的共產主義風格，表現在公而忘私上；偉大的無產階級鬥志，表現在奮不顧身上。」不久，他又將這些意思凝練地寫在第二次題詞中：「向雷鋒同志學習：憎愛分明的階級立場，言行一致的革命精神，公而忘私的共產義風格，奮不顧身的無產階級鬥志。」鄧穎超回憶過周恩來這次題詞的情況：「已經是深夜

2 程世剛（2007）：〈《雷鋒日記》發行內情〉，載《黨史博覽》2007年第12期。

3 石矢《周恩來總理與學雷鋒活動》，http://blog.sina.com.cn/s/blog_6773d7b90100 pv5l.html，2011年。

4 林克〈回憶毛澤東同志為學習雷鋒題詞經過〉，載《回顧學雷鋒活動的起源和發展》，白山出版社，1991年。

了，他又一次翻看了雷鋒日記摘抄，然後在房間裡踱來踱去，沉思了近一個小時，才坐下來題詞。」[5]毛澤東和周恩來的垂範使更多的中央領導加入為雷鋒題詞的行列，如劉少奇、朱德、林彪、鄧小平、陳雲、羅瑞卿等等，都寫下了各有側重的專門題詞。

3月2日，《中國青年》第5、6期合刊出版，公開發表了毛澤東的題詞和周恩來的第一次題詞。三天後，也就是3月5日，《人民日報》、《解放軍報》、《光明日報》、《中國青年報》等都在頭版顯著位置刊登了毛主席的手跡。4月，121篇雷鋒日記選輯為《雷鋒日記：1959-1962》一書公開出版，書前冠以毛澤東、劉少奇、周恩來、朱德、鄧小平等黨和國家領導人的題詞。[6]全國迅速掀起學雷鋒運動的熱潮。

究竟《雷鋒日記》的什麼內容引起了毛澤東、周恩來等人特別關注呢？

當時公開的雷鋒日記寫於大躍進導致的三年困難時期，但我們從中看不到實際生活困難的記錄，相反卻讀到大量表忠心和學習毛澤東思想的內容。這種不考慮正確與否、但自覺「聽毛主席的話，跟黨走」的形象正是政教部門所需要的：

> 1960年2月×日
>
> 為了忠於黨的事業……今後，我一定要更好地聽從黨的教導，黨叫我幹什麼，我就幹什麼，決不講價錢。
>
> 1961年1月21日
>
> 今天我在《遼寧日報》上看到了中國共產黨八屆九中全會的公報，越看越高興，反覆的看了三遍。……黨召開八屆

5 石矢《周恩來總理與學雷鋒活動》，http://blog.sina.com.cn/s/blog6773d7b9 0100pv51.html，2011年。（周的題詞毛筆直排書寫，無標點符號，引文的標點為本文作者所加。）

6 雷鋒《雷鋒日記：1959-1962》，解放軍文藝出版社，1963年4月。

九中全會，及時給我們指出方向，給我們增強了克服目前困難的信心，同時給我們帶來了無窮的力量，黨和毛主席是多麼的英明、偉大和正確啊！我堅決永遠跟黨走，積極學習和貫徹黨的八屆九中全會的精神。

這樣的例子還很多很多，其中影響最為深遠的兩段話是這樣的：

1960年12月×日

我深切地認識到，要想成長進步，要為黨做更多的工作，就必須認真讀毛主席的書，聽毛主席的話，照毛主席指示辦事，才能做毛主席的好戰士。

林彪為《雷鋒日記》的題詞「讀毛主席的書，聽毛主席的話，照毛主席的指示辦事」就是從這則日記中摘引出來的。這幾句話因此風靡全國，成為大家耳熟能詳的名言。

1960年10月21日

對待同志要像春天般的溫暖，對待工作要像夏天一樣的火熱，對待個人主義要像秋風掃落葉一樣，對待敵人要像嚴冬一樣殘酷無情。

這段話並非雷鋒日記的內容，但編者感到「如果把這四句話，同雷鋒的事蹟結合起來宣傳，一定會收到很好的效果。」因此將其納入日記正文。[7]宣傳效果果然「很好」，「對待敵人要像嚴冬一樣殘酷無情」成為文革期間專政機關和革命群眾對待其心目中的「階級敵人」的普遍做法。

[7] 程世剛〈《雷鋒日記》發行內情〉，載《黨史博覽》2007年第12期。

《雷鋒日記》展現的形象在學校產生極大的影響。我收集的1964-1966年上半年間的大中學校同學日記中，幾乎都有讀《雷鋒日記》的記載，內容也與王杰在1963年3月29日寫的大同小異：

> 雷鋒的日記我不止看了一遍，已看了數遍啦！前天晚上，我懷著激動的心情又讀了兩遍，學習了雷鋒我又對照了自己。〔王杰日記〕

這類記載一般包括讀過之後非常激動，然後對照檢查自己的不足，生出慚愧後再表決心。個人日記中不約而同地普遍出現類似記錄，表明為數極巨的讀者（特別是中學生讀者）自覺參與了規訓過程。

在雷鋒日記的熱心讀者中，有一位讀者很特殊，他就是雷鋒本人。《前進報》1960年12月1日摘發雷鋒17則日記之後，雷鋒寫日記時開始格外注意寫下自己做的或自己「想做的」好人好事，並按照自己的想像力進行「昇華」。比如：

> **1961年2月2日**
>
> 今天我從營口乘火車到兄弟部隊作報告，下車時，大北風刺骨的刮，地上蓋著一層雪，顯得很冷。我見到一位老太太沒戴手套，兩手捂著嘴，口裡吹一點熱氣溫手。我立即取下了自己的手套，送給了那位老太太。她老人家望著我，滿眼含著熱淚，半天說不出話來。……一路上，我的手雖凍得像針扎一樣，心中卻有一種說不出的愉快。

將手套借或送給老太太，普通人未必會當作值得記錄的事情寫入日記；而老太太得到手套後，「她老人家望著我，滿眼含著熱淚，半天說不出話來」，無論如何不近情理。

這類記載表明，雷鋒本人其實也是《前進報》上那篇以〈聽黨的話，把青春獻給祖國〉為名的雷鋒日記的忠實讀者〔「聽黨的話」主題在1960年後的日記連篇累牘出現，恐怕也和《前進報》摘發雷鋒日記時的標題有關。〕。和其他普通讀者一樣，他根據自己對媒體製作出來的「雷鋒」的理解，主動規範了自己的日記行為。我們甚至可以猜測，或許雷鋒本人正是最早認真學習《雷鋒日記》、決心像《雷鋒日記》裡的「雷鋒」那樣行動的第一位讀者。

在《雷鋒日記》初版後的十多年，凡是樹立英雄模範人物，往往都會摘引若干則日記發表，王杰日記、金訓華日記、談建華日記、劉朝生日記、蔡永祥日記、32111鑽井隊日記……都是這種情況。這類模範日記的宗旨不在於呈現日記作者真實的日常工作、生活和思想，而是樹立符合當時政治形勢需要的宣教形象。也因為這樣，發表這類日記的過程非常複雜，通常包括編者精心篩選、認真修改拔高、層層把關潤色等環節。經過複雜的刪改潤色過程，這些公開發表的日記已經與署名作者之間形成若即若離的關係，實質上變成集體創作的作品。

我們可以舉王杰日記的例子說明這一點。王杰是一位進行爆破訓練時因不慎使炸藥爆炸而犧牲的普通戰士。部隊最初將此事作為「事故死亡」上報並請示處理辦法。但如果照「事故死亡」處理，所在單位的「四好」就沒了，有關領導的責任也要追究。在這種情況下，有人活學活用了毛澤東思想，經軍報「筆桿子」加工創造後，王杰成為因「活學活用」而「捨己為人」和「一不怕苦，二不怕死」 的傑出典型。相關宣傳按照林彪1965年11月5日的指示進行：「我們宣傳王杰同志，主要宣傳他的優秀品質、模範行為和他活學活用毛主席著作。關於事故問題，可以避開。」[8]

8 盧弘《軍報內部消息》，香港：時代國際出版有限公司，2006年，頁123-124。

於是，我們在4天後的《解放軍報》上就讀到了以「一心為革命」為題的王杰日記摘抄，裡面的格言警句（「我們要一不怕苦，二不怕死。做一個大無畏的人。」）廣為流傳，甚至還得到了毛澤東的青睞：一次是1969年4月，毛澤東在九屆一中全會上的講話中提到：「我贊成這樣的口號，叫做『一不怕苦，二不怕死』；而不贊成那樣的口號：『沒有功勞也有苦勞，沒有苦勞也有疲勞』。這個口號同『一不怕苦，二不怕死』是對立的。」另一次是1971年3月，毛澤東對周恩來起草的一份關於中國乒乓球隊是否赴日參加第31屆世乒賽的報告上批示：「照辦。我隊應去，要一不怕苦，二不怕死。準備死幾個人，不死更好。」[9]

二、作為懲罰根據和手段的日記

規訓主要通過規訓者樹立典範和規訓對象的主動參與來實現，它的反面則是對遠離典範言行的嚴厲懲罰。大體來說，在文革發動時期，以《雷鋒日記》為代表的模範日記發揮了重要的規訓手段作用；但隨著文革的全面展開，個人日記成為懲罰工具的特點就格外突出出來了。

根據在懲罰過程中個人日記發揮作用的差異，我們可以區分出三種廣泛流行的模式：

（一）作為直接的懲罰根據

我們可以舉中國科學院哲學社會科學部（以下簡稱「學部」）的例子。早在1966年6月10日，學部召開黨員大會收繳了學部黨委記錄本和一批個人日記本，由政治部人員保管。《哲學研究》編輯部的吳傳啟對學部常務副主任潘梓年的秘書周雲之

9　錢江《小球轉動大球——「乒乓外交」幕後》，東方出版社，1997年，頁140。

說：「黨委記錄和這批筆記本決不能落在別人手中，黨委記錄中還有潘的材料，給他們搞去不好，你立即把這批東西放在潘家中。」工作組進入學部後，吳又告訴周雲之：「我已同關鋒聯繫過，就說中央文革要用這批材料，誰也不能動。」周雲之將鑰匙送到中宣部交給關鋒，由關鋒妻子周英收下。7月21日，陶鑄、關鋒來學部時，關鋒將鑰匙交給陶鑄，陶鑄又給了工作組組長張際春，張際春又給了潘梓年，潘梓年又交給了工作組。[10]

在這個歷時十多天的「鑰匙旅行」過程中，居然牽涉了新任中宣部部長、中央文革小組顧問陶鑄，學部文革工作組組長、中宣部副部長張際春，中央文革小組成員關鋒和他的妻子周英、學部常務副主任潘梓年、學部第一張大字報作者之一吳傳啟。鑰匙的問題之所以這樣鄭重，是因為群眾如果使用個人筆記公開一些會議的決策細節，學部黨委的每一位委員都可能被揪出來，成為上綱上線的批鬥對象。所以，這個鑰匙旅行其實代表了工作組進駐前後試圖控制運動進程的努力。

但是，隨著運動的展開，對個人日記的約束被打破了。當紅衛兵、專政機關或革命群眾懷疑某人是「牛鬼蛇神」、「三反分子」、「走資派」、「五一六分子」、「現行反革命」等科目的階級敵人時，他們往往直接採取抄家行動，「反革命日記」成為查抄重點。比如據1966年8月至10月的不完全統計，首都紅衛兵的「戰果」中，包括反動日記、詩文6820本（篇）。

這種運動模式也在晚些時候被引進學部。如1966年12月25日，在學部紅衛兵聯隊組織的一次行動中，紅衛兵總隊文學所分隊成員陳全榮和張大明的日記被繳獲，而他們的日記中分別記有對關鋒和林傑不滿的話，陳全榮在日記中更寫有「關鋒有野心，他要搞陶鑄」等內容。於是，廣播站不斷廣播，說他們反對中央

[10] 本報編輯部〈陶鑄王關戚破壞學部文化大革命罪行錄〉，載《長城》1968年10月30日第5版。

文革，陳全榮被「狠狠地打一頓」，「被打得遍體鱗傷，大小便失禁，隨後還被扔在六號樓樓梯口的垃圾箱裡關了一夜。」[11]文學所紅衛兵分隊也從此垮臺了一段時間。

另外一個案例是哲學所實習研究員朱西昆的遭遇。朱是中國自然辨證法專業的第一屆研究生（導師于光遠和龔育之），因父親是「右派」，在文革中表現並不活躍。但是，1968年初有人拿走他的日記後，發現大量非正統的思想。於是，這些內容很快被摘錄出來，群眾組織隨後發起了第一次對朱西昆的批判會。朱事先一無所知，直到進入會場，才知道會議主題就是對他的批鬥。在這次批鬥會之後，朱給女友寄過兩張白紙，還徒步到過通縣（他參加「四清」的地方）。大約一周之後的早晨，他身穿「四清」時發的軍服去跑步，但再沒有回來參加對他的第二次批判會。當天下午，派出所人員來到學部，大家才知道朱迎著開來的火車自殺了。

類似的情況其實是很多的。1979年《人民日報》發表了關於「日記何罪」的兩篇雜文，作者指出：「人們在日記裡記錄著自己的思想觀點，既無推翻無產階級的政權和社會主義制度的目的，更無危害中華人民共和國的行為；既沒有擴散，也沒有對社會造成後果，何罪之有?!」「它一無宣揚，二無流毒，三無影響，四無不良後果。即使內容偏激、錯誤，也談不上危害社會秩序，影響別人，更構不成犯罪和刑事責任。」[12] 兩篇雜文發表後，作者在不長的時間內就收到上千封來信，很多信件講述了自己因日記而被批鬥、處分甚至判刑的經歷，這從一個側面說明了因日記遭禍的情況非常普遍。

[11] 許志英〈究竟怎麼回事〉，載《鐘山》2007年第1期。

[12] 樂秀良〈日記何罪〉，載《人民日報》，1979年8月4日副刊；樂秀良〈再談日記何罪〉，載《人民日報》1979年11月21日副刊。

（二）作為論證懲罰合法性的輔助手段

雖然日記中的非正統內容可能直接導致災難，文革期間更常見的情況是先定性、再尋找材料加以論證，日記也成為論證懲罰合法性的輔助手段。

我手邊有兩冊油印小冊子：《反革命修正主義分子孫泱日記摘錄》和《三反分子大叛徒薄一波的臭婆娘反革命修正主義分子胡明的忠實幹將蔡濂的黑日記》，它們顯然是在原作者被「打倒」之後，再摘引其日記，以服務於「批倒批臭」的目的。[13]

這種情況並非群眾組織所獨有，在清理階級隊伍和一打三反、清查「五一六分子」等各種運動的正式定案材料中也經常見到。比如中國科學院「王錫鵬專案組」編印的《關於王錫鵬「五・一六」反革命罪行的審查報告（附件）》，[14]影印了邱海平日記、張本日記、陳××日記、梁××日記、王××日記、齊××日記、鍾世航日記、馮××日記等8種日記的條文。如果認真研究這8種日記，專案組不難查明王錫鵬談不上什麼「『五・一六』反革命罪行」，但他們顯然無意這樣做，8種日記居然成為王的罪行根據。還比如，1977年北京市委印發《關於李冬民、張兆慶反革命集團的罪行》時，附上了多份日記照片，但1980年李冬民的案子卻徹底平反了。另外，張春橋的兩則日記曾被摘引出來成為揭批「四人幫」時的參考材料，兩案審理時蒯大富的日記也被摘引用作審判證據。

13 中國人民大學新人大公社、毛澤東思想紅衛兵直屬戰鬥隊《反革命修正主義分子孫泱日記摘錄》，1967年3月；第二輕工業部革命委員會籌委會毛澤東思想戰鬥隊編《三反分子大叛徒薄一波的臭婆娘反革命修正主義分子胡明的忠實幹將蔡濂的黑日記》，1967年11月，油印。

14 王錫鵬專案組《關於王錫鵬「五・一六」反革命罪行的審查報告》，1973年12月，鉛印。

（三）作為思想改造的方法

除此之外，文革期間日記還成為一種普遍流行的思想改造方法。管制者常常要求專政對象每天寫思想日記（有時稱為「認罪日記」、「改造日記」）上繳，這樣就可以及時掌握管制對象的「活思想」。《顧准日記》中就有這樣的記載。

原中宣部科學處處長、國家科委副主任于光遠曾經扼要記下自己寫認罪日記的經歷：一位北京師範大學張姓紅衛兵「給我們定了規矩，每天都要寫認罪日記，每天寫每天交。他在上面經常批示的是三個字：『不深刻』。交日記本時要交到他手上，可他還給我們時，卻是扔在地上，讓我們各自去找。」[15]

中央美術學院的著名畫家葉淺予在文革初期被關進勞改隊。「每天勞動完畢，要寫《改造日記》每週交一次，由牧牛郎紅衛兵審批。……1966年到1967年兩年中所交的《改造日記》，已經由專案組於1981年退還給我，我一有機會便把這份歷史檔案翻出來，順藤摸瓜，看看自己在那個遭難的日子裡到底怎麼混過來的。……日記寫得真動感情，假使我是紅衛兵，也會欣賞這位『資產階級學術權威』改造自己的硬心腸。」[16]

不過，這類日記很少達到目的。因為專政對象明白危險所在，會小心翼翼地應付，不大可能因此被抓住把柄〔如葉淺予指出，「日記既要交紅衛兵審批，那就難免說假話，讓造反派欣賞自己的改造效果。」也有大量漏記，如1966年8月23日「這天挨了打，背上襯衣血漬斑斑，後腦勺打了個洞。日記上卻不敢如實描寫。為什麼？怕暴露不滿情緒，引起更重的懲罰；日記後段又寫得如此超脫，如此光明磊落，標榜自己站在革命立場看待這

[15] 于光遠《文革中的我》，上海遠東出版社，1995年，頁19。

[16] 葉淺予《細敘滄桑記流年》，群言出版社，1992年，頁394-395。

場懲罰。」[17]管制者其實也明白這一點，往往讀得並不認真。所以，雙方對這類日記其實都既重視又不真正重視。

三、日常記錄並未消失，文革沒有摧毀日記

在懲罰的威脅下，一些人擔心飛來橫禍，在文革初期毀掉了自己的日記，並且不再記日記。但是，更多的人還是習慣開會時帶上一個本子，時不時記一記；下班後或運動之餘，也常常在本子上寫點什麼。

懲罰的嚴重威脅與日常記錄依然流行同時並存，這種情況似乎有些矛盾，但也不難理解：感到安全的人們（如張春橋、蒯大富）不會擔心日記被查抄，也就不會擔心寫日記會有危險。即使注意到日記可能帶來麻煩，人們也會努力找出應對辦法，比如將寫成的日記藏到安全的地方（如可靠的親人家裡，或者機關的保密櫃中）；對違礙字句加以塗改或撕掉；寫日記時不加評論，不寫「活思想」，只記事實或別人的發言；在日記中點綴一些政治正確的詞句，如此等等。這些因素使個人日常記錄仍然能夠大量形成。

所以，當我讀到王友琴一篇標題為「摧毀日記的革命」的文章時，感到有些驚訝。她在文章中例舉了不少因擔心作為「材料」使用而停止記日記的生動案例，稱「在對上千人的採訪中，我發現，文革中幾乎沒有人寫日記」；她認為「文革摧毀了中國人的日記」。[18]

我不這樣看。學部是文革中受損極為嚴重的單位。在文革爆發時，這個單位大約有2000多人。我只訪問過其中的20多位，但發現有3位受訪者留下了文革時期不完整的個人日記。另外，目前已經有四部包括文革經歷的學部研究人員日記公開出版；[19]我

17 葉淺予《細敘滄桑記流年》，群言出版社，1992年，頁394、397。

18 王友琴《摧毀日記的革命》，http://spaceking.blog.edu.cn/2006/192924.html，2006年。

19 俞平伯《俞平伯日記選》，上海書店出版社，1993年；顧准《顧准日記》，中國青年出

自己還買到了一部學部文學研究所某戰鬥隊核心人物1966年的日記和數冊哲學研究所工作人員文革期間不連續的日記，一位民族研究所工作人員的整套日記則被別人買走了。這與訪問上千人卻「幾乎沒有人寫日記」的結果距離甚遠。

不僅這樣，自2010年5月以來，我陸續在舊書市場上購得至少上千萬字的文革日記原件。作者單位包括地質部、交通部、一輕部、二輕部、國家体委、華北局計委、北京市朝陽區教育局、朝陽區財政局、朝陽區查抄辦、海淀區農林局、西城區五七幹校、頤和園管理處、人民日報社、新華社、人民出版社、人民教育出版社、北京大學哲學系、中國人民大學哲學系、北京電影學院表演系、北大業校、清華大學附中、北京師範大學女附中、景山學校、第26中學、河北北京中學、國子監中學、草橋小學、代代紅小學、[20]中國科學院聲學研究所、電子研究所、動物研究所、文學研究所、哲學研究所、中國科技情報研究所、北京軍區後勤部、北京軍區大院管理局、軍樂團教研室、市百貨公司、北京某機械廠、北京氧氣廠、北京某國營農場等；作者的身份也形形色色，有小學生、中學生、大學生、教師、機關幹部、研究人員、編輯、售貨員、農場職工、解放軍戰士、樂隊指揮、工作組成員、中央專案組工作人員、軍宣隊員、工廠軍代表等等。考慮到文革結束以來，大量重要的日記已經散佚，[21]我的收集經驗或許可以說明，文革時期寫日記仍是相當普遍的行為，並且直到現在仍有數量可觀的日記留存下來。

版社，2002年；夏鼐《夏鼐日記》，華東師範大學出版社，2011年；顧頡剛《顧頡剛日記》，中華書局，2011年。

20 「代代紅小學」可能是1966年的「紅八月」改名的結果，但我還沒有查出這到底是北京的哪一所小學。

21 如彭小蒙日記、周景芳部分日記被家人處理；薛暮橋有寫工作筆記的習慣，但文革期間的大部分筆記在1983年的整黨中由作者燒毀，僅1966年10月批判資產階級反動路線之前的部分保留下來。

其實，近些年來文革日記已經開始得到關注。有的作者以個人日記為基礎，在大幅修改刪潤基礎上，發表了介乎歷史與文學之間的長篇作品〔何蜀指出，陳煥仁《紅衛兵日記》「有些地方敘事太有頭有尾，對話太多，不大像是當時的日記，而更像現在重新加寫和改寫的」，認為作者發表日記時進行了「不應有的『整理』」。[22]楊沫之子老鬼比較了楊沫的日記手稿和公開發表的《自白——我的日記》，指出「她的日記裡凡有損她形象的東西，跟風的，隨大流的，應景的大部刪掉。經過這麼處理，讓知情的人讀來就感到不真實，結果大大減損了這部書的歷史價值和史料價值。」[23]除了楊沫《自白——我的日記》、陳煥仁《紅衛兵日記》，張新蠶《紅色少女日記：一個女紅衛兵的心靈軌跡》和《家國十年》也是這種情況。[24]

有的作者在回憶錄中選用了個人日記片段，如《谷牧回憶錄》、《細敘滄桑記流年》、沈蘇儒《三十六年》；[25]也有的作者選錄了文革期間的日記公開出版，如陳白塵《牛棚日記》、張光年《向陽日記》；[26]其中，張光年的《向陽日記》一書涵蓋文革中後期經歷，但書中刪節號隨處可見。[27]

[22] 何蜀〈不應有的「整理」——讀陳煥仁《紅衛兵日記》有感〉，http://blog.tianya.cn/blogger/post_show.asp?BlogID=2967178&PostID=24949996，2006年。

[23] 參老鬼《母親楊沫》，武漢：長江文藝出版社，2005年，頁274。

[24] 楊沫〈自白——我的日記〉，載《楊沫文集》第六、七卷，花城出版社，1995年；陳煥仁《紅衛兵日記》，香港中文大學出版社，2005年；張新蠶《紅色少女日記：一個女紅衛兵的心靈軌跡》，中國社會科學出版社，2003年；張新蠶《家國十年》，作家出版社，2010年。

[25] 谷牧《谷牧回憶錄》，中央文獻出版社，2009年，頁213-218、頁251-254、頁261-268；葉淺予《細敘滄桑話流年》，群言出版社，1992年，頁394-397；蘇儒《三十六年：留給子女和親人看的家史》，1998年，自印本，頁99-101。

[26] 《牛棚日記》是陳白塵幹校日記的摘抄，「摘記的內容僅為原文的十分之一」（陳虹語，參見《牛棚日記‧後記》，生活‧讀書‧新知三聯書店，1996年。

[27] 參張光年《向陽日記》，上海遠東出版社，1997年。另外，何蜀主編的《昨天》創刊號（2012年1月）為「日記專輯」，這期雜誌選錄了5種民間日記。

更重要的是，一些重要作者文革期間寫的日記已經基本按照歷史原貌整理出來，而且出版時保留了原作的完整性。以我有限的瞭解，除了上面提到的，這類日記至少包括下列各種：

梁漱溟《日記》，載《梁漱溟全集》第八卷，山東人民出版社，1993年。

譚其驤《譚其驤日記》，文匯出版社，1998年。

楊國宇《七機部文革八年：楊國宇日記》，自印本，2001年。

吳宓《吳宓日記續編》，生活·讀書·新知三聯書店，2006年。

宋柏林《紅衛兵興衰錄：清華附中老紅衛兵手記》，香港：德賽出版有限公司，2006年。

孫維藩《清華文革親歷：孫維藩日記》，香港新世紀出版社，2008年。

王林《文革日記（1966年6月1日-1968年5月19日）》，自印本，2008年。

劉節《劉節日記（1939-1977）》，大象出版社，2009年。

史洛明《震撼靈魂的歲月：文革日記（1966-1972）》，自印本，2010年。

竺可楨《竺可楨日記》，載《竺可楨全集》第18-21卷，上海科技教育出版社，2010-2011年。

這些例子進一步表明，「文革中幾乎沒有人寫日記」或「文革摧毀了中國人的日記」，是並不正確的誇張之辭。由於懲罰的威脅，很多人確實銷毀了日記或不再寫日記，但各個階層寫日記的情況仍然非常普遍，而且留存下來的數量極為龐大，這為發掘和利用日記史料提供了客觀基礎。

四、文革日記的史料價值

作為規訓與懲罰工具的日記，通常經過了精心摘錄甚至修改的過程。所以，當作嚴格的史料使用需要小心。但是，我們也要承認，整體來說，日記的可靠程度遠遠高於大字報和揭發交代材料，我們之所以在定罪文件中經常讀到摘引的日記條文，主要原因之一就是日記的可靠性更高（特別是附錄原件照片的情況和直接引語部分），引用日記會使定案顯得更為嚴謹。[28]

現在，發掘和利用文革日記已不必服務於給定的宣教或懲罰目的，它的價值主要體現在史料方面。作為文革史料，日記能夠從多方面補充或訂正文革小報、正史、回憶錄或口述歷史等文獻的不足。

（一）準確的時間框架

回憶錄或口述史經常時間模糊、甚至顛倒錯亂，而日記記錄的時間一般來說是準確可靠的。

有一次，一位老師說到工作組時期為了壓下各個中學反工作組的勢頭採取了軍訓的辦法，並提及清華大學附中在文革初期去軍訓的時間為1966年7月19日或21日；但也有文章說，派到清華附中工作組「7月17日把208名紅衛兵骨幹拉到沙城兵營封閉軍訓」。[29]清華附中學生到底是哪一天去沙城軍訓的？

[28] 有時照片也無法保證內容的真實可靠。如北京市委印發的《關於李冬民、張兆慶反革命集團的罪行》附件中的部分筆記照片經過篡改。當事人李冬民回憶，「管我們這個案子的負責人賈X」向具體辦案人員交代，「前面缺『打倒』兩個字，你們就模仿李冬民的筆跡，給他填上。只要符合李冬民的反革命思想就可以作為證據，擱到案卷中。那時候，他們已經有影印機了，好處理了，他們就拼到一塊。他們就是這麼辦的案子，所以這個案子後來叫李冬民假案。」李冬民口述、閻陽生、米鶴都採寫〈幾度風雨幾度秋〉，載米鶴都主編《回憶與反思：紅衛兵時代風雲人物——口述歷史之一》，香港：中國書局有限公司，頁212-213。

[29] 閻陽生〈清華附中紅衛兵100天〉，載《炎黃春秋》2008年第12期；《記憶》第10期（2008年12月28日。

我翻讀了一冊名叫「劉運通」的清華附中同學的日記，在1966年7月21日（星期四）條下發現如下內容：「一點半從家返校，兩點多一點到校，後睡覺。6點一刻起床，打行李，吃早飯，集合。八點多從校出發，八點二十到南門，十一點到電力學校；十一點半到西直門車站，12點半上車，一點吃東西，將近五點到沙城下車；後打開行李，鋪床，六點吃飯；飯後看電影，正片《南征北戰》，加片《雪原民兵》（正片時我睡覺）。」[30]這就可以確定，清華附中去軍訓的準確時間是7月21日。

（二）關鍵事實的澄清

由於政治形勢的劇烈變化，關於文革基本事實的描述被不斷修改，不同歷史時間對同一事件的敘述相互衝突是文革史資料的一個基本特徵。但這些相互矛盾的敘述往往又不同程度地包含了真實的歷史資訊。因此，分析判斷不同時期形成的文革史料的可信程度，是文革史研究所面臨的一個基礎性問題。

日記作為接近歷史現場的記錄形式，可以為篩選、整理和重新組織不同時間的描述提供關鍵性幫助，從而使事件的基本面貌和相關描述的變化過程呈現出來。我曾經以北京電影學院一位教師的日記為基礎，考訂和組織不同時期對紅衛兵抓走彭真這一事件的不同敘述。[31]其實，此類研究的潛力還是很大的。

（三）領導指示的傳達記錄

文革前期大量領導講話被傳單和小報公開，但文革中後期的輿論環境發生變化，領導的意見不再公開透明了。而文革日記中則保留了不少領導指示的傳達記錄。

30 《劉運通日記》，手稿，本文作者收集。

31 范世濤〈紅衛兵抓走彭真──對照民間記載與高層言辭的變化〉，載《記憶》第61期，2010年10月30日。

下述內容來自筆者收集的一位國家体委軍管會人員日記：「1970年6月4日晚10點至6月5日凌晨零點50分左右，周恩來、董必武、江青、李先念、紀登奎、李德生、汪東興在首都體育館觀看了乒乓球、體操、女籃和男排的彙報演出。表演結束後，江青離去，周恩來留下來接見中國乒乓球隊領隊、教練員和運動員，並與體委軍管會領導談話，其中談到體育系統怎樣清查「5.16」反革命陰謀集團：「你們內部主要是體院劉長信，表面上反賀龍，實際上搗亂。」「這恐怕是『5.16』分子。」「國家隊年輕人不懂，可以原諒，劉長信是一小撮。」[32]

1970年6月22-23日，體委幹校用兩天時間傳達和學習了周恩來的這三句指示，還有國家体委軍管會主任曹誠的指示：「總理講到劉長信，體院傳達時，要好好借這個東風。劉長信在賀龍問題上搗亂，搗誰的亂？搗無產階級司令部的亂，搗毛主席的亂。你10點聲明，是破壞毛主席的偉大戰略部署。□□□□〔此處原文空格，可能指「中央首長」。〕說：壞到極點了。劉長信不是好人，是反革命。劉長信到農場裡還給體委的人寫信；劉長信實際上是支持劉少奇，為賀龍翻案的。他支持劉少奇，實際上是保賀龍、榮高棠的，把體委搞得很亂。」負責傳達指示的魏新民說，「點劉長信的名，總理從去年到今年，已經是三次了。這是不能懷疑的。這個首先是支部、黨員要樹立信心，然後帶領群眾堅定起來。」除了傳達總理指示，這次大會還強調是「一個向階級敵人進攻的動員大會」，並結合學習對專案工作進行了整頓。根據這次會議精神，專案組支委會很快決定，「在學習班100天之內掃清劉長信組織的週邊，並做好對劉長信關於組織問題的總攻準備工作。」7月7日下午三點半，總攻開始。

這些內容對於瞭解體育系統的運動和劉長信的命運顯然非常關鍵。

[32] 某國家體委軍管會人員日記手稿，本文作者收集。

（四）個人心態的記載

文革結束以來，社會環境和個人價值觀都發生了巨大變化，即使當事人也很難回憶起數十年前的某月某日是怎樣想的，而日記中則保留了大量當時心態的記錄。

我收集的一冊北京26中高三同學在1966年8月28日寫的日記裡記錄了該校校長高萬春自殺後的感想。他是這樣寫的：

> 下午晚飯後，高萬春跳樓自殺了。事情是這樣的：高萬春在三樓掃地，他要上廁所。一個糾察隊員跟著他去了。高萬春進了廁所，糾察隊員在外邊等著。等了半天怎麼也不見他出來，於是糾察隊員進去看了看——沒有人了。糾察隊員到下邊一看，只見高萬春躺在地上，他跳樓了。於是趕快叫來醫生，同學們都聞訊趕來。這個革命委員會的委員也走在裡面。據醫生說，高萬春腦震盪很厲害，血壓是0，打了三針強心針。高萬春晃晃悠悠。後來，把他擱上汽車，拉到醫院去了。高萬春跳樓自殺，這不是一件好事情。它反映出這個革命委員的嚴重錯誤。高萬春對人民有罪，給他辦一個罪名，或者給他一顆子彈這都是輕而易舉的事情。但是關鍵在於，高萬春是個大頭，無產階級文化大革命僅僅開始，許多問題還沒有揭發，一鬥、二批、三改尚未著手去做。這是最主要的任務，完成這個任務，就達到了鬥倒批臭資產階級當權派、教育群眾的作用。現在，他自殺了，無疑將會對完成這一個任務帶來最大最大的困難。據醫生說，他這個病，即使要看好，也要二三個月。

8月29日，這位高三同學的日記開頭是這樣的：

> 早上聽說，昨晚高萬春尚未到第四醫院就斷氣了。今早他老婆領著個孩子在操場哭哭啼啼的。當然，那三針強心針白打了。[33]

在數十年後的訪談或回憶錄中，是不大可能讀到這類扭曲心態的記錄的。

不過，需要注意的是，日記往往不能完全反映處於改造對象或專政對象位置的作者真實想法。如葉淺予在回顧自己寫「改造日記」的經歷時明確指出，他當時的日記帶有「過關」性質，「免不了說假話」。[34]如果日記作者的處境困難，日記面臨隨時受到審查和抄沒的威脅，在日記中「免不了說假話」就是一種普遍現象。如果不注意這一點，完全信任日記裡的心態記錄，有時會造成不必要的誤解〔如有的作者根據顧准的幹校日記認為存在「兩個顧准」。〕。不過，只要注意日記作者的身份和處境，這類情況並不難於分辨。

（五）民間生活的生動記錄

文革時期的經濟生活資料非常零散，這為不可靠的說法流傳提供了條件。比如，有一種流行說法稱文革時期社會風氣良好，「路不拾遺」。但在日記中我們卻經常看到相反的記載。

史洛明在1970年9月23日的日記中寫道：「這地方〔指青海省西寧市。〕的人，很蠻橫，到處可以看到吵架的，售貨員同售貨員吵，售貨員同顧客吵，顧客同顧客吵……只要是買東西的地方，人多的地方，天天處處都可以碰到吵架的。……今天在黃廊街排隊買洋芋的人群中，也吵架打架，把一個小孩子打昏了過去，生死不明；另外在排隊買鴨蛋時，人群也是吵架，一個男

33 北京市第26中學一位同學的日記，手稿，本文作者收集。
34 葉淺予《細敘滄桑記流年》，群言出版社，1992年，頁394-397。

同志把一個帶小孩子要求買兩份鴨蛋的女同志，從排隊中拖出來了，吵了足足有半小時（每人排隊應買鴨蛋三元），看來，這裡人們天天在學毛主席的著作《為人民服務》，《紀念白求恩》……唉！這些都停留在口頭上的，到涉及一點個人利益時，大家還只想到自己。」[35]

統戰部沙洋幹校一位「五七戰士」在1972年11月10日的日記中，記錄了一位趙姓軍代表在幹校支部書記會議上傳達的11月6日國務院會議精神，稱「北京市出現兩個事件，是反革命分子製造謠言。一件，是在天安門烈士碑前面，早飯後突然有1000多人一個多小時把南邊18個池子的2萬多株花都挖了。警衛人員沒理，就把花都挖走了。事後，北京市給總理寫了報告，總理批示：此事出在天安門、正陽門之間，在光天化日之下把2萬多株挖走了，民警束手無策，未阻止，也未報告、迅速採取措施。只調查、不採取措施，不像專政機器。要小心兩千株櫻花樹苗也有可能被挖走！第二個事件，搶購糧食。10月30日-11月2日北京市發生搶購麵粉事件。從七機部糧店開始的，搶了以後又出現謠言，不是沒有白麵，而是有黑面，有的人家搶購600多斤。」[36]兩件事雖然作為「反革命分子製造謠言」傳達，但日後公開的文獻表明，這兩件事都是真的。[37]

這類記載表明，雖然文革將「破私立公」的努力發揮到了極致，但社會風尚根本談不上什麼「路不拾遺」。

當然，可靠的歷史需要多方面的文獻相互印證才能確立，而日記也只是一種史料類型。

一般來說，每一本日記都隱含了大量關於某地區、某單位和某些人物的背景知識，對作者來說，這些知識都是熟知而不必交

[35] 史洛明《震撼靈魂的歲月：文革日記（1966-1972）》，2010年，自印本，頁354。

[36] 統戰部某職員日記，本文作者收集。

[37] 穆玉敏〈哄搶天安門廣場花壇的背後〉，載《人民公安》2011年第14期。

代的，普通讀者卻很難瞭解。所以，文革日記在各種史料中屬於利用難度相對比較大的類型。在閱讀各式各樣的文革日記時，我就經常遺憾對作者的所在單位、所參加的組織所知甚少，而現有的文革研究文獻絕大部分是個人視角的，系統反映一個單位、一個群眾組織、一個地區運動變化過程的文獻少之又少。這既折射出文革史研究的不足，也影響了文革日記史料價值的充分發掘利用。

五、採集文革日記的經驗

雖然文革日記的生產數量極為可觀，但由於老輩人的故世、搬家等原因，這類作品正在迅速流失。發掘和搶救這類文獻的意義，或許可以和發掘口述史料相提並論。我收存的文革日記主要來自孔夫子舊書網（http://www.kongfz.com）和北京的舊書市場。孔夫子舊書網是國內最大的舊書網，網上經常可以見到文革日記出售。各大城市也大都開闢了專賣舊書的市場，如北京的潘家園舊貨市場（週六、周日開放，一般週六早晨和上午為佳）、報國寺舊貨市場（週四上午最熱鬧）和雙盈市場（一周開放七天）都有專門賣舊書的地方。

在舊書市場上採購文革日記特別需要耐心，有時會有意外的收穫，有時卻一無所得。一般來說，文革日記本其貌不揚，散亂在舊書叢中很不起眼，但越是裝幀樸素的舊本子，越需要認真對待。有塑膠皮的漂亮本子，大都是七十年代中期以後的產物，即使有內容，也往往與文革主旋律關係不大。[38]

在各種文革日記中，成套日記的價值要遠高於單冊日記，因為從中可以看到一個單位整個文革過程的發展變化；在生活日記和工作日記之間，工作日記的價值又高於生活日記〔工作日記的

[38] 周恩來曾經在1971年的一次講話中指出過，由於此前印刷毛澤東語錄過多，塑膠不夠用了。

特點是記錄領導和同事的內容多，記錄自己的內容少。在工作日記中，有的相當正式，如我買到北京第六通用機械製造廠革命委員會1968-1970年間的會議記錄本。生活日記的特點則是記錄家人、朋友和個人活動多，單位的情況相對簡略。〕，其中往往有領導指示的傳達記錄和各色人物運動中的發言摘要。

粗略流覽文革日記，不難確定作者的身份。一般來說，充當「革命動力」的作者寫的日記要比「革命對象」的日記內容更為豐富。比如，中學紅衛兵日記的價值往往高於中學校長日記；群眾組織頭頭的日記，往往比觀潮派的日記內容豐富；專案組成員的日記，價值往往高於專政對象的日記。當然，這只是非常粗略的說法，例外情況也很重要。我曾訪問過的一位學部老師在被隔離的情況下冒著極大的危險堅持寫筆記，雖然最後還是被發現和抄沒，但有一不起眼的小冊日記本夾在書中成為漏網之魚。王行國的《北京四中「勞改隊」日記》是在勞改隊被專政的險惡情況下記錄的時代證詞，文獻價值是任何回憶錄或訪談錄所無法替代的。[39]

從時間來說，我感到最有用的是文革前期的日記和1970-1971年間的日記，「九一三」事件後的大部分日記充斥學習中央文件和馬列主義經典的筆記，還有不少中醫中藥、詩詞歌賦、名言警句或民間小說（所謂手抄本）的摘抄，史料價值相對低得多。

文革初期工作組派出前後的記載之所以寶貴，主要有兩個原因：一是在這一時期各單位群眾立場明顯分化，並成為日後派系分野的源頭；二是因為黨委或工作組對群眾分類排隊的資料、工作組組員日記大部分被銷毀——如1966年11月12日《陶鑄同志在接見華東工程學院赴京戰鬥團的講話》中要求，「現在第一步把文化大革命材料處理掉，燒掉」〔1966年11月12日《陶鑄同志在

39 王行國〈北京四中「勞改隊」日記〉，載《記憶》第72期，2011年6月30日。

接見華東工程學院赴京戰鬥團的講話》中要求，「現在第一步把文化大革命材料處理掉，燒掉」〕；周恩來11月27日接見全國赴京部分革命師生和紅衛兵戰士時，要求現在將工作組整理的材料「封起來」，「等大家回來，首先是左派學生回來，共同協商，一燒了之。」〔周恩來11月27日接見全國赴京部分革命師生和紅衛兵戰士時〕而文革小報當時尚未流行，大字報資料也未必都進行了抄錄和歸類整理，整理了也可能被燒掉，所以黨組織或工作組領導運動時期的資料相對欠缺。

1970-1971年間的日記之所以特別可貴，也可以歸結為兩個原因：

一是1969年10月所謂「林副主席指示第一個號令」發出後不久，中共中央、中央軍委又迅速下發了經毛澤東和林彪「批閱」的《關於加強保密工作的緊急指示》。按照這一指示要求，上級的指示、命令、決定，其他重要文件和重要會議精神要嚴格按照規定範圍傳達。規定傳達到哪一級就只能傳達到哪一級，規定在黨內傳達的不能向黨外傳達，規定在幹部傳達的不能在群眾中傳達，規定在軍隊中傳達的不能在地方上傳達，規定原原本本傳達的就要原原本本傳達，規定不要原原本本傳達的只能傳達精神。個人不許以封鎖中央和上級指示為藉口，要求傳達不該傳達的問題。上級發的機密文件、負責同志的講話（包括錄音）和重要會議的記錄，未經批准，一律不得翻印、複製、抄錄和散發，更不准擴散到社會上去。因此，資訊變得非常閉塞，運動的領導不再像以前那樣透明了。而1970-1971年的個人日記中往往留下了當年的傳達記錄和會議記錄（如周恩來、謝富治、吳德或更小一些人物的講話），這對理解運動的輪廓非常關鍵。

其次，清查「五一六」分子既是文革的繼續，也是對前期群眾造反運動的一個總結和「反攻倒算」。圍繞此前發生的群眾造反運動重大事件和重點人物，各單位組織了強有力的專案組進行調查。因此，從日記中往往能看到此前一些關鍵事件、關鍵人物、關鍵活動的線索。曾任清查「五一六」專案聯合小組辦公室主任的吳德談到，粉碎「四人幫」以後，北京市又把當年的造反派和「五大領袖」「抓起來，批判了一下，批判的材料就是當年的那些，沒有新的。」[40]他的口氣如此輕描淡寫，但僅就文革史的系統調查來說，清查「五一六」分子形成的文獻確實是最系統完整的，「批判的材料就是當年的那些」離事實並不太遠。

當然，對於清查「五一六」分子時期的日記，使用時需要格外小心。因為整個運動以清查莫須有的「五一六反革命集團」為目標，以延安整風時的「審幹九條」為指導綱領，「逼供信」在全國範圍盛行。在專案組的長期逼迫和誘導下，大部分重點運動對象都有被迫虛構事實的經歷。所以，該時期材料的可靠程度，要根據內容的前後一致性和前期文革的背景來判定。

除了以上方面，文字書寫好壞也是影響文革日記價值的基本因素。不少日記字跡潦草，讀起來相當困難。糟糕的文字書寫會消磨閱讀的興趣——只是在收集了不少日記之後，我才明白這一點。

2011年12月23日初稿

2012年1月11日定稿

40 吳德口述，朱佳木整理《十年風雨紀事》，當代中國出版社，2004年，頁75。

主要參考文獻

羅德里克・麥克法誇爾、沈邁克（Roderick MacFarquhar、Michael Schoenhals，2006）：《毛澤東最後的革命》，關心譯，唐少傑校，香港：香港星克爾出版公司，2009年。

程世剛：〈《雷鋒日記》發行內情〉，載《黨史博覽》2007年第12期。

雷鋒：《雷鋒日記》，北京：中國青年出版社，1964年。

盧弘：《軍報內部消息》，香港：時代國際出版有限公司，2006年版。

錢江：《小球轉動大球——「乒乓外交」幕後》，東方出版社，1997年。

本報編輯部：〈陶鑄王關戚破壞學部文化大革命罪行錄〉，載《長城》1968年10月30日第5版。

許志英：〈究竟怎麼回事〉，載《鐘山》2007年第1期。

樂秀良：〈日記何罪〉，載1979年8月4日《人民日報》副刊。

樂秀良：〈再談日記何罪〉，載1979年11月21日《人民日報》副刊。

中國人民大學新人大公社、毛澤東思想紅衛兵直屬戰鬥隊：《反革命修正主義分子孫泱日記摘錄》1967年3月。

第二輕工業部革命委員會籌委會毛澤東思想戰鬥隊編：《三反分子大叛徒薄一波的臭婆娘反革命修正主義分子胡明的忠實幹將蔡濂的黑日記》，1967年11月。

于光遠：《文革中的我》，上海遠東出版社，1995年。

撫順政協文史資料委員會、撫順市總工會工運史編委會編：《回顧學雷鋒活動的起源和發展》，白山出版社，1991年。

王友琴：《摧毀日記的革命》，http://spaceking.blog.edu.cn/2006/192924.html，2006年。

顧准：《顧准日記》，中國青年出版社，2002年。

俞平伯：《俞平伯日記選》，上海書店出版社，1993年。

夏鼐：《夏鼐日記》，華東師範大學出版社，2011年。

顧頡剛：《顧頡剛日記》，中華書局，2011年。

梁漱溟：《日記》，載《梁漱溟全集》第八卷，山東人民出版社，1993年。

陳白塵：《牛棚日記：1966-1972》，生活・讀書・新知三聯書店，1995年。

楊沫：《自白——我的日記》，載《楊沫文集》第六、七卷，花城出版社，1995年。
張光年：《向陽日記》，上海遠東出版社，1997年。
譚其驤：《譚其驤日記》，文匯出版社，1998年。
楊國宇：《七機部文革八年：楊國宇日記》，自印本，2001年。
張新蠶：《紅色少女日記：一個女紅衛兵的心靈軌跡》,中國社會科學出版社，2003年。
陳煥仁：《紅衛兵日記》，香港中文大學出版社，2005年。
吳宓：《吳宓日記續編》，北京：生活‧讀書‧新知三聯書店，2006年。
宋柏林：《紅衛兵興衰錄：清華附中老紅衛兵手記》，香港：德賽出版有限公司，2006年。
劉雪峰：《塵封的記憶——一個造反派的文革日記》（上下），華夏出版社，2008年。。
孫維藩：《清華文革親歷：孫維藩日記》，香港新世紀出版社，2008年。
張新蠶：《家國十年》，作家出版社，2010年。
竺可楨：《竺可楨日記》，載《竺可楨全集》第18卷、第19卷，上海科技教育出版社，2010年。
范世濤：《紅衛兵抓走彭真——對照民間記載與高層言辭的變化》，載《記憶》第61期，2010年。
閻陽生：《清華附中紅衛兵100天》，載《炎黃春秋》2008年第12期及《記憶》第10期。
史洛明：《震撼靈魂的歲月：文革日記（1966-1972）》，2010年，自印本，第354頁。
穆玉敏：《哄搶天安門廣場花壇的背後》，載《人民公安》2011年第14期。王行國的《北京四中「勞改隊」日記》（載《記憶》第72期，2011年6月30日。
吳德口述，朱佳木整理：《十年風雨紀事》，當代中國出版社，2004年。

紅衛兵抓走彭真
——對照民間記載與高層言辭的變化

范世濤

1966年12月4日凌晨，兩輛滿載紅衛兵的汽車停在台基廠7號，他們把一封信交給了門衛。門衛進屋看信時，紅衛兵強行沖進大門，將隔離審查中的彭真搶走，隨後擺脫了追來的警衛人員。整個過程歷時5到7分鐘。

不少書刊談及這一事件，但大都語焉不詳，且情節出入很大。2010年7月，筆者在北京潘家園舊貨市場地攤上購得北京電影學院表演系一位教師（暫不披露姓名）寫的7冊文革時期日記（以下簡稱《日記》），其中記錄了幹校時期若干當事人在批清運動中的交代和軍宣隊對此事的調查。本文以《日記》記載的資訊為基礎，結合相關材料，對此事的來龍去脈作一簡要回顧。

一、事件經過

此事來由可以從1966年11月28日首都召開文藝界無產階級文化大革命大會開始。周恩來、陳伯達、江青、吳德等領導人參加了大會並發表講話，謝鏜忠宣佈了中央軍委決定：江青任解放軍文化工作顧問；按照軍委指示和中央文革小組決定，將北京京劇一團（包括北京戲劇專科學校參加國慶演出的紅衛兵演出隊）、中國京劇院（包括中國戲曲學校參加國慶演出的紅衛兵演出隊）、中央樂團、中央歌劇舞劇院的芭蕾舞劇團及其樂隊，劃歸中國人民解放軍建制，列入部隊序列。

毛澤東並沒有在這次會議上公開露面，但有人發現他坐在後臺，也許準備適當時候到前臺露面而後來放棄了[1]。江青按照毛澤東多次審改的講話稿在會上發表長篇講話，稱「舊北京市委、舊中宣部、舊文化部互相勾結，對黨、對人民，犯下的滔天罪行，必須徹底揭發，徹底清算」；周恩來隨後也作了長篇講話，稱文藝界為「彭真、陸定一、周揚、林默涵、夏衍、田漢、陽翰笙等反革命修正主義分子抗拒毛主席文藝思想和革命路線，散佈毒素，創造資本主義復辟輿論的一個重要地盤」，要求「堅決把一小撮盤踞在文藝界的反黨反社會主義、反毛澤東思想的資產階級右派分子，統統揭露出來，把他們鬥倒、鬥臭、鬥垮！」[2]

次日，即11月29日，一些參加了大會的紅衛兵到葉楚梅（葉劍英之女）家開會研究鬥爭陸定一的問題，其中包括中央戲劇學院葉向真（葉劍英之女，葉楚梅之妹，她曾經在昨天的大會上發言）、北京電影學院彭寧（老紅軍彭加倫之子，導演系61級）、中央音樂學院劉詩昆，首都三司召集人、北京地質學院的紅衛兵領袖朱成昭後來也來到葉家參加了討論。

中戲、北影、音樂學院和中央樂團原歸文化部管轄，這幾個單位紅衛兵此前活動的重點在文化部。而江青在頭一天的講話指出了「舊北京市委、舊中宣部和舊文化部相互勾結」，為什麼不把批鬥「黑幫」與破「三舊」結合起來呢？為什麼不找更「大

1 據王若水回憶，唐平鑄參加了這次大會並坐在主席臺上。「他回來後說，那天其實毛也去了，是他上廁所時發現的。他走到後臺，先看見了當時老跟在毛身邊的那個小護士，隨後看見了毛坐在那裡。毛是不是還準備了適當時候到前臺露面而後來放棄了呢？這就不得而知了。」王若水，《新發現的毛澤東》下冊，香港：明報出版社，2002年，頁564-565。

2 毛澤東，〈對江青在文藝界大會上的講話稿的批語和修改〉，載《建國以來毛澤東文稿》第十二冊，北京：中央文獻出版社，1998年，頁163-166；〈陳伯達、江青、周恩來、吳德同志十一月二十八日在文藝界大會上的講話〉，載《無產階級文化大革命資料彙編》，河北北京師範學院《鬥爭生活》編輯部編印，1967年2月，頁460、463。

個的」呢？雖然陸定一比周揚的「個頭」更大，但彭真不是更大的目標嗎？順著這樣的思路，當有人從遊鬥陸定一的汽車問題跳到批鬥彭真問題時，與會者均熱情回應。在紅衛兵中有很大影響的朱成昭也拍板同意。幾年之後，會議參與者彭寧說這次會議是「捉彭的雛形」（《日記》，1971年8月29日條），另一位抓彭行動參與者錢學格說「這顯然是一個決定性的會議」（《日記》1971年8月17日條）。

彭真當時在家中隔離反省，警衛嚴密，怎樣把彭真弄出來呢？紅衛兵們進行了嚴密的策劃。12月1日他們確定，行動由中央戲劇學院、北京電影學院、中央音樂學院和中央樂團四個單位參加。當天葉向真在戲劇學院傳達，劉詩昆去音樂學院做了傳達；12月2日早晨葉向真找電影學院的彭甯講話，彭寧隨後告知楊韜，要抓大頭，揪彭真，說他是海瑞式人物，同日晚有人去摸彭真的住址，研究具體抓法。

12月3日晚是最後的佈置會。葉向真主持會議，她講了為何要抓彭真，並說已經與戚本禹通過電話；彭甯贊成葉的發言，並宣佈了抓人名單，其中包括彭真、林默涵；大家研究了「黑幫」抓來後住什麼地方，陳立提出住中央樂團；大家還商定了遊鬥路線，決定各單位在農業展覽館集合，隨後沿東西長安街過天安門遊街；朱明宣佈，四個單位的頭頭擔任尖刀班、警戒等任務，劉詩昆、彭寧負責相關宣傳；行動總指揮是鄭國喜（因字跡潦草，此人名尚待進一步考證）、葉向真、孫增華（《日記》1971年8月27日條）。

另據《日記》1971年5月3日條記載，北京電影學院參與策劃的紅衛兵有彭甯、孫增華、孔都、朱喜年、張澤宇，參加此事者有錢學格、滕文驥、丁蔭楠、楊韜、司徒，現場指揮有呂英亮、孫英、崔雁敏、劉建革、何玲（俞家熙）、張克敏、李國基、曲？？（看不清楚）。

接下來，就是本文開頭提到的那一幕。

除了彭真，當晚被抓的還有北京市委的劉仁、中宣部的許立群、林默涵，文化部夏衍、陽翰笙。許立群的妻子目擊了紅衛兵抓許立群和林默涵的行動：

> 在1966年12月4日半夜2時，我被滿院及客廳的皮靴聲驚醒，看見好幾個身穿軍大衣，戴著大口罩的男女打著手電筒在各屋搜查。此時立群已不在臥室，他們已將他綁走。他們發現我時，兩人一邊一個挾持著我，要我帶他們找林默涵（林住在我們大院內另一小院），我說我不知道。他們將我挾持到大門口時，聽他們一夥嚷著「找到了」。就這樣，他們將立群及默涵用卡車拉走。前後時間不到10分鐘。他們是翻牆進來的，將傳達室的電話掐斷，將中宣部的兩個監護人員看管著不許動。他們走後，監護人員向當時任中宣部長的陶鑄同志報告，陶根本不知此時。我們非常擔心立群他們的安全。[3]

事發當天，周恩來總理對葉向真、彭寧等紅衛兵說，「僅五分鐘就解決問題了，幹得漂亮。你們把警備司令部都給瞞過了。」[4]

江青對傅崇碧說：「小將們幹得真漂亮！群眾起來了，你們想保也保不住的。這一下你這個衛戍區司令也甘拜下風了吧？」[5]

吳德這樣描述：「彭真在他住的台基廠7號，被不知什麼人抓走了，是1966年下半年，具體月份記不准。周總理在大會堂找我、汪東興、傅崇碧、周榮鑫談話，讓我們去把彭真找回來。周

[3] 杜曉彬：〈一生忠貞　英靈不泯——回憶許立群〉，載《許立群文集》，北京：當代中國出版社，2003年，第829-936頁。

[4] 【12月4日】〈周總理十二月四日接見中央戲劇學院、北京電影學院、中央音樂學院、中央樂團四單位三司所屬紅衛兵組織代表的談話紀要〉，載河北北京師範學院《鬥爭生活》編輯部編印，《無產階級文化大革命資料彙編》，1967年2月。

[5] 見傅崇碧〈大樹參天護英華〉，載安建設編《周恩來的最後歲月（1966-1976）》，中央文獻出版社，1995年，頁51。

總理提出弄清楚彭真的下落，再弄清楚是什麼人把他揪走的。我們派人去，茫無頭緒，找也找不到。」[6]

顯然，如果從紅衛兵的角度看，他們的行動很成功。

二、「中央文革小組操縱」？

很多年以後，吳德說，「實際上抓彭真是在中央文革小組操縱下搞的」；[7]

抓彭行動總指揮之一葉向真也說，中央文革小組「下了指令」；[8]

童小鵬則指名道姓說紅衛兵抓走彭真是「江青指使」；[9]

傅崇碧說，這是「江青、戚本禹等策動」。[10]

12月4日紅衛兵突破警衛抓走彭真，果然是中央文革小組的「操縱」、「指使」、「指令」或「策動」嗎？

從《日記》來看，只有一條資訊表明中央文革小組成員與紅衛兵12月4日行動直接相關。這就是12月2日或3日，葉向真在行動前就電話問過戚本禹（1971年8月27日條），戚本禹當時的回答是：「你們看著辦」（1970年12月5日條）這個回答符合戚當時的身份——既不明確阻止，也不明確支持，雖然紅衛兵通常理解為支持，但這與「下了指令」、「指使」、「操縱」或「策動」畢竟不是一回事。

除此之外，沒有更多的資訊表明這次行動得到過江青、陳伯達或王、關、戚的「支持」。

6 吳德口述，朱元石整理《十年風雨紀事——我在北京工作的一些經歷》，當代中國出版社，2004年。

7 吳德口述，朱元石整理《十年風雨紀事——我在北京工作的一些經歷》。

8 凌孜的回憶，http://www.china.com.cn/culture/lishi/2010-03/03/content_19509211.htm。

9 童小鵬，《風雨四十年（第二部）》，中央文獻出版社，1996年，頁429。

10 傅崇碧，《大樹參天護英華》。

《日記》是否沒有充分反映中央文革小組與12月4日行動之間的直接聯繫呢？這也不大可能。在清查「5・16分子」運動中，抓彭行動被列為「5・16反革命專案」。江青當時是「中央首長」、「無產階級司令部」成員，中央專案組最高領導人之一，如果抓彭得到過江青「指使」或「指令」，此事列為重點清查案件的可能性微乎其微。同時，「王、關、戚」或陳伯達已先後被視為「5・16反革命陰謀集團」的「黑後臺」，但凡與他們能掛上鉤的造反活動都被系統追溯和清理。如《日記》1971年8月17日條，就記下了彭寧交代的與戚本禹的7次接觸，時間分別是1966年9月25日、12月4日、12月12日、12月22日（鬥彭大會）、12月23日（「首長接見」，可能指江青接見，戚本禹也在場）、1967年1月14日（文化部）、6月23日（中宣部）。假如12月4日的行動事先有王、關、戚或陳伯達等中央文革小組成員的具體「策劃」、「指使」、「策動」或「指令」，在長期反覆交叉問訊壓力下，是不大可能挖不出來的。

同時，《日記》有明確的記載表明抓彭真是紅衛兵主動發起的。如11月24日，首都三司的召集人朱成昭到文化部，談形勢時就已經提到「文藝界鬥黑幫，抓出來，已養得胖胖的，有上線」，讓「文藝界自己搞，告葉向真、彭寧。」（《日記》1971年8月27日條）這表明首都三司的造反活動中，葉向真和彭寧分工負責文藝口。作為抓彭行動的「雛形」和「決定性會議」，11月29日在葉楚梅家的會議本來商量的是遊鬥陸定一問題，而非抓彭問題，話題轉到抓彭，其實是即興性質的。

因此，我認為說中央文革小組「操縱」、「策動」或「指令」紅衛兵抓彭真不符合事實；12月4日抓走彭真，只是中央戲劇學院等四個單位紅衛兵在特定環境下的主動行為——用當時的話來說就是「群眾的革命首創精神」的結果。

三、「我們支持你們的革命行動」

彭真忽然被人抓走，中央怎樣反應呢？

吳德在口述回憶中說，周總理找了汪東興、傅崇碧、周榮鑫和吳德，讓他們弄清楚彭真的下落，結果卻茫無頭緒。隨後傅崇碧對周總理說，這件事要找戚本禹。戚本禹果然「一找就找著了。好像把彭真關在了戲劇學院」。

吳德這段回憶有兩個地方不準確：一是戚本禹也只是很快就確認了此事系葉向真等人所為，並非「一找就找著了」彭真在什麼地方。二是彭真被抓走後，先被關在中央樂團的音樂大廳而不是戲劇學院，隨後又被轉移到了西山山溝裡。

吳德還說：「知道彭真的下落後，周總理叫我們負責要回來。我提出我去可能要不回來，最好是由傅崇碧、衛戍區出面交涉，把彭真放在衛戍區監護，他們什麼時候要批鬥，衛戍區什麼時候就送去。」

去西山要回彭真確實是衛戍區部隊所為。接受任務的戰士每人都帶了一條背包帶，傅崇碧說「做什麼用，你們去想」。據說救出彭真時，彭「在西山被折磨得早已筋疲力盡，一天多沒吃飯，連口水也沒喝，身上也未帶任何隨身之物，就連解手用的大便紙，也不得不用土坷拉代替。」[11]

不過，吳德的口述回憶給人一種印象，與紅衛兵交涉的似乎主要是北京衛戍區，其實，周恩來才是與紅衛兵交涉的最主要人物。

據《日記》1971年5月3日條記載，彭真被抓走後，周總理在12月4日三次接見有關單位紅衛兵。第一次和第二次都在凌晨，電影學院參加接見的是張澤宇；第三次接見在傍晚4、5點鐘，電影學院參加接見的是彭甯、孫增華、張澤宇。三次接見的主要內容是：1、批評這事事先未向中央打招呼，中央被動，中央召

[11] 劉烊，《特監軼事》，人民中國出版社，1992年，頁98-99。

開了緊急會議，要求積極與衛戍區配合；2、支持大家的革命行動；3、總理指示中央由汪東興、吳德、戚本禹、周榮鑫負責。

如果說上述內容過於簡略，當時群眾組織編印的資料彙編中收錄的「【12月4日】周總理十二月四日接見中央戲劇學院、北京電影學院、中央音樂學院、中央樂團四單位三司所屬紅衛兵組織代表的談話紀要」就比較清楚了：

> 你們走後我們召開了中央會議，我們完全支持你們的革命行動。首先鼓勵你們。我們很理解你們的這種義憤心情，現在確實像上午同志們分析的，存在反撲，要給予反擊，反撲不止一次，要有多次。反撲，機關裡有，學校裡就更多了。有鬥爭的反覆可以鍛煉我們。尤其在北京，林彪同志負責這個地方，他們就更不甘心了。
>
> 我們每個行動都要估計，要再三估計，考慮到後果。但是革命不是請客吃飯，你們的行動是革命的，也是很成功的。第一，僅五分鐘就解決問題了，幹得漂亮！你們把警備衛戍司令部都給瞞過了。
>
> 你們的行動是好的，但也不可能沒有缺點，你們如何配合中央，請大家考慮。
>
> 「三極」宣傳想得很理想，做出來很不好辦。長安街的人那麼多，你們怎麼走得動？很不好辦，如果出點事情，很麻煩。所以要我來說服你們……這樣搞不安全，鬥爭的效果也不太理想……方才開會時，我們都不同意你們這種做法，遊街示眾，我們感覺沒把握……開大會這個辦法好，可以出出你們的氣，當然不僅是你們的氣羅，而是公氣。[12]

[12] 見河北北京師範學院《鬥爭生活》編輯部編印《無產階級文化大革命資料彙編》，1967年2月，頁501。省略號為原文所有。

從內容判斷，這個紀要是12月4日下午4、5點鐘周恩來第三次、而不是前兩次接見紅衛兵時的講話內容；其中提到「現在確實像上午同志們分析的」，也從一個側面證實，周恩來當天上午已經接見過參與行動的紅衛兵。

周恩來說，「我們支持你們的革命行動」，表明他比戚本禹事先的「你們看著辦」更前進了一步，在事後主要是認可、支持和鼓勵這一行動的。他說，「你們走後我們召開了中央會議」、「要我來說服你們」，那麼，他的意見也就不僅是他自己的意見，而是代表了中央的意見。從周恩來和彭真的地位推測，「要我來說服」的人，未必只是中央文革小組成員，很可能是毛澤東。

周恩來對紅衛兵「革命行動」的支持不只是口頭上的，還有兩項實質性內容：一是紅衛兵原計劃是四個單位在農展館集合，然後沿東西長安街帶「黑幫」遊街示眾，而周恩來指出，「這樣搞不安全，鬥爭的效果也不太理想」，「方才開會時，我們都不同意你們這種做法」，「開大會這個辦法好」；二是紅衛兵關於12月4日行動的策劃沒有超出江青在11月28日「文藝界無產階級文化大革命大會」上所謂的「舊北京市委、舊中宣部、舊文化部相互勾結」範圍，他們也找不到遠在山西的楊尚昆住處，但周恩來對紅衛兵說，「你們不是還少一個楊尚昆麼，開會的時候我保證把四個人都送過來。」[13]從而幫助紅衛兵將遊街示眾鬥「黑幫」的計畫轉為「鬥爭彭、陸、羅、楊」的大會，楊尚昆也果然在不久之後被及時送回北京。

關於籌備「鬥爭彭、陸、羅、楊」大會的過程，吳德這樣回憶：

[13] 凌孜的回憶，見http://www.china.com.cn/culture/lishi/2010-03/03/content_19509211.htm。

周總理讓我去和造反派商量，由各個造反組織聯合起來召開批鬥大會。我去找戲劇學院的造反派，提出他們是否和北航紅旗、地質學院東方紅、師大的什麼組織聯合起來召開大會，避免發生衝突。戲劇學院的造反派不同意聯合批鬥。

我又去找地質學院的朱成昭，他住在地質部或是地質學院的四樓上。我和丁國鈺去後，但見朱成昭的樓層層設置了他的警衛。我說找朱成昭談事情。這些警衛讓我們等著，他們去報告獲准才讓我們上去。我向朱成昭談了聯合召開大會鬥爭彭真的方案。朱成昭同意聯合開會，但他提出條件，這個大會要由他們來主持。我提出讓他問一問北航的韓愛晶同意不同意。朱成昭當場打電話把韓愛晶和韓的一個女秘書小朱請來了。韓愛晶來後，我告訴他們說，周總理的意見是各派聯合起來開大會，至於你們誰主持，你們自己商量，也可以輪流主持。

說通朱成昭、韓愛晶，又找戲劇學院的造反派。經他們反覆商量，決定聯合開大會，先由地質學院東方紅主持，然後是戲劇學院的造反派主持。

這個會還沒有開，這些造反派又為由誰主持批判會吵架了，我又去勸架。在勸架過程中，這些造反派忽又鑽出一個念頭，他們說鬥彭真是為了轉移對北京市委「資反路線」的視線，這是北京市委在搗鬼，是北京市委的陰謀。矛頭對著我來了。我分辯說：這不是由我決定的，這是由中央文革小組決定的，不信可以給中央文革小組打電話。我掛起電話，好像是陳伯達的秘書接的。我說：他們說我們在搞陰謀，轉移視線，我們說服不了這些造反派！

中央文革小組決定派人到會。來的人好像是王力、關鋒、戚本禹、穆欣，他們表示支持召開聯合批鬥大會，並說這不是市委的陰謀，是中央文革小組的決定。戚本禹沒有說幾句話，他們就同意開會了。[14]

就這樣，一次四單位紅衛兵的突然襲擊行動，在中央的支持和幫助下，發展為1966年12月12日在北京工人體育場召開的「誓死保衛毛主席，鬥爭彭、羅、陸、楊反革命修正主義集團誓師大會」。

這次大會有12萬人參加，姚文元、吳德出席會議，彭真等六位所謂「彭、羅、陸、楊反革命修正主義分子」被揪至會上接受批鬥，彭寧等人做了大會發言。吳德代表北京新市委講話，「完全支持革命左派團結廣大革命群眾向反革命修正主義路線猛烈開火的英雄行為」。所謂「英雄行為」，自然包括四單位紅衛兵突破警戒抓走彭真的行動，也包括他們同意與其他單位聯合召開大會。

周恩來雖然沒有出席12月12日的誓師大會，但非常關心、也詳細瞭解這次會議的召開情況。在這天晚上周恩來與科學院幾個革命造反組織代表交談時，曾問及「今天在北京工人體育場鬥爭反黨頭子彭真，你們有人去了嗎？」以及「七個人發言是不是？」隨後對這次大會進行了評論：

今天的講話還不錯，今天的會開得還好，今天你們批判的只能到這個程度，他的罪惡還多得很，他的許多主要材料在黨中央那裡，對你們來講，瞭解彭真要比瞭解張勁夫少得多，說清閒，他們最清閒了，要說彭真這半年休息得最好了，當然他們精神不清閒，這種人沒有辦法，不可救藥，政治生命完蛋了，物質生命還存在，只好靠邊站了，你又不能把他殺了……[15]

[14] 吳德口述，朱元石整理《十年風雨紀事——我在北京工作的一些經歷》。

[15] 參見〈周總理十二月十二日在中南海接待室接見科學院幾個革命造反團體時的談話紀

四、「七分鐘反革命事件」

數年之後，紅衛兵抓走彭真的事再次被提起，不過不再是「革命行動」或「英雄行為」，而是「上面有人」（暗指戚本禹）的「七分鐘綁架彭真事件」（簡稱「七分鐘事件」、「七分鐘反革命事件」），又稱「12.4事件」了。這個變化的關鍵人物還是周恩來。

1970年1月24日，周恩來與康生、江青一起接見中央直屬系統、文化部、學部、教育部等單位的軍宣隊代表，作了長篇講話。在這次講話中他一一介紹了所謂「『5・16』反革命陰謀集團」重點人物，他這樣描述戚本禹：「戚本禹是個野心家，是跑腿的，活動能力很強。他無孔不鑽，文化方面他鑽的地方最多。江青同志不讓他去，他硬要去。」又說 「他的根子是很深的。沖機要局，搶檔案，他（與葉向真他）們是合謀，後臺是楊、余、傅，蕭華。」

為了說明戚本禹「根子是很深的」、「與葉向真他們是合謀」，周恩來提到了抓走彭真的事：

> 六六年底他們搞突然襲擊，將彭、羅、陸、楊和文化部的夏衍、林默涵、田漢、陽翰笙，還有其他人一下子逮走，然後讓他們遊街，我們打電話問戚本禹是誰搶走的。他說「可能是葉向真，我打聽打聽。」不到五分鐘，他說是葉向真，後來把葉向真叫來。她說是戲劇學院、中央音樂學院、中央樂團這些單位搞的，關在和平里中央樂團一間大

要〉，載《中央首長講話彙集》，北京電影製片廠《毛澤東主義》公社編印，1967年1月，頁159。另一個版本的周恩來講話是這樣的：「今天在北京體育場鬥舊北京市委的彭真等留人，彭真是兩面派，你們對彭真還不如對張勁夫瞭解，對彭真你們只是粗線條的瞭解一些，就知道那麼多材料。今天有7個人發了言，只能講那些，其實彭真的罪惡大得很。可是他現在最輕鬆，當然，精神上不輕鬆，他不可救藥，只能靠邊站去了。」參見〈周總理十二月十二日晚接見科學院九個造反組織廿名代表的講話〉，載《無產階級文化大革命資料彙編》，河北北京師範學院《鬥爭生活》編輯部編印，1967年2月，頁548。

屋子裡，第二天就要遊行。這樣全城會轟動，對我們不利，非搞過不可，後經衛戍區把他們接過來。這樣一件事，我們不允許在無產階級司令部面前綁架，這不是無產階級文化大革命的造反行動，這樣做超過了武鬥，變成了綁架。後來，很多地方也跟著搞起來了，……把北京的運動搞得非常不利。[16]

上述表態與「我們支持你們的革命行動」不可同日而語，這時抓走彭真變成了「在無產階級司令部面前」「超過了武鬥」的「綁架」；楊尚昆也不再是由中央從山西押回北京交給紅衛兵批鬥的，而是葉向真等人「一下子逮走」的一員。

新的政治定性對葉向真必定會產生重大影響，但葉向真專案由中央專案組三辦負責，我們無從瞭解詳情。幸好，《日記》系統記錄了北京電影學院下放幹校時期遵照周恩來指示清查「5・16」分子運動的大量細節。根據《日記》記載，全程參與了「七分鐘事件」的彭寧，是其所在幹校連隊的首要「5・16反革命骨幹」，「七分鐘事件」作為他的主要「罪行」之一被反覆批判。下面從《日記》中做一些簡單摘引，可以約略瞭解當時的情形。

1970年12月4日，一位姓崔的連長在「大批判再動員」後，佈置了第一項專題批判任務，即「利用紅旗政策。重點批判7分鐘事件。」方法是「先典型批判，後群眾批判」，「普遍批判在班進行」，要求「從線索摸敵情」，「一定要結合事實，不要亂扣帽子」，「關鍵在相信不相信黨的政策，自己解放自己，坦白從寬，抗拒從嚴，才能真正劃清界限」。

次日，連隊召開「5・16反革命陰謀集團12・4（七分鐘）事件批判大會」，彭甯、錢學格、馬精武、謝飛「懷著三忠於四

---

16 〈周恩來康生江青接見中央直屬系統文化部學部教育部等單位的軍宣隊代表講話〉，http://www.xj71.com/?action-viewnews-itemid-41869。

無限五保衛的心情」上臺發言。《日記》作者的發言提綱是這樣的：

> 1966年12月4日，正當我國史無前例的無產階級文化大革命，沿著偉大領袖毛主席指引的方向，大踏步前進的時候，當資產階級司令部劉少奇一夥即將搖搖欲墜倒臺的時候，一小撮階級敵人、5·16反革命陰謀集團開始製造輿論，撈取政治資本，破壞毛主席的戰略部署，王、關、戚、楊、余、傅直接策劃演出了七分鐘綁架彭真的反革命特務事件。這個事件的要害就是向偉大領袖毛主席、林副主席施加壓力，破壞無產階級文化大革命，力圖挽救大叛徒、大內奸、大工賊劉少奇及其一夥失去的天堂。這個反革命七分鐘事件的要害，就是要奪取文化大革命的領導權。5·16反革命陰謀集團奪權的目的，就是不要無產階級專政。他們不單是要彭真這些反革命修正主義分子黑線人物一起串供，而是王、關、戚、楊、余、傅和他們一起串通起來，搞復辟陰謀活動，矇騙人民。
>
> （《日記》1970年12月5日條）

會上另一位「五七戰士」說，1966年12月4日抓走彭真是為了「串供」，而且「陰謀已經實現了一部分。彭真及一些黑幫串供，製造攻擊無產階級司令部的所謂黑材料，顛覆無產階級專政，是資產階級政變的一次演習，危害已經造成了。」周恩來1966年12月4日的表態被說成是紅衛兵們「掩蓋和篡改周總理指示，放反革命輿論」。崔連長評論說，「抓彭真即保彭真保黑幫」。

當晚崔連長傳達了「最新指示」（其實是1967年的），「革命的學生要團結，要聯合，共同打倒反革命陰謀集團5·16」，以及林副主席指示，「軍隊是專政的工具。一定要把5・16分子查清，一個也不能漏掉。」隨後長篇大論，要求人人發言，「不發言就是中奸計」，「紅旗政策惡毒之處在利用人心所向勾引青年，非如此不能號召」，並將「七分鐘事件」的思想根源追溯到三十年代文藝黑線，說一些人「在七分鐘事件中，自己還慶幸是機會主義的頭腦，其實已經上了三十年代的賊船。」

群眾發動起來後，接下來的11個月是高密度的批鬥。連隊領導帶頭做「工作」，彭寧反覆交代「5・16罪行」，寫出了140多頁的材料，其中包括「七分鐘事件」，但這些交代被一再指責為「重複」；彭寧本人不斷受到「背後有人」、「態度不老實」、「錯誤估計形勢」、「掩蓋罪行」、「避重就輕」、「狡辯」、「想蒙混過關」、「新的惡毒攻擊」、「繼續陰謀新反撲」、「以細節掩蓋實質」、「搞迷魂陣，反攻倒算」之類的斥責，人們一再勒令他「嚴肅對待自己的罪行」、「竹筒倒豆子」。 有些當事人則發揮了揭發、質問的作用，有的可能參加了專案組，在會上專題介紹過「七分鐘（事件）彭寧參與陰謀」的過程。

經歷持久地「鬥立場、鬥態度」、「通過罪行打態度」後，彭寧漸漸承受不住壓力，1971年10月4日開始交代天方夜譚式的「反革命計畫」，但大家很快發現他的交代「不能自圓其說，掩蓋陰謀。交代有陰謀有組織，實際又無陰謀無組織，自己推翻了，漏掉了。」（1971年10月27日條）

幸好，1971年10月下旬，連隊內部傳達了關於「九一三」林彪「自我爆炸」事件的文件，11月初檔在班裡見面，運動的方向和重點從此轉到林彪問題上，「鬥彭」變得不再重要，有關「七分鐘事件」的密集批判也不了了之。

2010年8月20日初稿

9月19日定稿

關於高萬春之死及其它

范世濤

芝加哥大學歷史系王友琴女士長期追蹤研究文革受難者，並將調查和記錄文革受難者放在了文革史書寫的中心位置。她的研究直截了當地呈現了文革歷史的殘酷性，給公眾留下深刻的印象。

本文作者對王友琴女士的努力非常欽佩，並從她的多篇論著中得到教益。不過，我也注意到，她關於原北京26中（今北京匯文中學，以下簡稱「26中」）校長高萬春在1966年的「紅八月」恐怖高潮中自殺去世情況的描述並不準確，有必要根據更可靠的資料加以訂正補充。本文即主要致力於這一任務，並對由此引起的「紅八月再研究」和「口述訪談陷阱」問題進行簡要討論。

一、王友琴關於高萬春之死的描述

在《文革受難者》一書中，王友琴女士這樣描述高萬春的遇難情況：

> 高萬春，男，北京第26中學校長。1966年8月連續遭到紅衛兵學生的殘酷毆打和折磨後，在8月25日的「鬥爭會」後自殺身亡。當時40多歲。

1966年6月文革開始的時候，由上面派「工作組」到了學校中領導「運動」。第26中學被劃為「四類學校」，即最壞的一類。高萬春遭到「揭發」和「批判」。

1966年7月底，毛澤東批評「工作組」把文革搞得「冷冷清清」，下令撤走「工作組」。新成立的紅衛兵組織控制學校。在第26中學，組織了一個有46名教職工校園「勞改隊」。在「勞改隊」中的人，不但被逼寫所謂「交代材料」及在紅衛兵看管下掃廁所運垃圾，而且被掛黑牌、「遊街」。「勞改」和「鬥爭」之後，只給他們吃一個窩窩頭，喝一碗涼水。

1966年8月25日，在「鬥爭會」開始前，該校紅衛兵（他們也是「首都紅衛兵東城區糾察隊」的成員）已經在一間教室中把46名「勞改隊」中的「牛鬼蛇神」打了一個多小時。隨後，手持棍棒的紅衛兵站滿教學樓門口兩邊，「勞改隊」中的人一被帶出來，就遭到亂棍暴打。有人眼鏡被打碎，兩眼流血看不見路。有人被棍棒上的釘子扎破，鮮血直流。

到了會場，46人全部被迫頭挨著地跪下。高萬春校長被五花大綁押到會場。他被強迫跪一條上面鋪有碎尖石頭的長凳上，多次被亂棒打下來，又從地上被揪上去。

在「鬥爭會」後，高萬春跳樓自殺身亡。

一名當時的學生說，在高萬春死亡以前，這個學校的紅衛兵把一個名叫「蘇素」（名字的聲音如此）的男人拉到校園裡打死了。聽說這個人是個文人，當過國民黨軍隊的少校，住在學校附近。當時有一個高三的學生看到打人，覺得不舒服，別的紅衛兵說他「沒有階級感情」，讓這個學生也過去打了幾下。這個人被打死後，紅衛兵學生叫高萬春來摸死屍，並且對他說：「你和他的下場一樣。」

在這一時期，這個學校還有一位老教師跳樓自殺。在午飯時間，學生正在去食堂吃午飯，看到他從樓上墜下。他摔斷了腿，幸好沒有死。

曾經把第26中學劃為「四類學校」並領導學生「揭批」高萬春的「工作組」是共青團中央派來的。組長名叫李淑錚，是一位女士。「工作組」被毛澤東撤銷以後，他們也受到紅衛兵的攻擊。李淑錚曾經被揪回第26中學「檢討」「認罪」，遭到野蠻對待。她喝劇毒殺蟲劑「敵敵畏」自殺。因為及時送到醫院，幸而沒有死亡。[1]

在1995年初次發表、2006年增補的著名論文《學生打老師：1966年的革命》，[2]以及2010年發表的《恐怖的「紅八月」》中，王採用了完全相同的表述。文字雖然更為簡練，但內容有重要補充：

高萬春是北京第二十六中學的校長。1966年8月25日，該校紅衛兵在校中「鬥爭」了46名教師。高萬春被五花大綁，跪在鋪有碎石的凳子上。他幾次被打翻在地又被拉上凳子再打。高萬春在這樣的「鬥爭」之後「自殺」，時年42歲。[3]

在2010年的一次訪問中，王友琴明確提出，「北京第26中學校長高萬春受到殘酷毆打和侮辱後也在8月26日自殺。」[4]

以上是王友琴關於高萬春自殺事件報告的大致情況。

二、8月25日追悼會系該校赤衛軍組織

1966年8月25日晚，26中高萬春校長在校內的會議上遭受了侮辱和毆打。王友琴女士將責任歸於該校紅衛兵，其實當晚主持會議的是26中工人組織「赤衛軍」。

1 王友琴《文革受難者》，香港：開放出版社，2004年；此處引文根據該書PDF版，頁140-141。

2 王友琴〈學生打老師的革命〉，載《二十一世紀》1995年8月號。1997年後，該文英文本被著名文革史專家、哈佛大學麥克法誇爾教授印入中國文革史課程讀本。不過，這篇文章還沒有關於高萬春之死的內容，2006年的增補本才加入了這一案例。

3 王友琴〈恐怖的「紅八月」〉，載《炎黃春秋》2010年第10期；王友琴《學生打老師：1966年的革命（2006年增補版）》，http://www.aisixiang.com/data/detail.php?id=3947。

4 高伐林〈專訪王友琴（上）：宋彬彬是否參與打死校長〉，2010年，http://zone.haiguinet.com/chairwolf/zone_digest.php?id=28668。

這樣說的根據，來自我收集的兩冊26中高三某班同學的日記（以下簡稱《普通日記》，日記作者的姓名暫不披露。）。日記作者為共青團員、團支部宣傳委員，出身店員家庭，參加過1966年8月18日毛主席接見紅衛兵，但到9月初為止，並未參加本校「紅衛兵」、「紅旗戰鬥小組」、「紅衛兵（東方紅）」等紅衛兵組織。

《普通日記》8月25日條記錄了高萬春當晚被打的情況：

> 晚上開追悼李春長同志大會。李春長同志出身貧農，他是被高萬春、丁連信、馮大同等黑幫逼死的。他們迫害他染重病，一直對他百般刁難，使心臟病益加嚴重，最後死去了。
>
> 會上，李春長的哥哥、李春長的愛人控訴26中黑幫的罪行。會場上不斷爆發出憤怒的呼聲：「打倒高萬春！」「為死難的階級弟兄報仇！」當把黑幫押上來的時候，群眾擁上前去，狠力打去，那夥黑幫拼命逃竄。
>
> 這次大會是由赤衛軍（我校工人組織）組織的。〔《普通日記》手稿8月25日條，本文作者收集。下文對《普通日記》的直接引用不另作注。〕

可見，8月25日毆打高萬春等「黑幫分子」 是作為「追悼李春長同志大會」的一個環節來安排的。李生前為該校工人，因心臟病去世。李的家人和該校工人組織「赤衛軍」將其歸咎於高萬春、丁連信、馮大同等人。所以追悼會上家人控訴「黑幫的罪行」後，會場出現了高呼「打倒高萬春！」「為死難的階級弟兄報酬！」的群情激憤場面；在這種氛圍下，「黑幫」被押上來，出現「群眾」「狠力」打「那夥黑幫」，「黑幫拼命逃竄」的場面。

在這次會上參與毆打高萬春等人的「群眾」，可能有「紅衛兵」，但肯定不限於「紅衛兵」。特別是，這則日記清楚地表明，主導這次追悼會的並不是「紅衛兵」，而是該校工人組織「赤衛軍」。

三、8月份25日26中「黑幫」不到20人

王友琴稱8月25日被鬥的是46名關在「勞改隊」的「牛鬼蛇神」，而上節提供的日記引文非常明確，當晚被鬥的是「黑幫」。而當時26中的「黑幫分子」不到20人。

這裡需要強調一下，「牛鬼蛇神」和「黑幫」兩個詞包括的範圍和指向的側重是有所不同的，前者範圍比後者大得多——「牛鬼蛇神」形形色色，「黑幫分子」只是其中一種。

早在1966年5月，「橫掃一切牛鬼蛇神」已經成為國內多種報刊的流行語，[5]1966年6月1日《人民日報》社論更是以此為題，要求「橫掃盤踞在思想文化陣地上的大量牛鬼蛇神」，「把所謂資產階級的『專家』、『學者』、『權威』、『祖師爺』打得落花流水」。[6]由於這篇社論重點指向「盤踞在思想文化陣地上」的、「所謂資產階級的『專家』、『學者』、『權威』、『祖師爺』」，「牛鬼蛇神」一詞在高校、科研院所和文化部門格外流行。不過，「牛鬼蛇神」一詞流行時間很長，而且在傳播和使用過程中含義變得越來越寬泛，其中既包括所謂「走資本主義道路的當權派」，也包括「歷史反革命」或其他可疑分子。

「黑幫」一詞從「三家村黑幫」演化出來。最初主要在基層單位的大小字報揭批「三家村」時使用。如北京師範大學女附中一位高三女生在1966年5月27日的日記中記錄了所在班裡聲討

[5] 陳曉農《陳伯達最後口述回憶》，陽光環球出版香港有限公司，2005年，頁275-276。

[6] 《人民日報》社論：〈橫掃一切牛鬼蛇神〉》，載《人民日報》，1966年6月1日。

「三家村黑店」大會的情形：「大家義憤填膺。句句質問，陣陣口號，卻表達不盡對敵人對鄧黑幫的恨，表達不盡對黨對敬愛的領袖毛主席的愛。」[7]公開的報刊文章則使用較少。轉捩點發生於1966年6月1日日晚8點30分，這時中央人民廣播電臺根據毛澤東的決定全文廣播了聶元梓等人5月25日的大字報〈宋碩、陸平、彭珮雲在文化大革命中究竟幹了些什麼？〉，這張大字報中使用的「黑幫」一詞從此開始在官方媒體流行。[8]次日《人民日報》第一版以醒目標題《北京大學七同志一張大字報揭穿了一個大陰謀》全文刊登了這一大字報，並配發《人民日報》評論員文章〈歡呼北大的一張大字報〉。《人民日報》評論員文章沿用了大字報中的「黑幫」一詞，開篇即稱，「聶元梓等同志的大字報，揭穿了『三家村』黑幫分子的一個大陰謀！」稱「為陸平、彭佩雲等人多年把持的北京大學，是「三家村」黑幫的一個重要據點」，號召把「把他們的黑幫、黑組織、黑紀律徹底摧毀」。[9]1966年6月16日，《人民日報》社論以「放手發動群眾 徹底打倒反革命黑幫」為題，矛頭指向了「那些被資產階級代表人物篡奪了領導權的部門和單位」，號召「放手發動群眾，把反黨反社會主義反毛澤東思想的反革命黑幫統統打倒，把他們盤踞的一切陣地統統奪回來」。[10]這個詞全國風行三月有餘〔如毛澤東《給江青的信》（1966年7月8日）提到「我跟黑幫們的區別」；[11]8月25日中共中央轉發的總政治部關於《正確處理地

---

[7] 參見范世濤〈文革是怎樣發動起來的：以北師大女附中為例〉，載《記憶》第82期，2012年3月31日。

[8] 這張大字報兩次使用「黑幫」一詞：「現在全國人民正以對黨對毛主席無限熱愛、對反黨反社會主義黑幫無限憤怒的高昂革命精神掀起轟轟烈烈的文化大革命，為徹底打垮反動黑幫的進攻，保衛黨中央，保衛毛主席而鬥爭……。」

[9] 本報評論員：〈歡呼北大的一張大字報〉，載《人民日報》，1966年6月2日。

[10] 《人民日報》社論：〈放手發動群眾　徹底打倒反革命黑幫〉，載《人民日報》1966年6月16日。《人民日報》社論：〈放手發動群眾　徹底打倒反革命黑幫〉，載《人民日報》1966年6月16日。

[11] 參《建國以來毛澤東文稿》第十二冊，中央文獻出版社，1998年，頁72。

方學生要求鬥爭部隊重點批判對象問題》的報告提出，學生和群眾不要到軍隊機關揪、鬥黑幫分子。[12]但到1966年9月10日，周恩來在紅衛兵座談會上的講話中就明確提出，「黑幫這兩個字不能亂用，我們四、五月份用過黑幫黑線。[13]十六條上、十一中全會公報上就沒這樣提，這些名稱不確切，這樣就沒邊了，容易錯打人。不能說一切領導人都是黑幫，說絕大多數也不符合事實。多數還是好的。今後不用黑線黑幫這個說法了。」[14]相對「牛鬼蛇神」，「黑幫」一詞流傳時間較短；也因為流傳時間短，「黑幫」一詞在使用過程中的泛化程度比較低，矛頭指向相當明確和集中，主要指 「那些被資產階級代表人物篡奪了領導權的部門和單位」的領導，簡單地說主要是各個單位的領導。

在1966年8月，26中「黑幫分子」有多少人呢？

這主要看該單位的領導班子情況。文革初期學校領導班子合計十幾個人。之所以這樣說，是因為該校書記許群在6月2日解釋為什麼大字報只貼校內不貼校外時，說過 「我們十幾個人又能給他們進行什麼支援？首都活動有深遠影響，要在黨的領導下，進行有秩序的活動。」[15]所謂「我們十幾個人」，指的是學校領導層一共有十幾個人。這也正是該校「黑幫」的大概數字。

8月11日，26中關押「反黨黑幫」的勞改隊成立，14位校領導班子成員作為「黑幫分子」進入勞改隊。據《普通日記》當日記載：

[12] 參洪承澤、郭秀芝等編《中華人民共和國政治體制沿革大事記（1949-1978）》，春秋出版社，1987年，頁314。

[13] 1966年3月下發的《林彪同志委託江青同志召開的部隊文藝工作座談會紀要》中多次使用「黑線」的提法，因而四、五月份的報刊雜誌大量使用這一詞彙。不過，6月2日以前使用「黑幫」一詞的情況較為少見。

[14] 《周恩來同志九月十日在紅衛兵座談會上的講話》，載無產階級文化大革命七一戰鬥隊翻印《無產階級文化大革命運動中首都傳單大字報傳抄（一）》，1966年12月，鉛印本，頁38。

[15] 《普通日記》手稿6月7日條，本文作者收集。

夜裡我值班，從8：30-2：30。從七點鐘開始，鬥爭高萬春。群眾激憤，呼聲震天，反黨黑幫，無不驚慴。鬥爭以後，令黑幫十四人勞動，至很晚。

隨後的日記中，他又記錄了兩位「黑幫分子」被「揪出來」關進勞改隊。所以，如果沒有漏記的話，截至8月25日，該校勞改隊合計16位「黑幫分子」；8月25日晚的追悼會上被鬥爭的也應是這16位「黑幫分子」。

不過，我們還要考慮日記作者漏記的情況。鑒於日記的作者積極參與文化大革命，對學校發生的大事記錄比較細緻〔下文的引用會使我們更清楚地看到這一點。〕，而且「黑幫」的數量受到該校領導班子成員數字的限制，即使有漏記，遺漏也不會太多。所以，無論如何主要關押「黑幫分子」的26中勞改隊不會達到46名的規模。考慮日記作者漏記情況後的合理估計，是26中8月25日有不到20名「黑幫分子」關在勞改隊〔既然該校領導層不到20人，「黑幫分子」主要是單位的領導，因此，關押「黑幫分子」的勞改隊恐怕不會超過20人。〕。

本文初稿提出這一判斷後，得到26中初二某班同學、紅衛兵成員卜榮華回憶的證實，「（26中）勞改隊的人員也就一二十人，沒有46人那麼多。」[16]

這個估計數與北京四中的情況比較接近。據曾任四中勞改隊看守的劉東回憶，該校勞改隊人數多時達到二十多位，原四中勞改隊成員沒有對這一數字提出異議。[17]

---

16 本文初稿完成後，我請卜偉華老師協助尋找瞭解26中文革初期情況的知情人。卜老師於2012年3月31日給范世濤回覆電子郵件，告知卜榮華原為26中紅衛兵成員，正文引用的是卜榮華的原話。

17 劉東〈我親歷的四中文革〉載《記憶》2010年6月30日總52期；王行國〈商榷與補正〉，載《記憶》2011年6月30日總72期。

那麼，勞改隊46名之說來自何處呢？在「北京匯文中學官方網」上我找到同樣的數字：

> 1966年，「文化大革命」開始，教育成了重災區。黨支部被工作組定為「四類支部」，先後有46名教員被送進了「勞改隊」，教師受到各種不公平待遇和迫害，使他們的身心受到嚴重摧殘。[18]

該文成於2011年8月，有可能采自王友琴的文章；但也有可能該校早前版本的校史中已有此說，被王友琴援引。

如果該校確實曾有46名教員被送進「勞改隊」，按照人數推測，應是1968年清理階級隊伍時候的事，而不會是1966年的事。因為26中前身為教會學校，如果把所謂「歷史反革命」算上，「勞改隊」才可能達到46人。

四、追悼會與高萬春自殺有三天之隔

王友琴將高萬春自殺與8月25日批鬥被毆直接聯繫起來，並將高的自殺時間定為8月26日。實際上，高於8月28日晚飯後自殺，距8月25日「追悼李春長同志大會」上被打有三天之隔。

《普通日記》8月28日條記載如下：「下午晚飯後，高萬春跳樓自殺了。事情是這樣的：高萬春在三樓掃地，他要上廁所。一個糾察隊員跟著他去了。高萬春進了廁所，糾察隊員在外邊等著。等了半天怎麼也不見他出來，於是糾察隊員進去看了看——沒有人了。糾察隊員到下邊一看，只見高萬春躺在地上，他跳樓了。於是趕快叫來醫生，同學們都聞訊趕來。這個革命委員會的

[18] 北京匯文中學校史編輯委員會《北京匯文中學校史概述》，2011年8月，見北京匯文中學官方網http://www.pka.edu.cn/n3/n18/c735/content.html。

委員也走在裡面。據醫生說，高萬春腦震盪很厲害，血壓是0，打了三針強心針。高萬春晃晃悠悠。後來，把他擱上汽車，拉到醫院去了。高萬春跳樓自殺，這不是一件好事情。它反映出這個革命委員的嚴重錯誤。高萬春對人民有罪，給他辦一個罪名，或者給他一顆子彈這都是輕而易舉的事情。但是關鍵在於，高萬春是個大頭，無產階級文化大革命僅僅開始，許多問題還沒有揭發，一鬥、二批、三改尚未著手去做。這是最主要的任務，完成這個任務，就達到了鬥倒批臭資產階級當權派、教育群眾的作用。現在，他自殺了，無疑將會對完成這一個任務帶來最大最大的困難。據醫生說，他這個病，即使要看好，也要二三個月。」

8月29日的日記開頭寫道：「早上聽說，昨晚高萬春尚未到第四醫院就斷氣了。今早他老婆領著個孩子在操場哭哭啼啼的。當然，那三針強心針白打了。

這則日記中提到某位文化革命籌委會委員（他稱為「革命委員會委員」）負有責任，但沒有詳記。這位委員與 「赤衛軍」3天前追悼會上的打人行為之間是否存在必然聯繫並不清楚。」

五、其他訂正和補充

除以上方面，王友琴關於高萬春的敘述中還有若干細節需要補正：

1、關於「蘇素」（？）之死

王友琴談到「一名當時的學生說，在高萬春死亡以前，這個學校的紅衛兵把一個名叫『蘇素』（名字的聲音如此）的男人拉到校園裡打死了。聽說這個人是個文人，當過國民黨軍隊的少校，住在學校附近。」

作為現場目擊證人，《普通日記》作者當天對8月24日該校「紅衛兵」打人致死事件有詳細記載：

> 早晨，二樓教室圍打一個紅衛兵捕獲的的流氓。這個流氓在昨晚乘居民鬥地主、資本家的機會，企圖強姦一個女學生。女學生憤怒之極，搧了他一個耳光。結果被「紅衛兵」發現，當場捉獲，剪去背頭，押進我校。十二點鐘進校，關進高三（4）教室，兩人看守。文化革命委員會李連林給他一張紙，一支筆，要他老實交代。他胡寫亂畫。至5點鐘，仍無所坦白。一部分初中的學生把他押到初二教室，手持皮帶、木板狠打。我醒時恰聞嘈雜之聲，趕下樓來，前去看望。只見他的背上黑血淋漓，青一塊，紫一塊，紅一塊，就象爛茄子一樣。但他仍不老實，拒絕交代。於是將他押下二樓。下樓時，朝暖氣管狠力撞去，一下不成二下，別人拉住。看去頭上已撞破，血湧如注。到操場時，繼續狠力。他大聲痛哭，那知哭聲越高，鞭聲越響。這時他知道耍賴不行了，於是說了一些總頭目坐山雕，底下分四個隊（鐵鍊子隊、棒子隊、紅衫隊、豐收隊），又有四大太保……
>
> 我沒有再看下去，只覺得血腥臭味，一陣噁心，於是離開而去。

所謂「聽說這個人是個文人，當過國民黨軍隊的少校，住在學校附近」，顯系道聽塗說之辭；而道聽塗說的源頭，就是受害人被毒打之後，「說了一些總頭目坐山雕，底下分四個隊，又有四大太保」。不難想像，受害人死後，部分當事人為掩飾打人致死故意傳播了完全不可信的謠言。

對於動手情節，上引日記也寫得比較清楚，「一部分初中的學生」先在初二教室「手持皮帶、木板狠打」，後帶受害人到操場「繼續狠力」，受害人大聲痛哭，結果「哭聲越高，鞭聲越響」。

2、關於26中紅衛兵

王友琴說，撤走工作組以後，「新成立的紅衛兵組織控制學校」；26中紅衛兵是「首都紅衛兵東城區紅衛兵糾察隊」的成員。

26中紅衛兵並不是工作組撤走以後成立的，它成立的時間在6月上旬或中旬。6月8日，26中的一些學生和北京四中、六中、八中、人大附中、北航附中等等學校300多人相約來到清華附中，聲援與學校領導形成對抗的清華附中紅衛兵。幾天後這些學校陸續成立了各自的紅衛兵組織[19]。

另外，26中位於北京市崇文區，該校紅衛兵不可能是「首都紅衛兵東城區紅衛兵糾察隊」的成員。

3、關於李淑錚和工作組的關係

王說，「曾經把第26中學劃為『四類學校』並領導學生『揭批』高萬春的『工作組』是共青團中央派來的。組長名叫李淑錚」。

當時，團中央組成了以胡克實為團長、惠庶昌為副團長的北京市中學文化革命總團，下面各區成立分團。李淑錚是團中央書記處候補書記，崇文分團的團長。

六、餘論

上文對王友琴女士關於高萬春之死的報告提出了若干訂正和補充，雖然沒有涵蓋她報告的所有細節，但動搖了她力圖建立的

[19] 卜偉華2012年3月31日給范世濤的電子郵件；閻陽生，〈清華附中紅衛兵100天〉，載《記憶》第10期，2008年12月28日。

兩個主要聯繫：一是8月25日批鬥會與26中紅衛兵的直接聯繫；二是8月25日高萬春被打與8月28日黃昏自殺事件之間的直接聯繫。這可能會進一步損害讀者對王友琴關於高萬春之死其他細節描述的信心。

從這裡出發，我想有兩個問題值得進一步討論：

一是關於「紅八月」的再研究問題

王友琴的《學生打老師：1966年的革命》是一篇開拓性的重要論文。此後，她沿著該文確立的基調，反覆強調1966年8月「紅色恐怖」與紅衛兵運動的緊密關係。我想在粗略的意義上，這一點是成立的。但她還進一步指出，1966年夏天，教師們隨時被罵被打「通常」「只有『紅衛兵』組織的成員，被允許參加在學校中打教師及在學校外打『牛鬼蛇神』的暴力行為。在當時，參與打人被認為是一種光榮或者特權。」[20]但高萬春8月25日被打的情況表明，參與暴力行為的未必「通常」「只有『紅衛兵』組織的成員」。

其實我們還可以找到類似的反例。如王友琴曾談及北師大女附中總支書記、副校長卞仲耘非正常死亡的例子，稱「1966年8月5日，她被該校紅衛兵學生打死于校中。卞仲耘是北京第一個被紅衛兵打死的教育工作者。」[21]而卞仲耘的丈夫王晶堯最近公開了幾份當年調查材料，其中一份是1966年12月8日王晶堯與副校長胡志濤的談話。胡在8月5日與卞書記一起被打，他告訴王晶堯：「高一3班××領著一批學生監督我們去刷、洗、搬運廁所的厚蓋板」，「邊搬邊打」，後來「×即把胡交給一批初一初二的學監督。臨走時問：你們誰是紅五類？大家都不回答。只有

[20] 王友琴《學生打老師：1966年的革命（2006年增補版）》，http://www.aisixiang.com/data/detail.php?id=3947。

[21] 王友琴《北京第一個被打死的教師——卞仲耘》，http://www.aisixiang.com/data/5338.html。

一個學生勉強說她是。後來，胡邊勞動，她們邊打。」[22]也就是說，參與1966年8月5日暴力毆打教師的，除了北師大女附中部分高一年級學生，還有相當一批並非「紅五類」的初中學生。

我由高萬春被打和卞仲耘之死的案例想到，我們或許有必要在王友琴女士工作的基礎上，更細緻地探究「紅八月」的 「紅色恐怖」是怎樣具體發生的，特別是紅衛兵和紅衛兵之外的人在這個過程中到底發揮了怎樣的作用。

二是關於口述訪談陷阱問題

文革受難者這樣的研究題目性質嚴重。在文革檔案尚未開放的情況下，王友琴女士採取了以口述訪談為主的研究方法，並主要依據口述資料提供了大量令人印象深刻的案例和細節，為保護群體記憶發揮了重要作用。

不過，從關於高萬春和卞仲耘遇難情況的報告看，她對口述訪談資料的運用並不嚴格，結果在這兩個重要個案上出現了失誤。怎樣通過訪談獲得可靠資料和線索，避免落入「口述訪談陷阱」，或許值得關注和進一步的討論。我想到以下三點：

第一，關於訪問者的自我約束。由於文革開始距今已40多年，訪談對象對時間、地點、人物、過程都可能記不清楚了。訪問者既要喚起訪談對象的回憶，也要尊重這種記憶模糊性，避免以個人想像強加於訪問對象。

就高萬春的案例看,王友琴女士的訪問對象顯然並不記得高萬春到底死於哪一天。因此本文第一部分引用過的王氏2004年、2006年著作對此含糊而過，只說「在『鬥爭會』後，高萬春跳樓自殺身亡」或「『鬥爭』之後『自殺』」，並沒指出具體什麼時間「自殺」；而2010年的訪談中，卻進一步明確提出，高萬春

22 王晶堯整理〈胡志濤談話補記〉（1966年12月9日），載《記憶》總第82期，頁97-99。

「在8月26日自殺」。這種補充很可能是王根據自己的想像作出的判斷。還比如，王並不清楚26中紅衛兵的成立時間，但說8月25日前後 「新成立的紅衛兵組織控制學校」，這恐怕也是訪問者對訪問對象記憶的不恰當補充。

第二，關於訪問對象約束。有的訪問對象並非事件的直接當事人，對事件的瞭解來自未必可靠的傳聞；有的訪問對象即使瞭解事情的一部分，也不一定瞭解事件的全貌。在訪問過程中，訪問對象有時會根據個人想像、不完整的記憶進行推測，補充並不真正瞭解的環節；即使大體瞭解的情況，訪談對象也可能會不必要地添油加醋或各種原因加以修飾。

所以，訪談者需要識別甚至提醒訪問對象在當年的具體身份和位置，並強化訪問對象的責任意識。比如，訪問結束後，將訪談記錄交給本人審閱修改和同意；儘量爭取他或她同意在論文中注明存取時間和受訪人；如果她或他不同意披露自己的姓名，也應在註腳或章節附註中盡可能地解釋資料來源，比如交代訪談對象當年的身份和訪談時間。王友琴女士在利用訪談資料時，均未注明出處、訪問時間和訪問人，結果使部分不可靠的訪談資料滲透到論文正文。8月25日高萬春被批鬥應由該校紅衛兵負主要責任，恐怕就是這種情況。

第三，關於口述資料的交叉核驗。單個個人很容易忘記或記錯什麼事，但這可以通過增加訪問對象來提醒和交叉核對；同時需要儘量利用大字報、小報、傳單、揭發交代、日記、回憶錄等書面資料來校驗補充口述訪談資料。

在閱讀王友琴女士的論文時，我經常對她所掌握的細節如此豐富感到驚訝和欽佩，另一方面對她的論文居然使用如此之少的書面文獻感到不安。

2012月3月25日擬稿

3月31日修改

中共九屆二中全會第六號簡報讀解

余汝信

1970年8月中共九屆二中全會上的第六號簡報（即華北組第二號簡報），後來被毛澤東定性為「反革命的簡報」。[1]這個在批判林彪時曾遭到猛烈批判的「反革命的簡報」到底有些什麼內容？許多人並不清楚。

一、吳德對簡報簽發過程的回憶

關於中共九屆二中全會上華北組討論的情況以及全會第六號簡報（即華北組第二號簡報），當事人（簽發人）之一的吳德生前曾回憶道：「8月24日下午的華北組討論會，陳伯達迫不及待首先發言，說：在憲法中肯定毛主席的偉大領袖、國家元首、最高統帥的地位，非常重要，是經過很多鬥爭的。他講了一通『天才論』和國家主席問題，並閃爍其詞地提出有人反對毛主席，『利用毛主席的謙虛，妄圖貶低毛澤東思想』。並且說有人聽說毛主席不做國家主席了，就高興得手舞足蹈了」[2]

對於陳伯達的發言，吳德回憶明顯有不準確處。陳的發言並沒有涉及國家主席問題。「手舞足蹈」一段話，是汪東興發言談及國家主席問題時陳的插話，並不是陳自己發言中的話。

---

1 〈在外地巡視期間同沿途各地負責人談話紀要〉，見《建國以來毛澤東文稿》第十三冊，中央文獻出版社，1998年1月第一版，頁247。

2 吳德口述《十年風雨紀事——我在北京工作的一些經歷》，北京：當代中國出版社，2004年版，頁116-117。

吳德接著又說：「汪東興跟著講了話，主要的意思是設國家主席，由毛主席擔任國家主席，他也講了有人反對毛主席的問題」（同上）。對於汪的發言，吳的回憶倒是基本準確。

關於簡報的簽發過程，吳德稱：「晚上11點多鐘時，我和李雪峰、解學恭吃夜餐，李雪峰的秘書黃道霞在華北組的簡報組，他參加了整理簡報的工作，他把整理好的簡報稿子拿來送審。簡報的內容就是陳伯達和汪東興的講話內容。[3]解學恭拿著稿子看了一遍，改了幾個字。我沒有參加會，發言的具體情況也不瞭解，我對李雪峰說：印發簡報你們簽字就行了，我就不簽字了」。「李雪峰說：簡報是本著有文必錄的原則整理的，簽字付印是照例工作，你就簽個字吧」。「這樣，我也就在要付印的簡報稿子上簽了個『吳』字」。「我們簽完字後，簡報就送中央辦公廳了，很快印好就發了。這個簡報就是華北組的第2號簡報，全會的第6號簡報。」[4]

這樣，我們知道了，簡報的簽發人是李雪峰、吳德（可能還有解學恭），李、吳、解都不是以後官方認定的所謂「林彪反黨集團」（之前又稱「林陳反黨集團」）成員（李曾經被認定是，文革後又說不是了）。

二、林彪講話與陳、汪發言的擁護者

第六號簡報說：「大家熱烈擁護林副主席昨天發表的非常重要、非常好、語重心長的講話」、「大家聽了伯達同志、東興同志在小組會上的發言，感到對林副主席講話的理解大大加深了。」簡報列舉出參加討論的發言者有：劉錫昌、鄭維山、郭玉

[3] 簡報中並沒有陳、汪發言的內容而是稱陳、汪的「重要發言（另有簡報）」

[4] 吳德口述《十年風雨紀事——我在北京工作的一些經歷》，頁117-118。

峰、聶元梓、劉子厚、馬福全、錢學森、鄺任農、吳濤、吳忠、尤太忠、彭紹輝及陳毅。

這些人當時的職務——

劉錫昌：原北京光華木材廠工人，時任北京市革委會常委。

鄭維山：時任中央軍委委員、北京軍區司令員。

郭玉峰：陸軍第六十四軍政委，時任中共中央組織部業務組負責人。

聶元梓：原北京大學哲學系黨總支書記，時任北京大學革委會副主任、北京市革委會副主任。

劉子厚：原中共河北省委第一書記、河北省省長，時任河北省革委會副主任。

馬福全：原石家莊3302廠工人，時任石家莊市革委會副主任。

錢學森：原七機部副部長，時任國防科委副主任。

鄺任農：時任空軍副司令員兼中國民航總局局長。

吳　濤：時任內蒙古軍區政委，內蒙古自治區革委會副主任。

吳　忠：原陸軍第四十軍軍長，時任北京市衛戍區司令員。

尤太忠：原陸軍第二十七軍軍長，時任北京軍區副司令員，河北省革委會副主任。

彭紹輝：時任中央軍委委員、副總參謀長。

陳　毅：時任中央軍委副主席，國務院副總理。

他們均為中共九屆中央委員或候補中央委員。

這些人當中，調子最高者，如錢學森。簡報稱，「為了反擊這種反革命陰謀活動，錢學森同志首先建議在憲法上，第二條中增加毛主席是國家主席，林副主席是國家副主席，接著汪東興同志進一步建議憲法要恢復國家主席一章，大家熱烈鼓掌，衷心贊成這個建議」。陳毅的調子據說也不低，可惜他當時被視為

「右」的代表，已經沒有什麼實權（他的外交部長一職，1970年6月已被姬鵬飛所「代理」），簡報勢利地沒有引述他尖銳的發言，可見當時發言能上簡報是件光彩的事，同時也不是那麼容易上的。

同樣地，發言者中除陳伯達外，並沒有以後官方認定的「林彪反黨集團」（之前又稱「林陳反黨集團」）的成員（鄭維山、劉子厚曾經被認定「上賊船」，以後解脫了）。

文革後，發言高調者，如陳毅，仍被譽為「偉大的無產階級革命家」；如錢學森，連續三屆當選為全國政協副主席，進入國家領導人之列；即便「上了賊船」的鄭維山，亦重任大軍區司令員。官方說，他們只是曾經受了蒙蔽而已。

三、「華北組最激烈」

九屆二中全會分組討論，按大區分為東北、華北、西北、華東、西南、中南六個組。官修《毛澤東傳》聲稱：「六個組中，華北組最激烈」。[5]所謂最激烈，不外是最為群情洶湧，慷慨激昂。體現在簡報中即為以下段落：「特別是知道了我們黨內，竟有人妄圖否認我們偉大領袖毛主席是當代最偉大的天才，表示了最大、最強烈的憤慨，認為在經過了四年文化大革命的今天，黨內有這種反動思想的人，這種情況是很嚴重的，這種人就是野心家、陰謀家，是極端的反動分子，是地地道道的反革命修正主義分子，是沒有劉少奇的劉少奇反動路線的代理人，是帝修反的走狗，是壞蛋，是反革命分子，應該揪出來示眾，應該開除黨籍，應該鬥倒批臭，應該千刀萬剮，全黨共誅之，全國共討之」。「大家認為，不能讓妄圖利用毛主席的偉大、謙虛來貶低毛主席

[5] 中共中央文獻研究室編《毛澤東傳（1949-1976）》下，北京：中央文獻出版社，2003年版，頁1574。

的陰謀得逞」。「強烈要求毛主席當國家主席，林副主席當國家副主席」。

這些話語，足以引起江青、張春橋的驚恐不安，也使毛澤東立即下大決心使全會的形勢發生逆轉。

《毛澤東傳》還稱：「這天上午，葉群已同吳法憲等商定採取統一行動；各組討論時，陳伯達、吳法憲、葉群、李作鵬、邱會作要分別在華北、西南、中南、西北組同時發難，擁護林彪講話，宣講『天才』語錄，要求設國家主席，並且提出有人『反對』毛主席，強烈煽動『揪人』」（同上）。

誠然，陳，吳、葉、李、邱的發言，矛頭一致指向了張春橋，卻都沒有「要求設國家主席」的內容。「九一三」事件後中央專案組選印的《林彪反黨集團反革命政變的罪證》即《粉碎林彪反黨集團反革命政變的鬥爭（材料之三）》，指責他們「向黨發動了倡狂的進攻」，不過就是向張春橋發動了攻擊。《罪證》引述的陳伯達的發言稱：「吳法憲同志說得很對」；有人想利用毛主席的偉大和謙虛，妄圖貶低毛主席，貶低毛澤東思想。但是這種妄圖，是絕對辦不到的。在毛澤東思想教育下已經覺悟起來，已經站來的偉大中國人民，很能夠識破他們，揭穿他們的各種虛偽。」葉群稱：「林彪同志在很多會議上都講了毛主席是最偉大的天才。說毛主席比馬克思、列寧知道的多，懂得的多。（引林副主席在擴大會議上的講話）。難道這些都要收回嗎？堅決不收回，刀擱在脖子上也不收回！」吳法憲稱：「這次討論修改憲法中有人對毛主席天才地創造性地發展了馬列主義的說法，說是個諷刺。我聽了氣得發抖。如果這樣，就是推翻八屆十一中全會，是推翻了林副主席的《再版前言》。」李作鵬稱：「本來林副主席一貫宣傳毛澤東思想有偉大功績的，黨章也肯定了的，可是有人在憲法上反對提林副主席。所以黨內有股風，是什麼風？是反馬列主義的風，是反毛主席的風，是反林副主席的風，這股風不能往下吹，有的人想往下吹。」邱會作稱：「對毛主席思想態度問題，林副主席說『毛主席是天才，思想是全面繼承、捍衛……』，這次說仍然堅持這樣觀點。為什麼在文化革命勝利、二中全會上還講這問題，一定有人反對這種說法，有人說天才、創造性發展……是一種諷刺，就是把矛頭指向毛主席、林副主席。」[6]

在當時的歷史條件下，要反對張春橋一類極左派，沒有其他的理論武器，也不可能拿起其他的理論武器。只得站在比他更左的方位，以其反對毛、反對毛澤東思想、反對林彪為藉口。這是今天很多人感到困惑、感到難以理解的。惟五年以後的那一場歡欣鼓舞的勝利表明，打倒張春橋一類極左派，是歷史前進的正途，是受到廣大人民擁護的，並不是什麼罪行。如果說在九屆二中全會上打張的中央委員們有什麼錯，只是錯在選擇了這麼一個發難的時機。

眾所周知，九屆二中全會結束，首先倒楣的是參與華北組活動的陳伯達、李雪峰、鄭維山；在華北組反張及鼓動設國家主席最積極的汪東興，很容易就檢討過關；而受汪誤導選擇了在一個錯誤的時機聯合汪一起向張春橋發起攻擊的葉、吳、李、邱（還有林彪及沒有上山的黃永勝），毛一直沒有放過他們，廬山的事沒有個完，直至走到了「九一三」。

2009年9月

[6] 陳、葉、吳、李、邱的發言節錄，見《粉碎林彪反黨集團反革命政變的鬥爭（材料之三）》，1972年7月，頁9-13。

附

中共九屆二中全會第六號簡報
（華北組第二號簡報）

一九七〇年八月二十四日

華北組二十四日上、下午討論了林副主席極其重要的講話。伯達同志、東興同志出席了下午的小組會，都在會上作了重要發言（另有簡報）。

劉錫昌、鄭維山、郭玉峰、聶元梓、劉子厚、馬福全、錢學森、酈任農、吳濤、吳忠、尤太忠、彭紹輝等十二位同志發了言。陳毅同志也發了言。

大家熱烈擁護林副主席昨天發表的非常重要、非常好、語重心長的講話。認為林副主席講話，對這次九屆二中全會具有極大的指導意義。林副主席是我們學習毛澤東思想的光輝榜樣，把毛澤東思想偉大紅旗舉得高，用得好，在每個關鍵時刻，對毛澤東思想的態度最好、最正確，這種態度，代表了我們的心願，代表了全黨的心願，代表了全軍的心願，代表了全國人民的心願，代表了全世界革命人民的心願。使我們很感動，很激動，很觸動，是個極大的督促，極大的鞭策，極大的教育。大家表示要堅決按照林副主席指出的這個方向前進，努力活學活用毛澤東思想，緊跟毛主席。劉子厚同志說，學習林副主席講話，使自己對偉大領袖毛主席的態度感到更親。過去學習毛主席思想就是學得不好，就是有迷迷糊糊的思想，所以在文化大革命前以及文化大革命中犯了錯誤，今後自己要警惕，一定要努力學好毛澤東思想，改造好自己的世界觀。

大家聽了伯達同志、東興同志在小組會上的發言，感到對林副主席講話的理解大大加深了。特別是知道了我們黨內，竟有人妄圖否認我們偉大領袖毛主席是當代最偉大的天才，表示了最大、最強烈的憤慨，認為在經過了四年文化大革命的今天，黨內有這種反動思想的人，這種情況是很嚴重的，這種人就是野心家、陰謀家，是極端的反動分子，是地地道道的反革命修正主義分子，是沒有劉少奇的劉少奇反動路線的代理人，是帝修反的走狗，是壞蛋，是反革命分子，應該揪出來示眾，應該開除黨籍，應該鬥倒批臭，應該千刀萬剮，全黨共誅之，全國共討之。

為了反擊這種反革命陰謀活動，錢學森同志首先建議在憲法上，第二條中增加毛主席是國家主席，林副主席是國家副主席，接著汪東興同志進一步建議憲法要恢復國家主席一章，大家熱烈鼓掌，衷心贊成這個建議。大家認為，不能讓妄圖利用毛主席的偉大、謙虛來貶低毛主席的陰謀得逞，不能把減少毛主席接待外賓的事務工作作為藉口，實際上現在絕大多數外賓，毛主席都接見了，幾乎到中國的外賓是毛主席不見不走。毛主席不當國家主席，不是一樣在接見外賓嗎！

馬福全同志說：我們河北省廣大群眾在討論憲法時，一致認為只有偉大領袖毛主席才能領導我們從勝利走向勝利，只有林副主席，才能百分之百的用毛澤東思想武裝我們貧下中農、工人階級。強烈要求毛主席當國家主席，林副主席當國家副主席。我代表河北省的工人階級、貧下中農要求憲法上寫上。

資料來源：香港中文大學中國研究服務中心藏、中共中央文獻研究室編《「文革」十年資料選編》影本。

吳法憲1971年4月9日檢討讀解

余汝信

1970年8-9月中共九屆二中全會後，吳法憲最早於9月29日、葉群於10月12日各自作了一次書面檢討。延至次年3月中，黃永勝、李作鵬、邱會作分別作了書面檢討。4月9日，吳法憲、葉群又分別作了第二次書面檢討。4月11日，毛澤東批示予周恩來而非林彪稱：「恩來同志：吳法憲、葉群二同志重寫過的自我批評，我已看過，可以了。請連同黃、李、邱三同志的自我批評，向政治局會議報告，作適當處理。」4月15日，黃、李、邱的書面檢討和吳、葉的第二次書面檢討在中央批陳整風彙報會議上印發。「九一三事件」後，又於1972年中央批林整風彙報會議上與吳、葉的首次書面檢討一併再次印發，並為各省、市、自治區大量翻印，以供批判。

上述書面檢討材料，是從一個側面較為真實地反映了1970年間中共高層政治鬥爭內情的原始文本，頗有史料價值。而其中吳法憲1971年4月9日的第二次書面檢討（以下簡稱《檢討》），又為最能說明問題的一種。

一、《檢討》文本對《吳法憲回憶錄》的勘正

《吳法憲回憶錄》（以下簡稱《回憶錄》）無疑為近年出版的極受文革史研究者關注的重要著述。未可否認，該部回憶錄在訴說了一個重要的歷史當事人心聲的同時，也澄清了一些歷史疑團。然而，在追尋歷史真相的求索路途上，給予我們最可靠幫助

的應該是原始文本而非回憶文本。況且，原始文本更可勘正由於各種原因而產生的回憶文本的失實與偏差。

以下，我們試以《檢討》中涉及1970年8月13日一天內的活動為例，對《回憶錄》個別失實與偏差處作些必要的勘正。

1.

《回憶錄》：「一九七〇年八月十四日下午，憲法修改小組在中南海懷仁堂繼續開會。」「這次會議上發生了異常激烈的爭論。」（《吳法憲回憶錄》，香港：北星出版社，2006年9月第一版，頁780-781。下文僅注明頁數。）

《檢　討》：「去年八月十三日下午，在康生同志召開憲法工作小組討論修改憲法問題的會議上，我採取了極其錯誤的做法。」

吳法憲在寫回憶錄時應未能參閱自己當年的檢討，但在《回憶錄》之前早已公開出版的《周恩來年譜》、《毛澤東傳》、《汪東興回憶：毛澤東與林彪反革命集團的鬥爭》，均已明確指出這一天為8月13日。這一天對吳來說理應十分重要，不應記錯，不知為什麼偏偏記錯了。

對照《檢討》，《回憶錄》同樣記錯了日期的，還有「八月十五日晚上」，（頁783）據《檢討》應為「八月十四日晚」；《回憶錄》「一九七〇年八月二十四日上午，……晚上，我來到陳伯達的住處」，（頁795）據《檢討》應為「八月二十三日晚上」；《回憶錄》「八月二十七日上午，陳伯達突然給我打了一個電話，要我和李作鵬、邱會作一起到他那裡去一下」，（頁802）據《檢討》應為「八月二十六日黃昏，陳伯達打電話給我，說他到了主席那裡，主席要他找我和作鵬、會作同志談談。」

2.

《回憶錄》：「當討論到國家機構的問題時，我說國務院的這一章應該寫上：『毛澤東思想是國務院一切工作的指導方針』這句話。但康生和張春橋一起反對我，他們說：『再寫上重複，毛主席也不同意寫。』」（頁781）

《檢　討》：「在憲法討論稿的序言部分有這樣一段內容：『指導我們思想的理論基礎是馬克思列寧主義、列寧主義、毛澤東思想。毛澤東思想是全國一切工作的指導方針』。張春橋同志提出，已經有了理論基礎一句，後一句可以不寫了。」

根據《檢討》，吳法憲與張春橋有爭議的是在序言中寫不寫上「毛澤東思想是全國一切工作的指導方針」（這句話後來在憲法修改草案定稿時從序言部分移至第一章總綱第二條內），而不是《回憶錄》所稱吳提議在國務院「這一章」（實際上國務院在草案中只是一節而非一章）中寫上「毛澤東思想是國務院一切工作的指導方針」。而且，提出異議的只是張春橋一人而非康生和張春橋兩人。

3.

《回憶錄》：「沒想到他接著又說：『到處堆砌毛澤東思想，並不是馬列主義，有人口口聲聲說天才地，全面地，創造性地發展了馬列主義；連赫魯雪夫都是天才地，創造性地發展了馬列主義呢。這簡直是一種諷刺。』」（頁781）

《檢　討》：「後來又聽張春橋同志說，天才地、創造性地發展了馬列主義是諷刺，我情緒就更加激動。」

根據《檢討》及吳法憲在九屆二中全會西南組的發言，張春橋在當時並沒有提及赫魯雪夫。吳在西南組發言中的說法也僅是「有人竟說毛主席天才地、創造性地、全面地繼承、捍衛和發展了馬克思列寧主義『是個諷刺』我聽了氣得發抖。」如張在當時提及赫魯雪夫，吳會氣得比發抖更發抖，在發言中不會不大批一通。

4.

《回憶錄》：「我這話一說，張春橋一下就急了，說：『我不是這個意思，是毛主席說的，赫魯雪夫發展了馬列主義。』我追問他：『毛主席在那裡說過？我怎麼沒有聽到過？』張春橋一時說不上來。」（頁781）

《檢　討》：「當時張春橋同志非常冷靜，沒有反駁我。」

看過張在兩案審判時的表現，我們就會相信《檢討》的說法。張此際只會不動聲色，深藏不露，他既不會去反駁吳，也不會急，根據《檢討》，更沒有透露他「所說的那句話的來由」。

5.

《回憶錄》：「我按照陳伯達的意思，首先給周恩來打了一個電話。……周恩來說：『我支持你，你批評得好。國務院的指導思想應該加上毛澤東思想，這是應該寫上的。』我又告訴總理，『張春橋說，毛主席說過，赫魯雪夫也是天才的，創造性的發展了馬列主義。』周恩來問：『他是這樣說的嗎？毛主席從來沒有說過這樣的話，我從來沒有聽到毛主席說過這樣的話。』周恩來還告訴我，『三個副詞不是林彪提出的，而是在中央書記處開會時，鄧小平總書記想出來的。我認為鄧小平提出毛主席天才地、創造

性地、全面地繼承、捍衛和發展馬克思列寧主義這三個副詞是很英明的。』」（頁782-783）

《檢　討》：「我完全忘記了在討論『九大』新黨章時，主席將天才地、創造性地、全面地三個副詞圈了，也沒有搞清楚張春橋同志所說的那句話的來由，……直到在九屆二中全會犯了錯誤以後，經總理指出，才弄清楚張春橋同志的那句話，是主席在接見波德納拉希時，針對赫魯雪夫講的。」

這一段，我們要質疑的主要是吳法憲在《回憶錄》中所描述的周恩來支持他的堅決態度。根據《檢討》，吳在陳伯達家確實給周恩來打過電話。但：（1）既然爭論的不是「毛澤東思想是國務院一切工作的指導方針」這句話，周有沒有說過「我支持你，你批評得好。國務院的指導思想應該加上毛澤東思想，這是應該寫上的」就很值得懷疑；（2）吳說自己完全忘記了在討論「九大」新黨章時毛將三個副詞圈去了，周恩來也忘記了嗎？而且，三個副詞是「鄧小平總書記想出來的」嗎？周在1970年會稱鄧為「鄧小平總書記」且會對別人說鄧「很英明」嗎？（3）周恩來「從來沒有聽到毛說過這樣的話」嗎？吳在晚年似乎忘記了他當年檢討時已知道，周恩來告訴過他毛是說過類似的話的。

毛接見羅馬尼亞國務委員會副主席波德納拉希的時間，是1970年6月11日下午。據新華社電訊，毛與羅客人「進行了長時間親切友好的談話」，陪同接見和談話的，是林彪、周恩來、陳伯達、康生、黃永勝。雖然我們今天還不能見到這次談話的全文，但幾乎可以肯定的是，毛在談話中借批赫魯雪夫對林彪進行了又一次隱晦的敲打。毛類似談話記錄，按慣例事後都會發至政治局成員。張春橋看出了毛話中有話（所以他才那麼有底氣），吳法憲沒有看出來，但在現場的林、周、陳、康、黃難道也都聽不出來嗎？周抑或聽出來了卻另有所圖？（所以他在吳法憲打電話當日沒有表態而在「九一三事件」後的1971年10月才「指出」來？）

6.

《回憶錄》：「當時還想和林彪、葉群通個話，但是夜已經很深了，所以電話沒有打。」「第二天下午，我才和葉群通了電話。」（頁783）

《檢　討》：「因為時間很晚，打完電話很快就回到家裡，又急忙用電話把我的錯誤意見報告了葉群同志。」

據葉群1971年4月9日檢討，吳法憲給她來電話反映的時間也是「八月十三日晚」。

二、《檢討》並無任何涉及「國家主席」的隻言片語

《檢討》主要「檢討認錯」的，是對張春橋的「錯誤情緒」與自認為「陷進了陳伯達的圈套」，上了陳伯達的當。

關於張春橋，《檢討》稱在討論修改憲法過程中，由於平時對張「積累了一些成見」，所以對張提出可以不將「毛澤東思想是全國一切工作的指導方針」寫進序言很反感，後來又聽張說天才地、創造性地發展了馬列主義是諷刺，情緒更加激動，對張進行了「頂駁」，給張扣上了大帽子，把會議氣氛搞得很緊張，會後，將情況向周恩來、黃永勝、葉群作了反映，在九屆二中全會8月24日下午西南組發言時，又把矛頭對準了張春橋。《檢討》稱對不起張，已向張認錯道歉，「由於我主觀武斷地反映了錯誤的情況，影響軍委辦事組的幾位同志在廬山犯方向、路線錯誤，我應負主要責任。」

關於陳伯達，《檢討》稱8月13日會後陳「抓住我的錯誤情緒，乘機挑撥」，「經他這麼一挑一捧，就中了他的毒，更加頭

腦發熱」，「到廬山之後，陳伯達利用我八月十三日對張春橋同志這個錯誤情緒，更進一步進行挑撥和煽動」，「總之，我違背了『九大』團結勝利的路線，站到陳伯達反『九大』路線一邊，給陳伯達當了幫兇和義務宣傳員」。

由此我們可以得知，陳、吳等與張春橋的矛盾與論爭，是廬山會議前夕及廬山會議期間雙方鬥爭焦點之所在。

值得注意的是，無論是該《檢討》，還是吳的第一次檢討、葉群的兩次檢討及黃、李、邱的檢討，都沒有任何涉及「國家主席」問題的隻言片語。我們不但從《檢討》中看不到在廬山會議上吳法憲、葉群等在「國家主席」問題上與張春橋等有過爭議，而且也可以由此想見「國家主席」問題在「九一三事件」之前也並不是林彪及黃、吳、葉、李、邱的罪名，否則，毛怎麼會御批「我已看過，可以了」？「國家主席」問題成為一個罪名，當在「九一三」之後。

首先被利用的，還是吳法憲。吳在1971年10月21日即「九一三事件」發生後不到四十天就「親筆交代」稱：「林彪要我和李作鵬在憲法工作小組會上，提出寫上國家主席一章」，「七〇年七月，葉群曾向我當面說過：如果不設國家主席，林彪怎麼辦，往哪裡擺？」[1]

有了吳的所謂交代，官方就可以堂而皇之地羅織罪名：「林陳反黨集團把四屆人大看作是『權力再分配』的會議，陰謀利用修改憲法和召開四屆人大的機會，實現他們篡奪黨和國家最高權力的野心。他們反黨的政治綱領，是要設國家主席。他們反黨的理論綱領，是堅持天才的觀點。核心的問題，是要設國家主席，是林彪急於想當國家主席，搶班奪權。」[2]

1 《粉碎林彪反黨集團反革命政變的鬥爭（材料之三）》，1972年7月。
2 《粉碎林陳反黨集團反革命政變的鬥爭（材料之一）》，1971年12月7日。

雖然吳法憲在《回憶錄》中聲稱，關於「如果不設國家主席，林彪怎麼辦，往哪裡擺」這句話，「這裡我要特別聲明一下，過去很多檔及文章都說，這句話是葉群親自對我講的，這根本不是事實。實際上，這句話是我從程世清那裡聽到的，是汪東興傳來的話。葉群從來沒有對我說過這句話。」（頁788）但令人十分奇怪的是，在《回憶錄》中吳卻又多處提及林彪、葉群及吳自己在廬山會議前夕及期間多次堅持設國家主席。如：「我們堅持了林彪的意見：國家主席還是要設，由毛澤東來當國家主席，考慮到毛澤東不便出國訪問，可以設國家副主席，總之要設國家主席；康生和張春橋則不同意設國家主席，……在設不設國家主席這個問題上頂牛了。」（頁779-780）「葉群回電話說，林彪很贊成你和李作鵬的意見。要說服他們同意設國家主席。不設國家主席，國家沒有一個元首，像中國這樣一個大國，名不正，言不順。」（頁780）「這次會議上發生了異常激烈的爭論。在討論要不要設國家主席的問題上，康生又提出不設，而我堅持要設國家主席，最後爭論不下。」（頁781）「不到一小時，葉群的電話來了。她說：『林彪同志說，吳法憲的意見是對的，要堅持這兩條（即以毛澤東思想為國務院一切工作的指導方針和堅持設國家主席）。對康生和張春橋駁得好，抓住了他們的尾巴。』」（頁783。據葉群檢討，吳向她反映的只是有人不同意寫「以毛澤東思想為指標」及說什麼「天才地、創造性地、全面地發展了馬列主義」是「諷刺」。林彪聽了電話內容以後，只是說要給毛寫信，並沒有說對吳支持的話，而林要給毛寫信一事葉從旁勸阻了）。

可以肯定的是，《回憶錄》中上述有關「國家主席」問題的「回憶」，是與《檢討》的內容對不上號的，我們相信，與當時的事實亦大相徑庭。但是，吳法憲為什麼在《回憶錄》中自己要再次把水攪渾呢？為什麼要林彪、葉群再次背上「堅持要設國家主席」的黑鍋呢？這卻是我們百思不得其解的。

三、毛澤東袒護江青之一例

《檢討》中提及一件事：「去年五月十七日下午政治局七、八個同志在一起談了一些問題，永勝、作鵬、會作同志和我兩次在一起商量，一致意見，要向主席報告。當天晚上，永勝同志和我一起向主席作了彙報，結果干擾了主席。」

黃永勝在1971年3月21日晚的檢討中也有類似說法：「五月十七日下午，政治局七、八個同志在一起談了一些問題，涉及的人和問題比較多。當時，我們感到問題較大，所以法憲、作鵬、會作同志和我曾兩次在一塊商量，一致意見要向主席報告。當天晚上，我和法憲同志便到主席那裡去彙報。結果，干擾了主席，問題也沒有說清楚。兩次四個同志在一起商量，而德生同志沒有參加，這實際上是一種宗派主義的情緒。」

吳、黃檢討均語焉未詳。此事內情究如何？為什麼吳、黃在事情過了幾近一年之後還要在檢討中再次提及？

其實，這是黃、吳、李、邱與江青一次未算成功的鬥爭。

官方編纂的《周恩來年譜》，對此事經過作了如下簡要的表述：1970年5月17日，「江青私自召集姚文元、黃永勝、吳法憲、李作鵬、邱會作、謝富治等人開會，誣稱周恩來『在亂中看不清方向，作不出決策；同時吹噓自己是很成熟的領導幹部，可以掌握國家的全盤領導。會上，江青還說黃永勝等人在搞軍黨論。會後，黃、吳、李、邱分別向毛澤東、周恩來彙報了江青的言論，認為她要抓軍權。毛澤東批評了江青。」[3]

吳法憲在《回憶錄》中詳細述及了5月17日這件事，但他把日期記錯為「一九六九年五月十七日上午」了（頁753）。另《回憶錄》說江青一共召來了六位政治局委員，據黃永勝檢討及

[3] 《周恩來年譜（1949-1976）》下卷，北京：中央文獻出版社，1997年5月，第一版，頁367。

《周恩來年譜》應為七人，即：黃永勝、吳法憲、李作鵬、邱會作、姚文元、謝富治、李德生。

據知情人稱，黃、吳、李、邱從江青處回來後感到問題較大，商量由黃、吳到毛家灣向林彪彙報（後林辦來電話召李、邱也去），林聽了彙報後說：「江青把政治局大多數都攻擊了，今天是直接攻擊了總理，這個事情你們應當向毛主席報告清楚。」經毛同意，黃、吳從毛家灣直接到中南海向毛作了彙報。他們以為毛會大發江青的脾氣，未想到毛只說了三句話：「政治局委員找部分政治局委員談話是可以的」，「江青也是一霸」，「你們今天到這裡來，不要叫江青知道，你們今天和我說的這些問題，也不要叫江青知道，我也不同她說。她要是知道了，你們就不好混了。」

《周恩來年譜》說毛批評了江青，是為毛作掩飾。毛表面應付說說「江青也是一霸」是假，實質上其實認為江並沒有什麼錯（「政治局委員找部分政治局委員談話是可以的」），甚至還有一種可能，沒準這一次是毛利用江放出的試探性氣球？畢竟三年之後，不是毛領著批周的嗎？

這件事已經過去了幾近一年，為什麼廬山會議之後在黃、吳的檢討中又被翻了出來？毛不是說不要叫江青知道嗎？一檢討，江青不就知道了，黃、吳、李、邱不就「不好混了」嗎？是黃、吳在此際主動公開（似有向江青示意以請求原諒之意。吳的《檢討》開頭就有「在林副主席、總理、康生、江青同志多次嚴厲批評和耐心教育下」的話，將江的位置放在其他政治局成員之上），還是在某種壓力之下被動公開的？向毛反映事情經過為何說成是「干擾」了毛？因當事人已全部離世，我們也再難追尋其緣由了。但無論如何，毛的態度十分清楚地表明，他是袒護江青的，袒護江青，也就是袒護著如張春橋之類的文革極「左」派。1970年5月17日向毛彙報的結果完全出乎黃、吳、李、邱等的意料之外（事後還被認為是干擾了毛），但他們似乎未有看透毛的內心世界而未能認真吸取教訓，直到廬山九屆二中全會，吳法憲向張春橋叫板而敗下陣來之後才發現，毛其實是可以不要林彪這個接班人卻不能失去江青、張春橋之類他的真正的思想繼承者的！惟這一發現，對於吳法憲等人來說，為時已晚。

2009年4月稿

2012年6月改定

附

吳法憲1971年4月9日的檢討

主席：

在黨的九屆二中全會上，我犯了方向、路線的嚴重錯誤，干擾了主席，干擾了林副主席，干擾了九屆二中全會，破壞了主席的偉大戰略部署，背離了黨的「九大」路線。由於我的錯誤，給黨造成了極大的危害。每當想到這裡，我內心十分沉痛。這是我終生難忘的最深刻的教訓。九屆二中全會以來，在主席多次親切關懷，諄諄教導，嚴格批評和耐心教育下，在林副主席、總理、康生、江青同志多次嚴厲批評和耐心教育下，經過反覆學習主席《我的一點意見》這一光輝文獻和主席、林副主席最近一系列極其重要的批示，特別是學習了主席對我檢討的批示，和主席對軍委座談會的批示，使我受到極大的震動，逐步提高了認識。深深感到，主席一系列的教導和批示，完全打中了我錯誤的要害。越學，越感到主席的教導無比溫暖，是在政治上對我最大的愛護，最深刻的教育，是在關鍵時刻挽救了我。去年十月向主席寫的檢討，就事論事，強調客觀原因多，覺悟實在太低。因此，再次向主席誠懇檢討認錯。我一定帶著犯錯誤的沉痛教訓，把主席的批示作為我一生思想革命化的指標，經常學，反覆學，並通過實踐，改造自己，堅決改正錯誤。

(一)

我在九屆二中全會前後所犯的錯誤。

一、去年八月十三日下午，在康生同志召開憲法工作小組討論修改憲法問題的會議上，我採取了極其錯誤的做法。

在那次會議上，對憲法的寫法有過一些不同的意見。在憲法討論稿的序言部分有這樣一段內容：「指導我們思想的理論基礎是馬克思主義、列寧主義、毛澤東思想。毛澤東思想是全國一切工作的指導方針」。張春橋同志提出，已經有了理論基礎一句，後一句可以不寫了。這個問題本來是提供討論的，是正常的。由於我平時對張春橋同志積累了一些成見，所以對張春橋同志提出這個問題很反感，後來又聽張春橋同志說，天才地、創造性地發展了馬列主義是諷刺，我情緒就更加激動，自以為是，非常主觀，錯誤地頂駁說，天才地、全面地、創造性地發展馬列主義是八屆十一中全會公報和毛主席語錄再版前言肯定了的，這樣說不是要否定八屆十一中全會的公報和毛主席語錄再版前言嗎？還極其錯誤地說：「要防止有人利用毛主席的偉大謙虛貶低毛澤東思想」等等。我完全忘記了在討論「九大」新黨章時，主席將天才地、創造性地、全面地三個副詞圈了，也沒有搞清楚張春橋同志所說的那句話的來由，就主觀片面地給張春橋同志扣上了大帽子，把會議氣氛搞得很緊張。這是完全錯誤的。當時張春橋同志非常冷靜，沒有反駁我。我還錯誤地認為是講對了。在會中休息時，我離開了會場，用電話把我主觀片面的錯誤意見，報告了黃永勝同志。直到在九屆二中全會犯了錯誤以後，經總理指出，才弄清楚張春橋同志的那句話，是主席在接見波德納拉希時，針對赫魯雪夫講的。

八月十三日那次會，由下午三時半一直討論到下半夜一時半左右才結束。這次會，陳伯達也參加了，中間他溜走了，到我發言快結束時才回來。散會後，在懷仁堂門口，他問我今天發言為什麼這樣激動，當我要給他講的時候，他說這裡不好談，要我到他家裡去談一下。於是，分別坐車到了他家裡。在他辦公室，我就把會議情況和發言的內容告訴了他。陳伯達洋洋得意，抓住我的錯誤情緒，乘機挑撥，吹捧我「能堅持原則，風格很高」。經他這麼一挑一捧，就中了他的毒，更加頭腦發熱，就用陳伯達家裡的電話把我的錯誤看法報告了總理（當時未向總理說明是在陳伯達家裡打的電話）。因為時間很晚，打完電話很快就回到家裡，又急忙用電話把我的錯誤的意見報告了葉群同志。

對於這樣重大的問題，我沒有向主持憲法工作小組會議的康生同志請示，也沒有弄清情況，就匆忙地向總理、永勝、葉群同志反映。尤其嚴重的是，沒有把陳伯達乘機挑撥、吹捧的話，向總理、康生、永勝、葉群同志報告，直到去年十月十八日，總理、康生同志找我們談話時，我才作了交代。

八月十四日晚，在政治局會上，我又重複提出：「要防止有人利用毛主席的偉大謙虛貶低毛澤東思想」。康生同志當即指出，這種說法是錯誤的。但我對康生同志的批評，聽不進去，仍然堅持己見，表現對康生同志極不尊重。

我在八月十三日會上和會後的這些作法是極其錯誤的，從此陷進了陳伯達的圈套，種下了犯錯誤的種子，也對不起張春橋同志，我已向張春橋同志認錯道歉。由於我主觀武斷地反映了錯誤的情況，影響軍委辦事組的幾位同志在廬山犯方向、路線錯誤，我應負主要責任。

二、到廬山之後，陳伯達利用我八月十三日對張春橋同志這個錯誤情緒，更進一步地進行挑撥和煽動。八月二十三日晚上，在政治局會議後，他來找我和作鵬、會作同志。這次談話，主要是攻擊和污蔑張春橋同志，煽動性很大。陳伯達談了一九六七年處理安亭事件和上海奪權的經過，說是他派張春橋同志去處理安亭事件的。他說當時情況很緊張，陳丕顯要找他講電話，他就不接，後來張春橋同志給他打電話，他就接了。說他是支持張春橋同志，不支持陳丕顯的。是他寫了幾條辦法，由張春橋同志宣佈，才解決問題的。然後又在上海開了一個群眾大會，講話的內容也是由他打電話告訴張春橋同志的，結果大會開好了，奪權成功了。以此吹噓他自己，貶低別人。他還攻擊張春橋同志既沒有讀多少書，寫什麼文章，還好表現自己。他還談到關於「天才」問題，我們就問他有沒有馬、恩、列、斯關於天才方面的論述？他說有，回去查查書，給你們找一些。他回去後，過了一段時間打電話傳給我七條（第一次三條，第二次兩條，第三次兩條），在電話上我同他逐條進行了校正，然後交給秘書列印了幾份，第二天給了作鵬、會作、葉群同志。但是沒有給李德生同志，在這裡也表現出一種宗派情緒。事後看來，陳伯達這次找我們談話，主要是利用我們對「天才」問題的無知和對張春橋同志的錯誤情緒，挑動我們在會上為他發起突然襲擊、煽風點火，欺騙同志，分裂黨的陰謀活動充當幫兇。這次陳伯達對我們說的一些黑話，我都聽進去了，當時既沒有頂回去，又沒有向組織報告，還把陳伯達搞的那個材料給了作鵬、會作和葉群同志。這是違犯黨紀的非法活動，是犯罪的行為。

八月二十四日下午，我在九屆二中全會西南小組會上的發言是極其錯誤的。一是把我在八月十三日憲法工作小組會上極端錯誤的看法進行了傳播，雖然沒有指名，但實際上是把矛頭對準了張春橋同志。二是引用了陳伯達搞的那份斷章取義的材料。在我的發言煽動下，造成西南組同志的思想混亂，影響了會議的正常進行，對反黨分子陳伯達搞突然襲擊、分裂黨的陰謀活動，起了煽風點火，積極支持的極壞作用。

八月二十六日黃昏，陳伯達打電話給我，說他到了主席那裡，主席要他找我和作鵬、會作同志談談。我們到他那裡以後，他說主席看了他二十四日在華北組的發言稿，嚴格地批評了他。後來他又到康生同志和江青同志那裡，也受到了嚴厲的批評。他還說主席也批評了我們。我們問他主席批評了什麼，他吞吞吐吐的不肯說，只說以後再不同我們來往了。我們三人當時都回答說，主席的批評是對我們最大的關懷和教育，批評什麼我們都接受，堅決改正。當時陳伯達說話神態異常，吱吱唔唔，對主席的批評毫無沉痛的心情，沒有一點悔改的表示，我們當即要他把找我們談話的情況報告總理。在那裡呆了一會就回來了。事後分析，他這次找我們的主要目的，是想再騙我們一次，以挽救他自己。

總之，我違背了主席的教導，違背了「九大」團結勝利的路線，站到陳伯達反「九大」路線一邊，給陳伯達當了幫兇和義務宣傳員。我作為一個共產黨員，毫無正大光明的氣概，欺騙了許多同志，做了有黨以來沒有見過的大壞事，給黨造成了極大的危害。這是我參加革命以來最大最深刻的一次教訓，內心深受責備，十分悔恨，永遠也不能忘記。

三、今年二月的軍委座談會，我本應對自己在九屆二中全會上所犯方向路線的錯誤，進行認真的自我批評，清理思想，教育自己，提高階級鬥爭和路線鬥爭覺悟。同時，通過自我檢查，進一步揭發和批判陳伯達，認清他的反革命罪行和反動的本質。但我沒有這樣做。在二月十九日傳達主席批示的政治局擴大會議上，我又沒有進行檢查，失去了兩次極好的自我教育機會，一錯再錯，造成被動，心情更加沉重。這主要是由於資產階級的個人主義、私心雜念、患得患失，怕揭怕批，因而幾次都不能爭取主動。

四、去年五月十七日下午政治局七、八個同志在一起談了一些問題，永勝、作鵬、會作同志和我兩次在一起商量，一致意見，要向主席報告。當天晚上，永勝同志和我一起向主席作了彙報，結果干擾了主席。

(二)

犯錯誤的原因。

叛徒、特務、反革命修正主義陳伯達、慣用特務手段，用謠言和詭辯欺騙人，毒害人，其險惡用心，實在狠毒。但是騙人是一回事，受騙又是一回事，外因要通過內因起作用，我之所以掉進陳伯達的泥坑，主觀原因是主要的。

一、同陳伯達有共鳴之處。無產階級文化大革命以前，我和陳伯達沒有接觸過，參加中央文革碰頭會以後，才開始有所接觸。過去認為他雖然組織能力很差，缺乏實際工作經驗，但覺得他「讀的書多」「懂理論」「會寫文章」，迷信他，相信他。

在對張春橋同志有意見這個問題上，我同陳伯達在思想上共鳴。去年八月十三日會議上，陳伯達利用我的錯誤言論進行挑撥，我卻把他的別有用心，看成是對我的支持。因此，八月二十三日他在廬山散佈攻擊和污蔑張春橋同志的黑話，我就聽進去了。

自己一向不讀馬、列的書，也不懂馬列。對於什麼是唯心論的先驗論，什麼是唯物論的反映論這個根本問題，都沒有搞清楚。相信陳伯達的所謂「天才論」。對他搞的那個材料，不分析，不鑒別，如獲至寶，予以傳播，既害了自己，又害了同志。

由於思想上有共鳴之處，我還毫無原則地吹捧過陳伯達是什麼「窮秀才」、「老夫子」、「理論家」，等等。被他偽君子，假謙虛所迷惑，對他裝出的一付可憐相表示同情。對領導上分配給他的工作，他不負責任，卻又常發牢騷，說他沒有多少工作，要求下放等錯誤言行，聽之任之，沒有進行任何鬥爭。

主席在「九大」前期曾經對陳伯達進行過極為嚴厲的批評，中央其他同志在會上也批評過他，但是由於自己沒有階級鬥爭觀念，政治上缺乏敏銳性，對主席給他的批評，沒有深入思考，只認為他是政治上一個時期犯有錯誤，沒有警惕他是三十多年來一貫反毛主席、反毛澤東思想、反毛主席革命路線的。學習了主席《我的一點意見》這一光輝文獻，才使我恍然大悟，但是已經後悔莫及。

二、主觀唯心主義和形而上學。

主席一貫教導我們：「世界上只有唯心論和形而上學最省力，因為它可以由人們瞎說一氣，不要根據客觀實際，也不受客觀實際檢查的，唯物論和辯證法則要用氣力，它要根據客觀實際，並受客觀實際檢查，不用氣力就會滑到唯心論和形而上學方面去」。我這次犯錯誤，是由於我的主觀唯心主義的世界觀和形而上學的思想方法所決定的。在八月十三日的那次會上，我憑著主觀武斷的感覺，不調查，不研究，不和張春橋同志談心，不弄清情況，不加分析，就隨意下結論、扣帽子，匆忙上報。八月二十四日下午西南小組會上，又把這些主觀片面的錯誤意見，傳播擴散。這完全違背主席的教導。

三、驕傲自滿，尾巴翹上了天。「九大」當上了中央委員，自以為得意，鋒芒畢露，忘乎所以。唯我獨革，好象只有自己最革命，最熱愛毛主席。本來自己水準很低，卻不懂裝懂，自以為是，對有的同志的一些不同意見，聽不進去，動不動就無限上綱。由於驕傲自滿，在團結問題上，不顧大局，總理曾經給打過招呼，同張春橋同志要搞好團結，我沒有聽進去。無組織、無紀律，在莊嚴的九屆二中全會上，對這樣關係全域的重大問題，事先沒有請示主席、林副主席和黨中央，就拿到小組會上去講，完全違背了黨的組織原則。

喜歡吹捧，不僅喜歡人家吹捧自己，自己也喜歡吹捧別人。除了吹捧過陳伯達外，也曾不適當地吹捧過一些別的同志。

四、我所以犯這樣大的錯誤，最根本的原因，是我長期以來沒有很好地聯繫自己的實際，活學活用主席著作，自覺改造世界觀，也沒有讀馬、列的書。沒有把樸素的階級感情上升到自覺執行毛主席革命路線的高度，沒有把「九大」團結勝利的號召提到路線高度來認識。陳伯達一挑一捧就上了勁，把「九大」團結勝利的路線拋到九霄雲外，反「九大」的陳伯達路線在頭腦中占了上風。完全忘記了主席在九屆一中全會「要防止一個傾向掩蓋另一個傾向」，「不要心血來潮就忘乎所以」的教導，忘記了林副主席在「九大」的政治報告，忘記了「九大」通過的新黨章。不聽主席的話，反而聽信了政治騙子陳伯達的謠言和詭辯，這是對主席最大的不忠。

(三)

在黨的九屆二中全會上，陳伯達採取了突然襲擊，煽風點火，製造謠言，欺騙同志的惡劣手段，進行分裂黨的陰謀活動。在主席《我的一點意見》光輝文獻的指引下、在主席親自領導下，全會揭露了陳伯達反黨，反「九大」路線，反馬克思主義、列寧主義、毛澤東思想的嚴重罪行，揭露了他假馬克思主義者、野心家、陰謀家、政治騙子的面目，清除了黨內的一個大隱患，這是我們黨的偉大勝利，是毛澤東思想的偉大勝利。

通過半年來的學習，又看了陳伯達的大量罪行材料，進一步認清了，陳伯達出身于「四代書香」，早期就是一個國民黨反共分子，混入黨內以後，又在一九三一年被捕、叛變，成了特務。他一貫追隨王明、劉少奇反黨，反毛主席，反毛澤東思想，他的根本問題就在這裡。無產階級文化大革命中，他瘋狂反黨亂軍，挑動武鬥，這次又挑動我們為他反革命陰謀服務，都是由此而來。我們同陳伯達的鬥爭，是兩個階級、兩條道路、兩條路線的鬥爭，是共產黨同國民黨，無產階級同資產階級鬥爭的繼續；是一場保衛主席，保衛主席為首、林副主席為副的黨中央，保衛「九大」路線的鬥爭。我們一定要把這場鬥爭進行到底。

在這場鬥爭中，我所犯的錯誤是極其嚴重的，鑽進了陳伯達的圈套，掉在陳伯達的泥坑內，犯了背離「九大」路線，破壞黨的團結的罪行。在主席、林副主席和黨中央的親切關懷教育下，在同志們的幫助下，我保證今後一定堅決改正錯誤。

一、遵照主席「批陳整風」的指示，帶著對陳伯達刻骨的階級仇恨，堅決批判叛徒、特務、老反共分子陳伯達的反革命罪行，進一步認清陳伯達的反革命本質和危害，通過認真的自我批評，從政治上、思想上、理論上、路線上同他徹底劃清界線，肅清其流毒。

二、一定牢記主席「沒有調查就沒有發言權」的教導，反對主觀主義，加強調查研究，尊重客觀，尊重實踐，堅持唯物論、辯證法。向上反映情況一定真實準確，認真聽取各種不同意見。認真吸取這次犯錯誤的教訓，堅決克服頭腦中的主觀唯心主義和形而上學。

三、堅決克服驕傲自滿和宗派主義情緒。這次犯了嚴重錯誤，才使我真正懂得，驕傲自滿是執行主席革命路線的大敵，是團結的大敵，如不徹底克服，還可能造成更大的危害。今後一定遵照主席「力戒驕傲」的指示，謙虛謹慎，夾著尾巴做人。老老實實地接受組織和群眾的監督和教育，同自己的錯誤作堅決鬥爭。堅決克服宗派主義情緒，在毛澤東思想的基礎上，團結五湖四海的同志共同革命。

四、加強黨性，加強組織紀律性。堅決遵守黨的紀律，維護黨的集中和統一。一言一行努力做到以黨的利益為出發點，識大體、顧大局，大事小事注意請示報告，一切行動聽主席、林副主席和黨中央的號令。

五、遵照主席「認真看書學習」的指示帶著自己犯嚴重錯誤的教訓，刻苦學習主席著作，認真讀馬、列的書，提高識別真假馬克思主義的能力，提高改造世界觀的自覺性，提高階級鬥爭，路線鬥爭的覺悟。

我一定牢記主席關於「犯了錯誤則要求改正，改正得越迅速，越徹底，越好」的教導，深刻記取這次最沉痛的教訓，把主席的親切關懷和教育變成自己實際的行動，永遠跟著偉大導師毛主席繼續革命。

以上檢查，懇請主席批評指示。

敬祝毛主席萬壽無疆！

吳法憲

一九七一年四月九日

資料來源：中共湖南省第三屆委員會第三次全體（擴大）會議秘書處翻印，1972年7月

李作鵬的「九一三」

余汝信

在黃吳李邱四人中，「九一三」期間直接涉及林彪256號專機處置事宜的是吳法憲和李作鵬。據吳法憲回憶，他到西郊機場空三十四師指揮所前，已經周恩來的提點，知道256號專機違規調動。此後吳的所有行動，時時處處都請示過周恩來，故而，「九一三」後,他在此問題上未被抓到什麼辮子。而絲毫不知內情的李作鵬，卻被指為「兩次篡改中央的命令」，「沒有採取阻止起飛的任何措施，致使林彪得以乘飛機叛逃」，此則成了「九一三」後李作鵬最重大的罪名。

1972年7月官方的《粉碎林彪反黨集團反革命政變的鬥爭（材料之三）》聲稱：

> 毛主席於一九七一年九月十二日下午回到北京，又一次打亂了林彪反黨集團的陰謀。當晚十時半左右，中央根據林立衡向八三四一部隊的報告，立即追查三叉戟飛機調到山海關機場的情況，並由中央下達命令，必須有周總理以及當時軍委辦事組的黃永勝、吳法憲、李作鵬的聯名指示，256號飛機才許起飛。但是，李作鵬在向駐山海關機場某部下達命令時，竟兩次篡改中央命令，將四人聯名指示放飛才放飛，篡改為『四人中一人指示放飛才放飛』。林彪乘飛機逃跑時，李作鵬沒有採取任何阻止飛機起飛的措施。林彪叛國投敵後，李作鵬打電話要山海關機場值班員修改

值班記錄，值班員堅持不修改值班記錄。李作鵬又將山海關機場電話報來的值班日記，親筆加以篡改，另行謄抄後，報送中央，掩蓋他篡改中央命令的罪行。

九年後，1981年1月最高人民法院特別法庭判決書（特法字第一號）聲稱：「一九七一年九月十二日晚十一時三十五分和十三日零時六分，在林彪、葉群叛逃前，李作鵬兩次篡改了周恩來總理的命令。十三日零時二十分，海軍航空兵山海關場站站長潘浩打電話緊急請示：飛機強行起飛怎麼辦？李作鵬沒有採取阻止起飛的任何措施，致使林彪得以乘飛機叛逃。事後，李作鵬修改電話報告記錄，掩蓋罪行。」

自1972年直至2009年1月去世前，李作鵬對此一他認為是莫須有的罪名一直耿耿於懷，未停止過申辯。為對世人澄清事實真相，李作鵬在其回憶錄中，將處理此事的全過程作了詳細的說明。

一、9月12日夜晚李作鵬的時間表

1、23：00，周恩來致電李作鵬。

李作鵬在回憶錄中稱：

1971年9月12日，星期天。我在西山的家中。

……

這一天很安靜，沒有別的事情打擾。既到頤和園散了心，又把「自留地的事處理完。心裡很高興。老伴進我的辦公室說：「既然事情都辦完了，就早點休息吧。她一邊幫我收拾文件，一邊與我閒談。

此時，劉秘書進來說：「總理秘書來電話說，總理要找首長講話。我聽後說：「立即轉過來。……

周總理在電話中指示我：「你查問一下山海關機場，今天下午是否有一架空軍飛機飛到那裡去了，查的結果告訴我。

我回答：「好的。

平時，總理指示我瞭解這樣或那樣的情況，也是很正常、很經常的事，當時總理的語氣也很平靜，我沒有聽出任何異常的感覺。[1]

背景：20:15，林立果和劉沛豐乘256號三叉戟飛機在海軍山海關機場降落。22:30左右，正在人民大會堂開會的周恩來接到中央警衛團負責人的電話稱，根據林立衡的報告，葉群、林立果要挾持林彪乘飛機先去廣州，再去香港。北戴河林彪住處出現了一些異常情況。周恩來當即打電話給吳法憲、李作鵬，要他們查明究竟有沒有一架三叉戟飛機到了山海關機場。此一背景情況，周恩來並未告之李作鵬，李對此毫不知情。

2、23:05，李作鵬詢問山海關機場。

李作鵬在回憶錄中稱：「我問：『你是誰？』回答：『我叫李萬香，是場站調度室值班主任。』我問：『是否今天下午有一架空軍飛機到達山海關機場？』回答：『是的，有一架空軍三叉戟飛機。』我問：『什麼時間落地的？』回答：『20時15分。』我問：『飛機走了沒有？』回答：『沒有走。』我說：『好了，就問這件事。』」[2]

[1] 《李作鵬回憶錄》，下卷，香港北星出版社，2011年4月版，頁692-693。

[2] 《李作鵬回憶錄》，下卷，頁693。

背景：時山海關機場由海軍管轄，番號為海軍航空兵山海關場站，所以，周恩來就滿有理由拉著李作鵬「過問」此事。該機場歷史上曾屬海軍一航校第一訓練團駐訓基地。1969年7月改編為山海關基地場站，隸屬北海艦隊航空兵建制領導，代號9378部隊，團級許可權。1970年1月，山海關基地場站改稱海軍航空兵山海關場站，隸屬關係等未變。1970年2月，隸屬師部駐遼寧錦西的海航五師（轟炸機師）建制領導。時場站政委史岳龍，站長潘浩，副站長王克湘、趙雅輝，參謀長佟玉春，政治處主任孫維茂。

此次通話，山海關場站有記錄，基本上與李所說無出入。[3]

3、23:10-23:30，李作鵬報告周恩來，周作四點指示。

李作鵬稱：

> 我放下電話，立即要軍委一號台總機接通周總理電話。接通後，我把查問山海關機場那架空軍三叉戟飛機的情況，如實地報告了總理。此時大約是23點10分左右。
>
> 聽完我的報告，總理仍用十分平靜語氣說：有這樣一個情況，第一……，當我聽到第一……時，立即拿起筆準備記錄，並用手勢告訴老伴說明我記錄。
>
> 在電話中，總理向我做了四點指示，按照通常接受上級指示的習慣，也為了讓我老伴能夠記錄準確，總理每說一句，我都要按原話複述一遍：
>
> 第一、北戴河那位（我一聽就明白是指林彪）可能要動，要飛夜航，夜航很不安全，不宜飛夜航。
>
> 第二、他要飛夜航，你就告訴山海關機場，待他到達機場後，請他給我來個電話。

[3] 見《粉碎林彪反黨集團反革命政變的鬥爭（材料之三）》，頁78。

第三、空軍那架飛機的行動，要聽北京我的指示、黃總長的指示、吳副總長的指示和你的指示才能放飛。

第四、我已告訴吳法憲到西郊機場去了，作必要準備。

總理指示完畢後，我示意要過老伴做的紀錄，再次向總理複述了他的四條批示。在複述時，將第一條指示的北戴河那位改為了林副主席。總理在電話中聽完我的複述說：那就這樣吧。此時大約是23點30分左右。

兩次複述總理的指示，這是我長期做參謀工作，在複雜的戰爭環境中培養出來的工作習慣。軍情無小事，不能正確的接收、傳達上級的指示，是要貽誤大事的，因此現場核對上級的指示命令，是高級指揮人員必備的素質。

接完總理的電話，當時給我的第一感覺是，林彪可能要回北京，但總理出於安全考慮，不同意林彪飛夜航。[4]

4、23:35，李作鵬向山海關機場傳達周恩來指示要點。

李作鵬稱：

23點35分，我要通了山海關機場調度室電話，隨即將總理指示的前三條（因為第四條與機場無關）向調度室值班員做了傳達。同時，我在此次與機場調度室值班員的通話中，對總理的第三條指示，又補充說：「四個首長中，其中任何一個首長指示均可放飛」。這是我當時對總理電話指示精神的理解：其一，除周、黃、吳、李的指示外，其他人的指示不可放飛；其二，難道周總理一人，或黃總長一人決定放飛也不行嗎？

我要求值班員複述了一遍總理的指示。[5]

4 《李作鵬回憶錄》，下卷，頁693-694。

5 同上，頁694。

背景：此次通話，山海關場站亦有記錄。惟其記錄為：「告訴你，它的行動聽北京總理指示，黃總長指示，吳副總長指示，我的指示，四人其中一人指示放飛（四個中間任何一人指示均可放飛）才放飛，其他人指示都不可以。」[6]兩相對照，李的記憶恐有部分不準確，即李應無傳達周恩來指示中的第一、二項，只傳達了第三項。

5、約23:40-23:55，周恩來、李作鵬與機場間關於飛機編號的通話。

李作鵬稱：

> 23點45分左右，周總理又打電話問我三叉戟飛機號碼，我又立即打電話詢問機場調度室，機場值班員開始報告為256號，我將飛機號碼報告了總理，幾分鐘後，機場調度室又來電話更正為252號，我又將更正後的情況再次報告了總理。此時大約是23點55分左右。[7]

背景：256號專機配置，252號是普通客機配置。機場方面聽從空三十四師調度室的指令，對外將256號說成是252號，對李作鵬這位海軍第一政委也不例外。李作鵬並不知其中奧妙，機場說是什麼，他給周恩來報告的就是什麼。

另根據場站電話記錄，李作鵬瞭解飛機號碼的時間為23:44，則周電話詢問李飛機號碼應早於此一時間。李回憶說「23點45分左右」有小誤，應23:40左右為宜。

此前，23:30左右，周恩來已直接打電話給葉群，問葉知不知道北戴河有專機？葉群先說不知道，後又改口承認北戴河確有

6 記錄影印件見《粉碎林彪反黨集團反革命政變的鬥爭（材料之三）》頁78。

7 《李作鵬回憶錄》，下卷，頁694-695。

一架專機，稱如果明天天氣好的話，林彪打算要上天轉一轉。周問：是不是要去別的地方？葉答：原來想去大連，這裡的天氣有些冷了。周又說：晚上飛行不安全。葉說：我們晚上不飛，等明天早上或上午天氣好了，再飛。周說：別飛了，不安全。一定要把氣象情況掌握好。需要的話，我去北戴河去看一看林彪同志。葉群嚇了一大跳，趕快勸周不要來。[8]

周恩來在給電話葉群後又打電話給李作鵬，目的是什麼？是為了再證實一遍葉群的話？

二、9月13日凌晨李作鵬的時間表

1、00:06，李作鵬主動再次與機場通話。

李作鵬稱：

> 「通完電話後，我對照總理的電話指示，又仔細地想了想與機場通話的情況。我感到，在傳達總理的第三條指示時，我曾補充說：『四個首長中，其中任何一個首長指示均可放飛』的話不夠準確。當時我考慮，雖然周總理一人，或黃總長一個完全可以決定是否放飛，但又想到總理電話指示的第四點，吳法憲已受命到達西郊機場，空軍直接領導的中央首長專機師和指揮系統都在西郊機場，而且山海關機場那架飛機是屬於空軍專機師的，機組人員也是空軍的，如果吳法憲不知道總理『夜航很不安全，不宜飛夜航』的指示，他可以隨時直接調動飛機。這樣就不能保證總理指示的落實。

[8] 汪東興：《汪東興回憶——毛澤東與林彪反革命集團的鬥爭》，北京：當代中國出版社，1997年11月版，頁205。

「因此，我覺得應向機場再強調、再明確一下總理的指示。

「9月13日0時06分左右，我又接通了山海關機場調度室的電話，還是值班主任李萬香接聽的。

「我說：『空軍那架三叉戟飛機要經北京周總理、黃總長、吳副總長和我四人聯合指示才能放飛，如果其中一個首長指示放飛，不管是誰的指示要報告我，你們要切實負責。』

「在這次通話中，我特別強調和明確了兩點：第一、強調『四人聯合指示才能放飛』；第二、強調『其中一個首長指示放飛，不管是誰的指示要報告我』。

「當時我認為，這樣是更準確、更完整地傳達和落實總理的指示。但我有一點疏忽，就是沒有讓接聽電話的對方複述一遍。」[9]

背景：由於李作鵬沒有讓接聽電話的場站方面複述一遍，場站當時的記錄為：「李政委：中央指示，四個首長其中一個首長指示放飛才放飛，誰來指示要報告我。要負責任。」[10]

更大的背景是，00：00左右，周恩來接到8341部隊電話報告稱，林彪等人不顧警衛部隊的阻擋，已乘車從北戴河往山海關機場，並開槍打傷了跟隨多年的警衛人員。周恩來感到情況十分嚴重，立即從大會堂到中南海向毛澤東報告。李作鵬對以上情況毫無所知。

9 《李作鵬回憶錄》，下卷，頁695。

10 《粉碎林彪反黨集團反革命政變的鬥爭（材料之三）》，頁78。

2、00:20，場站站長請示李：「如果飛機要強行起飛怎麼辦？」

李作鵬稱：

「通話結束後不久，山海關機場場站航行調度室又接連來了兩次電話。

「第一次大約是0時20分左右。電話接通後，值班員先報告我說：『李政委，場站領導要同你通話。」

「我答：『好，請講。』

「頃刻對方說：『我是場站站長潘浩，李政委你還有什麼指示？』

「前幾次電話都是機場調度室值班人員接的，現在場站領導來了，我再次向他傳達總理電話指示的前三條。其中，總理指示的第三條，我是按照0時06分給李萬香的指示，即『聯合指示才能起飛』向潘浩傳達的。

「通話中，潘站長請示我：『你傳達的總理指示，可不可以告訴空軍機組的負責人？』我回答：『可以告訴。』

「潘站長突然在電話中又請示：『如果飛機要強行起飛怎麼辦？』我拿著電話思索片刻：潘浩的請示出人意外。即使總理不同意林彪專機飛夜航，也不可能發生這樣的事情呀？況且，總理並沒有指示飛機強行起飛該怎麼辦，是阻止？還是不阻止？我不敢決定。

「我答：『可直接報告周總理。』當時，在總理沒有明確指示，也沒有授權他人處理的特殊情況下，我只能先答覆機場緊急處置的辦法，因為總理在親自瞭解和處理林彪專機的問題，只有總理有決定權。

「這裡我要說明一點：當時，山海關機場是海軍航空兵第5師所管轄的戰備值班機場。機場作戰值班電話與海軍通信總站有專用線路，而通信總站與軍委一號台也有直通線路，因此山海關機場作戰值班電話具備和軍委一號台、和總理直接通話的條件。當晚，總理對我的電話指示第二條（『他要飛夜航，你就告訴山海關機場，待他到達機場後，請他給我來個電話』）就說明機場與總理的通話條件是具備的。

「放下潘站長的電話，我本想立刻給總理打電話，報告潘浩請示的情況。但轉念又一想：潘浩在電話中並沒有報告機場發生了什麼異常情況，他怎麼能夠預先設想到飛機會強行起飛？從來沒有過不經機場塔臺指揮，就有飛機自行起飛的事情出現過，何況這是空軍專機師的飛機。必須把機場的情況先搞清楚再給總理打電話，不然，總理問我『強行起飛』的根據是什麼？我如何回答呢？」[11]

背景：李作鵬與潘浩上述通話內容，在場站記錄中精簡為：「潘站長又和李政委通話，指示：飛機放飛可直接報告總理。李政委同意站長和34師潘副政委講一下。」[12]

潘浩應是一位有水準，有預見性的軍人。惟他的問題，不僅李作鵬不好回答，即便他問到了周恩來，想必周恩來也是不能作主，周一定是要請示過毛澤東的。

話說回來，潘浩也不是完全憑預感。9月12日23:55駐場的空34師西郊機場調度室主任李海濱已打電話給場站調度室，要兩台加油車給256號飛機加油。23:56，場站調度室告之外場，兩台加

[11] 《李作鵬回憶錄》，下卷，頁695-697。

[12] 記錄中不是「強行起飛」，而是「放飛」。見《粉碎林彪反黨集團反革命政變的鬥爭（材料之三）》，頁78。

油車加油，化驗員也到場。[13]此時，潘浩應已得知256號專機已在備航，而駐場空軍的備航行動（不是放飛），潘浩是未被授權加以限制的。

潘浩的話靈驗了。剛放下電話，00:32，林彪、葉群和林立果等人乘坐的紅旗驕車，已經以極高的速度，開到了停機坪上的256號三叉戟飛機附近。

3、00:32-00:55 256號專機強行起飛後，場站與李作鵬、李作鵬與周恩來通話。

李作鵬稱：

> 大約0點30分左右，我正準備給機場打電話，機場的電話就打了過來，我當時接到的電話報告詞只有一句話：「飛機強行起飛了！」
> 太突然了！我來不及多想，立即向總理報告：「飛機強行起飛了。」總理十分鎮靜的「哼」了一聲，重複問了一句：「強行起飛了？查一下航向。」我又向山海關機場打電話查問航向，回答：「西北。」我將飛機航向立即報告了總理。此時大約是13日凌晨0時55分。[14]

背景：根據場站記錄，「00:22李主任（余注：應指李海濱）告馬上準備；00:23開車就走，來不及準備；00:32起飛了，報告××（余注：字跡、含義未清，但肯定不是李作鵬），陳聯炳（余注：256號專機第一副駕駛員）還未上，找李主任；00:45 290° 75公里，政委（余注：指場站政委史岳龍）報告李政委」。場站記錄並沒有向李作鵬報告飛機強行起飛的記載。據

13 《粉碎林彪反黨集團反革命政變的鬥爭（材料之三）》，頁78。
14 《李作鵬回憶錄》，下卷，頁697。

場站航行調度室主任李萬香1972年4月7日的說明，「在飛機強行滑出時，場站副站長趙雅輝同志向李作鵬作了報告。李答：『好吧！就這樣吧！』（這一情況是事後趙對我們說的）」。[15]

李作鵬稱：

> 以上就是從12日23時至13日凌晨0時55分不到兩個小時的時間內，我處理「九・一三」山海關機場事件的全部過程。
>
> 此後我雖躺在床上準備睡覺，但翻來覆去怎麼也睡不著，滿腦子都是：林彪的飛機強行起飛了。為什麼強行起飛呢？出了什麼事？機場雷達報告已向西北方向飛行，是不是要回北京？但回北京為什麼要強行起飛呢？越想越想不明白，越想越覺得有問題。我的思想只圍繞在總理指示不宜夜航，夜航不安全的思路中。當時，我最怕出現不安全問題，更不能在自己的工作責任範圍內出問題。[16]

4、約03:30，政治局通知召開緊急會議。

李作鵬稱：

> 剛剛躺下兩個多小時，秘書就來報告說，政治局通知召開緊急會議，立即到人民大會堂。由於睡眠不好，我迷迷糊糊地從床上爬起來，穿好衣服就趕往大會堂。
>
> 到大會堂後，政治局委員們都陸續來了。周總理主持召開了政治局緊急會議，周總理報告林彪13日凌晨「外逃」的經過。[17]

[15] 《粉碎林彪反黨集團反革命政變的鬥爭（材料之三）》，頁78-79。

[16] 《李作鵬回憶錄》，下卷，頁697。

[17] 同上，頁697-698。

背景：李的回憶錄沒有政治局通知召開緊急會議的準確時間。

03:30是根據李作鵬稱「剛剛躺下兩個多小時」及《邱會作回憶錄》中的「十三日凌晨三時許」推斷的大約時間，不一定準確。根據《邱會作回憶錄》，他們大概等了近三個小時，於13日早上六時，「可以看到窗外的光線，天都快大亮的時候，政治局的會議才開始的」。[18]

三、李作鵬關於修改電話報告記錄的說明

對於1972年官方文件中指稱「林彪叛國投敵後，李作鵬打電話要山海關機場值班員修改值班記錄，值班員堅持不修改值班記錄。李作鵬又將山海關機場電話報來的值班日記，親筆加以篡改，另行謄抄後，報送中央，掩蓋他篡改中央命令的罪行」及1981年判決書中指稱「事後，李作鵬修改電話報告記錄，掩蓋罪行」等罪名，李作鵬在回憶錄中作了如下申辨式的說明。

李作鵬稱：

> 13日下午四點多，開完政治局緊急會議後，我回到西山。一下車，我就通知劉秘書：「準備一下，下山（意指回海軍）辦公。」
>
> ……
>
> 「大約17時左右，劉繼祥秘書拿著一份報告進到辦公室，這份報告是海航5師整理的《山海關機場九月十二、十三日情況報告》，是海航5師用電話報告，劉繼祥秘書電話記錄的。
>
> 我正在回顧清理昨晚的情況，正好聽聽山海關機場的報告。我就讓劉秘書念他記錄的報告。

[18] 邱會作回憶錄》，香港：新世紀出版社，2011年1月版，頁791-792。

當他念到報告中記錄著：23點35分，我向機場調度室值班員傳達總理指示，並補充說「四個首長中，其中任何一個首長指示均可放飛」時，我點頭說：「對！」

當他又念到報告中記錄著：0時06分，李政委來電話，再次強調中央首長指示，四個首長其中一個首長指示放飛才放飛，誰的指示要報告李政委。要負責任。我立即打斷劉秘書的話，說：「不對！這次電話記錄不對。」

我告訴劉秘書：「這次我打電話，強調的是要四個首長聯合指示才能起飛。」

念完報告後，我對劉秘書說：「你與他們再核實一下我的講話，不要記錄錯了。」

此時已快18點了，下午政治局會議上，總理指示我們都「回家」辦公，我通知劉繼祥秘書，準備隨我下山回海軍。

晚飯後，我在海軍407樓辦公室中看文件，劉繼祥秘書拿著海航5師的那份報告進了辦公室，對我說：「我已打電話與機場核實了，你0點06分的那次電話指示，機場值班員根本沒有聽清楚。他們說沒有聽清楚首長指示的原因，一是當時調度值班室人很多，電話也很多，很嘈雜；二是首長的口音重，聽不太清楚。他們就把你23點35分的電話指示又重複的追記了一遍。」劉秘書又說：「這個報告，是航5師張師長今天上午從錦西師部趕到山海關機場，聽完彙報後整理的，張師長對昨晚的情況也不是很瞭解。」

劉繼祥說完，我才知道，原來機場值班員沒有聽清楚我的話。如果是這種情況，也不能責怪機場值班員。我讓劉秘書把報告放在辦公桌上，準備再看一遍。

我看到報告中記錄的原文是：「0點06分，李政委來電話，再次強調中央首長指示，四個首長其中一個首長指示放飛才放飛，誰的指示要報告李政委。要負責任。」

> 我看了這段報告原文以後，覺得完全不符合我在通話時講話的意思。我沒有必要在短短半小時內，重複兩遍完全一樣的話，實際上，我這次的電話指示，就是對23點35分電話指示內容的進一步明確和補充。
>
> 因此，我將報告中我講的話進行了修改。修改後全文是：「0點06分，李政委來電話，再次強調中央首長指示，四個首長聯合指示才能放飛。如果其中一個首長指示放飛，不管誰的指示要報告李政委。你們要負責任。」[19]

經李作鵬修改過的山海關場站電話報告的值班日記影印件，在《粉碎林彪反黨集團反革命政變的鬥爭（材料之三）》頁77可以見到。其中還可以看到李作鵬親筆增加和刪去的有關字句的字跡。

李作鵬接著寫道：

> 修改之後，當即要劉繼祥秘書用電話同山海關機場再校對一下。經雙方再次校對後，劉繼祥秘書報告我說：「校對結果同你修改的完全一致。」
>
> 劉繼祥秘書將報告謄抄後送我，我又閱讀了一遍，一個字也沒有改動，就在這個文件頭上寫上：「呈總理批示」。
>
> 幾天後，總理看完了報告，劃了圈，一字未改，在一次政治局會議後退回給我。看了總理的圈閱，並按照中央領導批閱文件的習慣，我當時就認為，總理是同意這個文件的，而且一字未改。之後，我將這個文件交給劉繼祥秘書存檔保存。

[19] 《李作鵬回憶錄》，下卷，頁700-701。

> 我認為這個文件（指〈山海關機場九月十二、十三日情況報告〉）是在「九・一三」事件中，反映山海關機場場站情況最真實、最全面、最準確，並經總理在第一時間圈閱同意，一字未改的最權威的文件。我十分清楚的記得，在這個文件中，就如實地記有：第一，總理電話指示的前三條，其中第三點指示中，沒有「四個人一起下命令才能起飛」的話；第二，我第一次（23點35分）向山海關機場傳達周總理指示時曾補充說到的：「四個首長中其中任何一個首長指示均可放飛」；第三，我與山海關場站值班員（0點06分）通電話時強調：「要四個首長聯合指示才能放飛，如果其中一個首長指示放飛，不管誰的指示要報告李政委。你們要負責任。」這關鍵的三個情況都有如實記載。我當時閱讀這個檔時就意識到自己前後說法不一致，但我沒有做任何修改，因為事實經過就是如此。直到此時，我並沒有意識到「四人聯合指示」與「一人指示」之間，竟存在著天上地下一般的距離。[20]

惟1980年11月28日，最高人民法院第二審判庭對李作鵬進行庭審調查時稱：法庭宣讀了李作鵬1971年9月12日給山海關場站傳達周恩來的電話記錄。23點35分李作鵬電話：「告訴你們，它（指林彪的專機）的行動，要聽北京周總理指示，黃總長指示，吳副總長指示和我的指示，以上四人其中一位首長指示放飛，才能放飛，其他人指示都不可以。」周恩來1971年10月9日看了這段電話記錄內容，在旁邊批示：「我說要四個人一起下命令才能飛行。周注。」[21]

[20] 《李作鵬回憶錄》，下卷，頁701-702。

[21] 馬克昌主編：《特別辯護》，中國長安出版社，2007年4月版，頁183。

周恩來10月9日的批示，等於說李作鵬傳達錯了周的指示，不管李是有意或無意的。這對李作鵬來說，不啻是致命的一擊。惟值得注意的是，周恩來是在黃吳李邱9月24日被隔離審查半個月之後才作出這一批示的。而根據李作鵬的回憶，他修改電話記錄是在9月13日，即李的修改早於周的批示大半個月。

四、李作鵬的自我辯護

李作鵬在其回憶錄第四十四章「自辯和沉默後的話」中，對最高人民法院特別法庭判決書關於李作鵬在「九一三」事件中的「罪行的三處最關鍵問題（一是「兩次篡改了周恩來總理的命令」；二是「沒有採取阻止起飛的任何措施」；三是「修改電話報告記錄，掩蓋罪行」），分別作了闡述和自辯。

1、關於「兩次篡改了周恩來總理的命令」。

所謂李作鵬的「篡改」，就是將周恩來「四個人一起下命令才能起飛」，篡改為「四個首長其中一個首長指示放飛才放飛」。這裡，核心的問題是，周恩來在電話裡所作的四點指示中，到底有沒有「四個人一起下命令才能起飛」的明確表述？李作鵬稱，「真相很簡單：總理的電話指示中根本沒有這句話！」「當時總理在電話中的口氣平和，沒有強調『四個人一起』，更沒有提到『命令』兩個字」。[22]

2、關於「沒有採取阻止起飛的任何措施」。

李作鵬稱，「從始至終，包括場站站長潘浩在內的所有山海關機場給我的電話報告中，根本沒有有提到機場有任何異常情

22 《李作鵬回憶錄》，下卷，頁783。

況。潘浩『強行起飛怎麼辦？』的報告有什麼根據？到底是真實情況？還是場站的推測？我一點情況也不瞭解，更無法判斷與確定。……當晚，在周總理與我多次通電話時，並沒有指示飛機強行起飛該怎麼辦。是阻止？還是不阻止？採用怎樣的辦法阻止？周總理不作指示，誰敢擅動？我不敢決定，也無權決定」。[23]

李作鵬又稱，「據我所知，專機強行起飛的當時，山海關機場場站對256號專機沒有提供必要的塔臺指揮系統、通訊系統，也沒有打開必須的跑道照明系統。事發九個月後的中發〔1972〕24號文件中，這樣說：『在沒有夜航燈光和一切通訊保障的情況下，便在一片漆黑中，於零時三十二分，強行起飛，倉皇逃命。』沒有塔臺指揮，沒有通訊保障，沒有跑道照明，這麼專業的禁飛狀態，這麼明確地要求專機飛行員停止起飛，就是採取的阻止起飛措施！怎麼能說『沒有採取任何阻止起飛的措施』呢？」[24]

3、關於「事後，李作鵬修改電話報告記錄，掩蓋罪行」。

李作鵬稱，「問題的關鍵是，山海關機場場站值班員李萬香根本沒有聽清楚我0時06分的電話指示，而只是將23點35分的電話指示重新追記一遍，這樣就完全不符合我在通知時講話的原意了。對不準確地記錄我的話，我不僅必須要修改，而且有權力修改。何錯之有？將不正確的電話記錄改為正確的，僅此而已，我不知道在掩蓋什麼『罪行』？」[25]

接下來，李作鵬在其回憶錄中闡述了他對自己處置林彪專機一事的七點認識和想法。筆者認為，在七點認識和想法中，有兩點即第二點和第四點尤為重要。

---

[23] 同上，頁784。

[24] 同上，頁784-785。

[25] 同上，頁785。

其中第二點是，「我希望所有關注『九一三』事件的人們注意：林彪的三叉戟飛機是強行起飛的！不是『放飛』的！當時不要說『四個人一起命令』，就是四十人一起命令也擋不住！……機場發生的一切情況都是突發的、不正常的和出乎意料的！是我無法控制的！周總理的電話指示不起作用，場站禁止起飛的專業措施也不起作用，難道專機強行起飛的責任就應該由我來負嗎？」[26]

第四點是，「我為什麼要放林彪逃跑呢？當時，我根本不知道林彪要去何方，更沒有任何情由放林彪外逃蘇聯。我也可以斷定，黃永勝、吳法憲也決不會放跑林彪的。在我們的心目中，忠於毛主席、忠於黨中央是至高無上的原則，林彪如果有反毛主席的舉動，我們不會跟著跑。事後，毛主席懷疑我們，是因為他自己喪失了自信。」[27]

可以為這第四點作點佐證的是黃永勝、吳法憲對林彪跑了的態度。

1971年9月17日，邱會作到西山9號同黃永勝見面談了話。邱會作說，「當時黃永勝對林彪是十分有氣的，他說到這裡站起來，在房間裡來回踱步，然後走到有一幅巨大的三北地圖的牆前，大聲疾呼：『你跑什麼跑，害死人呀！』[28]

吳法憲稱，1971年9月13日凌晨，他在西郊機場空三十四師指揮所，一直在雷達監視器前關注著256號專機的動向。「當飛機飛到了赤峰附近的時候，我想到在赤峰附近有我們的殲擊機部隊，就問周恩來要不要把三叉戟攔截回來。周恩來說：『這要請示毛主席。』過了一會兒，周恩來答覆我說：『毛主席不同意，說『天要下雨，娘要嫁人，由他去吧』。』」[29]

[26] 《李作鵬回憶錄》，下卷，頁786。

[27] 同上。

[28] 《邱會作回憶錄》，下卷，頁802。

[29] 《吳法憲回憶錄》，下卷，香港：北星出版社，2006年9月版，頁864。

即使拋開是否忠於毛澤東不談，純粹從功利的角度出發，林彪主動出逃，對黃吳李邱一點好處也沒有，更不用說「協助」林出逃了。那麼幹，協助的人馬上就成了階下囚。林彪不走，毛澤東可以冷落林，可以「甩石頭，摻沙子，挖牆角」，也可以削黃吳李邱的權，但怎麼也會對黃吳李邱作適度的拉攏、安排，以圖最終孤立林。毛澤東也正在這麼幹。據知情人稱，1971年8月間，黃吳李邱作為政治局委員，都看到了關於將在國慶日前後召開的四屆人大人事安排的中央傳閱件。其中，吳法憲將是全國人大常委會副主任，黃永勝將是排名第一的國務院副總理，邱會作、李作鵬也將成為副總理。黃吳李邱有什麼理由要拋棄已到手的功名，主動選擇做階下囚呢（當然，後來結局是沒有協助林，也被動成了階下囚，但這也證實了有林在和無林在之根本區別）。

五、周恩來的角色與責任

《李作鵬回憶錄》第四十四章有一節「誰是真正的責任人」，其闡述的要點是「九一三」林彪叛逃「負第一位的、最主要的責任」的，應該是周恩來。「我認為周總理在當晚有充足的時間權衡利弊。但他兩次貽誤了攔截時機，最終也沒有下最後的決心。」[30]

李作鵬所說並非沒有道理。惟筆者倒認為，更深入的觀察可以發現，「九一三」的最大責任人，應該是毛澤東本人。

毛澤東於1971年8月15日開始離京南巡，9月12日返抵北京。毛澤東在南巡期間同沿途各地負責人的談話，矛頭直指林

[30] 《李作鵬回憶錄》，下卷，頁791。

彪。這些話，無論毛要怎麼保密，也會傳到林家耳中。這些話，無疑促使林家（尤其是血氣方剛的林立果）最終與毛產生思想決裂，也促使林立果、葉群下決心避免重蹈劉少奇的覆轍（劉少奇在監禁之下於1969年11月12日死於開封）。

毛澤東的是些什麼話呢？

如毛稱，「1970年廬山會議，他們搞突然襲擊，搞地下活動，為什麼不敢公開呢？可見心裡有鬼。他們先搞隱瞞，後搞突然襲擊，五個常委瞞著三個（余注：指林彪、陳伯達瞞著毛、周、康生），也瞞著政治局的大多數同志，除了那幾位大將以外。那些大將，包括黃永勝、吳法憲、葉群、李作鵬、邱會作，還有李雪峰、鄭維山。……他們這樣搞，總有個目的嘛！彭德懷搞軍事俱樂部，還下一道戰書，他們連彭德懷還不如，可見這些人風格之低。」「我看他們的突然襲擊，地下活動，是有計劃，有組織、有綱領的。綱領就是設國家主席，就是『天才』，就是反對『九大』路線，推翻九屆二中全會的三項議程。有人（余注：誣指林彪）急於想當國家主席，要分裂黨，急於奪權。」「林彪同志那個講話，沒有同我商量，也沒有給我看。他們有話，事先不拿出來，大概總認為有什麼把握了，好像會成功了。可是一說不行，就又慌了手腳。起先那麼大的勇氣，大有炸平廬山，停止地球轉動之勢。」「廬山這一次的鬥爭，同前九次不同。前九次都作了結論，這次保護林副主席，沒有作個人結論，他當然要負一些責任。……犯了大的原則的錯誤，犯了路線，方向錯誤，為首的，改也難。」「我同林彪同志談過，他有些話說得不妥嘛。比如他說，全世界九百年，中國幾千年才出現一個天才，不符合事實嘛。」「廬山這件事，還沒有完，還沒有解決。」[31]

[31] 《毛主席在外地巡視期間同沿途各地負責同志的談話紀要》，1971年8月中旬至9月12日。

至於周恩來，不過就是助紂為虐。

1971年4月的中央批陳整風彙報會，無疑是一條重要的分界線。在這次會議結束的4月29日，周恩來代表中共中央，給黃吳葉李邱下了「軍委辦事組五位同志的錯誤，在政治上是方向路線錯誤，在組織上是宗派主義錯誤」的結論。周恩來又說，「這些同志自以為是在擁護毛主席，實際上把毛主席的指示、林副主席『九大』政治報告和新黨章忘記了，因而被陳伯達所利用，就站到反『九大』的陳伯達分裂路線上去了。」「在廬上會議上，陳伯達繼續挑動。軍委辦事組幾位同志囿於宗派成見，受其影響，有的還進行宗派活動。」[32]

周恩來代表中央給黃吳葉李邱下結論，等於也是給林彪下了結論。正如高文謙所言：

> 自中央批陳整風彙報會結束後，周恩來的政治態度有了一個明顯的變化。如果說在此之前，他還試圖扮演和事佬的角色，極力彌合毛、林之間的裂痕的話，那麼在此之後，則放棄了這種努力，不再企圖左右逢源，而是明顯倒向毛澤東一邊了。這一方面是由於不滿林彪不聽勸說，執意硬頂的態度，另一方面也是看出了毛翦除林彪的決心已定，這件事絕不會輕易了結，毛、林之間勢必有一場惡鬥。
>
> 周恩來在審時度勢後，非常清楚雙方的實力懸殊，林彪顯然不是對手。在這種情況下，從來不站在失敗者一邊的周氏自然站到了毛澤東一邊，周選擇跟毛走，而不幫助在治國方針上和他政見相同的林彪，當然是和他一貫「西瓜傍大邊」的為人有關，同時也是他內心深處為臣侍君之

[32] 周恩來：《在批陳整風彙報會上的講話提綱》，1971年4月29日。

道的心態作祟，想為主（毛）分憂，在政治上經受這一考驗，保住自己的晚節。[33]

9月12日22:30左右，周恩來從中央警衛團負責人處接獲林立衡提供的資訊，得知北戴河林彪處情況有異。周有點半信半疑但也不得不有所提防。為此，他分別向吳法憲、李作鵬查詢256號飛機的調動情況，得知確有其事後，又即向李作鵬下達了四點指示，其重點在於「空軍那架飛機的行動，要聽北京我的指示，黃總長的指示、吳副總長的指示和你的指示才能放飛」（周似乎沒有將該指示同時告之黃、吳，按道理他應這麼做。吳在其回憶錄中提及周同意立即把飛機調回北京，並指示飛機返回的時候不准帶任何人，但周無對吳說要有四人的指示才能放飛）。周的這一指示，表面上安全穩妥，萬無一失，實則正如李作鵬所言，是「根本無法執行的」（從周無預先告之黃、吳，也可看出周根本不想執行）。周下達這一指示，歸根結底其實是一種自我保護的意識在作祟——萬一有什麼閃失，黃、吳、李也一併承擔，對毛也能有所交待。

林立果、葉群（還有林彪？）不是魚死，就是網破的決絕態度，是毛、周作夢也料想不到的。有研究者說，毛南巡講話是敲山震虎。沒想到虎一口氣跑出了中國。這決非是毛想要得到的結果。

「九一三」事件發生後，周恩來「我說要四個人一起下命令才能起飛」的批註，反映的就不僅僅是周的自保求存的心態，而且更有落井下石的成份在裡頭。256號專機是強行起飛的，在這種情況下，四個人一起下命令與一個人下命令有什麼不同？一個人下命令就是陰謀放跑林彪（其實誰也沒有下命令）？四個人下命令就能擋得住？正如李作鵬所言，「當時不要說『四個人一起

[33] 高文謙：《晚年周恩來》，明鏡出版社，2003年4月版，頁338。

命令』，就是四十人一起命令也擋不住。」周作批註時，黃吳李邱都已成了階下囚，何必再落井下石，踩上一腳？話說回來，為了自保而犧牲他人，估計在周的一生中，這也不是第一次吧?!

至於李作鵬，他對周恩來在「九一三」凌晨所充當的角色，還有更深一層的疑惑。李作鵬稱：「林立衡向中央的報告和開槍打傷了警衛人員，不僅足以證明林彪要離開北戴河的決心，而且完全說明事態的嚴重並不象葉群所說林彪要到大連『轉一轉』這麼簡單了，此時的周恩來，不但不向汪東興下死命令在北戴河攔截住林的專車，而且仍沒有立即採取攔截林彪的第二方案，即向我下死命令關閉機場。如果當時周總理下死命令關閉機場，不准專機起飛，我會拼著老命，指揮機場場站採取一切可採取的措施攔截飛機，因為時間還來的及。但周恩來卻語氣平和地做了『待他到達機場後，請他給我來個電話』的指示，再次失去了攔截的機會。

> 總理為什麼要那樣做？總理一生獨自處理許多國內外、黨內外的緊急重大問題，他完全有資格、有權力、有能力、有經驗獨自專行處理這個問題，根據當時他所掌握的情況，他只要向我下達：「立即關閉機場，不許任何飛機起飛！」這一條死命令就足夠了，根本無須什麼四條電話指示，完全是多此一舉。[34]

李作鵬再稱：「事後我一直在反覆思索，周總理用電話遙控我來傳達他的指示，但又不把當時他所掌握地全面情況告訴我（總理告訴我的情況還不如告訴吳法憲的多），是為什麼呢？周恩來是真想在山海關機場攔截林彪的專機嗎？是對我的不信任嗎？是退身之策嗎？還是另有其他的目的呢？」[35]

---

[34] 《李作鵬回憶錄》，下卷，頁790。

[35] 同上，頁790-791。

李作鵬最終的疑問是，「當然，他（余注：指周恩來）未能採取果斷措施，可能還有更深的原因和背景。林彪『得以趁機外逃』的真正原因到底是什麼？到底林彪趁的什麼『機』到底是『真攔』還是『真放』？為什麼要放？誰又是真正放跑和希望放跑林彪的人？這個事件的背後是不是還有文章？歷史終會解開這重重謎團。」[36]這就涉及到毛、周在「九一三」中的所作所為，究竟是失策還是陰謀，是疏忽還是故意。惟筆者認為，僅根據目前現有的公開材料，尚未能形成完整的證據鏈，故而，我們還不能簡單判斷為後者。但這一問題的提出，不無一定的積極意義，它至少為未來的歷史學者，提供了一個值得深入探索課題。

2011年7月

[36] 同上，頁792。

中央文革小組情報搜集機制述略

余汝信

1966年8月至1967年8月一年間，為中央文革小組的鼎盛期。在此期間，中央文革小組建立並通過自己的情報搜集機構——中央文革記者站，以瞭解、掌握並反映各地的文化大革命運動情況。

一、有關中央文革記者站的文字敘述

迄今為止，有關中央文革小組記者站的公開文字敘述，幾乎全部為當事人的回憶。其中，以時任中央文革小組辦事組負責人王廣宇的《中央文化革命小組的辦事機構》（首發於《黨史博覽》2005年第11期）及記者李近川的《回憶中央文革記者站》（首發於《百年潮》2002年第5期）較為詳盡。上述兩文，已收入近日香港出版的《飛鳴鏑——中央文革記者站見聞錄》一書中，同時收入本書的，還有多位記者的回憶文章。

在中央文革記者站建立之前，中央文革小組由其辦公室（1966年7月成立）下設的調查組、簡報組負責文革動態搜集工作。據王廣宇稱，調查組的任務，是調查北京高等院校和中央機關的文化革命運動情況，由辦公室副主任曹軼歐兼組長；簡報組主要負責編輯《文化革命簡報》，由辦公室另一位副主任戚本禹兼組長，成員有靳耀南、范恭儉、閻長貴、李思溫。

據李近川稱，1966年8月，根據毛澤東的提議，選派一批記者，以《解放軍報》記者的名義，去全國各地為中央調查文革情況。最早被選調的，是二十多名新華社駐各軍種、軍區的軍事記者。這批人在總參海運倉招待所經短期集訓後，轉住到釣魚臺賓館斜對面的花園村一號院[1]，由中央文革小組成員王力宣佈成立中央文革記者站。

李近川稱，王力給記者站確定的領導體制是：記者站對外稱《解放軍報》記者站，受中央文革辦公室領導；派駐各地的調查採訪工作，不受當地黨政軍機關領導，只對中央負責；採寫的稿件不受任何人審查，只傳給記者站，列印報中央政治局常委。

李近川又稱，當時明確了工作方式：去外地的記者組，持《解放軍報》的介紹信和記者證，住各地軍事機關，由軍事機關提供交通、通訊、辦公等工作條件。在當地黨政軍民學等各界中，獨立調查研究，自主采寫稿件。稿件一般要用保密電話，少量適合的用機要傳遞或郵寄，傳給設在北京的記者站。

李近川還稱，經周恩來同意，從1966年9月至1967年2月，陸續從中共中央辦公廳、新華社、《人民日報》、馬列主義研究院、解放軍政治學院、空、海軍及瀋陽、濟南、北京、南京、成都、廣州等各大軍區，選調幾批幹部來站工作。1967年「七二〇」事件後，又由成都等軍區調進6人補充力量，還從《工人日報》調進兩名記者。最多時，採編人員和行政人員（不含印刷廠、通訊和後勤人員）達200多人。另外後期還吸收了少量在校大學生，作為通訊員、聯絡員使用。

據統計，在前後215名採編、行政人員中，現役的新華社軍事記者27人，新華社、《人民日報》、《工人日報》記者、編輯15人，馬列主義研究院13人，解放軍政治學院24人，海、空軍及

[1] 花園村實際上是在釣魚臺賓館的西北，離釣魚臺有三、四里路。

各大軍區軍隊幹部135人，中央辦公廳1人。以上現役軍人共186人，占人員總數的87%，非軍籍人員29人，占13%。這就清楚地表明：中央文革在情報搜集過程中，主要是借用了軍隊的力量。不僅是借用了軍隊當時的崇高地位和威望，而且，借其滲透軍內以搜集軍內情報的便利性，是非軍籍人員遠不可比擬的。

據記者王文仲稱，剛到記者站，即宣佈了保密紀律：記者站對外稱「解放軍報記者站」，位址對外保密，只能說代號「811信箱」。此保密要求，確十分符合情報機構的職業特徵[2]。

此前，中央並非完全沒有各地文革運動進展情況的情報搜集手段，起碼，有一個完備的新華社的系統。但是，原先的新華社系統，並不是毛澤東可以完全信任的。這種不完全信任的態度，可體現在中央中央宣傳部常務副部長兼新華社社長熊復1966年10月13日在中央工作會議小組會的發言中。熊復稱：新華社500多名記者，28個分社，竟然不能擔負向中央、毛主席反映全國各地文化大革命真實情況的任務，中央文革小組從部隊中抽調100多名軍事記者到全國各地瞭解情況[3]。

惟中央文革記者站運作之後，新華社的系統仍繼續運行，編有《內部參考》特刊《文化革命動向》，毛澤東對其亦曾有過批示[4]。所以，我們說「不完全信任」，而非「完全不信任」。以毛的信任度而言，屬於舊官僚體系的新華社自然遠遠不及自己老婆掌握的新事物。

以下為解放軍政治學院參加記者站工作人員情況——

2 王文仲：〈聯通組概述〉，載《飛鳴鏑——中央文革記者站見聞錄》，香港：中國文化傳播出版社，2011年12月版，頁33。

3 王年一：《大動亂的年代》，鄭州：河南人民出版社，1996年8月版，頁106。

4 《建國以來毛澤東文稿》第十二冊，北京：中央文獻出版社，1998年1月版，頁231。

姓名	原部職別	原級別	起止時間	派往地區
甄文君	二大隊三隊隊長	12	1966.9-1967.2	上海
張雲勳	政治部幹事	18	1966.9-1969.5	貴陽
劉希政	哲學教研室教員	18	1966.9-1967.9	貴陽、重慶
張子良	二大隊二隊隊長	12	1966.9-1966.12	貴陽
劉善庭	二大隊一隊副政指	13	1966.9-?	成都
孫　浩	政工教研室教員	14	1966.9-1966.12	成都、重慶
鄭曉楓	時事政策教研室教員	14	1966.9-1969.3	上海
王天祥	院務部幹事	18	1966.9-1967.12	成都
陸咸輝	訓練部秘書	18	1966.9-1969.5	北京記者站
蔣保祺	時事政策教研室助教	22	1967.1-1969.5	成都、上海
朱士高	《思想戰線》幫助工作	22	1967.1-1969.5	哈爾濱
姜宏周	哲學教研室助教	21	1967.1-1969.5	廣州
陳梅樸	哲學教研室助教	21	1967.1-1969.5	北京記者站
廖惠和	哲學教研室助教	22	1967.1-1969.5	西安、成都
方錫金	政經教研室助教	22	1967.1-1969.5	福州
王西賓	時事政策教研室助教	22	1967.1-1969.5	鞍山、銀川
崔俊峰	政治部幫助工作	22	1967.1-1969.5	昆明
曲漢奎	政治部幫助工作	22	1967.1-1969.5	鞍山、瀋陽
李生榮	時事政策教研室教員	21	1967.1-1969.5	成都
于順昌	哲學教研室助教	22	1967.1-1969.5	內蒙
王志剛	政治部幫助工作	22	1967.1-1969.5	太原
張金才	訓練部幫助工作	22	1967.1-1969.5	哈爾濱
賀　源	黨史教研室秘書	23	1967.1-1969.5	石家莊
孫璞方	時事政策教研室助教	22	1967.1-1969.5	南昌[5]

5 解放軍政治學院整黨辦公室：《對參加中央文革記者站人員情況的調查報告》，1984年8月29日。

上表說明，政院派出人員分兩批，首批9人行政級別較高，為准師至副營級幹部；第二批15人行政級別較低，絕大多數為排級幹部。

從上表還可以看出，政院派出的首批人員，部分在記者站的時間並不長，如甄文君，1967年2月已離開。王年一《大動亂的年代》頁133的一個注釋，透露了可能的個中玄機。該注釋稱，以《解放軍報》記者名義派到上海的甄文君，1966年11月12日下午5時10分在電話上向周恩來報告了張春橋在安亭與工人談話的情況。甄說：「有少數人是堅決主張到北京的，他們起領導作用，首都紅衛兵第三司令部駐上海聯絡站支持他們。」「工人對伯達同志的信有意見，說只講生產，不講革命，他們不同意。」王年一稱，甄是如實反映情況的。惟甄的所為，是否為中央文革小組所不悅而將其「退回」政院，指令另派一批更易控制的年輕幹部取而代之？筆者未能證實[6]。

據王廣宇稱，記者站正式建立機構以後，指定了徐學增、陳滿池和李德泰三人負責，「徐是召集人、連絡人。這三位都是部隊調來的，徐學增是新華社南京分社的軍事記者組組長，陳滿地、李德泰（是）分別來自瀋陽和濟南部隊的師級幹部。」

據筆者看到的一份調查報告稱，記者站下設編輯組、通聯組、秘書組、後勤組，以及派到全國各地的記者組。通聯組負責接收和抄錄各地記者組的稿件、電話，初審、登記後送編輯組，由編輯組編成《文化革命簡報》和《快報》。不用的稿子存在記者站[7]。

王廣宇稱，關於中央文革的記者使用記者證的情況，基本上是以中央新聞單位的政治行情的變化，而不斷變換記者證，因

6 甄文君於1967年12月出任新華社軍管小組副組長。

7 解放軍政治學院整黨辦公室：《對參加中央文革記者站人員情況的調查報告》，1984年8月29日。

為中央文革記者站對外是不公開的，在當時哪家報社「紅」，就用哪家的記者證；初期用過《光明日報》、新華社的記者證，後來《解放軍報》「紅」了，又用解放軍報社的記者證。1967年1月，解放軍報社代總編輯胡癡被打倒，又改用《紅旗》雜誌社的記者證。

記者站的活動，大體分為兩段。從1966年9月至1968年2、3月為第一段，此期間，主要是瞭解全國各地的文革情況，編輯《文化革命簡報》和《快報》，即開展記者站本身業務工作階段；從1968年3月至1969年春為第二段，此期間，記者站業務工作停止，將記者全部集中在北京記者站內，揭批王力、關鋒、戚本禹，以及記者站領導的「罪行」。此段時間，記者站原領導全部靠邊站，經群眾選舉，領導批准，選出以魏知新（三十八軍幹部）等五人組成領導小組，領導運動。運動中還將中央文革小組辦事組總支書記王道明等進行批鬥，記者站領導徐學增等人也交全體人員批判鬥爭，記者之間相互揭發。1969年4、5月份，運動結束，記者站解散，人員返回原工作單位。

二、《文化革命簡報》略說

據王廣宇稱，《文化革命簡報》原由戚本禹在中央辦公廳內設置和主管，1966年7月上旬，遷入中央文革辦事機構所在地——釣魚臺賓館十一號樓。

此外，《紅旗》雜誌、《光明日報》總編室編印有同名內刊，毛澤東有關播發聶元梓大字報的批語，就寫在《紅旗》、《光明日報》1966年5月27日編印的《文化革命簡報》第13期上[8]。據知情人稱，此內刊與戚本禹主管的《文化革命簡報》似無關係。

[8] 見《建國以來毛澤東文稿》第十二冊，頁62。

1966年7月中央文革辦公室成立前，《文化革命簡報》的採編方式目前尚未清楚。1966年7月後，由中央文革辦公室編印，1966年9月記者站成立後，由記者站採編，以中央文革辦公室（後為辦事組）名義編印。

據《建國以來毛澤東文稿》第十二冊，毛澤東1967年2月9日對2月7日中央文革小組辦事組編印的《文化革命簡報》第390期登載的一篇題為《黑龍江省紅色造反者奪權鬥爭的基本經驗》的材料作了批示。3月27日，毛又對3月26日編印的《文化革命簡報》第435期登載的一份題為《四川宜賓革命派大批被關，鬥爭十分艱苦》的來信摘要作了批示。以2月7日至3月26日共48天印發了46期計算，《文化革命簡報》應該幾乎是每天一期。5月7日，毛對5月5日編印的《文化革命簡報》第470期登載的題為《在北師大搞軍訓的部隊是如何支持左派的？》的材料作了批示，以3月26日至5月5日共41天印發了36期計算，大致上也幾乎是每天一期。

此外，《文化革命簡報》還有不定期的「增刊」。

據筆者看到的《文化革命簡報》（影本），未有標示密級，其發送範圍影本上未見標示。因筆者見到的只是5頁的影本，可能發放範圍在第6頁上而未有複印，因此，發放範圍影本上未見標示不等於說原件上沒有標示。據王廣宇告訴筆者，八屆十一中全會前，發送範圍較廣，「可能是政治局委員以上和文革小組成員」，八屆十一中全會後範圍收窄，但「具體情況也記不清楚了」。

現將1967年10月11日編印的《文化革命簡報》增刊全文照錄如下。從該文可以看出，記者對文革運動事態的反映是帶有自己強烈的思想傾向的。

霍冰沉、孟力參加中共山西核心小組以後的問題

空字〇二五部隊（十航校）校長霍冰沉和空字〇二七部隊（十二航校）校長孟力，在中央解決山西問題的會議上支持了劉格平同志，並同張日清同志的錯誤進行了抵制和鬥爭，因而在會議上受到了表揚。八月以後，他們參加了中共山西核心小組，並提交中央審批（尚未批下來）。兩個多月以來，工作還是很積極的，但同時也存在著一些比較嚴重的問題，這些問題主要是：

一、**錯誤地估計了太原地區的文化大革命形勢，表現了嚴重的極「左」情緒**[9]。七月中央解決山西問題會議以後，山西形勢一片大好。但是霍、孟卻做了完全相反的估計，他們認為：「**山西的保守勢力很大，看來很可能大亂，思想上要有準備。**」並說：「**張日清的問題還沒有搞臭，影響沒有肅清，要防止張日清東山再起，現在中央還保他，材料弄夠了，中央就不保了。**」他們認為，中央會議之後，六十九軍的態度是「上轉下不轉，明轉暗不轉，外轉內不轉，口服心不服，弄不好，在山西很可以發生武漢事件。」因此，他們錯誤提出：「**當前，要特別警惕六十九軍，很可能帶代替張日清，成為山西保守勢力的後臺。**」他們還說，過去六十九軍支持的大部分是「紅聯站」的，現在又支持「兵團」（即山西革命造反兵團），並指示「紅聯站」打入「兵團」。他們認為，對「紅聯站」在中央會議之後，不是向好的方面轉變，而是「更狡猾、更毒辣、更囂張」，應當注意「紅聯站」的動向，把它的問題徹底弄清楚。當時，有些群眾組織對袁振同志有些意見，**孟力等也含沙射影地攻擊袁振同志，他們說：「兵團是有後臺的」，「袁振在處理問題的時候，表態總是在劉格平同志的前邊，給劉格平同志製造困難」**，等等。總之，他們不是把矛頭

9 文內加粗部分，原文如此，下同。

指向階級敵人和走資本主義道路當權派，而是指向六十九軍，指向袁振同志，指向「兵團」和「紅聯站」群眾組織。幾個月以來，經常直接向群眾組織「紅總站」散佈，造成了很壞的影響。

二、**片面地支持「紅總站」，貶低和攻擊「兵團」，影響兩大左派組織的團結**。他們對於「紅總站」一方面大加鼓吹，以表白自己。霍、孟經常對「紅總站」的負責人說：「『紅總站』中央信得過，格平信得過，我們的態度也是明確的（指堅決支持），我們的看法，劉格平同志是同意的。」同時派出大批人員幫助「紅總站」工作或當顧問。而對「兵團」，則到處搜集他們的情報，提供給「紅總站」。他們還經常說，山西還是出現反覆，這次反覆一定出在「兵團」和「紅總站」之間。把兵團當成作戰對象。由於他們支持一方，打擊一方，使「紅總站」提出「外仗內打」的錯誤口號；「兵團」的大字報也上街要揪丁磊（「紅總站」主要負責人）。因此直接影響了山西革命大聯合、大批判的健康發展。

三、**驕傲自大，目中無人，背上了「唯我獨革」「唯我獨左」和「功臣自居」的包袱**。在核心小組會議上，對曹中南（六十九軍政委）、陳金玉（山西軍區司令員）很不尊重。據袁振同志和曹中南同志反映（很多是記者在場），**霍、孟經常影射曹、陳是兩面三刀，不支持劉格平**。九月六日晚上，霍當著劉格平的面粗暴地打斷陳金玉的發言，與陳頂了起來。曹中南同志對記者說：「我們目前工作這些困難就是十航校跟我們為難，弄得我們不好說話。他們在下面到處支持我們的對立面。」**袁振同志也向記者說：「霍冰沉同志**

很沒有水準，對曹中南同志和陳金玉同志一點也不客氣，就是壓制人家。」曹中南、袁振等同志都認為孟力在晉南支左中，犯有嚴重的錯誤，完全執行了張日清的錯誤路線，當知道中央的精神以後，才起來炮轟張日清的，而且一開始就提出打倒的過「左」口號。八月份後，雖經劉格平幾次說服，十航校在批判張日清的會上，不要摘帽徽、領章，坐噴氣式飛機、插小旗等。但是霍、孟從來不理。八月中旬，陳永貴、謝振華二同志帶著周總理和康老的指示和中共山西核心小組委託去處理平遙事件，出色地完成了任務，受到中央的表揚。**霍冰沉卻很不服氣地說：「衝鋒陷陣，挨打受傷是我們穿藍褲子的（指空軍），受表揚的是六十九軍。最後寫材料突出謝振華。**」九月三日，《人民日報》點名表揚了六十九軍，十航校就找新華分社質問：「**為什麼沒有我們〇二五部隊？山西這麼多軍隊，為什麼只提六十九？**」霍冰沉也說：「**這是怎麼搞的？做工作找上我們了，出好事受表揚找上六十九軍了。**」

四、**給劉格平出壞主意**。在中央解決山西問題會議期間，「紅聯站」幾次要求劉格平同志經常接見講講形勢，劉格平同志答應了，但在一次接見之後，霍冰沉卻向格平同志說：「**『紅聯站』的觀點根本沒有改變，你不能去，什麼時候改變了什麼時候才能去。**」在「九・五」事件中，「紅總站」包圍了「紅聯站」，面臨著一場嚴重的血戰。當時「紅總站」有武攻的情緒，**霍冰沉也主張進行武攻，幾次向劉格平同志提出武攻的建議**。這些冒險主義的政策，由於受到劉格平、曹中南、袁振的拒絕才沒有實行。

五、耍兩面手法，在晉南問題上不執行核心小組的決定。

孟力在晉南的支左的工作中，是犯有嚴重錯誤的，與晉南軍分區一起，在一定程度上鎮壓了造反派，突出的是把山西師範學院的「造反大隊」打成「反動保皇組織」。核心小組提出這樣作是錯誤的，應當進行平反。孟力在會上表示完全擁護堅決執行，但回到晉南以後卻發表了一個違背小組決定精神的聲明。

綜上所述，霍、孟在參加了核心小組以後，表現了嚴重的極「左」情緒、宗派主義、驕傲自滿、冒險主義、小資產階級派性，等等。他們的一些活動，已經引起了核心小組其他同志的不滿和戒備，也激起了一些群眾組織的反對。

（記者 陸咸輝　王志剛　呂繼周）

記者對霍、孟兩人的指控，不可謂不嚴重。1967年底中央關於解決山西問題的十二月會議召開之後，十航校（已改稱第三航空機務學校）與十二航校退出了山西的三支兩軍工作，經中央同意，增補謝振華為省核心小組第一副組長，陳金鈺為省核心小組成員，霍、孟不再為人提及。未知上文對霍、孟離開省核心小組是否起了一定作用，幸虧霍、孟兩人在軍內的仕途未受什麼影響。霍冰沉仍任三機校校長至1970年該校停辦，調任空六軍副參謀長；孟力仍任十二航校校長至1973年升任空七軍副軍長，兩人在文革結束後均享受離休待遇。

三、印數極少的《快報》

《快報》是目前已知的由中央文革記者站採編、以中央文革辦事組名義印發的兩種情況簡報中的第二種。

有關《快報》的緣起，有多種說法。據王廣宇告之筆者：中央文革小組辦公室成立以後，委託解放軍報社成立一個《快報》組，編印《快報》反映各地文革情況。1966年末，《快報》負責人宋瓊（解放軍報社記者處副處長）調到中央文革辦公室工作，其後辦公室改名辦事組，宋瓊即任辦事組組長，《快報》也就從軍報搬到記者站來編印。

目前，並未有實物資料可以證實上述說法的確切性。而據當時在《解放軍報》任職的盧弘所著《「紅太陽」的影子》與《軍報內部消息》稱，1966年國慶前後[10]，毛澤東的女兒李訥（化名蕭力）被安排到《解放軍報》，一來就在「極其機密」的「快報組」工作。盧弘還說，宋瓊至中央文革辦事機構任職時，確是將「快報組」幾個人帶了過去。1967年1月，李訥在《解放軍報》造反，由她發起，查封了設在解放軍報社而應屬中央文革的「快報組」，江青指示，將宋瓊等人一腳踢出了中央文革[11]。盧弘的說法，從側面證實了王廣宇的說法並非空穴來風。

惟根據現有材料，解放軍報社的「快報組」與中央文革記者站的關係，尚有頗多不明晰之處。如「快報組」是否具有情報搜集功能還是純編輯功能？在蕭力造反之前，中央文革記者站的稿件亦交給「快報組」嗎？《快報》脫離解放軍報社的時間，是在蕭力造反前的1966年12月，還是蕭力造反後的1967年1月？「快報組」時期（尤其是前期）的《快報》，是以什麼名義編印的？（現在唯一可以肯定的是，王年一在《大動亂的年代》中提及的1966年12月21日《快報》第748號，是以中央文革辦公室的名義編印的。）

如以1966年12月21日編印的第748號至《建國以來毛澤東文稿》提及的1967年2月25日編印的第1334號計算，共67天印發了587號，平均每天為8至9號。

---

10 有說應在1966年11月份。

11 盧弘：《「紅太陽」的影子》，香港：七星書社，2010年11月版，頁100。

以《建國以來毛澤東文稿》所提及的和筆者所見的實物（影本）計算，從1967年2月25日編印的第1334號至6月19日20時編印的第2664號，為115天共印發了1331號，平均每天11至12號，此為1967年上半年大致的印發密度。從1967年7月15日24時編印的第3096號至8月8日24時編印的第3709號，僅25天就印發了614號，平均每天24至25號，此為各地兩派鬥爭至為激烈階段的最高印發密度。從1967年10月12日20時編印的第4852號至12月29日20時編印的第6076號，為79天共印發了1225號，即平均每天15至16號，此為1967年9月後各地兩派鬥爭有所緩和收斂後的印發密度。

此外，《快報》亦有增刊，以所見1967年4月14日23時0159號至7月24日21時0358號計算，為102天共印發了200號，幾近每天兩號。

《快報》與《文化革命簡報》相比較，前者印發的密度（每天數號至二十多號）遠比後者（每天一期）高。前者時效性強，篇幅一般較短；後者篇幅較長，反映的內容較為具體、詳細。比《快報》更簡捷的，是中央文革辦事組上報的《要事彙報》。據王廣宇告之筆者，《要事彙報》每期最長不超過兩百字，都是需要馬上請示處理的緊急要事，情報來源主要出自辦事組的電話組和長途電話組而非記者站，「一天不定搞幾期」，「發放範圍主要就是周和文革小組成員，根據需要有時也送毛澤東、林彪」。

《快報》在首頁左上角標示有最高等級的密級（本文在發表時因可以理解的原故已作技術性處理）。在末頁標示有發送範圍及印數。以筆者所見，1967年2月直至年底的發送範圍，為政治局常委中的毛澤東、林彪、周恩來、陳伯達、康生和李富春，江青（列名於李富春後）及其他中央文革小組成員。印數最少為23份，最多29份，其中中央文革小組11份。發送時每份都打上了編號。

王年一的《大動亂的年代》，多處引用了《快報》的材料（這也說明在王年一當年的寫作過程中，有關方面是給予了極大的方便的）。如書中提及，1966年12月北航「紅旗」韓愛晶佈置派人至四川揪彭德懷的任務的情況，1966年12月21日編發的《快報》第748號作了報導；1967年7月24日北大校文革和「新北大公社」召開萬人大會鬥爭彭真，當日編發的《快報》第3382號即作了報導；1967年7月26日北航「紅旗」和地質「東方紅」在北航召開近十萬人大會鬥爭彭德懷、張聞天等，同日國家体委等單位的七十多個群眾組織約六千人召開「揪鬥反黨篡軍頭目賀龍大會」（賀龍未出場，會上揪出榮高棠、李夢華「示眾」），當日編發的《快報》第3396號均作了報導；1967年8月22日夜間，北京發生火燒英國駐華代辦處的嚴重涉外事件，第二天（8月23日）編發的《快報》第4052號立即對事件經過作了報導。

這就間接地表明，類似上述嚴重事件及情況，《快報》均一一有所反映。每天能看到十多二十份《快報》的毛澤東，應對全國類似情形瞭若指掌。1967年全年《快報》六千餘件，《建國以來毛澤東文稿》中毛作了批示的僅五件。《建國以來毛澤東文稿》未有列入的，不等於說毛就沒有作過批示，更不等於說毛沒有看過。官史說毛對很多事毫不知情，受江青等人所利用所蒙蔽，自然是罔顧事實，為毛開脫。

四、從《快報》看記者站觸角所及

1、西安：軍內動態

西安「紅色恐怖隊」，1966年9月間成立，為西安最早的保守派紅衛兵組織之一，主要成員大都為西北局、陝西省委及部分軍隊幹部子弟。「紅色恐怖隊」與北京「西糾」、「聯動」關係密切，「紅八月」後西安大規模的、有組織的抄家、打人甚至打死人，基本上是「紅色恐怖隊」所為。1967年1月，被指為「反革命組織」，部分成員被審查關押[12]。

1967年2月，奪權風暴衝擊下的陝西亂象紛呈。3月3日，經蘭州軍區黨委批准，由陝西省軍區、蘭州軍區空軍、陸軍第二十一軍共同組成「西安地區駐軍支援左派統一指揮部」，3月9日，改名為「西安地區駐軍支援無產階級革命派統一指揮部」，增加總後駐西安辦事處為指揮部成員，後又組成「西安大專院校革命師生訓練指揮部」，對西安地區以至全省實行「三支兩軍」。4月23日，毛澤東在當月21日編印的《快報》第1940號刊載的《陝西駐軍負責同志虛心聽取群眾意見改進工作》的材料上批示：「建議將此件印發軍委擴大會各同志。軍隊這樣做是很正確的。希望全軍都採取此種做法[13]。」未見下文前，只知道記者講了陝西省軍區和陝西駐軍負責人的好話，殊不知幾乎同時背後另被打了一槍。

下文刊載於1967年4月14日23時編印的《快報》增刊第0159號。

陝西省軍區企圖替「紅色恐怖隊」翻案

臭名昭彰的西安「紅色恐怖隊」，最近有種種跡象表明，與北京的「聯動」有勾搭。現在積極建立組織，印發反動傳單。他們雖不敢象去年八、九、十月份那樣猖獗，卻正在窺伺方向，待機而動。恰恰在這個時候，省軍區的一些負責人說「看不出（紅恐隊）怎麼反動來」。省軍區直接領導下的省公安廳軍管會負責人也說：「我們沒掌握到『聯動』有什麼活動情況。」其實「聯動」散發的攻擊中央文革的反動傳單，正放在他們的辦公桌上。

12 參見白磊博客：書吃的文字世界。

13 《建國以來毛澤東文稿》第十二冊，頁318。

三月十八日，公安廳軍管小組向省軍區寫了一份《關於更改反革命組織「紅色恐怖隊」為反動組織的請示報告》，並擬公開出佈告。省軍區三月二十二日批復說：「經軍區首長研究，同意你們的意見，可更正為反動組織。」四月一日，就把由公安廳拘留的「紅恐隊」隊長、指導員、副隊長，隊委和分隊長等八名骨幹分子釋放了（總共拘留了「紅恐隊」的頭目十五人）。

據公安廳軍管小組負責人邵仁山（蘭空政治部法院院長）談，派了很多幹部調查，「紅恐隊」做的反動的事情不多。他們只抄了三家，而且抄得對，因為被抄的都是成份不好的人家。還說：有些壞事是別人做的，而安在他們的頭上。有些人不是「紅恐隊」的，卻戴著「紅恐隊」的袖章去幹壞事。「紅恐隊」打的壞人多。參加「紅恐隊」的都是些青年娃娃，若說是反革命組織，幾百個青年娃娃都成了反動分子，他們的一生怎麼辦？還說：「過去把情節誇大了向中央報告，中央當然點頭。現在要追查一下，究竟是誰向中央報告的？」

最近，公安廳軍管小組還準備釋放「紅恐隊」的「司令」張文廣等人。

革命群眾議論說：「實行軍管以後，軍區抓人很積極，可是讓他們抓『紅恐隊』就沒勁了，因為參加『紅恐隊』的都是他們自己的兒女。」

這種議論是忠〈中〉肯的。「紅恐隊」司令張文廣，即是原軍區副司令張開基的兒子；其他四名主要負責人，也都是「軍區大幹部的娃娃」。如袁繼春，是軍區政委袁克服的兒子；閔運亭，是軍區副司令閔洪友的兒子；王曉英，是軍區副司令王明坤的兒子；李濤，也是軍區某負責人的兒子。群眾反映說，正是：黨紀國法雖嚴，奈何骨肉情深！

（記者　廖惠和）

2、太原：高層動態

山西「一一二」奪權的功臣，非劉格平（山西省副省長）、張日清（山西省軍區第二政委）莫屬。奪權後成立的山西省核心小組，由劉格平任組長，張日清任副組長，1967年3月成立的山西省革命委員會，又由劉格平任主任，張日清、劉貫一、袁振等任副主任。惟自1967年4月以後，核心小組產生重大分歧，劉格平等與張日清等各支持一派，為此，中央多次召集省核心小組成員等進京開會，以解決山西問題。7月的會議，一邊倒地倒向了劉格平一派，認為「張日清犯了方向路線錯誤」，「完全支援廣大革命群眾對劉貫一、陳守中、劉志蘭的批判和鬥爭」。7月中旬以後，太原部分群眾組織衝擊了山西省軍區，張貼「打倒張日清」的大標語和大字報，甚至抄了張日清的家。8月14日，太原「揪軍內走資派聯絡站」批鬥了張日清。

《快報》1967年7月15日第3096號刊載的《派往山西記者遭到張日清等人刁難的情況》與7月24日增刊第0358號刊載的《在張日清家看到的問題》，無疑等於是對批張火上澆油。

所幸張日清長期打而未倒。1967年5月，張日清被提為北京軍區副政委（仍兼山西省軍區第二政委），當年12月，陸軍第六十九軍副軍長謝振華增補為省核心小組第一副組長，並任新成立的省支左委員會主任，六十九軍政委曹中南任第二主任，張日清任第三主任。直到1969年7月，改組省核心小組和省革委會領導班子，方與劉格平等留在北京，「檢查錯誤」。北京軍區政委副政委一職，保留至1971年4月。這是否反映了文革中多種力量的博弈，值得研究。

派往山西記者遭到張日清等人刁難的情況

五月以來，張日清、劉貫一、劉志蘭以及「紅聯站」的一些負責人，對派往太原記者進行種種刁難，製造很多流言蜚語攻擊排擠記者。如說：「王志剛與丁磊等人開會策劃炮轟劉志蘭」，「王志剛叫丁磊彙報情況」，「王志剛已經表態支持『紅總站』」，「王志剛批評『紅總站』造反精神不強，要他們學習內蒙敢衝軍區的精神；張日清是個政治大扒手，為什麼不可以拉下馬！」等等。張日清同志也公開說：「老王（王志剛）是傾向『紅總站』的，老呂（呂繼周）是傾向『紅聯站』的，老陸（陸咸輝）是和稀泥的。」這些話在群眾中廣泛流傳，給記者採訪造成很大困難，最後發生六月十五日晚「紅聯站」等組織圍攻記者的事件。

五月八日，「紅聯站」寫了一個〈關於「四・一四」事件的初步調查〉（這個調查已用大字報的形式公佈）。這個報告站在錯誤的立場上，搞了很多歪曲事實以至捏造的材料。例如說：「四月十四日，宋捷、吳春永、楊承效、郝廷雲（以上均是省革命委員會常委、各革命組織的負責人）、王志剛等人在丁磊家裡開會，研究炮轟劉志蘭的問題。」還說，「四月十五日在省軍區召開座談會，主要是談形勢，王志剛主持，有省軍區兩個負責人參加，沒有發言，但實際上是主角。王志剛在會上說：『在艱苦的時候，要站在毛主席這一邊。』」等等。「紅聯站」作為一個群眾組織，在初步調查中對記者產生懷疑，是可以原諒的。但某些領導同志，也信以為真，在五月十八日下午省核心小組會上，劉貫一刁難地提出問題說：「還有王志剛，他與你們（指陸咸輝、呂繼周）是什麼關係，我們不便過問。反正他態度不端正，不是客觀報導。」接著張日清竟赤裸裸地下了逐客令，說：「我主張，他明天就離開太原，不是我不歡迎他，是群眾，他是參加這次策劃炮轟劉志蘭的。」劉志蘭也氣狠狠地表示，完全同意張、劉的意見。

六月中旬以後，核心小組工作基本癱瘓，張日清、劉貫一、陳守中、劉志蘭等人，撂下工作先後搬進了軍區，背著劉格平等同志不斷召開秘密會議，單方面接見「紅聯站」及與「紅聯站」觀點相同的各組織，給他們出謀劃策，實際上，已經形成了一個指揮「紅聯站」和軍訓部隊的黑司令部。他們的每一活動都背著記者。六月十六日晚，王志剛同志得知張日清、劉貫一、陳守中、顧蓴（劉貫一老婆）、李茵之（北京外語學院赴晉學生，是張日清最親信的人，可以隨便看張的材料，坐張的汽車）要開緊急會議，但記者一去，他們就不開會了。張日清說：「王志剛，咱們以後再談吧，我們還有些事情。」當記者一走，他們就湊到一塊開起會來。

六月二十日，王志剛去會議室，參加「紅大刀」八個負責人向張日清、劉貫一的彙報會，記者一到，張日清就指著記者說：「他就是王志剛，《紅旗》雜誌記者。」「紅大刀」的人一聽，就七嘴八舌地往外攆記者。張日清也說：「今天是他們向我彙報，我也是聽他們意見的，你就不要參加了，以後再讓他們給你談一次。」這樣，又把記者趕走。六月二十五日晚，王志剛得知軍區主要負責人要開會，便在事先請示了副政委李佐玉，李表示歡迎記者參加。可是等張日清到會後，看見記者在，就說：「王志剛你不要參加了吧。今天開會不研究文化大革命方面的問題，只是把軍隊內部的問題談一下，你不要參加了。」在這種情況下，記者沒有參加這次會。

在對待記者問題上，六十九軍曹中南、謝振華二同志也受了他們的影響，在群眾中散佈了對記者的不信任。特別是對王志剛同志，他們經常採取迴避的態度。

（記者　陸咸輝、王志剛）

在張日清家看到的問題

一、張日清的愛與憎

張日清家有十二間房子，僅在一個房子裡掛了毛主席象，其餘房間全部是一些古董玩藝和石膏美女。革命人民把毛主席著作當作寶書，精心保護，而張日清卻把毛主席著作和語錄放在不住人的放破爛東西的箱（房）子裡，而把劉少奇、鄧小平、陳雲的狗頭畫像卻視若珍寶，用毛主席語錄紙包起來，放在書架上，與我們偉大領袖毛主席的畫像放在一起。張日清愛什麼人憎什麼人不是很清楚的嗎？張日清在舉國上下聲討黨內最大的走資本主義道路當權派的怒吼聲中，竟把劉、鄧的畫像收藏起來，其意何在？革命小將們極其憤慨地說：「張日清決不是毛主席司令部的人，而是劉鄧司令部的忠實走卒和奴才。」

……

（記者　王志剛）

3、廈門：社會動態

1967年1月，福建形成了「革造會」與「八二九」兩大派，廈門地區也形成了與之相對應的「革聯」、「促聯」兩大派。自4月以後，兩派武鬥愈演愈烈。為了穩定福建前線地區的局勢，5月11日，中央宣佈對福建省進行軍事管制，由韓先楚等九人組成福建省軍管會。6月18日，福州軍區批准對廈門實行軍事管制，由陸軍第三十一軍牽頭，成立廈門市軍管會，三十一軍政委鄭國任軍管會主任，軍參謀長田世興任第一副主任，該軍所轄陸軍第九十三師政委李平、廈門軍分區司令員田軍任副主任。

廈門軍管以後，局面並未能得到有效控制。1967年7月26日，廈門開始大規模搶槍，8月2日在廈門大學、8月19日在廈門蓮板發生大規模武鬥，在此期間，部隊機關被衝擊，部隊和民兵的武器彈藥被大量搶奪。據不完全統計，廈門及周邊龍溪地區被搶各種槍支5507支，無後座力炮5門，六〇炮7門，八二迫擊炮3門，手榴彈3843枚，各種槍彈93萬發。廈門萬壽岩國防倉庫被搶走二十三卡車的彈藥，兩派武鬥開槍開炮，傷數百人，亡百餘人[14]。

《快報》1967年8月8日24時第3709號刊載的〈廈門保守派大量奪槍，市區社會秩序呈現混亂〉一文，記者明顯傾向「促聯」一派。

廈門保守派大量奪槍　市區社會秩序呈現混亂

根據福建廈門市革命造反派赴京控告團和廈門大學新廈大公社負責人沈國偉同志八月七日電話反映；最近幾天，廈門保守派「革聯」大量搶奪槍枝彈藥，揚言十天之內要血洗廈門市。

一、**明搶實送**。八月二日中午，保守派「革聯」「抗大」五百多人衝入廈門市軍管會，「搶」去大量槍枝和五箱手榴彈（共五百枚）。當時，廈門軍分區司令員、市軍管會副主任田軍，對此情況非但沒有阻止，反而叫人打開大門讓「革聯」進去隨便拿。據「革聯」被抓人員自供，早在七月底，田軍就以個人名義送給「革聯」派機槍一挺，手榴彈五箱（五百枚），炸藥七百多斤以及大量練刺殺用的面具、護胸等器材。八月二日武鬥中，「革聯」派在其總部民主大廈樓上架起機槍殺傷革命派多人，後被革命派繳獲。

八月二日，「革聯」沖進杏林武裝部搶走機槍十幾挺，步槍一百多支和大量彈藥。兩名武裝部長跳樓自殺。

[14] 據《陸軍第三十一軍軍史》，1979年12月，頁437。

八月四日，「革聯」衝進同安武裝部搶去輕重機槍十幾挺、步槍二百多支。武裝部長跳井自殺。下午，又搶劫前線廣播電臺（軍事機關，對臺灣廣播），拿走很多槍枝彈藥。

據廈門市法庭庭長賈文貴同志反映：廈門市公安局二千支槍，檢察院三十多支槍也都被「革聯」派所控制。

二、**煽動農民進城參加械鬥**。市軍管會出動汽車運送「革聯」派到市郊組織農民進城，公安局「公安革聯」也全部下鄉煽動農民進城。八月二日晚上有七卡車農民進城；四日有四卡車農民進城，晚上又有一百多農民進入市中心區，他們都帶有武器、棍棒。從六月二日以後由駐軍嚴密封鎖的廈門海堤，八月二日突然解除封鎖，為農民進城打開大門。「革聯」派在廈門市郊海滄、前線公社、杏林、同安以及鼓浪嶼等地建立據點，儲備大量彈糧，形成對廈門市區的包圍。同時，還調動海員、漁民上岸參加武鬥。據悉鄭成功文物館也被「革聯」占為據點，文物部分被盜。

三、**廈門市呈現混亂**。最近幾天夜間，廈門駐軍頭戴鋼盔和公安局、「革聯」派一起「演習」，信號是「促聯」（革命派）來了。「革聯」派成立「紅衛兵軍事審判委員會」，要審判革命領導幹部、市委第二書記汪大銘同志。部隊家屬紛紛撤到農村，說是「要打仗了」。軍管單位逐步撤銷軍管。公安、員警全部撤到農村，現在廈門市一片混亂。暗殺事件發生多起。商店關門，公共汽車和火車停開，杏林工業區停工。紡織廠、酒廠、罐頭廠革命派被趕出門，工資停發。

「革聯」竊走廈門大學財務科公章，凍結廈門大學經費，四千多師生領不到工資，生活困難。

（記者　方錫金）

4、成都：群眾組織動態

《快報》1967年10月21日第4852號，刊載了〈成都地院一些教師控制「解大」，極力反對省革籌幹部劉結挺和張西挺〉一文。

「紅成」（即「紅衛兵成都部隊」）其核心，應為成都電訊工程學院「東方紅」、成都地質學院「解放大西南戰鬥兵團」與成都工學院「十一戰鬥團」三家。「紅成」堅持要打倒的劉結挺（原宜賓地委第二書記）、張西挺（原宜賓市委書記處書記，劉結挺之妻），因「嚴重違法亂紀，打擊迫害幹部」，1963年4月經中央批准被撤職，1965年3月被開除黨籍。劉、張文革中翻案，「紅成」本功不可沒，後因劉、張支持更激進的「八二六」派，「紅成」與之翻臉。自1967年5月四川「紅十條」公佈之後，劉、張確實也風光過一陣子，兩人同任四川省革委會籌備小組成員，其後劉相繼任成都軍區副政委、四川省革委會副主任，張任四川省革委會副主任兼政工組組長。夫妻倆於1970年8月倒臺，「掛起來，靠邊站」，停職接受審查，1971年8月被撤銷黨內外一切職務，後第二次被開除黨籍，從此未得翻身。歷史地看，「紅成」當年的堅持，還挺有遠見的。

成都地院一些教師控制「解大」

極力反對省革籌幹部劉結挺和張西挺

目前以成都地質學院「解放大西南戰鬥團」為首的「紅成」派，仍然堅持要打倒劉結挺、張西挺。他們打算：一方面進一步搜集、整理有關劉、張的材料，報送中央；另一方面則聯合各地反對劉、張的勢力，共同行動。但在地院「解大」內部，堅決主張打倒劉、張的主要是一批掌握「解大」實權的教師。最近，我們調查了這部分教師的情況。

地院「解大」共有師生四千多人，其中教師即占一千多人，他們從上到下，控制著「解大」內部的實權，或為學生中的領導人當參謀。對外接待和聯絡，也全部由教師負責。其中最有實權的是徐達文、黃凱、陳其旭、梁振昌、李樹達等人。特別是徐達文和黃凱掌握著校革委會（沒經上級批准）一切重大決策。

徐達文原是院黨委副書記，思想作風很不正派。文化大革命開始時，原黨委書記兼院長趙鐸因犯了執行資產階級反動路線的錯誤，準備向全院師生作檢查，徐對趙說：「你看不見這個來勢嗎？檢查得再好他們也不會放過你的，乾脆領一幫人起來幹算了！」以後，徐達文起來「造反」。當上了革委會副主任。

黃凱原是數理化系政治處主任，在運動中「造反」比較早，現在也是革委會副主任。黃對外聯繫面極廣，然而在較大的場合，卻又從來不肯拋頭露面。去年十二月份，李井泉的老婆肖理要去北京告狀，為「產業軍」辯護，就是由黃凱和李亞希（地院數理化系主任兼代理總支書記）兩個安排，讓地院「解大」汽車隊隊長洪國華夫婦護送去北京的。

圍繞在徐達文、黃凱等實權人物的周圍，還有一個參謀班子，由陳其旭（三系政治處主任，現為革委會辦公室主任）、李亞希、裴元秀（政治教研室幹部）等人組成。徐、黃及其參謀班子的意圖與決策，多是通過人數較多的三系、找礦、石油等系去貫徹的。三系的行動由陳其旭及原總書記李洪興支配，找礦系以原系主任李樹達（國民黨員）、教師戈定一（父親是國民黨校級軍官）、譚金武（母親是國民黨特務）、劉炳常（國民黨員）、劉寶君（三青團分隊長）、曾允學等人為核心，組成「鋼刀一支隊」，左右著全系性的組織「鋼刀戰鬥兵團」。石油系，是以原黨總支書記梁振昌（現為革命會常委）為首的一群教師，左右著該系的行動。

在地院的教師隊伍中，反對劉結挺、張西挺之所以如此強烈，大抵有三種原因：

一、受到李井泉欺騙宣傳的影響，加之劉、張對待「紅成」的態度有偏激情緒，長時期不到「紅成」派去做工作，加深了對立情緒。

二、一小部分人對劉、張的提升不服氣，有的企圖利用學生中小資產階級派性，以「左」的面目登場，自己好蒙混過關。原院黨委辦公室主任楊正德（老紅軍，現任革命會常委）經常在「解大」內罵劉、張：「過去那副狼狽樣，象個囚徒。他算個啥東西，現在居然做了成都軍區副政委！草寇做了皇帝，還會知道天高地厚？」又說：「我的意見是非打倒劉結挺不可！我早就準備坐牢了，坐牢可以吃飯不拿糧票。」

三、可能有極個別的壞人與李、廖死黨有聯繫。

（記者　廖惠如　周始建）

五、《快報》編輯過程例一

根據現有材料，以《快報》1967年4月8日20時第1795號刊載的《上海公檢法領導幹部亮相，揭露出梁國斌許多重大問題》為例，將《快報》編輯過程簡述如下。

1967年4月6日，記者站收到記者鄭曉楓以航空郵件方式寄自上海的文稿，題目是「梁國斌究竟是什麼角色現在還看不清楚——新近揭出來的梁的幾個重要問題」。

梁國斌（1910-1980），時為原中共上海市委書記處書記，上海市副市長。福建長汀人，1929年加入中共。建國前曾歷任新四軍政治部鋤奸部部長、保衛部部長，華東軍區政治部保衛部部長，中共中央華東局社會部副部長。建國後歷任華東局社會部部長，最高人民檢察院副檢察長，公安部副部長，中共貴州省委書記處書記等職。1965年調上海，分管政法工作。1968年2月被秘密關押在北京，長達七年之久。

記者站通聯組收到該稿件後，進行了來稿登記，並批示：「可發快報」。

編輯組將標題改為「上海公檢法領導幹部亮相，揭露出梁國斌許多重大問題」，並對內文進行了大量刪改。

原稿首段為：「自三月下旬以來，上海市公安、檢察、法院、市委調查部、監委等有關部門的領導幹部，紛紛亮相，他們在亮相中，揭發出市委書記（管政法工作）梁國斌的許多嚴重錯誤，現將其中幾個比較重要的問題摘要報告。」

編輯組在原稿上將首段改為：「上海市委機關革命派，原認為前市委書記梁國斌是『三類幹部』，還打算和他『三結合』。但是，三月下旬以來，公安、檢察、法院、監委等有關領導幹部，紛紛站出來亮相，揭發出梁國斌許多嚴重的問題。」在校樣上，在「有關領導幹部」中間，又加上「單位的」三字，變為「有關單位的領導幹部」。

原稿有「梁在歷史上有兩個重大疑點」，編輯將其刪去。第二段開頭「關於梁被捕和在香港的問題」一句，編輯改為黑體字「一、梁國斌的歷史相當複雜」。第四段原稿開頭為「梁可能是饒漱石集團的漏網分子」，編輯改為黑體字「二、梁國斌很可能是饒漱石集團漏網分子」。

原稿中有兩段「楊帆[15]在解放後搞的那一套特務活動，饒和梁都是清楚的，據說饒、梁還參與了楊帆以特務反特務計畫的制定」，「華東公安部副部長李世英對於楊帆以特反特的活動，是進行過鬥爭的，當時梁在華東公安部裡，排擠李士英，最後，將李擠走」，編輯均將其刪去。

原稿中「楊帆的問題，早在42年就揭發過一次」，編輯自以為是地將「42年」改為「四十二軍」，變為「楊帆的問題早在四十二軍就揭發過」，與記者原意不合，與史實更不合。

原稿中最後幾段，編輯全部刪除。這幾段是：

> 是誰把姚文元同志《評新編歷史劇『海瑞罷官』》的底，洩給羅瑞卿的。陳丕顯自己講，在姚文發表後的不幾天，羅來上海，羅問及此文，便將寫的過程、背景，包括主席的指示，告訴了羅。陳向記者說，「我和羅談以前，公安部門就給講出來了，羅下飛機後，就問公安局長王鑒姚文的情況，王鑒就告訴了。」記者問梁國斌王鑒何以得知書記處討論姚文的情況，梁支吾談不出所以然。王鑒和羅在機場上談了姚的文章後，曾經和梁說過，「他搶先把姚文告訴了羅」，梁說「談不上搶先」。因此，是誰把姚文的底洩給羅，到現在還是一個謎。
>
> 「對於梁國斌，市委機關造反聯絡站的同志認識上，也是有過變化，他們原來認為梁的問題可以按三類幹部處理，還準備實行三結合。自從月底揭發了梁的一些政治上

15 應為揚帆，下同。

問題後，向記者說，現在我們又沒有數了，還得再挖挖梁的問題。

梁國斌在最近表現，一方面表示承認錯誤，表示檢討，但對於前述的那些問題，又很躲躲閃閃，怕算老帳。一方面表示要堅決地和劉、鄧、彭、羅、陳、曹劃清界線，對陳、曹展開面對面的鬥爭。

梁國斌究竟是什麼角色，還要再表演才能看得清，現在去搞三結合，時間還早一點。

由此可見，《快報》刊出的定稿，與記者原稿有頗大出入。在稿件處理上，《快報》通聯組有篩選權，在文字處理上，《快報》編輯組有最後決定權。記者稿件中的疑問句，往往變為了定稿中的肯定句，定稿中的文字，不少摻雜了編輯的思維而不一定是記者的原意（當然記者與編輯的大方向應該是一致的）。

以下為4月8日20時《快報》第1795號刊載的改定後的全文——

上海公檢法領導幹部亮相

揭露出梁國斌許多重大問題

上海市委機關革命派，原認為前市委書記梁國斌是「三類幹部」，還打算和他「三結合」。但是，三月下旬以來，公安、檢察、法院、監委等有關單位領導幹部，紛紛站出來亮相，揭發出梁國斌許多嚴重的問題。

一、**梁國斌的歷史相當複雜**。一九三五年，梁國斌在福建寧化縣當特派員曾被捕過，後來逃出，這段歷史從來沒有結論。梁國斌逃出後，**不知經過什麼關係就到了香港？在香港也不知經過什麼手續又恢復了黨的關係？**據梁國斌自己吹嘘，他在香港以養豬做掩護搞地下工作，這段歷史很值得懷疑。調查部揭發：**去年，有一個在香港的人來到上海，據說他對梁在香港一段歷史比較瞭解。梁國斌知道後，神態很緊張，要公安局副局長王鑒派人監視，進行盯梢。**

據梁國斌過去吹噓過，皖南事變後，他曾奉中央命令經皖南來上海。途中，在安徽蕪湖街上，碰見了一個相識的叛徒，是日本人的特務。**他用酒把這個叛徒灌醉後，才「幸然擺脫」**，這件事也很值得懷疑。

二、**梁國斌很可能是饒漱石集團漏網分子**。據說，他過去與饒漱石、潘漢年和楊帆的關係極為密切。高饒反黨集團和潘、楊特務案件揭發後，梁國斌當時沒有揭過什麼問題，藉口有病，跑到青島去休養了，實際上他是去躲風。

據揭發，楊帆的問題早在四十二軍[16]就揭發過。當時，饒漱石是華中局副書記，梁國斌是新四軍保衛部副部長，親自審查過楊帆的問題。但是，後來就不了了之。楊帆的這段歷史，梁國斌是很清楚的，為什麼在解放後楊帆得到重用，當上了上海公安局長？**梁國斌很有夥同饒漱石包庇了楊帆的嫌疑**。當時，就有人認為梁國斌是饒漱石集團的人，不知後來他在反對高饒反黨集團的鬥爭中卻漏網了。

三、**劉少奇為什麼對梁國斌這麼親熱？**據說，早在抗日戰爭時期，劉對梁來往就超過了一般上下級的關係。當時，梁國斌在淮南魯西任軍法處長時，當時新四軍軍部也住在這裡，梁經常到劉少奇那裡去，還常給劉少奇送禮，拉拉扯扯。一九五〇年，梁國斌在福建任

[16] 應為42年。

公安廳長，**中央正在佈置鎮反工作，正式通知尚未下達，劉少奇就給梁國斌寫了一封信來，告訴他：「鎮反即將開始，要爭取立功。」**一九六一年和一九六四年間，劉兩次帶梁到湖南「蹲點」。後來，據說是由劉少奇把梁國斌調到貴州任省委書記，控制了那裡的「四清」運動。

四、**梁國斌和羅瑞卿的關係也極不正常**。過去梁國斌經常吹捧羅瑞卿，但羅的問題揭出後，他卻來了個一百八十度大轉彎，說什麼：「羅的問題是到軍隊後才揭發的，我在公安部是受羅打擊的，受排擠的，我在高松的錯誤也是羅瑞卿整我的。」

據揭發，一九六五年年底，中央上海會議進行揭發羅瑞卿的問題。梁國斌擔任會議的保衛工作。**他利用工作方便，竊聽了會議的內容，並透露給當時在上海休養的王仲方**（羅的前任秘書）、**汪金祥**（公安部副部長）**和王昭**（原任公安部副部長，後任青海省委第二書記兼省長），**這三個人皆是羅瑞卿的親信**。據梁交代，他在會議結束後，還送給他們看中央關於羅瑞卿問題的緊急通知的電報（現在說法不一，尚需查證）。

在會議期間，據說羅瑞卿還給陳丕顯和梁國斌打過電話。會議結束後，陳丕顯夫婦晏送[17]羅瑞卿夫婦，梁國斌也到場陪客。據警衛員揭發，在席間，羅、陳、梁三人曾在另一個密室裡談話。

（記者　鄭曉楓）

[17] 應為宴送。

六、《快報》編輯過程例二

1967年12月29日凌晨一時，駐上海記者組記者蔣寶琪電話發稿，題為「上海文藝界清理隊伍的情況和問題」，由通聯組王錄珍等收接。通聯組並批示：「編發29/12」，「發快報29/12」。

來電記錄稿原標題，編輯加了「階段」二字，改為「上海文藝界清理階級隊伍的情況和問題」。

來電記錄稿首段為：「上海文藝界在聽了江青同志十一月十二日講話後，上戲革命樓、東方紅電影廠等單位立刻著手清理階級隊伍，張春橋在十二月十日，又專門召開了文藝界座談會，進一步作動員和部署至使整個文藝界行動起來，狠抓文藝隊伍的清理工作，用毛澤東思想從新組織和教育革命的文藝隊伍，現在一些單位以取得一些成績。」

編輯在來電記錄稿上改為：「上海文藝界聽了江青同志十一月十二日講話錄音，十二月十日張春橋同志又專門召開了文藝界座談會，進一步作了動員。清理階級隊伍的工作，在一些單位已取得一些成績」。後又在校樣 「已取得一些成績」中加了一個「了」字，成為定稿。

來電記錄稿第二段為：「一、清理隊伍的情況。一些單位群眾已經發動起來，積極投入清理隊伍的鬥爭，清理出一批叛徒、特務、走資派和牛鬼蛇神，發現了一些重要線索，清除了一些混入造反派內部的壞人。東方紅電影廠（全廠七百零九人）經研究，需要清理的七十三人，問題嚴重要追查的四十五人，從造反派中清出十五人。上海音樂學院（包括附中）現揪出壞蛋約八十人，其中有混入造反派的大漢奸譚冰若（作曲系教師，是汪精衛的內姪[18]，汪的兒媳婦又是他的姐姐）。

[18] 應為內侄。

記錄稿另一段（不是第三段）為：「這次清理已經取得一些成績。文化局把破壞大聯合的黑手金樂一揪出來，原來他是國民黨特務，『忠義救國軍』的指導員，演劇九隊馬郵夫給張靈甫當過秘書，國民黨少校軍官。演劇九隊的主任張槐早就和夏衍、田翰來往密切，這次從他家抄出演劇九隊全付武裝的照片、宋美齡的訓話等。『人藝』揪出了葉蔭，曾和沈鈞儒在南京一道參加過CC特務組織。紅旗電影廠揪出混入造反派政宣組的仲星火原是中美合作所的看守。工藝美術學校揪出女黑畫家孫吾英是國民黨頭子陳果夫的老婆，此人改嫁了三次，最後一個男人還是個黑幫。東方紅電影廠還查出了一個同上海『龔品梅』國際間諜事件有關係的人，叫曹玉光，他知道聯絡暗號，並看過收發報機。他們還對『上影』的老班底偽『華影』、『中直』『中電』反動歷史罪惡活動、組成人員及後臺老闆等作了一些調查。『人藝』發現劇團中有些人參加過『戡亂救國大隊』情況複雜，涉及到二十六個劇種、大隊，和潘漢年、夏衍等關係密切。」

編輯在電話記錄稿上將兩段合併為一段，改為：「群眾清理出一批叛徒、特務、走資派和牛鬼蛇神，並發現了一些重要線索。東方紅電影廠七百零九人中，需要清理的有七十三人，問題嚴重要追查的四十五人，造反派中清除十五人。上海音樂學院（包括附中）揪出約八十壞人，其中有混入造反派的大漢奸譚冰若（作曲系教師，是汪精衛的內姪[19]，汪的兒媳婦）[20]。文化局把破壞大聯合的黑手金樂一揪出來了。原來他是國民黨特務，『忠義救國軍』的指導員。……『人藝』發現劇團中有些人參加過『戡亂救國大隊』，和潘漢年，夏衍等關係密切，情況複雜。」

---

[19] 應為內侄。

[20] 不知為什麼編輯將「兒媳」後的「又是他的姐姐」六字刪去了，完全改變了此句話的原意。

編輯經在記錄稿、校樣上兩次大修改，成為定稿。在最後的定稿中，譚冰若一大男子變為了「汪精衛的內侄女，汪的兒媳婦」。

〈上海文藝界清理階段隊伍的情況和問題〉於12月29日20時刊載於《快報》第6076號。編發時間距稿件抄收時間不足20小時。定稿後的全文如下。

上海文藝界清理階級隊伍的情況和問題

上海文藝界聽了江青同志十一月十二日講話錄音，十二月十日，張春橋同志又專門召開了文藝界座談會，進一步作了動員。清理階級隊伍的工作，在一些單位已取得了一些成績。

清理出一批叛徒、特務、走資派和牛鬼蛇神，並發現了一些重要線索。東方紅電影廠七百零九人中，需要清理的有七十三人，問題嚴重要追查的有四十五人。造反派中清除十五人。上海音樂學院（包括附中）揪出約八十個壞人，其中有混入造反派的大漢奸譚冰若（作曲系教師，是大漢奸汪精衛的內侄女，汪的兒媳婦）。文化局把破壞大聯合的黑手金樂一揪出來了，他原是國民黨特務、忠義救國軍的指導員，還揪出一批壞人，如馬邨夫，是國民黨少校，給張靈甫當過秘書。張葵，是偽演劇九隊主任，早就和夏衍、田漢來往密切，這次從他家裡抄出戰犯宋美齡的「訓話」。「人藝」揪出的葉萌，曾和沈鈞儒在南京一道參加過CC特務組織。紅旗電影廠揪出的混入造反派政宣組的仲星火，原來是中美合作所的看守。工藝美術學校揪出的女黑畫家孫吾英，是國民黨特務頭子陳果夫的老婆。此人三次改嫁，最後一個男人還是個黑幫。東方紅電影廠查出曹玉光和龔品梅國際間諜案件有關。他知道聯絡暗號，並看過收發報機。革命群眾還對「上影」的老班底偽中華電影製片廠、偽中央電影攝影廠的人員及後臺作了一些調查。「人藝」發現劇團中有些人參加過「戡亂救國大隊」，和潘漢年、夏衍等關係密切，情況複雜。

但是，運動進展不平衡。一部分單位群眾發動較好，多數單位正在發動，有些單位至今未動。保守勢力還相當大，階級敵人也在頑抗。東方紅電影廠、上海人藝行動較快，群眾已經發動起來，大批判開展得好，專案工作也抓得緊。東方紅電影廠還注意把人員、班子、黑線聯繫起來進行清理。上海京劇院大聯合沒搞好，雖然鬥爭了幾次周信芳，但沒有認真清理周（信芳）、童（芷苓）、李（玉茹、仲林）線上的人物。上海青年話劇團認為「老頭子」不多，須清理的少，因此反應不太大。實驗管弦樂團也不重視清理工作。上海戲曲學校和越劇院兩派仍然忙於武鬥，沒有精力抓清理工作。

據瞭解，在清理工作中目前存在這樣一些問題：

一、有些單位有右傾情緒。有的以為搞了一年多，沒有啥可清了。歌劇院勤務組有人認為，該院「封建遺老」沒有，反動藝術「權威」很少，三十年代人物不多，敵特反壞活動餘地很小。甚至對混入勤務組的兩個三青團員也沒有清除出去。

二、沒有很好地解決依靠誰團結誰的問題。許多單位反映：他們清理隊伍，主要依靠青年、學員、舞臺美工人員，因而力量單薄。文化局一百一十六人中，只有七八個青年。京劇院四百五十九人中，也只有五十多個青年。即使在青年較多的地方，如歌劇院等單位，也由於部分青年曾經站錯了隊等原因，至今不敢站起來，許多單位對年紀大的人又不敢使用，全部靠邊，加之文藝界舊勢力又相當強，因此，在清理隊伍中迫切需要解決依靠誰團結誰的問題。

三、有些單位領導權，沒有掌握在革命派手中，尤其是中小型劇團較突出。據反映，新華京劇團造反派的幾個頭頭，有的是封建把頭，有的是憲兵，有的是三青團員。黃浦京劇團造反派第一把手周正邦，其父是國民黨財政部秘書處長、戰犯宋美齡的家庭教師。本人是國民黨少校軍官，又是《海瑞》和《李秀成》等大毒草的編導。在這些人控制下階級鬥爭蓋子至今揭不開。

四、派性鬥爭、裙帶關係、幫派勢力掩蓋了階級鬥爭。如戲曲學校有許多俞振飛班底的人沒有揪，而互相揪年輕人。黃浦京戲團一派揪壞頭頭，一派說我們保定了。

階級敵人動向。清理階級隊伍開始以後，走資派和牛鬼蛇神很緊張，鬥爭開始白熱化，初步反映有以下動向：

一、自殺抗拒。十多天來，自殺案件近十起。「人藝」一團團長高重實是國民黨少校，偽演劇九隊骨幹最近揭發「勵志社」問題時，高自殺。紅旗電影廠的關宏達、陳天國、葛頌琪（未死），電影技術廠右派陳瑞和（未死）、電影局特嫌分子陳劭君，少兒社柯青（國民黨上尉）等人也於最近自殺，抗拒清理。

二、逃避批判。有些混進造反派的壞人「自動」退出，企圖溜走，逃避批判鬥爭。更為嚴重的是，有人企圖叛國。如工農兵電影廠攝影師反動藝術「權威」王明之逃到昆明，準備偷越國境（已逮捕）。

三、倡狂反撲。有的拒不認帳，有的惡毒攻擊清理隊伍是「打擊一大片」、「是資產階級反動路線」、「形左實右」。文化局走資派路丁被鬥後，他的老婆章博北上「告狀」。臨行前，她寫了一首反動詩：「別臨上海劍穿胸，長恨綿綿手缺弓，此番若是得志歸，誓將狗血祭長空。」路丁的兒子（在京劇院）也惡毒地攻擊清理隊伍是「上海一片白色恐怖，自上而下復辟」。另據「人藝」反映：一些牛鬼蛇神還秘密串聯，搞了一個「牛（鬼蛇神）聯站」，蒙蔽一些青年為他們服務，現正追查。

四、感到絕望。趙丹的老婆黃宗英說：「我已經絕望了，沒有話講了。」導演謝晉說：「我當導演有分析能力，你們不打我們，打什麼呢？我感到這一次是我們階級的覆沒，誰也跑不了。」

（記者　蔣寶琪）

通過上述事例（此外還有不少因篇幅關係未能收入本文的《快報》編輯過程案例），總體上我們可以得知，中央文革小組記者站的採編活動，是服務于中央文革小組所執行的文革極左路線、方針和政策的。記者站記者所反映、上報的各地動態，普遍帶有記者本人主觀的、強烈的傾向性，而並非是純客觀的、中立的、不偏不倚的。記者既有的傾向性加上身在北京中央文革小組內受到極左思潮薰陶更深的編輯們的加工改動，使情報資料的傾向性更為明顯。而記者、編輯的這種傾向性，是情報資料的那幾位位高權重的受眾尤其是中央文革小組的領導人所喜聞樂見的，是合符他們的口味的。起碼，至今我們從未得知中央文革小組成員以至當時在位的中央政治局常委對這些情報有什麼截然不同的批評性意見。

毋庸置疑，記者站的工作人員，絕大多數主觀上都是擁護無產階級文化大革命，也都是積極做好工作的。不少記者在全國各地激烈的奪權、武鬥風潮中，確實是不顧個人安危，深入一線，任勞任怨，以瞭解所謂「第一手材料」，及時上報。但是，他們歸根結底是在一條是非混淆、黑白顛倒的極左的錯誤路線之下為之服務，他們越努力，其實不過就是為這條錯誤路線提供更多的彈藥而已。故而，筆者不得不認為，中央文革記者站的一切所作所為，應該而且必須同文化大革命一樣一併加以徹底否定。

2012年3月

康生的另一面

余汝信

康生（1898-1975）是文革期間中共極為重要的核心領導層成員，同時，也是一個至今尚未研究透徹的人物。

一九八〇年十月中共中央批轉的《中共中央紀律檢查委員會關於康生問題的審查報告》如此評價康生：

> 康生，一八九八年生，一九七五年病死。山東省膠南縣人。地主出身，學生成份。一九二五年加入中國共產黨以後，在上海做白區黨的工作和特科工作。一九三三年七月去蘇聯，當王明的副手，是中共駐共產國際代表團主要負責人之一。一九三四年初黨的六屆五中全會選為中央委員、政治局委員。一九三七年冬回到延安以後，歷任中央社會部長、中央書記處書記等職。黨的七屆一中全會選為中央政治局委員。一九四七年曾到隴東、晉綏、山東渤海等地區搞土改，後留山東工作。一九五〇年後長期養病，六年未做工作。黨的「八大」選為中央政治局候補委員後，參加編輯《毛澤東選集》、組織寫「九評」等文章，並做了一些文化教育方面的工作。「文化大革命」中，任「中央文革小組」顧問，黨的八屆十一中全會和九屆一中全會選為中央政治局委員、常委，十屆一中全會選為中央副主席。
>
> 幾十年來，康生這個人一遇適宜的政治氣候，就以極左的面目出現；善於玩弄權術，搞陰謀詭計，在黨內興風

作浪；屢屢利用職權，捕風捉影，揑造罪名，陷害同志。由於他慣於耍反革命兩面派手腕，長期掩蓋了其陰謀家，偽君子的本相，歷史上欠的許多賬一直沒有得到清算。「文化大革命」中，康生的醜惡面目充分暴露。從運動一開始，他就與林彪、江青、陳伯達等人勾結在一起，積極出謀劃策，殘酷迫害幹部，從政治上、組織上、理論上竭力製造混亂，進行了一系列篡黨奪權的罪惡活動，民憤極大。

該《審查報告》列舉了康生的五大「主要問題」（即「主要罪行」）。其第二大「主要問題」為「在『文化大革命』中，揑造罪名，蓄謀陷害一大批黨、政、軍領導幹部」。《審查報告》稱：

「文化大革命」初期和中期，康生一直夥同林彪、江青等人，緊緊把持中央專案工作的大權。在中央專案第一、二、三辦公室，由他分管的彭真、劉仁、陶鑄、賀龍、薄一波、劉瀾濤、安子文、王任重、林楓、「新疆叛徒集團」、「蘇特」等專案組，據現有統計，「審查」對象達二百二十人。對其他三十三個專案組（包括劉少奇、彭德懷、羅瑞卿、陸定一、楊尚昆、周揚、小說《劉志丹》等大案），「審查」對象一千零四十人，他也參與謀劃，直接控制。中央專案第一、二、三辦公室，十年中陷害了成千高級幹部，康生都負有罪責。

從檔案中查出，許多冤、假、錯案都是由康生點名批准、指使逼供，以至定性定案的。據現有確鑿的材料統計，康生在「文化大革命」中直接誣衊和迫害的幹部竟達八百九十三人（包括曹軼歐點名誣陷的一百二十二人）；在康生親自審定的報告上點名誣陷的有二百四十七人。被點名的八百三十九人中，有中央副部長、地方副省長、部隊大軍區級以上的領導幹部三百六十多人，其餘的大部分也是老幹部和各界知名人士。其中，已查明被迫害致死的有八十二人；致殘致病的，則無法統計。

筆者最近讀了一些有關康生的材料。這些材料中的相當一部分，可以看到與官方上述判定不同的康生的另一面。這些材料，似應有助於我們更全面地認識康生，以及全面認識其在中共高層的同儕。本文僅舉三例如下。

一、關於譚啟龍的批示

譚啟龍（1913-2003），1967年1月前任中共山東省委第一書記，兼任濟南軍區黨委第一書記、政治委員。1967年11月間，經周恩來同意，原在北京受到保護的譚啟龍，回到山東接受批判。

12月初，譚啟龍給中央辦公廳負責與他聯繫的孫吉太寫了一封信，叫他的兒子帶到北京。信中稱：回山東已二十多天了。回來第三天（十五號）就要我作檢查交代，我要求先見見王效禹同志，希望得到指示幫助未允，要求推遲檢查讓我作些準備亦沒有批准。因此只好以我原在京寫的學習總結改為補充檢查。結果認為是假檢（查），真反撲。後來即接受大會、中會、小會批鬥，開始進行得很好，受到很大教育。但由於大家一定要我承認三反分子，反革命修正主義分子，我思想上不通，只承認忠實、頑固地執行劉、鄧反革命修正主義路線，是劉、鄧在山東的代理人和忠實走卒。引起革命派義憤，結果於昨夜開中心組批鬥會議，實行坐噴氣機，下跪，我提出意見這樣做不合乎主席指示，引起更大義憤，給我拳打腳踢，……因此，我只好寫信簡單告知你，希你轉告汪主任一下，我當前處境較困難，可否給我一點幫助請告知。

譚啟龍的這封信，有幸還是轉到了汪東興手中。汪東興於1967年12月19日批示：「請總理閱。」周恩來次日簡單地批了幾個字，轉請負責山東問題的康生處理：「康生同志閱轉楊得志、王效禹兩同志閱。」

康生看到譚啟龍這封信後，其批示是具體、負責的：「請楊得志、王效禹同志查清，如確是坐噴氣式、下跪、毆打等違反政策的行動，應嚴加禁止，並耐心的向群眾進行教育。」

康生的這個批示，並沒有絲毫「誣陷」、「迫害」的痕跡，相反，是保護譚啟龍的態度。

文革結束後，譚啟龍寫了一篇題為〈周總理在「文化大革命」中對我的關懷與保護〉的文章，提到了這一段歷史。唯文中稱：

> 我回濟南前，總理派人向我轉達，只去兩周時間，東西不要帶回去。並向王效禹交代：只准文鬥，不准武鬥。然而，王效禹大耍兩面派，當面答應總理，回到濟南，對我批鬥更凶了。除了大會批鬥之外，小會輪番鬥，不時被一群群的人拉到黑暗的小房間飽以拳腳。我終於被打成了重傷，躺在床上不能平臥，只能長時間地趴著，經常嘔吐黃水。這次王效禹等造反派是下了決心的，「政治上鬥不垮，就把身體鬥垮」。那時大會小會批鬥我倒不怕，就怕被人拖進小房間毆打，萬一發生不測，造反派反咬一口說「畏罪自殺」，那什麼事都說不清了。因此我下決心一定要向周總理報告。
>
> 在有關同志的幫助下，我與大兒子見了一面，要他代我寫了一封詳細的信，通過中辦同志轉交給周總理。

> 這封信很快到了總理手中。總理讀後，即打電話給王效禹，責問為什麼打我。當王抵賴時，總理嚴厲地批評了他。後來在一次會議上總理又當面批評他：「你們不按我交代的辦，這種做法是不對的，錯誤的。」
>
> 為了確保我的人身安全，總理具體指示楊得志同志派部隊保護我，楊司令立即下令派了一個班對我監護。每次批鬥時，均有兩個戰士陪同，站的時間長了，戰士拿個凳子讓我坐著聽。由於總理有了明確的指示，楊司令等軍區領導堅決執行，在戰士的具體保護下，武鬥被制止了。此後，在濟南重點大企業、大專院校及省級召開的各系統批鬥會上，沒有再發生武鬥。

與檔案材料相對照，譚啟龍的「回憶」很大程度上是失實的。

一、譚啟龍這封信，是寫給中辦的工作人員孫吉太，請孫轉告汪東興，而並非是想通過中辦直接轉交給周恩來。以譚當時的處境，沒有直接向周轉告的奢望。

二、這封信是譚啟龍本人的親筆信，並不是他兒子代寫的。

三、康生對這封信作了具體的批示，要求楊、王查清情況，「嚴加禁止」。譚啟龍在其回憶中半句也沒有提及，可能是並不清楚這一過程，亦有可能是有意回避了康生對其處境的過問。

四、譚啟龍不提康生，而將其處境得以改善歸功於只對其來信簡單批一句話的周恩來，從批示上看，周恩來不過是要楊得志、王效禹看一看這封信而已，下一步如何，周並沒有表態。而所謂周恩來打電話責問王效禹，「具體指示楊得志派部隊保護我」等等，不知譚是如何得知的？

二、關於彭真的批示

彭真（1902-1997），1966年5月前任中共中央政治局委員，中央書記處書記，中共北京市委第一書記兼北京市市長，全國人大常委會副委員長。1966年4月16日，毛澤東召集政治局常委擴大會議，討論彭真的錯誤。5月4日－16日，召開政治局擴大會議，討論彭真、陸定一、羅瑞卿、楊尚昆四人的錯誤問題。會議決定，停止彭、陸、羅、楊的中央書記處書記、候補書記職務；撤銷彭真的北京市委第一書記和市長的職務。並決定成立專案審查委員會，進一步審查彭、陸、羅、楊的「反黨活動」和他們之間的「不正常關係」。彭真自此失去自由，前後長達十二年。

1968年7月9日，中央專案第一辦公室所屬的彭真、劉仁專案組，向負責中央專案審查工作的康生、謝富治、黃永勝及葉群作出《關於逮捕大叛徒、大特務彭真的請示報告》。該報告稱：

「大叛徒、大特務彭真從一九六六年十一月迄今，一直由北京衛戍區負責監護（康生加：對審訊、監視、防止洩密，很不便利。）現在根據查證，彭真不僅是一個大叛徒，而且是隱藏在我黨內部罪惡累累的大特務。在監護期間他的反革命氣焰一直非常囂張，拒不交代問題。同時為了徹底查清彭真的內奸罪惡活動，建議將彭真立即逮捕，送交秦城監獄關押。

「一、一九二九年，彭真在天津被國民黨一經逮捕就跪倒在敵人腳下，出賣組織和同志，成為可恥的叛徒，現在根據大量事實又證明，這個傢伙還是暗藏在我黨內部的大特務。彭真在北平獄中，曾接受國民黨反動派任務，答應『為國民黨工作』。一九三五年出獄後，在大叛徒、大特務劉少奇的旨意下，經過日、蔣特務李鐵夫、張秀岩的介紹，到北平住在漢奸、特務機構『大義社』內，和大漢奸張璧、宋哲元，張自忠、潘毓桂等秘密勾結，進行了一系列出賣民族利益的罪惡活動。抗日戰爭初期，彭賊和中統特務胡仁奎串通，在晉察冀各地，設立國民黨部，建立特務組織，向國民黨反動派發送大量情報，破壞我晉察冀抗日根據地。解放戰爭時期，他在東北和林楓、呂正操搞『桃園三結義』，結成反革命聯盟，倡狂反對我們敬愛的林副主席，並陰謀搞軍事叛變公開投靠蔣匪。解放後，彭真夥同羅瑞卿、劉仁、馮基平等，盜竊大量國家核心機密，送給敵特機關。尤其是一九五七年，公然派遣潛伏匪特，去臺灣參加蔣匪的『八全』大會，向其獻計獻策，效忠其主子蔣介石，攻擊、破壞我們偉大的社會主義祖國。

「二、彭真賊心不死，對無產階級司令部一直懷著刻骨的仇恨，對他的種種罪行，至今不但拒不交代，還借機大肆放毒。在歷次審訊中，他氣焰囂張，在事實面前百般狡辯抵賴，甚至進行瘋狂反撲。大叛徒、大特務彭真罪大惡極，應該逮捕關押對他採取專政措施，同時為了徹底查清他的內奸罪惡活動，也利今後對他的鬥爭。」

為什麼彭真要由衛戍區監護上升至逮捕關押，送至秦城監獄？上述報告缺乏有邏輯性的理據。不過話說回來，在那個年代，並不需要什麼理據不理據，關鍵在於彭真是毛澤東欽點的，文革伊始即被打倒的「重犯」。毛澤東在1966年4月就說過：「北京一根針也插不進去，一滴水也滴不進去。彭真要按他的世界觀改造黨，事物是向他的反面發展，他自己為自己準備了垮臺的條件。這是必然的事情，是從偶然中暴露出來的，一步一步深入的。」

一步一步深入，彭真就從「反黨集團」的頭子，令人匪夷所思地深挖成「不僅是一個大叛徒，而且是隱藏在我黨內部罪惡累累的大特務」！

彭真、劉仁專案組的活動，是為中央政治服務的。對於這個小組所報告的重大問題，康生一個人並沒有決定權。故而，康生在這個報告上批示：「擬同意。呈主席、林付（副）主席、總理、伯達、江青（請假暫不送）、永勝、富治、葉群同志審批。」我們可以看到，毛、林、周、陳、黃、謝、葉都劃了圈，周恩來、陳伯達還特地將自己的名字引至「同意」兩字處。

僅就《關於逮捕大叛徒、大特務彭真的請示報告》而言，如果「同意」就是誣陷和迫害，就負有罪責，那不僅是康生，以及「壞人」林彪、陳伯達、黃永勝、謝富治和葉群，「好人」毛澤東和周恩來，也同樣逃不掉「罪責」。

三、關於吳德峰的批示

吳德峰（1896-1976），中共黨內曾長期從事秘密情報、交通工作的老人。1924年即加入中共，1928年至1929年任中共中央軍委交通科科長。1931年起歷任江西省蘇維埃政府政治保衛局局長，國家政治保衛局江西省分局局長，湘贛軍區政治保衛分局局長兼紅六軍團政治保衛分局局長。長征後任中共中央西北局白軍工作部部長，中共中央外交部對外聯絡局局長。西安事變後隨周恩來到西安，參加領導秘密情報工作，後任中共中央交通局局長。建國後，歷任武漢市市長，國務院第一辦公室、政法辦公室副主任。文革前，為最高人民法院副院長，文革中，受到衝擊。

1969年3月4日，中共中央調查部副部長（對外身份為國務院副秘書長）羅青長，為吳德峰事給康生、周恩來寫了一封信，全文如下：

> 「據外調人員反映，吳德峰同志年老有病，身體很不好，現仍被高等法院群眾專政，因兩派爭議，問題不能解決。」
>
> 「據瞭解，德峰同志在二、四方面軍會合後的長征途中，他任當時中央局的白區工作部長，是堅決反對張國

肅的。（康生批註：在1931年前後，當王明等篡黨時，他是堅決反對王明的。）雙十二後在負責西安秘密情報工作中，是忠於毛主席的，反對王明、博古的，在總理、康老領導下，他對敵鬥爭是勇敢和機智的，對黨是有很大貢獻的，有關文電檔案，現均存我部可查。」

「德峰同志在文化大革命和其他部門工作中的情況我不瞭解，如果歷史上沒有查出重大問題，希望中央能通過高法院軍代表向群眾組織作些工作，對他作歷史地全面地分析，對他生活上作可能的照顧，幫助他向群眾作認真的檢查，爭取群眾的諒解。妥否，請予考慮。」

當天，康生收到這封信，即作如下批示轉給周恩來：

「吳德峰同志在思想作風上有許多毛病甚至有許多錯誤，解放後他的工作不瞭解，表面上看是官氣十足。但他在上海和西安的白區秘密工作中，是作了一些有益的工作，是忠於黨的，我覺得對他應是一批二保。是否可請富治同志在群眾中進行工作，幫助他認真檢查取得革命群眾諒解，解除群眾對他的專政。據說他病的很利害（厲害——編者），應給以適當照顧。」

周恩來當天也作了批示：「同意康老、羅青長同志意見，請富治同志辦理，仍以一批、二保為妥。」

第二天，主管政法、公安工作的謝富治也作了批示：「完全同意康老和總理的批示，對吳德峰同志應該是一批二保，軍代表和×××同志（余注：原件字跡不清）應向群眾做工作。」

康生曾經擔任中共中央調查部的前身——中央社會部的部長，對建國前吳德峰的工作，應有一定的瞭解。故而，康生對吳德峰的批示，無疑比周恩來的具體、詳細，「是作了一些有益的工作，是忠於黨的，我覺得對他應是一批二保」，有這麼一句話，也足夠了。

從康生的批示中，是可以感受到他對吳德峰的同志之情的。這無論如何也不像一個「迫害狂」所說的話。康生類似這樣的保護性的批示，還有多少？在康生文革中所有的批示裡，類似的批示，占了多大的比例？這是我們甚感興趣的課題，因為，弄清了這一問題，也就會使我們向瞭解一個真正的康生的目標，前進一大步。

2011年1月

評論

「戰爭危險」與文革
——文革思想遺產斷想之二

顧土

我家附近有一家粵菜館，以鮑魚聞名，菜館老闆天天早上培訓員工，出操時大家齊步走，喊的口號震耳欲聾：提高警惕，保衛祖國，準備打仗！聽見這口號不時傳來，我想起了讀小學中學時的情景，那時的軍訓、拉練、出操、走步，無一不以這句口號振奮精神；牆壁、黑板報、大標語，這個口號也算常備，走到哪裡都不時在眼前閃現。

平時與人聊天，在網上看人家爭論問題，我發現多數人都有一種早晚會打仗的「終極理論」，凡事皆以這樣的預設為前提，假如中美怎麼怎麼、如果中日如何如何、要是中西怎樣怎樣，因為有了這樣的戰爭預設，於是就有了一套關於中美、中日、中西未來的想法，所有這些預設也都是以對方狼子野心，時刻準備消滅自己、佔領自己、奴役自己為前提。

近些年，中外關係一有風吹草動，線民們都會將話題向戰爭方面轉移，似乎一切都源於中外對抗，而對抗的最終是一場大戰。北京一家很有影響的報紙，以專門報導國際問題見長，如果每次閱讀頭版那些扎眼的巨型標題，也不能不給人以一種列強天天虎視眈眈、戰爭一觸即發的感覺。

時至今日，戰爭思維、戰爭模式依然廣泛普及。我們無論做什麼還是喜歡設個指揮部，有總指揮、副總指揮，幹什麼都分前方後方、一線二線，學校、機關、團體依然習慣將總務叫後勤。蓋個樓房，建個工程，公車站維持個秩序，也是紅旗招展，口號滿目，突擊隊衝鋒在前。軍事用語、戰鬥用語也已經氾濫到社會各個角落，什麼工作都成了戰役，什麼方面都是戰線，難一點的叫硬仗，需要費點力氣的則叫攻堅戰，來人多部門雜的就叫會戰。凡事事先也都要開個誓師大會、動員大會，事後當然都少不了總結表彰。用打仗的方式解決問題，最大的特徵就是短期行為、短期效應，只顧眼前利益，不從長遠考慮，圖一時輝煌，不講常態保持。

這種戰爭威脅、戰爭思維和戰爭模式，不禁令我想起了文革中的所謂「戰爭危險」。

一

文革的最初三年，是內亂時期，也就是造反、派仗、清理、支左、軍管的階段。1968年9月，「全國山河一片紅」，新的政權模式登臺，「戰爭危險」也隨之升級，1969年以後幾乎與階級鬥爭、路線鬥爭並列，是那個時代社會生活的基本內容，而這種危險還成為階級鬥爭、路線鬥爭的理論基礎和行動依據。有時甚至超過國內階級鬥爭的警覺狀態，壓倒一切；有時與國內階級鬥爭、路線鬥爭互為因果，相互推動，共同構成時代的主旋律。

因為有了「戰爭危險」，以致國家政治、社會生活、經濟運轉、日常教育，都緊緊圍繞這種威脅而進行。

1969年開始，由於「戰爭危險」，大量城鎮居民舉家下放農村，其中包括「有問題」的沒問題的，而且還被要求「落戶一輩子」，疏散人口成為那時的主要工作。我隨父母從北京下放到江西余江縣，落戶在錦江鎮，所有家什和書籍全部變賣，戶口也被遷去。我們住在錦江鎮的房屋原本屬於一戶裁縫，他們一家又被下放到更基層的生產大隊。在江西，我看見老百姓的生活本已十分窘迫，困苦不堪，但為了戰備，還用米糠製成「戰備餅乾」、「戰備酒」供人們食用，簡直難以下嚥。

兩年之後，終於允許我們返回北京，但天天仍處於「戰爭危險」的影響下，北京等大城市都在大挖防空洞，常常停產停課。我所在的中學當時叫人民中學，基本是上午上課下午挖洞，整個學校的地下都被挖通，還與校外的防空洞連為一體。挖出的渣土有的運到郊外填坑，有的運到東單公園堆成小山。學校多次舉行防空演習，拉響警報後大家一起湧進防空洞，還學會了如何在房屋內躲避轟炸。野營拉練也是那時的學習內容，大家因此學會了怎樣捆紮行軍背包，也嚐到了腳底磨泡的滋味。

1969年北京誕生了中國大陸第一條地鐵線，即如今北京的一號線。這條地鐵線可以說是世界上最差的地鐵，直至近十年才有所改進。你會發現，這條地鐵從車廂設計、車站設計到運營方式從一開始就不是為了居民生活，也不是為了遊客。之所以修建這條地鐵，主要是為了戰備，從計畫到修建，都帶有強烈的軍事色彩。在戰事來臨之際，這條線路可以將長安街沿線各重要機構撤退到北京西郊，因為只有西郊的山林距離市區最近。前些年還有朋友問我，復興門距離南禮士路那麼近，為什麼偏偏還要在南禮士路設立一站。我告訴他：那個時代的電視臺規模很小，不占什麼分量，而廣播電臺才是最重要的輿論工具，足以號令全國，南禮士路正是中央人民廣播電臺的所在地。

「深挖洞，廣積糧，不稱霸」，是我們那個時代掛在嘴邊的常用語錄，只有在這種戰備指示的學習中，我們才能得到一點點歷史知識，老師、報刊來回講解這一語錄的相關出處。在戰備精神的指引下，課堂的一項重要內容就是介紹二次大戰爆發時的歷史，反覆講解什麼是「閃電戰」。課本和課堂講課內容原來就沒有多少有用的東西，現在讓戰爭知識一衝擊，其他知識更是所剩無幾。

在「戰爭危險」中，成人都成了民兵，高年級同學也組成民兵。我們每日都帶著一股隨時準備上戰場的精氣神，老是想著怎麼獻身捐軀，準備打仗也成為同學們的議論話題；紅衛兵開會，團員過組織生活，打仗也是主要內容。過去的烈士英雄，當下的英雄模範，比如孫玉國等等，都成了我們學習典型中的典型。

從俄羅斯沙皇如何強佔中國領土、簽定不平等條約，到新沙皇一蘇聯社會帝國主義如何覬覦中國這塊肥肉，怎樣在邊界陳兵百萬，也是長時間裡我們學習和閱讀的主要知識，經常還去電影院看電影以增強感性認識，電影片依然由這些東西所組成。我們還參加了壯觀的反修大遊行，東直門的反修路是必經之處，遊行時的心情也是將蘇聯作為絕對的侵略者看待。

從1969年至1976年，大約有七八年的時間，我們是在「備戰」狀態中緊張度過的，總覺得戰爭即將來臨，只有批林批孔、評《水滸》、批判修正主義教育路線回潮、反擊右傾反案風時可以暫時忘卻戰爭的陰影，轉而將現實的階級鬥爭擺在首位。1976年唐山大地震時，我生活的村莊距離重災區不遠，睡夢中忽然驚醒，只覺得地動屋搖，窗外一團紅光。我的第一感覺就是蘇聯扔原子彈了，後來才發現是地震，但我們只學過如何防範轟炸，從來不知道怎樣面對自然災害。唐山地震以後直至近幾年，從交談、文章和電視訪談中得知，原來與我有同感的人不計其數，都誤以為是原子彈爆炸，可見「戰爭危險」之深入人心。

二

「戰爭危險」對中國人來說，並不起自文革，早在上個世紀五十年代初即已形成，一直延續，各時期有各時期的特點，但在文革中達到極致，可謂集大成。

「戰爭危險」，開始說的是美帝威脅。抗美援朝和抗美援越，中國大陸的軍事力量實際都加入了戰爭中的一方，直接與美國對抗，不管加入戰爭的起因究竟是什麼，這時的戰爭危險在人們的心目中確實比較實在。不過，這種戰爭威脅帶給人們的反應和官方對人民的動員，更多地體現在出征、支援、聲援、慰問、參軍、納糧、捐獻、貼標語、寫文章、民兵建設、文藝創作、保障供給線、打擊「反革命」等方面。

上個世紀六十年代的中印邊境戰爭以及七十年代的中越邊境戰爭，因為敵方並非帝國主義，因而中國人沒有感受到戰爭危險，更多的是戰爭關注。

臺灣執政當局與中共大陸的對抗而引發的戰爭危險，可以說對大陸的經濟佈局影響較大。福建、浙江等東南沿海省份，由於與臺灣成為對陣的前沿陣地，所以30多年不怎麼建設，只想著打仗。在內地大建重工業的時候，這些地方卻一無所有。一直到上個世紀八十年代初，我去福州、廈門等城市，看見的還是破爛不堪，一副得過且過的模樣。位於廈門直視金門的那片地方是個巨大垃圾場，雖然面向浩瀚的大海，卻臭不可聞。然而，正是這樣的指導思路也讓東南沿海省份後來因禍得福。改革開放以後，這些地方沒有多少國營大企業的包袱，也沒有太多失業工人的困擾，一概私營、合資，結果蒸蒸日上，日見繁榮。

自1964年開始，在中西部的十三個省、自治區進行了一場以戰備為指導思想的大規模國防、科技、工業和交通的基本設施建設，稱為三線建設。三線建設，歷經三個五年計劃，跨越不同的歷史時期，共投入資金2052億元，投入人力高峰時達400多萬人次，安排了1100個建設項目，對以後的國民經濟結構和佈局，產生了極為深遠的影響。其功過，至今爭論不休，究竟功大過大，還是決策完全失誤，有待進一步研究。

1964年10月16日，中國第一顆原子彈爆炸，以後又多次實驗了原子彈、氫彈。這些實驗，可以說，也是戰爭危險的結果，幾乎所有人都認為，有了原子彈，從此帝國主義不敢再欺負我們。時至今日，依舊有很多人持這種觀點文革中的「戰爭危險」，可謂登峰造極，此時的威脅，主要是指蘇聯。按理說，中蘇只有邊境衝突，最大也就是個「珍寶島事件」，而美國是越南戰爭和朝鮮戰爭的實際對抗方，威脅應該更為明顯，可是事實卻相反。別看1970年5月20日發表的《全世界人民團結起來，打敗美國侵略者及其一切走狗》聲明的知名度很高，我們不但會背誦，還會演唱；別看5月21日首都50萬軍民在天安門廣場反對美帝的集會聲勢浩大，我至今難忘那一幕壯觀的情景，但是在我們的心目中這些只是為了聲援印度支那三國人民，並沒有切身感受到來自美國的實際威脅。「珍寶島事件」僅僅是個邊境事件，卻看得遠比美國的威脅更嚴重，原因就是這個事件被納入了「蘇修亡我之心不死」的論說框架之中，成了蘇聯即將大舉進攻的一種依據。1965年，中蘇國家與黨際之間仍在交往，而且還都在最上層。文革開始後，幾乎與文革發展同步，來自蘇聯的「戰爭危險」忽然間與日俱增，最終升級為迫在眉睫的一種威脅。這種危險與以往戰爭危險的不同在於，幾乎影響到中國所有的政治、學習、生產和日常生活，而且被所有人認為是瞬息間就有可能發生的事情。

文革中的「戰爭危險」已經是一種立體式的「危險」。從歷史教育、現實學習、現場說法，到演習、拉練、挖防空洞、疏散人口，讓所有人無不處於一種臨戰狀態，想不如此也不可能。由於這種危險處在文革中間，人們本來已經身在階級鬥爭、路線鬥爭的高度緊張環境中，警惕階級鬥爭新動向、清查各類新老階級敵人，又是社會運轉的基本內容，經「戰爭危險」再一渲染，交相推動，人們對內對外的「階級鬥爭那根弦」於是更加繃緊，「危險」也就更加現實化。在文革中，幾乎所有與外國有關係的人都被懷疑是「特務」，留過學的、去外國工作過的、與外國人有婚姻的，無一例外地受到審查、批鬥，「特嫌」這一古今中外最莫須有的罪名氾濫一時；除去外交人員得以豁免外，絕大多數住在中國的外國人都被列入審查對象，視為「間諜」，直至投入監獄關押。這樣的行為，其實已經進入了戰時狀態，一個國家也只有進入戰爭狀態時才會發生如此行徑。

文革中的「戰爭危險」，已經不僅僅屬於對外關係，而是文革的組成部分。劉少奇被判定為「中國的赫魯雪夫」，林彪被定性為「逃往蘇聯，叛黨叛國」，反修防修也被當作全黨全軍全國的主要任務，而修就是指蘇聯修正主義那樣。這樣的效果讓人們覺得中國正處在敵人「內外勾結」的包圍中，內部的階級敵人想要顛覆，外部蘇聯修正主義當然就是要「亡我」，於是，更增加了文革的合理性和必要性。其實，文革本身既是對內也是對外。因為在中共階級鬥爭理論中，「內部敵人」總有外部敵對勢力為後臺；而曾經對中共影響最大的蘇聯等國共產黨的歷史中，「內部敵人」也永遠都會被按上外部敵人「代理人」的罪名。

文革期間的「戰爭危險」之所以達到極致，還在於文革的軍事化特徵助長了這種思維。1949年以後，中國大陸社會始終沒有擺脫戰爭年代形成的軍事化體制、軍事化作風、軍事化生活的影響，農村、廠礦、學校、街道、文藝團體無不喜好戰時軍隊的編制和風格，採油、築路、邊疆建設、水庫修建等等也一概模仿軍隊作戰的模式，或者乾脆就由部隊取而代之，全社會學習的典型多半來自軍隊，直至發出「全國人民學解放軍」的號召。文革來臨，整個國家活像一座大兵營，可謂「全民皆兵」。最高領導層，包括那些剛剛受到重用的文人，也統統穿上軍服；北京京劇一團、中央樂團、中央歌舞劇院、中央芭蕾舞團全部劃入軍隊；各單位一律改做連排班的建制，人人都歸屬戰鬥隊、兵團，個個以戰士自詡，最上面有統帥、副統帥，四處可見司令、副司令，最小的叫紅小兵；軍裝變做時裝，軍帽當作日用帽，解放鞋是全國人民的運動鞋。伴隨著軍事化的社會運轉方式，派仗、武鬥等戰鬥烽火迅速燃遍全國。等到戰火平息後，作為戰果，中共九大召開，其政治局委員多半是現役軍人；「支左」、軍管，更是非軍隊莫屬；各省市區的革命委員會，不是軍人掛帥，就是軍人主管；北京大學等高等院校也成為基層軍官的轄區，公安則成為軍隊的延伸。文革中間，幾乎所有工作都是依照作戰的方式進行，所有的運動都是按照戰爭的方式運行，所有的社會生活都是根據前後方的形式安排。國家的全面軍事化，為「戰爭危險」論提供了厚實的社會基礎，軍事化主導一切，可作戰對象呢？對內消滅階級敵人，對外「隨時準備殲滅來犯之敵」，自然而然就成為全民的首要任務。

三

文革期間及其文革前的戰爭危險究竟存在不存在？

1949年以後，來自臺灣的戰爭危險是存在的。不過，這種危險不能誇大，因為相比較而言，國民黨軍事力量已成弱勢，尤其上個世紀六十年代以後，儘管臺灣以美國為後盾，但其力量不足以威脅大陸。以東南沿海多數地方作為前沿陣地持續了三十多年，將這些富庶地區長期荒置不用，可謂決策的重大失誤。改革開放開始時，臺灣還是蔣家當政，其敵視大陸的政策並未改變，可因為大陸單方面扭轉決策，決定改革開放，東南沿海很快就步入發展建設的軌道。這表明，誇大臺灣威脅是改革開放前的大陸決策者造成的；常年沒有利用東南沿海的經濟優勢，也是決策者的錯誤判斷導致的。

來自美國的戰爭危險也是存在的，但是，這種危險仍然被毫無限度地誇大了。中國參與朝鮮戰爭和越南戰爭，平心而論，出自三個理由。一是作為歷史的延續，中國一如既往地干預朝鮮、越南問題有其合乎情理的潛在因素；二是同為社會主義兄弟國家；三是由於對方「將戰火燒到鴨綠江邊」、「打到了我們的家門口」。這第三條理由當年喊得最響，也自認為最有說服力，卻最似是而非，基本是一種藝術化的說辭。現在所有證據表明，「鴨綠江邊」畢竟不是江這邊，家門口畢竟還不是家門裡，美國歷任執政者並沒有大舉入侵中國、佔領中國的計畫，至於臺灣國民黨當局或者美國某些勢力有拉美國介入的企圖，也只是一種企圖，沒有造成事實。而中美兩國當時對峙的僵局，既有美方的原因，也有中方的原因，因為當時中國大陸執政者也在動用自己的所有力量，包括聲援、軍援、經援，以被壓迫民族被壓迫人民領袖的身份，在世界上與美國擺出一副堅決對抗的姿態。現在常見有人津津樂道中方如何主動打開中美關係大門的那些過程，其實這恰好說明中國當時的執政者在美國戰爭危險中的主動作用。中國邀請尼克森訪華後，尤其後來中國開始了改革開放，美國的戰爭危險一下子煙消雲散，可見，中國有能力也有主導權去避免來自美國的戰爭。

蘇聯的戰爭危險，如今看來是一種誤讀。沒有任何可靠的證據證明蘇聯在文革期間企圖大規模侵入中國。中蘇關係由兄弟結盟到寇仇交惡，雙方均有責任。蘇聯想以社會主義陣營首領的身份干預中共的企圖，自上個世紀六十年代翻臉以後不復存在，以後的對抗與此毫無關係，當時的矛盾主要在於中共對所謂現代修正主義的批判。今天回過頭去思考，這些批判基本也是錯的，而這恰恰又是那時反對蘇聯的主要理由。1962年王稼祥等人提出的避免中蘇關係公開破裂的建議曾遭到嚴厲批判；文革一開始，紅衛兵直至全國軍民以及所有宣傳工具對蘇聯進行了鋪天蓋地的批判、示威，而且總是將中國的走資派、修正主義與蘇聯牽扯在一起，這些都表明了中國當時的執政者在中蘇緊張關係中的主動積極作用。中國進入改革開放，蘇聯雖然照樣還是「修正主義」，可是「戰爭危險」卻無影無蹤，這說明什麼？發生在珍寶島的流血衝突多年來也一直令人匪夷所思。當時渲染得那麼嚴重，全國總動員，揭露、批判、抗議、聲討，還加上繪聲繪色的反特情節和縱深全面的歷史追究，可是後來的幾十年裡這麼重要的一塊地方為什麼居然從我們的宣傳視野裡消失了？難道領土爭端也分時間分時代？

二十世紀上半葉兩次世界大戰給人類帶來的巨大損失，令人觸目驚心，所以，二十世紀下半葉，人類對待戰爭都抱有一種極其審慎、畏懼的心理。冷戰中的美蘇兩大國家多次劍拔弩張，危機逼近，最終卻都可以峰迴路轉，避免了直接交鋒，蘇共甚至還提出了與資本主義國家和平競爭的設想。美蘇兩國儘管也相繼發動了一些局部戰爭，比如朝鮮戰爭、越南戰爭、蘇美各自先後進行的阿富汗戰爭，直至伊拉克戰爭等，卻無一不深陷泥淖，後患無窮。一些地區強國，例如伊拉克、越南等，雖然也派兵進入其他國家，但都給自己帶來了嚴重的後果。這些事實表明，戰爭發動之不易。二戰對世界最大的貢獻，應該說是建立了聯合國這一世界組織，人類認同聯合國，就是因為維護和平成為舉世共識。聯合國的每項舉動，既是多方共識的成果，也是各方勢力制衡的產物，任何一股力量想要突破這種制衡，不能不受到其他各方的制裁，這也讓戰爭的規模很難擴大。上個世紀六七十年代的蘇聯對中國的「戰爭危險」，可以說，即使有威脅的傾向，發動戰爭的難度也很大，就如胡耀邦所說：現在看起來，蘇聯當時要想侵入中國是很不容易的。出兵中國這一大國，不同於出兵阿富汗，或對付「華約」成員國，而是要面臨發動世界大戰的後果。蘇聯當時根本沒有任何理由冒這種風險。中國當時的執政者還有一個孤芳自賞的觀點也貽害很久，叫做「中國是塊肥肉，誰都想吃」，事實是，中國當時與世界許多國家相比，不但不肥，連瘦肉都算不上，只是個難啃的骨頭。極度貧困不說，而且在文革的洗禮之下正處於癲狂狀態，好戰氣氛蔓延全國，個個都是一副準備打仗的模樣，叫「窮橫」最為貼切。蘇聯如果向中國開戰，不但有可能在世界上將自己陷於極端孤立的地位，並且將耗費巨大的物力、財力、軍力，曠日持久，得不償失。

多年來，有許多人一直將文革中的「戰爭危險」當作是合情合理的現象。他們認為，從歷史上沙皇對中國的企圖到現實中蘇聯對中國的覬覦，都不得不讓中國當時的執政者動員全國的力量備戰，而正因為中國的全面備戰加上掌握了核武器，才令蘇聯沒有得逞。這些觀點事實上僅僅是一種臆測，沒有確切的依據，信則有，不信則無。

社會具備國防意識，人民接受基本的國防訓練，本無可非議；尤其上個世紀六七十年代，這樣的意識濃重一些，軍隊加強反侵略準備，也在情理之中，但因為一種錯誤的戰爭預測，將整個國家所有的政治、經濟、教育、日常生活全部拖入戰備狀態，導致出非常嚴重的後果，國家和人民付出了沉重代價，執政者就應該承擔責任。二次大戰前夕，英法等國政府錯誤估計了希特勒及其德國法西斯的意圖，因而推行了綏靖政策，給歐洲和世界帶來深重的災難，其領導人至今都為此背負歷史惡名；同樣，錯誤誇大戰爭威脅而為國家帶來了惡果，其責任人也不能置身事外！1969年毛澤東提出「要準備打仗」，當年的國防戰備費用比上年增長34%，以後兩年又持續遞增15%和16%以上，大大干擾了國民經濟，讓本已十分困窘的人民生活雪上加霜，讓原已非常艱難的中國社會更為貧窮。僅此一條，一個政府及其領導人就應該承擔重大罪責，如果是個民選政府，估計早就遭彈劾下臺多少次了。不能因為後來沒有發生戰爭，於是便認定這是由於戰備的結果，如果那樣的話，任何政府和領導人都可以肆意將國家納入高度戰備狀態，過後也都不妨自稱國家因此才免受了戰爭。根據國內外形勢作出準確的社會發展判斷，本來就是考驗政府及其領導人執政能力的標準，誤判或者胡判，只能表明其管理國家的低水準。

「戰爭危險」的終極來源在於當年的意識形態，因為這種意識形態，戰爭已經是一種思維、一種細胞、一種天然的憂患、一種與生俱來的預設。一個以推翻舊世界、解放全人類為宗旨的組織和國家，其誕生之日起，就不得不將自己擺在「帝國主義及其一切反動派」的對立面上，在上個世紀五十、六十、七十年代，鼓動武裝鬥爭、反對議會道路、支援世界革命，又意味著與世界上多半國家為敵；而「將年輕的蘇維埃政權扼殺在搖籃裡」，也是那個時代所有人對西方國家的基本認知。自己想要解放別人，輸出革命，同時也認定別人妄圖顛覆自己，扼殺社會主義革命，這樣的思維除了戰爭還有什麼？到了後來，再加上與所謂蘇聯修正主義的決裂，加上與幾乎所有周邊國家鬧翻臉，國際階級鬥爭意識高度緊張，「戰爭危險」因而也顯得更為自然。

不論執政者自己是否有意，所有戰爭動員的結果，其對內帶來的收益總是遠遠大於對外。

抗美援朝對當時中國執政者最大的收益不是對外而是對內。一是徹底清除了美國在中國的所有影響。二戰以後，美國在中國的聲譽可謂如日中天，而這正是1949年以後的大忌。經過抗美援朝，美國的形象終於被完全摧毀，美帝國主義從此也成了中國人民的頭號仇敵。二是借助戰爭帶來的狂熱愛國主義，可以鎮壓一切被懷疑的對象，包括內部敵人和外國間諜。抗美援朝期間曾進行了一系列鎮壓措施，逮捕、槍決、關押、驅逐了大量「敵對分子」、「間諜分子」、「帝國主義組織和代理人」，還沒收了他們的財產，這些行為在愛國的名義下特別容易獲得民眾的擁護和支持。三是以一場對外戰爭去樹立一個敵對目標，可以全面轉移國內視線，減輕建國初始各類矛盾的巨大壓力，團結全國上下，鞏固新生的紅色政權。

回首近幾十年，世界上有許多國家，主要是那些「發展中國家」，一旦出現重大國內問題，或者對外矛盾無法排解之時，最為簡易的對策就是製造對外糾紛，不是以外國威脅為由宣佈戰備狀態，就是假設一個即將來犯之敵，借此激發民族情緒，或是鼓動非外交正常手法，形成民眾仇外之勢，然後自己出面維持局面，在對外談判時加分。這些國家領導人的一個常見特徵，即是身穿戎裝，號召全民。文革是一個動盪的歲月，儘管最高統治者在上面足以掌控一切，但全國混亂的局面卻是事實。只有在「戰爭危險」中，全國才被迅速整編到軍事化體制內，一切都聽命于最高統帥，該疏散的疏散，該幹活兒的幹活兒，該關押的關押，該流放的流放。在戰備狀態中，人人日夜想著如何沖上戰場誓死保衛偉大祖國和紅色江山，個個隨時準備打擊侵略者，惟其如此，思想才可以統一，團結才得以緊密，任何一種不同聲音和行為才能夠激起人民的憤怒，才能被輕易定性為「漢奸」、「特務」、「間諜」、「賣國」，送往該去的地方。「戰爭威脅」，可以說，為文革走向整合、統一、馴服、聽從的新局面，起到了關鍵作用。

還有一種觀點，從文革一直延續到當今，認為戰爭或遲或早總要爆發，就像共產主義總有一天會實現那樣。這樣的觀點，我們根本無從討論，因為這個遲早究竟是指什麼時候，誰也不知道。不要說一百年，即便五十年以後我們都不可預測。不過，三十年來的歷史已經足以表明，戰爭還是完全可以避免的。文革期間宣揚「戰爭危險」，上個世紀七十年代末八十年代初依然堅持「戰爭不可避免」，但是，隨著改革開放的腳步，鄧小平等人終於明白，戰爭不但能夠避免，中國還可以為自己的發展創造非常有利的和平環境。事實證明，他們對「戰爭危險」的糾正沒有錯。三十年過去，中國沒有全民臨戰，而是以經濟建設為中心，以常態發展國防建設，還有百萬大裁軍，卻從沒有遭遇過戰爭危險，一直和平發展到今天。三十年過去，蘇聯已經解體，美國與西方正鬧危機，連中國曾經不斷發生的那些邊境烽火好像也都偃旗息鼓多年，和平環境持續保持，而且其勢還足以維護很多年。戰火可以招致，和平也能夠爭取，這正是三十年來中國改革開放獲得的外交經驗。

至於那種認為核武器可以振奮國威，抵禦戰爭危險的說法，其實，只要看看印巴兩國擁有核武器以來的歷史就足以說明一切；再看看一些不顧人民死活拼命加緊研製核武器的地方，也不難發現，擁有核武器，既可以放在國家利益的角度考慮，也可以從維護個人獨裁、家族統治、集團利益的角度審視。

今年，新中國成立整整六十年。六十年是一個甲子，也基本算是一個人生，什麼問題放在這六十年裡都能看出個大概。六十年了，中國境內除了自製的內亂外從未發生過任何戰爭，而兩次對外的重大戰爭卻都打在了境外，其含義耐人尋味。前三十年，伴隨著階級鬥爭，我們的頭腦中始終籠罩著戰爭烏雲；後三十年，伴隨著改革開放，我們生活的上空又一直是和平的祥雲，其弦外之音十分明顯。一個人，一種好戰的性格，一種鬥爭的思維，及其代表的戰鬥時代，一旦成為歷史，「戰爭危險」便無影無蹤，這已經確切地告知我們，「戰爭危險」的主要來源究竟是什麼！

愛國主義與文革
——文革思想遺產斷想之三

顧土

百多年來，各種主義多如牛毛，但能夠堅挺下來的微乎其微。有的是過眼雲煙，有的是虎頭蛇尾，有的是一時熱鬧，有的本來就莫名其妙，所以最終也不知其所以然。只有一個愛國主義，似乎可以穿越任何歷史風雲，始終處於最搶眼的位置。

無論社會如何變化多端，人心怎樣向背無常，愛國主義卻始終叫座，成為任何一種執政力量最有力的精神召喚。面對來犯之敵，可以呼喚愛國主義，催發軍國意識、鼓動納粹思想，也不妨運用愛國主義；推翻一個政權，可以高喊愛國主義，維護一種統治，也不妨宣傳愛國主義；打擊異己勢力，可以高舉愛國主義的旗幟，樹立個人威權，也不妨集結在愛國主義的旗號下；堅持獨裁可以自稱愛國主義，推行民主也不妨叫做愛國主義；不顧人民死活，全力發展軍火工業製造原子彈，可以說成是愛國主義，專心推進國計民生，也不妨視為另一種愛國主義。希特勒、墨索里尼、東條英機、山本五十六是最狂熱的愛國主義，而汪精衛、貝當也自認為是忍辱負重的愛國主義；以抗美起家的赤棉視自己為愛國主義，而借用越南力量摧毀嗜血成性的赤棉也被看作是愛國主義。愛國主義幾乎成了鼓動社會情緒的靈丹妙藥，百發百中的政治射殺子彈。只要掌握了愛國主義的話語權，就足以掀起民族的力量；相反，只要被愛國主義不幸擊中，也必死無疑。

愛國的國，究竟是指什麼？如果國家是「朕即國家」的那個國家，愛國就是效忠專制君主；假如國家是寡頭掌控的國家，愛國就是擁護一個利益集團，而這個集團基本以少數集權者的意志為歸依；國家也可以是我們從前常年接受的那種概念，叫做「階級鬥爭的工具，是一個階級壓迫另一個階級的機關」，這樣，愛國其實就是服從聽命於這樣的工具和機關；國家也可以是一種民主制度左右下的國家，愛國自然就是尊重這種制度。當然，愛國的國，更可以是祖國，祖國不是一個政權、一個機關、一個人、一個工具，而是文化、歷史、土地、自然形成的一種特定範疇，一個人生長在這種範疇培育的文明中，於是不能不具有自己的歸屬感。我們的祖國已經擁有數千年的文明歷史，從未間斷，而現在，「祖國華誕」、「祖國生日」一類的說法隨處可見，看來，在很多人心目中，國家與祖國已經融為一體。有一種時興觀點就認定，祖國與國家不可分離，所以，愛國兼顧兩者。這種觀點大概屬於「有奶便是娘」主義，或者叫「給什麼愛什麼」主義，生出來撞上法西斯就愛法西斯，碰上民主就愛民主，遇見專制獨裁就愛專制獨裁。

愛國主義，之所以歷久彌堅，在於所有的主義中只有這種主義最空泛也最沒有實質內容，可謂伸縮自由，來去恣意，變幻莫測。時代不同，愛國主義也可以不同，內涵甚至截然相反。今天的賣國主義或許就是明天的愛國主義，昨天的愛國主義，可能就是今天的賣國主義。可以說，任何人任何勢力都可以以此為招牌，塞入自己的內瓤。

翻閱世紀史，看見清楚地看見，悲壯英勇，無不以愛國主義為支撐；邪惡血腥，也無一不是狂熱愛國主義的結果。單以文革為例，這一中國歷史上的深重災難，從頭至尾，幾乎都處在愛國主義的躁動情緒中。

二

中國歷史上的那些愛國，多半都是今人封贈的，其所謂國實際就是君主的家天下，忠君與愛國融為一體，不可分割，因為那時的國家不如稱之為家國，是一個人及其家族創立並統治的地方，生長在這樣的地方，有如納糧交稅一樣，當一個忠誠的臣民是份內事。其實，即便是這樣的忠君愛國也經不起理性推敲，只能是個大概，含混說說而已。春秋戰國的政治家、軍事家、思想家們，包括孔夫子，都不怎麼忠於自己的家國，朝秦暮楚是他們從政的特徵，今天為這個家國出謀劃策、明天又為那個家國出征打仗是他們的生活內容。像屈原那樣的愛國，主要含義都是後人層累地加上去的，因為在屈原的時代，根本就沒有賣國這一說，不然，伍子胥算什麼？北宋的楊業一直被認為是愛國的忠臣良將，其實，他也是個叛將，只不過隨著北漢君主一起投降，因此就沒人追究他到底愛不愛國或是愛什麼國了。楊業之前還有蘇武，之後還有岳飛，其愛國也特別為後人所稱道。這一類的愛國，在於他們抵禦的是異民族入侵，處在戰事紛擾之際，假如當時異民族已經主導天下，或者少數民族已經成為中原一個朝廷一種政權後，在他們的統治範圍內，不論漢人如何獻身，都不會有人再追究他們的愛國與否。北魏時大權在握的馮太后，滿清入關前就已經成為重臣的範文程，清王朝的那麼多漢大臣，從來都是正面人物。

與忠君式愛國相輔的觀念是：天下者天下之天下，非一人之天下，惟有德者居之。這樣的家國觀也為王朝的更迭帶來合理依據。可以說，古人看重的是節操，鄙視的是貳臣，而不是政權本身。

中國傳統的愛國，並不排斥借助外來勢力，甚至可以用土地、賦稅、人口等利益為代價。自先秦一直到民國，直至1949

年，這樣的事例史不乏書。對立的雙方可能都向外來力量示好，都會簽定或準備簽定出讓民族利益、臣民利益、家國利益、國家利益的條約，以換取外部軍事、財政、政治的支持。其實，世界上的許多國家，歷史上也都有類似的情形發生。清季以降，中國固有的那種並無明確界定的忠君式愛國，又與外來嚴格的近現代國家觀念混雜起來，變得極為難解。在傳統式愛國仍主宰著人們思想的同時，國家的主權、領土等事關國家利益的觀念也傳入中國，這使得在朝的當權者從實際需要出發而產生的外交行為，與在野的政治家和知識份子從近現代國家理論著眼而形成的愛國輿論相對抗，不斷爆發衝突。

進入二十世紀，社會主義、共產主義、無政府主義等思潮湧入中國，與傳統的忠君式愛國、近現代國家觀念相交錯，讓中國人的國家思想更加蕪雜，也更為無所適從。尤其是以階級鬥爭為核心的社會變革理論，以世界大同為核心的共產主義思想，置階級利益於國家利益之上，將消滅階級和國家作為最終目的，讓救亡圖存中的許多革命志士常常陷於矛盾的心理中。在對待蘇聯擴張，對待外蒙古獨立這樣的問題上，更顯得難以自圓其說。二十世紀以來，隨著意識形態的不斷強化，愛國、賣國又與意識形態相交融，讓國家的概念眾說紛紜，莫衷一是。民國初年，背叛共和、贊同復辟，也叫賣國和叛國；上個世紀五十年代開始，反共與反華又開始緊密相連，不同政見與出賣國家利益也難解難分。

1949年以後，忠君式的愛國被發揚光大，近現代國家的概念由於執政的原因也被執政黨所接受，而深受蘇聯與共產國際影響的社會主義陣營觀念和反帝意識以及隨後的反修思想則左右著對外關係，作為建黨宗旨的共產主義理想和建黨理論的馬克思列寧主義又絕對佔據意識形態。在這固有與外來，傳統與革命，最終與當下的混合思維中，執政的矛盾性時常顯現出來，只好此一時彼一時。今天可能講社會主義國家的團結、共產主義的大目標，明天興許又講國家主權、領土完整，後天說不定只講無限忠於，就如《東方紅》和《國際歌》常年唱在一起那樣，經不起邏輯推敲和理性思考。不過，那個年代，缺乏的恰恰是理性，所以，矛盾也就成了統一體。

文革中近似癲狂的愛國主義，正是處於這樣的歷史大背景之下。

二

文革是一場針對所謂國內外階級敵人的政治運動，但是，當對外國和對外國人的各類行動以愛國的名義出現時，人們就很難辨明其實質，所以，反省文革，往往會遺漏其對外的部分，也不能公正判斷那些對外行為的是與非。其實，文革的對外與對內完全一樣，都是用階級鬥爭的眼光看待一切，什麼都以階級劃線，而這些所謂階級的分界又是絕對的主觀意志，主觀中時時還暗藏著強烈的領袖欲望、排斥異己的心理和殘酷的權力之爭。文革中，在對外問題上同樣製造了不少冤假錯案，尤其是文字和口頭給別人按上的莫須有罪名並不亞於對內，只不過因為事不關己，國內的人們不怎麼重視罷了。文革對內對外的政治運動始終交織在一起，帝修反是國內階級敵人的總後台，國內階級敵人則以國外帝修反為依靠，這是當時人們的普遍思維，上下一致。

帝國主義和修正主義的威脅，是文革的基本話語，文革中的愛國主義，主要就是反對美帝反對蘇修，與文革相始終。反帝反修既是日常鬥爭生活的組成部分，也是任何重大政治事件的主要內容，有單位或群眾組織的批判會，有大規模的街頭示威，也有體育館、體育場、廣場的萬人、幾十萬人直至百萬人的浩大集會，一浪接著一浪。全國人民狂躁地支援印度支那三國人民，不僅可以借機大肆發洩情緒，更在於唇齒相依是當時人們認知印度支那問題的一種思路，中國是印度支那三國人民的可靠後方也是當時的流行口號；反對蘇修的理由之一則是蘇修繼承了老沙皇的衣缽，「亡我之心不死」。

帝修反中的反，即「各國一切反動派」，也是文革不時攻擊的目標。其中有的起因於邊界問題、華僑問題，也有的因輸出文革和輸出革命所致，既屬於意識形態，也屬於國家間的實際糾紛。由於文革自身的意識形態色彩，所以，這些矛盾也不能不一概打上濃重的階級鬥爭烙印。英國、印尼、緬甸、印度等國家在文革期間曾與中國鬧得不可開交，其中只有英國算是老牌帝國主義，其他都是發展中國家，或者叫第三世界。印度是不結盟運動的領袖，緬甸也不是資本主義，但中國與這些國家的矛盾，有時其激烈程度超過了美蘇，我就曾親身經歷了反印尼反緬甸的大示威，壯觀景象不遜於反美反蘇。原因在於與這些國家發生矛盾時恰好趕上了中國民眾正處於極度亢奮的狀態，一些政壇新秀又想趁機顯示自己的愛國情懷和反對帝修反的決心，所以這些國家暫時就成了愛國的排他對象。由於發生的矛盾屬於一時的對抗，所以持續時間也不長，很快又被下一輪行為所淹沒。昨天的反動派，或許又成了今天的「老朋友」，這是文革中的常見現象。反動派的內涵，也類似文革中的「壞分子」罪名那樣，無一定之規，更像是個筐，今天可以裝這個，明天又可以放那個。

文革是以所謂中共黨內兩條路線鬥爭為依據而不斷延伸發展的，劉少奇、林彪、鄧小平以及被再次揪鬥的彭德懷等所謂反動路線的代表人物，同時也都被定性為帝修反在中國的代理人，批判他們正是為了愛國，所以，對他們的批判和鬥爭，始終貫穿著愛國主義的情緒。1967年4月1日，人民日報發表文革中最重要的文章之一〈愛國主義還是賣國主義—評反動影片《清宮秘史》〉。作者戚本禹是文革初期政治舞臺上的重要人物，炙手可熱，他的這篇文字就是對劉少奇發動全面攻擊的總動員令。林彪最終以叛逃蘇聯定罪，批判以他為首的所謂反黨集團自然也充滿著愛國主義的激情。彭德懷與蘇修「勾結」的罪行則是他在文革中又遭批鬥的原因之一。文革後期，在批判鄧小平、反擊右傾翻案風的運動中，1974年9月的「風慶輪事件」是攻擊鄧的一大理由，說他執行的是一條「孔孟之徒的賣國主義路線」。文革中，賣國主義一直是一頂大帽子，專門用來整人，愛國主義則成為自我拔高的工具。1973年11月，根據毛澤東授意，中共中央政治局連續開會批判周恩來等人，說中方在與美國國務卿基辛格的會談中態度軟弱，是「投降主義」、「喪權辱國」、「第十一次路線鬥爭」。1974年1月，人民日報發表評論員文章〈惡毒的用心，卑劣的手法—批判安東尼奧尼拍攝的題為《中國》的反華影片〉，稱：「如果容忍這樣的影片在世界上招搖撞騙，那就等於承認任意侮辱中國人民的反動宣傳是正當的行為，那就是向國際反動派的反華挑釁投降。」矛頭實指邀請安東尼奧尼訪華的中國領導人。1974年2月，中國彩色顯像管生產線考察團接受美方玻璃蝸牛禮品被懷疑為「辱華」，成為有名的「蝸牛事件」。1974年6月，主持中共中央日常工作的王洪文接連批示，指責從國外買船的人是「迷信外國資產階級的假洋鬼子」。耐人尋味的是，到了華國鋒時代，官方宣稱文革是以粉碎「四人幫」而告結束的，所以，「四人幫」也被說成是 「第十一次路線鬥爭」，對待「四人幫」的方式依舊沿襲了文革的方式，其間就有人認為，江青才是「美國中央情報局的戰略特務」，而過去這個罪名則是王光美的專屬。

除了批判、攻擊式的愛國主義登峰造極外，在文革中，歌頌式的愛國主義也達到顛峰狀態。任何一項發明、創造和生產成就，直至體育競賽成績，都被形容為毛主席無產階級革命路線的偉大勝利，是自力更生的輝煌成果。自力更生意味的是大長中國人民的志氣，表現的是中國人民不懼怕帝修反的精神。比如短肢再植技術、100萬伏超高壓標準電容器、電晶體大型通用數位電腦、萬噸級遠洋貨輪、3200噸破冰船、南京長江大橋、紅旗渠，氫彈以及搶救心臟驟停29分鐘病人、攔海造田和填湖造田、攀登珠穆朗瑪峰等等，好象是個「好事兒」都可以算在愛國主義的帳面上。

文革中的愛國主義，依照當時發表的各類文章的說法，其歷史上溯接軌至太平天國、義和團和五四大遊行。在〈愛國主義還是賣國主義〉這篇文章裡，戚本禹盡其所能地頌揚義和團的「滅洋」行動，論說甚至已經脫離了傳統左翼歷史學家的思維框架，一些觀點也超出了文革前有關義和團的評價。這裡不妨摘出幾段：

> 對於義和團的革命群眾大造帝國主義的反、大造封建主義的反的革命運動，究竟採取什麼態度？是支持還是反對，是歌頌還是仇視？這是檢驗真革命和假革命、革命和反革命的一塊試金石。
>
> 震撼祖國大地的義和團運動，是近代中國歷史上的一次偉大的反帝、反封建的革命群眾運動。這是一次表現了中國人民歷史首創精神的偉大運動。當時，幾乎整個中國的北方，無論是城市或者鄉村，到處都有義和團在進行革命活動。在敵人統治最嚴密的政治中心北京城內，義和團就設壇八百餘所，景山後面的宮牆下，每天都有參加義和團的青少年在操練。
>
> 義和團嚴厲禁止洋貨，蔑視帝國主義分子。他們把駐有外國使館的東交民巷改名為「切洋街」，禦河橋改為「斷洋橋」。義和團在遊行時，經常同市民齊聲高呼「殺洋鬼子」的口號，使帝國主義分子聽了發抖。有的嚇得躲進棺材，雇人吹打著，企圖逃出城外。

1900年的六月，義和團的革命活動達到高潮，京郊各縣的義和團三五十人一隊，不分晝夜，一天數十起地湧進北京城內，守衛城門口的士兵，向他們致敬禮，為他們喝道讓路。浩浩蕩蕩的革命群眾，頭裹紅布，腰纏紅帶，鞋鑲紅邊，手持大刀長矛，在大街上威風凜凜地遊行。前門外打磨廠等處的鐵鋪裡，爐火熊熊，日夜不停地為義和團趕制各種刀槍。

在義和團運動中，青少年是一支最生動、最活躍的力量，他們在這次偉大的革命運動中，建立了不朽的功勳。震駭中外的「紅燈照」，就是當時北方許多地方女青年們的組織。她們很有紀律地自己組織起來，練習武藝，保衛祖國。她們著紅衣，戴紅帽，提紅燈，拿紅槍，前方作戰，後方除奸，積極參加義和團的起義行列，堅決反對帝國主義及其走狗，表現了中國青年婦女反帝、反封建的革命英雄氣概！

義和團的英勇鬥爭，是中國人民的光榮和驕傲，是五十年後中國人民偉大勝利的奠基石之一。它使侵略者親自嘗到了中國人民鐵拳的滋味，粉碎了帝國主義「瓜分」中國的迷夢。

讀了這些文字，我們已經分不清他說的究竟是紅衛兵造反派還是義和團了。看來，紅衛兵造反派正是義和團的嫡傳，文革則是近現代史上一切排外反外的延續。事實也確實如此，「反帝路」、「反修路」等新路名就產生自文革；聲勢最為浩大的反帝反修示威活動、用極端方式批判外國的文章，也是文革的產物；大量燒毀禁絕「封資修」書籍是文革的主要內容，而其中的資與修，指的正是外國；1967年8月，北京萬餘人闖入英國駐華代辦處院內一通打砸並縱火焚燒，更是文革中轟動世界的事件。曾經留過學的、去外國工作過的、與外國人結了婚的、由外國來華工作和生活的，甚至與港澳這兩處沾了外國邊的地方有關係的，還有信教的，在文革裡幾乎都被扣上「特嫌」的帽子，有人被關押，有人遭批鬥，所有人的親屬均受株連，這與義和團的愛國也是如出一轍。

忠君式的愛國，在文革中上升到極致。在反帝反修的巨大浪潮中，忠於偉大領袖、捍衛毛澤東思想是最大的目標；批倒劉少奇、林彪、鄧小平等帝國主義、修正主義代理人，也是為了保衛偉大領袖，堅持毛主席的革命路線；對帝國主義、修正主義和各國反動派的所有批判無不以最高指示為依據。保衛毛主席就是保衛中國，捍衛毛澤東思想就是捍衛祖國，這樣的思維邏輯，在文革中是舉國公認的。

三

文革中的愛國主義，應該說，具有其鮮明的時代特點。

馬克思列寧主義理論和共產主義思想，在文革中被不斷強化，這是文革愛國主義的歷史背景。這種強化儘管是以一種官方解釋為基準，而且總是配合運動、聯繫實際，但「多讀點馬列主義的書」和「讀點馬列原著」畢竟是最高指示，所以，馬列學習班、馬列學習小組在那個時代，尤其是進入七十年代以後，多如牛毛，在全國各地非常時興，而且，在書店和圖書館裡，馬克思、恩格斯、列寧、史達林的經典著述與注釋也是允許閱讀的主要內容。我在讀初中以後，就被吸收進馬列學習小組，經常在課餘時間與所謂的積極分子同學一起閱讀原著，有時還有政治老師輔導。究竟讀懂沒讀懂姑且不說，但那些說法卻深深印在腦海裡，比如《國際歌》的歌詞，比如全世界無產者聯合起來，比如國際無產階級的利益高於一切，比如工人無祖國，比如共產黨的最終目的就是要消滅階級消滅國家實現世界大同，比如第一次世界大戰是帝國主義之間的戰爭，無產階級不應該支持本國政府的戰爭政策等等。列寧從「資本主義崩潰論」出發，認為帝國主義是資本主義的最高階段，是社會主義革命的前夜，各國工人階級政黨應該利用戰爭造成的危機這一千載難逢的良機，積極組織和發動人民群眾奪取政權，並及時將民主革命轉變為社會主義革命，提出「使本國政府在戰爭中失敗」和「變帝國主義戰爭為國內戰爭」的方針，以便利用戰爭所造成的危機乘機奪取政權。這些說法，在今天看來，會被很多人指斥為賣國主義，可在那時卻是我們信奉的真理。

一方面是躁動的愛國主義，另一方面是真理式的共產主義，這兩者能夠被有機地整合起來，應該歸功於當時奉行的無產階級革命學說。愛國主義雖然狂熱，但還是無條件地統一於這一理論框架之內。反美的最終根據並非只是美國妄圖干預我國內政，試圖侵犯我國領土領空，將中國重新淪為殖民地半殖民地社會，而是因為美國是帝國主義國家，是資本主義世界的頭子，是國際無產階級的死敵，是社會主義和第三世界的對立面；反蘇也不僅僅是蘇聯虎視眈眈，覬覦我國領土，妄想控制我國，而是因為蘇聯是修正主義的頭子，是馬克思主義列寧主義和無產階級的叛徒。所以，無論美國的所作所為是否實際威脅或牽涉到中國政權，都會成為當時攻擊的靶子。美國在亞非拉的一系列政策和行徑與中國並無厲害關係，卻遭到中國猛烈的抨擊、激烈的反對；以色列並沒有將中國大陸政權作為敵人，但中國卻將以色列納入了美帝國主義體系，對以色列從不領情，所有的涉外講話、社論、政府工作報告，包括春節獻辭、新年賀詞，都會將以色列痛斥一通，「堅決反對猶太複國主義」是那個時代的人們最熟悉的話語；而以色列的對立面，不管與中國的切身利益是否有關，也無一不受到中國熱情全力慷慨的援助。對待蘇聯的態度也是如此。由於蘇聯是修正主義，修正主義就是革命的叛徒，人們對待叛徒的仇恨往往比敵人還要強烈，於是，幾乎所有反蘇力量都相繼被納入自己的戰友、朋友、盟友的行列。阿爾巴尼亞、羅馬尼亞遠在天邊，儘管與中國那時的國家利益毫不相干，但因為反蘇或不完全聽命於蘇聯，就受到熱烈追捧，被認定是真正的社會主義，「海記憶體知己，天涯若比鄰」，不惜投入大量資金和精力確立牢固的同志關係。各國共產黨、社會黨、工人黨內部分裂出來的勢力，無論多麼微不足道，只要反蘇，也一概如同親人一般，非但金錢資助、輿論支持，而且來華訪問時待之以上賓。凡是那個時代過來的人都不會忘記澳共（馬列）主席希爾同志，這樣一個在本國在世界根本沒有任何影響力的人，與中國國家利益完全不搭界，就是因為所謂的堅持馬列、反對蘇共，擁戴毛澤東，結果在中國家喻戶曉。為了對付美蘇這兩個意識形態上的敵人，也為了確立中國在「被壓迫民族和被壓迫人民」以及世界共產主義運動中的領袖地位，當時的中國還動用大量資金和武器支援、鼓動世界各地的武裝鬥爭，結果，許多國家，尤其是周邊國家，東南亞各國，因此與中國關係十分緊張，這顯然不利於國家的利益，但卻符合世界革命的大目標。如果當時中國是個富裕國度，有能力拿出閒錢去做這些事情，也還合情合理，猶如美國那樣，即使有蘇聯那樣的條件也還說得過去，可是中國人民當時恰恰正處於極度困窘的狀態。自己經濟拮据，卻用資金去支援別人；自己沒多少鐵路，卻把鐵路建到了別的國家，這恐怕不能說是愛國所致，只能用意識形態來解釋。

其實，將意識形態置於國家利益之上的做法，早在文革前就已經定型，只不過文革是意識形態的極端時期，因此顯得更為突出，更為偏執。文革前，文革期間，對待一些國家，由於是社會主義的國家關係，是鮮血凝成的戰鬥友誼，是同志加兄弟，是老大哥，所以在邊界問題，在領土爭端，在體育競技中，什麼事情都好商量；而當這些國家被認定是修正主義，或者對修正主義態度曖昧時，又不妨再將國家利益放在首位，以至水火不容。

今天，愛國主義依然是全社會最為盛行的主義，有時看起來似乎已經成為碩果僅存的主義，其狂躁外表與文革一脈相傳，其隨意隨機性卻強于文革，其非理性比文革更勝一籌。這是因為，文革期間的愛國主義始終局限於無產階級革命的理論框架之內，一直被階級鬥爭的意識形態所左右，沒有背離共產主義大目標的論說範疇。在文革中間，那些愛國言行，看起來似乎比今天更為激烈，但是，其最高掌控能力卻遠遠超過現在。沒有人會說美國人如何，法國人如何，蘇聯人如何，永遠將美帝國主義、美國政府和美國人民，蘇修、勃烈日涅夫和廣大蘇聯人民分得清清楚楚。火燒英國代辦處和其他瘋狂的排外行為，當權者曾竭力制止，相關責任人事後也都遭到嚴厲懲處，還被公開定性為反革命，紅極一時的王、關、戚也因此失勢，身陷囹圄。那時沒有人敢說個不字，更沒有人膽敢討論這是否是賣國或是對帝國主義態度軟弱。

值得研究的是，儘管文革期間，經歷了抗戰爆發三十年、抗戰勝利三十年等重大日子，雖然中日後來交惡的各種原因都存在，但中日友好的呼聲、支持日本人民反對美帝國主義的呼聲，始終高於其他聲音。日本從來沒有被當作主要抨擊對象，至多只說一句「美日反動派妄圖復活日本軍國主義」。也恰恰是在文革中間，中國大陸與日本建交。其實，早在沒有建交之前，中日民間往來就非常頻繁，而且熱情高漲，即使在文革爆發後也未見減弱，甚至還更熱烈。日本是接受文革影響最深的國家之一，由於日本民族的特點，毛主席著作、反帝反修、紅衛兵、造反，在日本顯得比中國還激烈還偏執。在華的日本人還組織成造反派，編輯刊物，瘋狂地投身中國的文革。日本左翼，包括赤軍，他們對毛澤東的熱愛，對周恩來的景仰，對中國的維護，對文革對中國革命對樣板戲對毛澤東思想的鍾情，比中國人還狂熱還持久，有的一直延續到現在。赤軍最初的目標就是要「粉碎美帝國主義和蘇聯社會帝國主義對中國的封鎖」。毛澤東或是周恩來對日本來華訪問的朝野人士也特別關照，基本是每來必見，情誼之深遠遠超過任何國家。齒輪座劇團、松山芭蕾舞團、新製作座文化中心等日本左翼文藝團體在文革中間不斷來華，既學習又演出，每次都受到隆重禮遇，他們還響應毛澤東的號召，周恩來的囑託，回國後常年堅持為大眾演出，到工廠、農村去。在周恩來誕生110周年紀念演出中，很多中國觀眾都發現在北京人民大會堂的舞臺上，日本新製作座合唱團的感情比中國演員還深厚，原來，他們常年將周恩來的接見與教導當作最大的榮耀，長期遵從周恩來的指示在日本民間為廣大勞動人民服務。中日之間的這種特殊關係，無論政府間是什麼關係，也不管是否建交，自上個世紀五十年代起一直保持，直至八十年代改革開放初期時達到最高潮。

在文革中間，我們知道毛澤東有一段著名的語錄：「愛國主義的具體內容，看在什麼樣的歷史條件之下來決定。有日本侵略者和希特勒的『愛國主義』，有我們的愛國主義。對於日本侵略者和希特勒的所謂『愛國主義』，共產黨員是必須堅決地反對的。」但是，這一論斷現在也根本不見有任何人重新說起了。

「為人民服務」與文革
——文革思想遺產斷想之七

顧土

《為人民服務》誕生於1944年，是追悼中共中央警備團老戰士張思德時的演講。40多年前，《為人民服務》又與《紀念白求恩》和《愚公移山》一起，被稱做「老三篇」，成為家喻戶曉的文章，人人都能背誦如流。「老三篇」是那個時代學生的課文、成人的「聖經」，文革初期，如果不會背誦「老三篇」，說不出其中的內容，還有受到批判的危險。

《為人民服務》原本是講演的題目，卻在文革中被演變為一種強有力的狂熱話語，人人都自稱「為人民服務」，個個都在爭奪「為人民服務」的話語權，尤其黨政軍部門，這句話基本掛在了口頭。在那個領袖紀念章五花八門、空前氾濫的年代，周恩來的胸前只別著一枚「為人民服務」的長方形像章，一時傳為美談；從文革開始，所有權力機關，無論大小，「為人民服務」成了影壁的唯一內容和大門的僅有裝飾，一直延續。

最近有學者提出，「為人民服務」的說法其實出自蔣介石，甚至孫中山，但不論發明權屬於誰，這5個字確實是在上個世紀的下半葉得到了大普及，在文革中上升到顛峰狀態。

極端的話語

在「老三篇」中，《為人民服務》遠不如另外兩篇有實質內容，800來字，通篇都是定性式、結論式、極致式、絕對式、自我肯定式的話語，比如「我們這個隊伍完全是為著解放人民的，是徹底地為人民利益工作的」；「為人民利益而死，就比泰山還重，替法西斯賣力，替剝削人民和壓迫人民去死，就比鴻毛還輕」。在《為人民服務》發表以後，作者在《論聯合政府》中再次提到了「為人民服務」，說法依然保持著這種語氣，叫做「全心全意為中國人民服務」。

假如僅僅是個宣傳口號，「為人民服務」的確顯得簡潔有力，作為一種悼念場合的講演，《為人民服務》空泛地下幾個結論，似也無需說三道四。況且，古今中外，大概沒有幾個政治家或是政權敢說自己不是為人民、為蒼生、為百姓的，估計更沒有任何人膽敢承認自己是「剝削人民和壓迫人民」的。「弔民伐罪」、「民為貴」，是我們熟悉古代話語，納粹德國政權和日本軍國主義也稱自己是為德國工人階級和日本國民謀利益的。可是，當「為人民服務」被敘說成一種歷史事實，或者當作一種執政思想時，尤其這個事實和思想還被按到了一個時代，我們就不能不探討究竟什麼才是「為人民服務」了。

「為人民服務」不是一種理論，也不是一種思想，理論需要系統，思想需要思辯，但在《為人民服務》以及作者的其他文字中對「為人民服務」並沒有具體闡釋，只是一個絕對結論套著另一個絕對結論，似乎這個結論就是下一個結論的依據和理由，至於這個結論如何形成的，卻不見表述。所以，「為人民服務」更像一種號召和座右銘。

《為人民服務》近似於隨機式的演說，不過，將這樣的演說升級為經典文章有失嚴謹。張思德作為「為人民服務」的代表缺少典型意義，他是中央警備團的戰士，其服務對象不是公眾。另外，其中重要的一段話，「因為我們是為人民服務的，所以，如果我們有缺點，就不怕別人批評指出」，也經不起推敲。不為人民服務的人，照樣可以不怕別人指出缺點，比如中國歷史上如李世民、魏征那樣的君臣。假如他們也可以歸入「為人民服務」的行列，那麼，「為人民服務」就失去了現代思想的創造價值和社會主義的典範意義，無非是古代明君賢臣的簡單重複而已。

《為人民服務》對文革時期的最大影響，恐怕有四，一是在知識荒蕪的年代裡普及了一個司馬遷，還讓當時語言單調貧乏的中國人都知道了「重於泰山」、「輕於鴻毛」這兩個詞；二是大面積推廣了張思德這位普通一兵；三是為當時盛行的極致語言提供了樣本，徹底、完全等等，與最、最、最同屬一個話語體系，將好話一概說到了極端，並且說盡；四是顛覆了中國傳統的喪葬風俗，從此，追悼會的形式覆蓋了全國所有角落，延續至今。

語言的極端不但在《為人民服務》中屢屢出現，而且在「老三篇」之一的《紀念白求恩》中也是一景，例如「毫不利己，專門利人」，「極端的負責任」，「極端的熱忱」等等。用極端式的語言形容一個時代，比如文革或納粹德國，未嘗不可，因為那本身就是極端的歲月，什麼都是登峰造極，但作為道德倫理的號召，極致的語言卻只能停留在說教的層面上。人是有血有肉有情的，難以達到極致的狀態，即便一時一地有可能達到，也不可能事事或恒久地堅持。不過，由於極端的語言易於煽動情緒，也易於博得無理性讀者的充分信任，所以，革命家或道德家，即使「己所不欲」，也願意以此為號召，藉以增強個人的道德號召力，增加他人道德上的欠缺感和罪惡感。

說起來容易做起來難。究竟有多少人是「完全是為著解放人民的，是徹底地為人民利益工作的」，是「全心全意為人民服務」的，是「毫不利己，專門利人」的呢？歷史事實和我們每個人的生活體驗都可以證明，在某些時候某些事上，甚至許多時候許多事上，「為人民服務」是可能的，但「完全」、「徹底」、「全心全意」卻不可能，「毫不」、「專門」更無可能，即便少數人有可能接近這樣的狀態，但也無法成為多數人的榜樣。幾十年來，包括文革時代，樹立的那些個英雄模範，過後基本沒人相信，理由就是這些人都被徹底神化，在所有宣揚他們的演講和文字中見不到任何缺陷和錯誤，個個都那麼「完全」、「徹底」、「全心全意」、「毫不」、「專門」。可惜，沒有缺陷和錯誤的不是人，是神，神是可敬而不可及的，於是，我們的社會永遠只有幾個英雄模範在那裡供人膜拜，而大多數人與他們的距離卻如天壤。

極端的話語只會出現在極端的意識形態思維裡，比宗教更宗教，難以轉化為常人的行為。中國古代有「二十四孝」，但孝是事，不是講某人的一生，除了「為母埋兒」過於殘忍外，其他皆常人可以為之。基督教裡的聖徒，甚至十二使徒，也有過錯，還有一個轉變的過程，將他們的行傳與我們宣揚的那些英雄模範事蹟相比，恐怕也有諸多不及之處，起碼不是有生以來就那麼「全心全意」或者「完全」、「徹底」的。

圍繞「為人民服務」而出現的一系列極端話語是《為人民服務》作者的發明，但是估計連他自己也未必相信。「我們這個隊伍完全是為著解放人民的，是徹底地為人民利益工作的」，這句定性式的話語後來正是被他所發動的文革所否定了，文革對「我們這個隊伍」裡多數人的批判和定論表明，他們既不「完全」，也不「徹底」，甚至還相反。吳玉章也曾被認定為「幾十年如一日，一貫的有益於廣大群眾，一貫的有益於青年，一貫的有益於革命」，算是最高典範了，可是他晚年並未「有益於」文革，而是十分反感，放在無產階級專政下繼續革命的話語裡，這恐怕也不能算「完全」和「徹底」。周恩來在文革前被形容為「離右派只差50米遠」，文革中又屢遭批評直至批判，看來他也不屬於此列。那《為人民服務》作者自己呢？他自稱是「三七開」，這證明「徹底」、「完全」、「全心全意」在他身上照樣行不通。

值得思考的是，領導中國共產主義革命的那些人物，主持中國社會建設的那些黨政官員，在幾十年的政治生活中，尤其在文革中，很少與「完全」、「徹底」、「全心全意」為人民服務沾邊，相比而言，縣以下幹部，特別是工農兵，反倒成了「為人民服務」模範的首選。究其根由，在於前者大多是歷次政治運動的批判對象，歷史言行、現實表現，都暴露於大庭廣眾之下；而後者名不見經傳，知道的人有限，所以在輿論中容易塑造，十全十美的形象不會被迅速打碎。

空洞的「人民」

講「為人民服務」必須清楚什麼才是「人民」。在長時期的意識形態思維中，在階級鬥爭主導一切的時代，「人民」的內涵與現在有很大的不同。依照那個年月的劃分，地富反壞右肯定不屬於「人民」，歷次政治運動被批判打擊的對象也不屬於「人民」，文革中被揪出來的「死不改悔的走資派」、「叛徒」、「特務」、「階級異己分子」等等更不屬於「人民」。所有這些不屬於「人民」的人在各個歷史時期也不相同，即使文革期間，每個階段都有每個階段被趕出「人民」行列的群體，例如「五一六分子」，所以說，「人民」的內涵也在不時轉換，無一定之規，任何人都有可能一覺醒來被踢出「人民」的隊伍，不再是「人民」的一分子了。既然「人民」本身的流動性很強，非「人民」的隊伍在不斷壯大，於是，不作為「人民」而不被服務也成為階級鬥爭，尤其是文革歲月的普遍景象，其實，不要說服務，那些不屬於「人民」的人及其親屬就連最起碼的做人資格也遭到剝奪，成為管制、監督的對象，長期受到非人的待遇。

非「人民」的群體與服務無緣，那麼，姑且棲身於「人民」行列中的那些人在文革中是否就能得到「全心全意」的服務呢？

「為人民服務」，從直接的服務講，主要來自著兩個方面，一是權力機關，二是服務業。研究「為人民服務」的歷史，不難發現，在這兩方面，不用說「全心全意」，即使連最普通最起碼的服務，在文革和文革前後的很長時間裡也從來沒有落實過。

「為人民服務」，首先就應該直面具體的人民，也就是一個個活生生的人，連具體的人都不接觸，服務從何而來？可是，門口站崗，沒有崗哨的就設傳達室和門衛，大院加圍牆，門禁森嚴，卻是人人非常熟悉的權力機關的特徵，也是普遍的事實。在我們的生活經驗裡，具體的人民找上門來，權力機關的門房無不追問「找誰」，還要填寫詳細的會客單，這證明權力機構面對的不是人民，只是熟人。在文革中，這種與具體人民不見面的「為人民服務」的情形從未得到改變。文革初期，所有的權力機構儘管都受到衝擊，造反的人群一擁而進，但裡面的人已經不能「服務」，衝入的人當然也沒想得到「服務」，其結果只是機構的徹底癱瘓；1969年以後，新的權力機構形成，可惜一切照舊。大門依然有崗有門衛有傳達室，具體的人民依然進不去，一些單位由於被軍管或納入軍隊編制，門衛也由單位職工改為軍人，門崗的警惕性、排他性還遠遠超過了文革前，陌生人更無接近的可能。由於「為人民服務」口號的普及，凡是黨政軍權力機關無不以「為人民服務」作為影壁，無不以「為人民服務」作為進門當頭的第一標語。可這些地方恰恰都是具體的人民不能進去的所在，也是具體的人民連探頭和駐足皆無可能的場所。具有諷刺意味的是，影壁的作用是在大門內遮罩視線，而以「為人民服務」作為影壁，其目的恰恰就是用「為人民服務」來遮罩人民的視線。

信訪，是具體的人民向權力機構訴求的唯一途徑，也是權力機關接觸具體人民的專一管道。幾十年信訪的情形究竟如何，過來人都很清楚，在這種地方不必說服務了，就連基本的尊重都沒有。文革期間，由於冤假錯案和肆意的批判遍佈全國各地，上訪更是超過了文革前，每一次運動之後，北京和各地省會的上訪便會形成高潮。文革結束，上訪成了全國一大風景，也是一大後遺症。我住在北京，也在北京讀書，街頭巷尾、各權力機關門口的上訪長龍是我常見的景象，一直到80年代，我在北京一家報社工作時，門口的上訪人群大多還是為了文革遺留的問題。上訪的存在，正是因為各地大小權力機關「為人民服務」的缺失造成的，一旦「為人民服務」變為現實，也就沒有上訪的必要了。

為人民提供基本生活住宅，居者有其屋，是起碼的為人民服務。可是，住房短缺早在文革前就已經成為各城市面臨的問題，到了文革，住房不但沒有任何改善，反而更為緊張，狹窄、局促、逼仄，幾代人擁擠於一間簡陋的房屋內，缺少基本的生活設施，是極為普遍的景象，文革結束時，住房成了每戶城市普通居民生存的第一難題。與此同時，如西湖劉莊這樣大面積的園林，如曾經是舊時代達官顯宦私有的北京四合院，當年以各種名義被佔有後並沒有供人民使用，而是在公家的名義下由權勢人家或黨政軍權利機關享有，與舊時代幾乎一脈相承。尤其北京的一些極為寬敞的四合院，高牆紅門，其深似海，過去是官邸，如今依舊是官宅，並且與四周普通居民低劣的居住條件相比，反差更為強烈。所有這些，在文革中始終依舊，只不過有些地方換成新主人罷了。

以人民打頭的各種本應「為人民服務」的部門，比如人民鐵路、人民郵電、人民衛生等等，無論文革前後，還是文革期間，其服務如何，也和信訪一樣，是人人再明白不過的事情。用不著舉例，也無需統計，態度惡劣、不理不睬、一問三不知，看病難、住宿難、洗澡難、乘車難、購物難，甚至在飯館吃飯都難，是我們對那個時代的鮮明記憶，有些服務視窗好象還專門挑選那些尖酸刻薄、氣勢洶洶、堅決不與人為善的人來坐鎮，這是計劃經濟體制和人治帶來的弊端，大鍋飯、鐵飯碗、缺乏監督，正是後來改革開放力圖解決的社會現象。文革的矛頭並非對準計劃經濟體制和人治，僅僅依靠發號召、貼標語、搞運動、服務人員與工作人員學習「毛選」後的自律，也不足以從根本上解決體制難題，而且，由於所有約束機制都被打破，種種弊端在文革中還顯得更為突出。1969年至1970年，我隨父母「下放」江西餘江縣。當時人民解放軍的地位空前之高，江西有一條規定，解放軍在任何時候都可以不排隊，而買東西排長龍又是那個時代的街頭特徵，結果，凡是駐軍多的地方，買緊俏商品就特別難。當地每月每人只供應半斤豬肉，只要買肉就必然排隊。我的父母遠在六七十里路以外的農村勞動，一個季度才允許回家一次，每月買肉的重任就落在我11歲的哥哥肩上，我記得他常常空手而歸，說肉都讓前面的解放軍叔叔阿姨買走了，有一年除夕，他排了一整天才買回一個豬頭。

在服務行業常年流傳著一句名言：我是為人民服務的，不是為你一個人服務的！只要顧客對服務者有所不滿，指責服務者不為人民服務時，這樣的回應便脫口而出。這句話正道出了人民的空洞。人人都將人民掛在口頭，卻不知道人民是由一個個具體的人所組成的。也正是人民的這種虛幻性，還讓一種說法暢行多年，叫作為了人民的根本利益。所謂根本利益，也和人民一樣，看不見摸不著，想怎麼說就怎麼說，幾十年來變幻莫測，成了狡辯的說辭。在人民根本利益的掩蔽下，文革前後40年，城市住房建設常年停滯，一大家人擠在一間屋裡是普遍狀態；物質供應年復一年處於高度緊張之中，什麼都憑票證；人口不能流動遷徙，一頂農業戶口的帽子可以世代相襲。

早在文革前，逃港的人就已經不計其數，文革期間更是達到高峰，上世紀五十年代到八十年代初共有百萬之眾，他們來自全國各地，其中多數屬於「人民」，有許多還是普通農民、中共普通黨員。這些人膽子大、不怕死，做鬼都要逃出去，其實背後還有更多的人，只不過沒敢踏上這條險途罷了。上世紀九十年代，我多次去黑龍江、吉林和雲南，還瞭解到，文革中間，逃亡蘇聯和朝鮮的老百姓非常多，從中緬邊境出逃的人也不在少數。那個年代，只要有一點「為人民服務」的事實存在，怎麼會有這麼多人不顧性命逃向外國和境外，這也說明，那時的中國社會，不要說英國治下的香港，即使蘇聯、朝鮮甚至緬甸，也遠遠不如。

原本已經非常集中的權力，文革時更為集中，對獨裁的任何「進諫」、「批評」都蕩然無存，唯我獨尊，個人專權和個人崇拜比文革前還要嚴重百倍，中共九大選出的中共中央政治局只有兩個女委員，一個是最高統帥的妻子，一個是副統帥的太太。家天下的時代，不可能「為人民服務」，只會為自家服務。在公檢法尚存的年月裡，冤假錯案尚且不斷，而文革中公檢法先是被砸爛，隨後又取消了其中的檢，公和法長期由軍代表、軍管會中幾個人說了算，審理既無辯護，也不監督，只有宣判，所謂群眾討論實際是教育群眾、煽惑群眾，群眾根本沒有決定權和制約權。在一個司法權力毫無制約，人的命運被草率決定的時代，一切都為獨裁專制服務，不會為人民服務。

人民，這一原本與民間劃等號的詞彙，其實，經過意識形態的的長期錘煉，早和民脫離了任何關係，凡是稱做人民的，不是官就是官辦，包括那些報章雜誌出版社。正因為人民身份的實際轉換，為人民服務的對象也發生了變化，自己就叫人民，就代表人民，就是人民的化身，何須再去服務？值得深思的是，早在上世紀40年代，公共權力的說法已經進入了我國的政治話語，這在當年的詞典中即可看到，但在50年代以後的很長時間裡卻銷聲匿跡了，直至近些年，公共權力、公權力、公權一類的語詞又重新從港臺傳入，公共逐漸替代了人民，而公共較之人民更具實際指向，更有操作性，起碼一看便知是大家的。

倒退的服務

文革這場巨大的政治運動，包括其中的大小運動，事實上都在蔑視服務和否定服務，是對服務的最大反動。因為依照文革意識形態思維，服務者是勞動人民，而被服務者則屬於非勞動人民，在我們當時所受的各種教育中，接受別人的服務就是剝削階級思想，自己動手才是無產階級的優良品質，這還是入黨入團以及所謂要求進步的衡量尺度。

改革開放後，顧客逐漸被拔高成上帝，這時我們才知道，原來在世界上許多地方，在中國的過去，有一個優秀的服務傳統，就是服務員，或者叫夥計、店小二，一旦與顧客爭執，店老闆肯定將過錯推給自己店內，也就是說，顧客向來沒錯。但在文革前，對舊時代服務業回憶，往往將顧客視為剝削階級的老爺太太和小姐公子，是一群壓迫者，而將服務員認定為勞動人民，是被壓迫者，如果顧客和服務員發生糾紛，老闆向著顧客，批評或開除服務員，就會被歸入舊社會萬惡的一種。這種思維方式從《滿意不滿意》等文藝作品和各類對舊社會服務行業描述中顯露得十分明確。文革開始時，憶苦思甜遍佈各地，在階級鬥爭貫穿一切的思維中，只要說到舊時代的服務業，其形容更甚于文革前，發展到以服務和被服務作為剝削階級和非剝削階級的劃線。在這樣的思想主導下，新社會當然不能再允許剝削階級思想和行為的存在，結果，文革初期，那些直接的服務，特別是看起來像是侍候人的服務，比如保姆、三輪車夫等一時間都被取締，還曾有一個時期，飯館不再為顧客提供任何服務，連碗筷都要由顧客自行送回廚房，甚至自己洗刷，服務員只剩下開票的業務；第一批顧客進入飯館和商店，還要早請示，唱頌歌，共同祝福偉大領袖和副統帥萬壽無疆、身體健康。文革後期，由於服務業水準的急速下降，連工農兵和新權貴都已無法容忍，又不得不進行服務光榮、服務員不是伺候人的教育。

一方面高喊「為人民服務」，一方面卻又宣稱勞動人民當家作主、是社會的主人公，於是，在大鍋飯的體制內，一個自認為已經可以做主的人，頭腦裡裝著空洞虛幻的人民，當面對具體顧客時，不知道如何服務也就成了理所當然的事情。

舊時代的服務業究竟什麼模樣，如今只要看看對同仁堂、全聚德的回憶，就可以知道個大概了。在我的記憶裡，文革時期和文革前的服務業，只要上點年紀，也就是在舊時代受過服務薰陶的人，大多熱情、有禮、服務技術嫻熟，而年輕些的，也就是長在紅旗下的服務員，都很生硬，一臉不屑，常和顧客吵架，最凶的就是商店、飯館、理髮店和旅館，顧客和服務員的關係常年處於顛倒狀態，顧客反而需要和服務員拉關係、套近乎，對他們說話、打交道，有時簡直就是發怵。至於原來我們樹立的那些為人民服務的典型，等到我們改革開放後走出國門後才終於明白，無論見義勇為、捨己救人、默默奉獻，還是敬業愛崗、樂於助人、先人後己、與人為善，包括做好事、不浪費、勤儉節約、義務勞動、向災區捐贈善款，在許多民主國家極其普遍，做得比我們的那些典型還要好很多倍。因為十分普及，所以他們從來也無須大肆宣揚。由我們那些為人民服務典型的所作所為也可以看出，事實上，我們的服務道德標準並不高，只屬於民主國家基本的公民水準。

地鐵是人民大眾的交通工具，最能體現「為人民服務」的實質。但是1969年通車的北京第一條地鐵，也是中國大陸的第一條地鐵，從建設之初就不是「為人民服務」的，而是為了少數人製造出的戰備服務，以便及時將權力機關順利撤出城市，因此，地鐵裡幾十年來保留著許多不為人民著想的硬傷，可以稱之為世上最差的地鐵。車廂中間沒有扶手，當地鐵擁擠時，多數人只能隨車搖晃；兩旁的扶手過於靠近座椅，以致人多時佇立乘客的文明扣恰好對準坐客的鼻翼和嘴巴；車站沒有為老弱病殘乘客提供任何便利條件，從不考慮他們如何才能上下；北京火車站的地鐵站居然不和火車站連為一體，這在世界都是絕無僅有的。不僅地鐵，在我們所有的城市，無障礙通道、盲道、殘疾人方便處，幾乎所有事關「為人民服務」的基礎設施，幾乎都是改革開放以後，尤其是亞運會、奧運會等國際盛會的召開，才從外國學來，引入國內的。

醫療隊大量下鄉，被很多人認定為文革時代「為人民服務」的有力證明。可是這種下鄉是在醫療規範被摧毀，業務考評被廢除，醫院建設被破壞，醫學專家被打倒，中外醫藥交流被終止，醫學教育被停止或者嚴重下滑的情況下出現的，而且還是在極其有限的醫療資源內從城市中分割出來的。嚴格地說，是在毀壞了醫療為人民服務的基本環境，降低了醫療為人民服務的整體水準，犧牲了城市人民醫療條件後，城鄉醫療之間短暫獲得的部分公平，而這種暫且的公平也不屬於制度建設，更類似運動，根本不能長久。

文革期間，在「為人民服務」最為重要的地方一醫院，還發生了服務的歷史大倒退，這種倒退一直影響至今，40多年來給無數患者，尤其是患者親屬帶來了無窮的麻煩，干擾了醫院正常的醫療秩序，讓混亂、嘈雜、骯髒、感染成為中國大陸病房一大特色。我在文革前因病住在北大醫院一月有餘，每週只允許親人探視一次，吃飯、輸液、大小便，一切均由護士照顧。那時的護士和護士長給我留下非常親切的回憶，她們多是舊時代培育出來護理人員，護士長畢業於教會學校，慈眉善目，輕聲細語。而文革中間，我母親因心臟病先後住進南昌和北京的醫院，大小事情卻一概由家屬照看，那些護士，多是新中國培育出來的年輕人，只管打針、發藥、量體溫，連查看點滴進度都由親屬代勞，而且態度蠻橫，冷若冰霜。從那時起，病房內住著一群親友團成為醫院一大景觀。

文革前許多醫院都實行過「無陪伴」制度，這延續自更早的歷史，但從文革開始卻被廢止了。文革時期為什麼會廢止「無陪伴」制度，我在相關的檔案館至今尚未查閱到有關檔案，據北京協和醫院一位退休的護士長和北京第六醫院一位退休多年的醫生回憶，當時並無具體的指令要求廢除，都是各個醫院跟著潮流和風氣逐漸轉變的。那時的各種服務統統被斥責為資產階級剝削階級思想，加上醫院不斷派出醫療隊下鄉，人手嚴重不足，願意端屎端尿伺候病人的護士又日益減少，於是，乾脆就隨著風向減少了護士的服務，改由病人親屬承擔，而且承擔的越來越多，直至全部由親屬負責。為了體現階級感情，當時還興起了由單位組織病人同事輪流護理病人的風氣。利用上班時間看護，薪水照發，等於是醫院將自己的工作轉嫁給病人單位了，不過，平時關係好的同事就認真，關係一般甚至不好的同事就草率馬虎，護理中實際攙雜著單位平時的人際關係。親友護理最大的問題就是嚴重破壞了醫護環境，增加了感染的可能性，因為是外行護理，對病人的恢復也沒多大幫助。

南丁格爾有一句名言：護士就是醫院的女傭。這也是真正護士的最貼切的形容。但經過文革後，今天我們四周的護士還算護士嗎？

前些年在各地都興起了所謂承諾制度，各權力機關和權力人物無不在那裡信誓旦旦地發表承諾。其實，幾十年來，最不缺的就是承諾，最缺就是完善的監督機制和客觀獨立的評估系統。「為人民服務」正是當初最大的一個承諾，但因為沒有監督，所以只能停留在口號中；因為缺少獨立的評估，所以無法顯示出這種服務究竟如何，人民的滿意度到底是多少，尤其那些公共權力機關的服務更是如此。在文革中，監督機制和評估系統，我們聞所未聞，想也沒想過，「為人民服務「自然就成了一句自我標榜的時代大話。

榜樣與文革
——文革思想遺產斷想之十一

顧土

毛澤東的時代是英模輩出的時代，那些被樹立起來的英雄模範，其名字經過日復一日地宣揚，一個個響徹雲霄，其事蹟經過反覆灌輸，不能不深入全國男女老少極其有限的記憶空間，他們的豪言壯語更成為全社會毋庸質疑的座右銘。那個時代的中小學課本裡，英模事蹟是重要部分，無論是高度藝術化的典型情景，還是非常人所能吐出的一字一句，深深印刻在幾代人的心中，最終成為億萬男女持久的思想資源。

自上個世紀六十年代開始，伴隨著階級鬥爭的沉重腳步，緊跟著政治運動的疾風暴雨，英模產生的頻率加速，宣傳規模也達到頂峰，學習的熱度都在一百以上，連日記，這種隱私性最突出的文字都成了被不斷加工修改的公開出版物。文革時期，英模也是文革話語的一種有效表達形式和文革成就的有力顯示，在文革各個不同歷史時期誕生和學習的英模與文革的進程密切相聯，準確傳遞出文革發展的思想脈絡，其意識形態特徵更為鮮明、時代思維模式更為典型、塑造的痕跡更為明顯。

文革期間學習的英模有兩類，一類是文革期間產生的人物，而另一類則來自於文革之前。文革前出現的英模能夠順利延續為文革期間的榜樣無不具備這樣幾種特點：一是受到毛澤東題詞和表彰，二是以學毛著聞名，三是其英雄表現都是階級鬥爭和保衛國家財產的簡單結果，以軍人和未成年人為主。所有英模都是每個時代所宣揚的意識形態主題的成果，即使沒有這樣的主題，也會加工改造直至成型。

極端個人崇拜的典範

極端個人崇拜是文革得以順利發動的主要原因，文革又反過來強力推進了極端個人崇拜，直至空前絕後。而極端個人崇拜的形成與上個世紀六十年代初開始的學毛著運動密不可分，正是一浪高過一浪直至最終成為日常鐵定行為的學毛著，才使後來的文革鋒芒所向披靡，所有被打倒、清洗的人無不在反對毛澤東思想的罪名下遭到社會的唾棄和批判。

學毛著運動首先從軍隊開始，再推向全國各地，其主要推手是林彪。1959年廬山會議後林彪主持軍委工作，1960年9月中央軍委在北京召開擴大會議，根據他的提議，會議以加強政治思想工作為議題，號召要高舉毛澤東思想偉大紅旗，把學毛著運動推向新的高潮，學毛著應該擺在一切工作的首位。1961年1月，林彪在關於加強部隊政治思想工作的指示中又推出了影響深遠的學毛著方式：「要帶著問題學，活學活用，學用結合，急用先學，立竿見影」。由於他的竭力宣導和全軍全國各級的極力推動，活學活用、講用會後來成為中國政治學習的普遍說法和主要形式。發行總數曾經達到50多億冊《毛主席語錄》也首先出自軍隊，再版前言就是林彪的手筆，全國上下無人不知、無人不曉，不但熟記於心，還被譜曲演唱，成為中國音樂史的一景。

毛澤東時代的英模大多為軍人，他們無一不被宣傳為活學活用毛著的積極分子，從言談到日記，都被毛著的「光芒」所籠罩，將毛著所有字句的注解和應用一概發揮到了極致；他們個個都是誓死捍衛毛澤東思想的表率，標準形象就是捧著一本毛著在那裡如饑似渴地閱讀。而毛澤東又不斷發出學習解放軍的指示，讓軍人英模的榜樣作用更加突出，做毛主席的好學生、做毛主席的好戰士，是那個時代英模的根本方向和最高理想。對王杰的宣傳，按林彪的指示是，我們宣傳王杰同志，主要宣傳他的優秀品質、模範行為和他活學活用毛主席著作。於是，王杰成了活學活用的典型。劉英俊是「毛澤東思想武裝的又一個偉大共產主義戰士」；呂祥璧是「無限忠於毛主席，無限忠於毛澤東思想，無限忠於毛主席的無產階級路線」，「為我們作出了樹立毛澤東思想絕對權威的榜樣」；李文忠是「毛主席熱愛我熱愛，毛主席支持我支持，毛主席指示我照辦，毛主席揮手我前進」；門合是「一切服從毛主席，一切緊跟毛主席，一切為著毛主席」。

學毛著，不是我們平時所講的閱讀或學習，也遠遠超過了教徒對宗教經典的崇敬心理，這種學習無益於思考，更沒有多少知識可以獲取，而是在其中尋找臣服、膜拜的感受，通過學習再提升臣服、膜拜的水準。在對英模的大規模宣傳中可以發現，登峰造極的個人崇拜幾乎是英模們生存的目的。

「昨天我聽到一位從北京開積極分子代表大會回來的同志作報告。他說，毛主席在北京接見了他們，毛主席的身體很健康，對我們青年一代無比的關懷和愛護……當時我的心高興得要蹦出來。我想，有一天我能和他一樣，見到我日夜想念的毛主席該有多好，多幸福啊！可巧，我在昨天晚上作夢就夢見了毛主席……我一定爭取實現自己最美好的願望，真正見到我們最偉大的領袖毛主席。」

「昨天晚上，領導宣佈我代理副班長職務，可是能力不足啊！感到壓力不小，自己又無領導能力，又無經驗，有些畏縮。感到了困難，我就想起了學習毛主席著作，於是我就找到〈關於重慶談判〉一文，在這一文中毛主席說：『什麼叫工作，工作就是鬥爭。那些地方有困難、有問題，需要我們去解決。我們是為著解決困難去工作、去鬥爭的。越是困難的地方越是要去……』毛主席又說：『艱苦的工作就像擔子，擺在我們的面前，看我們敢不敢承擔。』學習了毛主席著作，又對照了自己，毛主席不正像對著自己說的嗎？」

這是六十年代兩位著名英模雷鋒和王杰的日記摘抄，是否原文，無從得知，但公佈、學習、宣揚這些日記，就清晰地表達出，全力推進極端個人崇拜是當時樹立英模的主要目的。

階級鬥爭、路線鬥爭的產物

階級立場鮮明、階級鬥爭勇敢，是文革和文革前出現的各類英模的基本標準。他們的產生緊隨階級鬥爭的時代風向，清晰地表達出階級鬥爭的歷史特徵。在他們身上，讓我們看到了階級鬥爭理論的宣傳要素，假如失去了階級鬥爭的大背景，其英模主題就會喪失了那個時代的傳播意義，如果沒有階級鬥爭殘酷性的社會造勢，他們的英模形象也不會顯得那麼高大。那個時期的所有英模，無論原始的，還是塑造的，可以說，幾乎都與階級鬥爭思想結為因果關係。

文革前的英模形象個個都是苦大仇深，出身在貧苦勞動人民家庭，因為受盡地主資本家、國民黨反動派、帝國主義的壓迫和剝削，所以才熱愛毛主席，熱愛無產階級的革命事業。反抗過階級的壓迫，與階級敵人進行過鬥爭，或與階級敵人英勇鬥爭而犧牲，是描述他們的人生時鐵打不變的內容。而進入文革時期，英模們的行為又一律加進了路線鬥爭，捍衛文革的勝利果實、保衛新成立的革命政權、保護紅衛兵小將、反對修正主義一類的內容成為主題。即便缺乏這樣的素材，也要在藝術化加工時塞進類似的情節。

龍梅和玉榮的故事當年家喻戶曉，其實，最早發現他們、搶救他們的是牧民哈斯朝祿及其子那仁滿都拉，但哈斯朝祿屬於「管制分子」，結果在所有的宣傳中非但一概抹去，而且還在以後創造的文藝作品裡將他演變為反面人物。蔡永祥，這位「一心為公捨身搶救紅衛兵列車」的人物，當年凌晨2時34分，一列載有大批大串連紅衛兵的列車就要開到時，正在橋頭警衛的他，忽然發現橋南鐵路上橫著一根大木頭，他馬上意識到「這是對無產階級文化大革命懷有刻骨仇恨的階級敵人在搞破壞活動！」就在列車已經駛近的剎那間，他奮勇上前全力抱起了那根大木頭，使列車順利通過，「紅衛兵保住了，錢塘江大橋保住了！」但我們始終不知道階級敵人是誰，那根大木頭如何會橫在鐵路之上。而呂祥璧搶救的是學生，當然也可以算紅衛兵，李文忠則犧牲在「支左」的崗位上，在鬥合的優秀事蹟中還有堅決反對「大比武」的言論，而「大比武」恰好又可以歸為羅瑞卿的反革命修正主義軍事路線。

在文革和文革前還樹立了一大批活著的的榜樣，他們的所作所為與階級鬥爭和路線鬥爭的發展同步，成為緊跟毛主席革命路線、學習毛主席著作、實踐毛澤東鬥爭哲學的模範，一些人還成為自中央到地方的領導，或者中央委員、人大代表，比如陳永貴、吳桂賢、李素文、邢燕子、侯雋、張鐵生等等。與生死英模同步被宣傳推廣的還有一批舞臺、銀幕和小說裡的榜樣，他們當中有的是以真人為原型，有些則是依據「三突出」創作原則創造的，不管前者後者，都是階級鬥爭、路線鬥爭的模範，外加一些抗日戰爭中的高大亮形象，例如《閃閃的紅星》的潘冬子、《海港》的方海珍、《龍江頌》的江水英、《豔陽天》的蕭長春、《金光大道》的高大泉、《智取威虎山》的楊子榮、《沙家浜》的郭建光等，他們的階級語言、他們的鬥爭唱詞也是全國學習的文化課程。

階級、革命、鬥爭、共產主義，都是文革前和文革中出現的英模身上的主要標記，周恩來為雷鋒的題詞「向雷鋒同志學習，憎愛分明的階級立場，言行一致的革命精神，公而忘私的共產主義風格，奮不顧身的無產階級鬥志」，凝練、鮮明地體現了那個時代學習英模的定位。失去了這些標記、離開了這些定位，就不再屬於那個時代的英模、也不是那個時代學習英模的根本目的。

當年婁盛茂和傅庚辰都寫過同樣的雷鋒頌歌，其實，後者的作品更抒情，更動聽，但前者的作品卻成為雷鋒頌歌的代表作，這是因為前者的作品比後者更為直白簡易地表達了學習英模的時代要求：忠於革命忠於黨，愛恨分明不忘本，立場堅定鬥志強，立場堅定鬥志強！

打倒舊英雄　編創新先進

文革是對以往革命和歷史的一次徹底否定，儘管其中自相矛盾，難以自圓其說，但在瘋狂的情緒下，難得有人去認真思索文革思維的荒謬性。對待從前的英雄模範，文革的主導者和呼應者們也不例外，一概以懷疑的眼光重新審視，個個過濾一遍，似乎只要被捕過，只要和所謂黑線有點牽連，只要在國民黨政府任職，只要是海瑞式的清官，只要是帝王將相，都逃不過一劫。

王孝和，這個名字在我記事時就牢記於心，因為在連環畫和電臺廣播裡他是個不斷被宣傳介紹的烈士，叫「不死的王孝和」，說他是工人階級傑出代表，曾組織上海工人大罷工，被捕後堅貞不屈，犧牲前還寫下三封遺書，死時年僅24歲。可在文革中他成了自首變節分子，受到大規模的揭露和批判，還和劉少奇在白區的投降主義反動路線聯繫起來。

向秀麗也是我少年時熟悉的名字，她出生在貧困的工人家庭裡，9歲就給地主當丫鬟，十一歲就靠做童工過活，饑餓和疾病奪去了兩個哥哥、兩個姐姐和一個弟弟的生命。1949年以後，她自然而然地成了工人中的積極分子，還加入中國共產黨。1958年12月13日，當她所在車間因酒精瓶破裂，蔓延起火時，她奮不顧身，側身臥地，截住燃燒著的酒精，避免了爆炸，但因傷勢過重，次年1月15日去世。這樣一個極其完整的革命形象，在文革中也被廣東紅衛兵小報無情揭發，發表專刊《向秀麗事蹟真相》，說她是陶鑄等人捏造的英雄，揭發文章的標題很醒目：墨寫的謊言，掩蓋不住血寫的事實！

時傳祥在文革前更是一位全國家喻戶曉的掏糞工人、勞動模範，在文革中卻和劉少奇掛上了鉤，被稱為「工賊」、「糞霸」，飽受凌辱，還被趕回老家。中共歷史上的一些領導人，比如瞿秋白、王若飛等人，在文革前的形象是英勇不屈，而文革中都成了叛徒的典型。

文革對舊英雄的否定遠遠不止於中共的歷史，而是將上下五千年都來了個悉數清理，從炎帝、舜帝、大禹到霍去病、包拯、嶽飛、海瑞、袁崇煥都被掃蕩一淨，有的墓被砸爛，有的遺骨被拖出來遊街，有的碑匾被搗毀。連抗戰名將張自忠都被認定為漢奸，以他的名字命名的張自忠路也被改為工農兵東大街。在毛澤東的認可下，太平天國的忠王李秀成早在文革前就被定性為叛徒，一直批判到文革，連中共領袖瞿秋白也和他牽扯到一起。

文革前有一批文藝作品，曾經被觀眾所推崇，《紅岩》、《紅日》、《保衛延安》、《暴風驟雨》、《野火春風斗古城》、《黨的女兒》、《風暴》、《燎原》、《冰山上的來客》、《紅旗譜》、《我們村裡的年輕人》、《李雙雙》等等，在文革中一概被批判為大毒草，裡面樹立的英雄人物也成了叛徒、特務和機會主義、修正主義、錯誤路線的代表。

否定數千年無數舊英雄的同時，新的先進分子和英模也在不斷被創造中，沒有一個英雄不被拔高，不被改寫，不被美化甚至神化，其中還有從頭至尾捏造虛構出來的人物。「保衛無產階級文化大革命的英雄戰士劉學保」就是其一，不僅有長篇通訊〈心中唯有紅太陽，一切獻給毛主席〉，還配有評論員文章〈千萬不要忘記階級鬥爭！〉，引發了全國的強烈反響和學習熱潮。

據報章介紹，劉學保是蘭州部隊的戰士，正在甘肅一個山區林場參加「支左」，他看到「革命形勢一派大好」，尤其是「革命委員會光榮誕生」了，認定階級敵人「一定要垂死掙扎」，於是提高警惕，嚴密監視著林場內階級鬥爭的新動向。1967年底的某一天，劉學保發現一個「反革命分子」正要爆炸一座新建大橋，他背誦著「下定決心，不怕犧牲，排除萬難，去爭取勝利」的最高指示，以「大無畏的英雄氣概」，向那個「反革命分子」猛撲過去，經過激烈搏鬥，終於用自己帶來的武器，「砸爛了他的狗頭！」這時他又見大橋下的炸藥包正在冒煙，眼見就要爆炸，就又背誦著毛主席詩詞「要掃除一切害人蟲，全無敵！」喊著「毛主席萬歲」的口號，沖向橋下，取出炸藥包，只聽「轟」的一聲巨響，劉學保被震倒在河灘上。當人們聞訊趕來時，劉學保不顧傷痛，高喊「不要管我」，結果是，「社會主義」的大橋完好無損，「階級敵人」罪有應得。他的事蹟還被編入小學語文課本，出版了連環畫，他的一段日記也傳遍了各地：「失去一隻手算什麼，還有一隻手，照樣可以同階級敵人作鬥爭，照樣可以向敵人開槍，投手榴彈！保衛毛主席，保衛毛主席的無產階級革命路線，保衛社會主義江山！」在連環畫中，對劉學保負傷後的一段描述流傳一時：「手術的第二天，劉學保醒來後的第一句話是：『祝毛主席萬壽無疆！』第一個要求是：『把《毛澤東著作選讀》拿來。』第一個行動是：和醫護人員一起學習毛主席語錄。」劉學保的英雄壯舉不但讓他當選為「九大」代表，後來又「在天安門城樓上受到了毛主席和林副主席的親切接見」。

可事實是，被「砸爛狗頭」的那個「階級敵人」，卻是一位老實本分的林場工人。1967年12月17日晚上，劉學保看到他外出，就拿著早已準備好的刀子和斧頭，悄悄跟了上去，等他走近一座破舊廢橋時，劉學保猛撲上去，朝他一通亂砍。隨後自己跑到橋下，拉響自己帶來的引爆雷管，炸傷了自己的左手表面，自編、自導、自演了一曲革命軍人勇鬥階級敵人、保衛國家財產的「壯麗的共產主義頌歌」。而那個「階級敵人」名叫李世白，

1949年前曾當過憲兵連副連長，1949年在酒泉參與倒戈，「文革」初期卻淪為林場的「管制」對象。被劉學保殘忍地傷害後，他尚未斷氣，因為被認定是「反革命炸橋罪犯」，所以得不到及時救治，還不斷受到「革命群眾」的摧殘，以致不治。他的一家也成了「反革命家屬」而被趕出林場，妻子被紅衛兵遣送到甘肅定西的農村，以後四處流浪，不得不與一瘋老頭成婚；兒子遭誣陷後身陷囹圄，女兒則長期過著「黑戶」生活。直至文革結束，平反冤假錯案，經過調查，李世白一案真相才得以大白。1985年7月，李世白冤屈被昭雪，劉學保以故意殺人罪被判無期徒刑，只是那些造假的幫兇和造假得以盛行的時代卻沒有得到任何審判和應有的反省。

社會作用和價值判斷

楊水才和王國福是文革初期被廣泛宣揚的兩位英模，一個以「小車不倒只管推」名聞全國，被稱做「一不怕苦二不怕死的共產主義戰士」；一個以「拉革命車不鬆套，一直拉到共產主義」而感動讀者。如果他們的事蹟完全屬實，說他們是農村生產的勞動模範和優秀領頭人並不為過，他們的英年早逝，也的確令人惋惜，但將他們拔高為共產主義者，而且還是用推小車和拉馬車這樣的比喻，就是對共產主義思想的庸俗化。而文革時期幾乎所有的英模都被按上個共產主義的頭銜，這種氾濫的稱呼、任意的拔高，再加上宣傳機器長期對共產主義與社會主義的曲解，使中國人對共產主義和社會主義的理解一直處於低層次的狀態。低質化、庸俗化，大概是文革思想對馬克思主義的最大貢獻。

其實，只要小車、人力車和馬車還是生產工具的社會，對共產主義連想都不必想。但是，正因為不顧生產力水準而只顧精神作用的思維方式，才出現了大躍進和人民公社；正因為多年對社會主義和共產主義的淺薄解讀，才會生髮出「提前跨入共產主義」的夢囈，讓「一大二公」居然成為落後貧困農村的旗幟，在文革中，更成為全面否定商品經濟、亂扣資本主義帽子的思想根源。楊水才的故事曾經進入我讀中學時的語文課本，其中有段對話令我一生難忘，當他問一位老師現在正教什麼課程時，老師回答是在教從猿到人，他卻說，教那些幹啥，還不如教教咱毛主席的「老三篇」。30多年前我在河南出差，那裡正在開「兩會」，一位楊水才的同鄉，也是個帶領全村大幹苦幹的村支書，在會上得意地自誇道：我們那裡，如今是大米飯，白麵饃，社會主義好生活！我當時就想，這還不如赫魯雪夫的「土豆燒牛肉」呢。

楊水才、王國福，還有陳永貴等模範人物的事蹟為中國社會主義建設帶來的最大影響，就是將大躍進、人民公社、趕英超美、一步跨入共產主義等荒唐的想像和硬性實踐加以合理化、現實化，是將科學社會主義退化為村社烏托邦。這類村社烏托邦對現代中國社會的最大危害，就是一個或幾個村社在特殊環境中可能實現的目標，換到大多數地方卻根本不可能，可某個地方某個時期出現的這種表像又讓很多人因此成為信眾，硬將這些典型移植過去，導致多數農村更加貧窮落後，還嚴重破壞了自然生態。

幾十年中產生的英模人物，塑造和宣傳的特點就是與現代的普世價值和常識認同大相徑庭，其中未成年人英模最為典型。10來歲的兒童，思想本不成熟，更無力自我保護，可在英模輩出的時代環境裡，所有的輿論和教育卻在鼓動他們衝上階級鬥爭的最前線，接受生與死的考驗，用自我獻身實現所謂的理想，或者用幼小的生命和心靈去保護物質財產。結果，一齣齣悲劇發生了，而這些悲劇經過歷史的檢驗又被證明是一種認知的扭曲和社會的過錯造成的。文革期間的兒童電影《閃閃的紅星》宣揚的是一個兒童如何手刃仇家，如何放火燒屋，打打殺殺的暴力鏡頭貫穿始終，時至今日，此片仍在少兒節目裡播映，還當做了「愛國主義教材」。另外，如文革中非常普及的兒童文藝《放學以後》、《新來的小石柱》、《一支駁殼槍》等，無不以階級鬥爭、抓壞人為主題，扭曲了一代少兒的心靈，嚴重影響了他們未來對世界的認知。類似的文藝作品、類似的灌輸，在少兒教育中相當普遍，一直被認為是正面形象，但作為少兒，他們對自己的行為缺少的恰恰就是準確的判斷力，常常因無知而被人利用，犯罪犯錯，以致身受其害。文革初期，衝上打砸搶第一線的大多是中學生，個個都成了侮辱、迫害的能手，之所以被利用被鼓動被煽惑，就在於缺乏識別能力，盲從盲信，最後又變為殘酷政治運動的替罪羊和受害者。

文革甚至文革前，許多奮不顧身保衛國家財產、掩護階級弟兄的英模，其壯烈事蹟的背後實際是一次次重大事故。事故原本應該嚴肅處理，追究責任人，以儆效尤，但這些事故卻被順利轉化為英模誕生的溫床，成為自我吹噓、邀功請賞的資本。這種「變壞事為好事」的活學活用領袖哲學思想的風氣長期盛行，讓假話、謊話大行其道，以致有人不惜製造事故，放任事故，來樹立英雄模範。

一方面，極少數英模在那裡大放光彩，英雄事蹟驚天地泣鬼神；另一方面，絕大多數人的道德水準卻很低，缺乏公民的基本素養，這是幾十年來社會的普遍景致。其根由在於，少數英模都被宣傳工具拔高為十全十美的人，不但使英模的行為高不可攀，而且一旦他們身上的缺陷被發現或者虛假宣傳被戳穿後，英模的形象也就土崩瓦解，最終淪落為被嘲弄的對象。還有一種英模儘管被宣傳為平凡中的偉大，要求人們從一點一滴的小事學起，但宣揚的定位卻放在了公而忘私、大公無私、捨己為人、奮不顧身的奉獻精神上，從來沒有將私人利益與公共利益結為明顯的因果關係。其實，維護公共利益的最終就是為了維護私人利益，保護私人利益的目的也是為了保護公共利益。只有明確告訴大眾，別人的今天或許就是你的明天，今天你幫助別人，別人明天才有可能援助你，人們才不至於將遵守公共秩序、見義勇為都只當作為他人為社會做的好事。

美國人的「正確理解的利益」的原則，托克威爾在《美國的民主》中曾一再提到。他說：「當社會由少數幾個有錢有勢的人統治時，他們喜歡培養人們對義務的崇高理想，樂於主張忘我是光榮的，認為人應當像上帝那樣為善而不圖報。這是那時的官方道德原則。」「在美國，人們幾乎絕口不談德行是美的。他們只相信德行是有用的，而且每天都按此信念行事。美國的道德家決不勸他們的同胞為了表現自己的偉大而犧牲自己，但他們卻敢於宣稱，這種犧牲精神對犧牲者本人和受益者都是同樣必要的。」「『正確理解的利益』的原則不要求人們發揮偉大的獻身精神，只促使人們每天作出小小的犧牲。」「每個美國人都知道犧牲個人的一部分利益可以保全其餘部分。」這令我想起了一位朋友的孩子，他是家裡的「小霸王」，儘管家長老是教育他不要只顧自己不顧別人，還用各種榜樣故事打動他，但根本不管用。後來移民美國，他的母親來電話說一件小事已經改變了孩子「唯我獨尊」的行為。一天，他拿著一個從日本買來的玩具在外面耍，鄰家的孩子走過來想和他一起玩，被他拒絕。不料，這位比他還小的小鄰居告訴他：假如明天我有一個玩具你也想玩，我也不給你呢！從此，「小霸王」事事以此為想事情的起點，言行逐漸起了變化。

英模需要完整的倫理體系作為支撐才可以發揮作用。中國過去的模範人物，例如二十四孝，其背後是成熟規範的儒家思想倫理；而宗教聖徒作為信眾的榜樣，其背後是悠久精深的宗教倫理。文革和文革前產生的英模儘管以共產主義道德為背景，但這種道德只是一種想像，基本停留在抽象的描述中，缺少現實的應用根基，在階級鬥爭和路線鬥爭的殘酷背景下還可以強行得到話語上的認同和傳播，一旦環境寬鬆，鬥爭懈怠，就成了過眼雲煙。沒有強大的倫理體系支撐的英模，其作用幾乎為零，只不過是一個又一個動人的美好故事罷了。幾十年來的英模時效性也極強，時代的意識形態色彩過於濃厚，幾年一過即成歷史。如果將沒那些時代的意識形態剝離，抽掉了極端個人崇拜和階級鬥爭內容，只將一些普世的道德追求保留下來，再追加上今天的認知成果，其實恰恰否定了英模的歷史，也否定了英模的本真面目。

事實上，失去了個人崇拜和階級鬥爭的歷史內容，英模的道德理想在很多國家和地區僅僅達到了普通公民的基本水準，結果，「洋雷鋒」多年來成為社會生活的一景，而這些「洋雷鋒」回到本國則淹沒在汪洋大海裡。這也說明，在英模學習的表像下，大眾的道德底線相當低，「矮子裡面拔將軍」才是英模道德的實際水準。

親歷者的感想
——《分裂的造反：北京紅衛兵運動》讀後

葉維麗

最近，美國斯坦福大學社會學系教授Andrew Walder 寫了一本關於北京紅衛兵運動的書（*Fractured Rebellion: The Beijing Red Guard Movement,* Harvard University Press, 2009）。文革結束四十多年後，這是中外第一部關於北京文革的專著。Walder教授多年來傾力研究中國的文化大革命，在西方學術界廣受尊重。這本書講的是1966-1968年間北京大中學校的文革，這期間北京校園文革對全國的影響既深且遠，作用至關重要。無論從內容，還是從分析框架，這都是一部關於中國文化大革命的力作，值得我們認真研讀。

我這裡寫下的，不是學術評論。我不是做文革史研究的，不具備寫有關評論的學術功底。但我是那個時代的過來人，當年是個北京的中學生，Walder教授所寫的，關係到我本人經歷的一個年代 ，讓我感到很有興趣。我並沒有閱讀全書，只是看了前言、後語，和與北京中學文革有關的章節。看後，生出一些感觸，寫下的只是個人雜感。

本書關注的重點，是北京文革中的派別爭鬥，特別是北京高等院校的「天派」「地派」之爭。在這個問題上，它面對兩個理論對話對象，一個是西方文革研究界，另一個是西方社會學界。本書的一個重要論點，是文革中派別的形成，並不一定反映派別成員的社會地位、政治身份及與政權和社會現狀的關係。從北京

「天」「地」兩派成員的情況看，他們在上述諸方面沒有什麼不同。這個觀點，挑戰了西方文革研究界多年來占主導地位的對文革派別社會政治學的解釋。在Walder 教授看來，北京大學校園中兩派的形成，與其說是源於社會地位、政治身份差別等「長時段」的「深層」原因，毋寧說是源於文革進程中層出不窮的事件和由此而來的人們立場態度的選擇和分化。換句話說，文革中上下之間複雜紛紜的互動，瞬息萬變的形勢，不斷形成著文革自身發展的邏輯和「短程的」利益關係，從而導致社會和政治背景相同的人們形成不同的派別。

我對「天」、「地」兩派之爭基本無知，但覺得Walder教授的觀點有些意思——他是從一種「**動態的**」（dynamics）角度看問題，動態的過程中存在著很多不確定和偶然因素。社會學學者喜歡從社會「結構」的角度分析問題，容易失之僵化；而Walder教授能夠從文革在演進過程中自身dynamics 的角度出發，認識到非同尋常的文革在演進中不斷製造著新的現實和形成自己特有的邏輯，在這個過程中人群在不斷分化、「站隊」和改組。顯而易見，這一認識提醒人們，以「過去」（文革前17年）政治境遇簡單地、貼標籤式地定位處在風雲變幻的文革「當下」人們的立場和選擇，無異於削足適履，刻舟求劍。

小說家王朔常說「話趕話」：兩個人說著話，說（「趕」）著說（「趕」）著，一不對付，就可能「嗆」起來，再一「犯急」，甚至可能拳腳相加；我有時想文革中的事兒，覺得有不少是「事趕事」，「趕著趕著」，也許就真有了事兒，甚至動起刀槍來。Walder教授沒有中國文革的親身經歷，卻能看出這個「門道」，很有見地。

Walder教授理論對話的另一對象，是社會學界。他感興趣的，不是西方社會學界通常關注的社會運動的形成過程和動員機制，而是如何解決或結束派別衝突。他的問題又是來自北京的天地兩派。為什麼在組成成分上如此相似的兩派，卻打得死去活來，不可開交，對它們的共同支持者中央文革的調停置若罔聞，直打到毛澤東派軍人強行干預。他的看法是，兩派爭的，說到底，既不是利益，也不是權益，而是怎樣才能「不輸」。用他的話講，「they were, quite simply, fighting not to lose.」（「說白了，他們鬥來鬥去，就是為了不輸。」） 因為如果輸了，後果嚴重，會影響到失敗一方今後的職業生涯、政治前途，誰也輸不起。

是這樣嗎？我有疑問。

我文革開始不久後就成了「逍遙派」，對派仗興起後雙方的動機、心態非常隔膜。老實講，在看這本書之前，也從未想過為什麼文革中兩派往往打得不可開交，甚至你死我活。背後的原因是像Walder教授解釋的那樣嗎？

我不知道我們中國的文革研究者是否也認真地思考過這個問題，又是如何回答的。當時全國各地遍佈派仗戰場，各具特色，須具體分析，Walder教授的結論來自他對北京天地兩派的研究。

我的疑問，源於我逍遙派的身份。作為一個逍遙派，我看到了很多的「退場口 」（exit）。 我一直覺得，文革是個有「退場口」的運動，並非一上「賊船」便身不由己。很多人哪派也不是，還有不少人即使一開始參加了某派，中途也可以退出。我聽說一個清華「414」的，就是武鬥一起來，自己就撤回家了。這些人難道不在乎他們的「職業生涯」和「政治前途」嗎？

Walder教授的結論反映了他對中國嚴酷的政治文化的理解，有一定的道理；但僅從這一角度來解釋，我覺得缺了什麼。

缺的似乎是對文革這一「史無前例」運動之社會圖景的全方位把握。在Walder教授的眼中，只有參與運動的兩派，沒有不參與運動的人群。而事實上是，這個鬆散的人群隨著時間的推移似乎越變越大，沒人能說清他們占的人口比例。這個群體的存在，是個十分有趣的現象，但往往被文革研究者忽略。這個群體生存空間的出現，也說明文革中的中國社會，並非鐵板一塊，而是漏洞百出。

缺的似乎也有對「鐵桿」派仗參與者心態的深入瞭解。難道只有「利害輸贏」的權衡而沒有「信念」的堅守嗎？那代人裡不乏不計利害、「走火入魔」的呀。「唯我獨革」、走極端是那個時代的特徵。

缺的似乎還有對人類在對抗衝突中「人性」特別是群體心理的理解。古今中外，廣義的「兩派」之爭，無論是因政治，因經濟，還是因宗教，因族群，比比皆是；理性的、克制的、包容的、以握手言和為結局的，不多。

上面講的，都與Walder教授對北京高等院校天地兩派的研究有關，也是他書的重點。如上所述，他提出了非常重要的問題，也提出了很有見地的觀點，都值得我們認真參考。

其實我更感興趣的，是北京中學文革，但這不是本書的重點，僅占了一章篇幅。Walder教授對文革中派系爭鬥格外關注，而北京中學並沒有出現弓張弩拔、你死我活的兩派之爭（書中沒有討論「四三」、「四四」派之爭），因此在書中占的篇幅有限，可以理解。

但既然涉及了北京中學文革，似乎應有一整體把握，恰恰在這點上，我認為Walder教授有所不足。一個突出的例子，就是他對北京中學生在文革之初作用的重要性評價不足。在中學文革那章開篇，Walder教授寫到，「北京的紅衛兵運動由大學生主宰，但在關鍵的文革早期，中學造反學生的作用高度引人矚目。」（「high school rebels played a highly visible role.」）

「高度引人矚目」的說法有些空洞，對在文革發動階段的1966年夏天——這是關係到「史無前例」的文革能否搞起來的關鍵階段——北京中學生所起的無以倫比的作用缺乏充份認識。北京中學生不但率先成立了有開創和突破意義的群眾組織——「紅衛兵」，而且，在我看來，是清華附中一批「不出名的青少年小將」，而不是其他任何團體和個人，最先領會文革就是「大鬧天宮」式造反的真諦，把毛澤東在1940年代一篇不出名文章中的「造反有理」四個字如獲至寶般翻檢出來，大為鼓吹。此前在1965年左右，毛澤東本人也曾呼籲「孫悟空」的出現，也曾提倡造反精神，但應者寥寥。1966年的夏季，在毛澤東發動文革遭到同僚們或明或暗抵制時， 與偉大領袖心有靈犀一點通的，卻原來是一幫多數尚未成年的孩子，怪不得江青管與清華附中「紅衛兵」如出一轍的北大附中「紅旗」領袖彭小蒙叫「小太陽」。換句話說，這些北京的中學生們參與了為文革**下定義**的大任，而此時，絕大多數國人都不知道文革到底要幹什麼，從上到下困惑莫名。「造反有理」的理念一旦橫空出世，就釋放和激發出中國社會中潛藏的無窮能量。這裡，並非如《毛澤東最後的革命》（*Mao's Last Revolution* by Roderick MacFarquhar and Michael Schoenhals, Harvard University Press, 2008）的作者所言，是毛澤東首先用「造反有理」來發動群眾（p.124），而是毛接過他自己曾經說過、新近剛剛被人聽見的話再來大做文章。這裡面有個「從群眾中來，到群眾中去」的上下互動過程。文革中有多少事情就是這樣「互動」出來的，而這正是毛所擅長。

紅衛兵的出現，值得特別關注，Walder教授的看法是：紅衛兵運動當然不是自發興起的，而是由中國最高政治權威發起並得到其鼓勵的。（「The red guard movement, of course, did not emerge spontaneously. It was initiated and encouraged by China's highest political authorities.」 p.3）這裡涉及幾個問題：最初的紅衛兵組織是如何出現的，是否有自發性，之後興起的紅衛兵運動和最高當局是什麼關係。文革研究者卜偉華在他的著作中說，紅衛兵組織是在毛澤東號召下自發成立的；紅衛兵運動的始作俑者是毛澤東。[1]卜偉華看到了**「號召」**與「**自發**」兩

[1] 《砸爛舊世界：文化大革命中的動亂與浩劫》，頁204-205，香港：中文大學出版社，

個方面，而Walder教授則忽略了學生「自發」這一非常重要的方面。當年成立黨、團之外的青年團體是非法的，毛從未直接號召學生們去這樣做，而是在紅衛兵出現之後，罔顧他同事們堅決反對的態度而熱烈支持，從而導致紅衛兵運動迅速席捲全國。這又是一個文革中上下互動的有趣例子。

比起Walder教授，《毛澤東最後的革命》（*Mao's Last Revolution*）一書的作者更清楚地認識到北京中學生在文革初期無可替代的先鋒作用，但是他們對這一出乎很多人（包括上層領導人）意料的現象的解釋卻很牽強（p.114）。看來這是一個困惑西方權威文革學者的問題。是啊，為什麼是一些十幾歲的中學生……北京的中學生，北京「精英」學校的中學生，北京「精英」中學裡一個特別的群體：幹部子弟……而不是大學生或其他群體，在文革初期最先與毛澤東遙相呼應？卜偉華的著作給出了一些解釋，更詳細更深入的解釋也散見在一些人的回憶反思中。

在評價北京中學生文革時，Walder教授指出了暴力的問題。這是我多年來關注的中心問題，也為此在書中和文章中多次討論，這裡不想再重複自己。最近和上海朋友討論文革，啟發我想到一個過去被忽視的現象，即北京中學紅衛兵在暴力問題上對全國的**示範作用**。是北京中學紅衛兵將暴力帶到上海、廣州，及中國其他城市，用皮帶掄出了文革的「場地」，製造了威懾的氛圍。北京紅衛兵，特別是女紅衛兵，令很多人在時隔四十多年後提起仍然心有餘悸。

還有一個問題，也是我認為北京中學紅衛兵對文革的「重要貢獻」，而迄今尚未得到國內外文革學者的足夠重視，即在語言、服裝、髮式、行為方式等屬於政治文化和日常生活的諸多方面，北京中學紅衛兵都為文革中的中國建立起新的模式、樹立了新的榜樣，影響既深且遠。西方學者在研究法國大革命時，很重視革命在這些方面的變化，這是我們也需要開拓的領域。

2008年。

至於在北京中學生中，從1966年冬季開始出現的「青少年亞文化」，更是非常有趣。當然這個題目無關派系之爭，不在Walder教授的視野之內。這個亞文化頗具對文革主流話語的叛逆甚至對抗色彩，不同於一般的「逍遙派」現象。在近年的大眾文化中已有對這個有聲有色的亞文化的表現，如電視劇《血色浪漫》；也在有關的口述歷史中得到表述，如《七十年代》（北島、李陀主編，三聯書店，2009），但似乎沒有引起文革專家學者的足夠注意，在卜偉華的文革專著中就並未見涉及。在我看來，這個青少年亞文化是1949年以來頭一次出現的屬於青少年自己的文化。在20世紀的中國歷史上，恐怕也是頭一次（30年代一度出現了相對獨立的青年文化，但很快即被黨派收編）。正如《七十年代》中諸多受訪人指出，它為改革開放的出現作了政治、精神和文化的準備。

文革中的北京中學校和中學生們，實在很重要，值得認真做文章。僅用一章捎帶處理，是不夠的。

在Walder教授的書中，對北京中學文革的兩個敏感題目：西糾和聯動，都有涉及，對它們的評價，都相當正面。這不同於過去一般書籍和人們印象中十分負面的看法。我對西糾和聯動，都是只有印象，沒有研究，無法真正置喙。只是覺得，如果說過去以負面為主的評價遮蔽了西糾上層在北京最為混亂的1966年八、九月份對秩序的勉力維持，也遮蔽了聯動中的思想者對文革的大膽批判，那Walder教授今天一面倒式的肯定，則遮蔽了這兩個有些一脈相承的團體背後根深蒂固的「血統論」，和西糾在暴力問題上的既反對又難脫干係的兩面。

（關於書中涉及到我的母校——原北京師大女附中文革的章節，我已在另文中做了評論，茲不贅述。文中的粗體字是我加的——作者）

假作真時真亦假
——質疑〈邱會作之父得罪班長挨了打〉及其他

遲澤厚[1]

《文史參考》第46期刊登了丁東先生寫的一篇〈邱會作之父得罪班長挨了打〉。文章的題目很吸引人，不由得看了幾眼，竟然發現那位打人的班長屬於第四野戰軍第48軍，而我當年正是48軍政治部的幹部；再看該文所述情景及時間、地點，恰恰我當時正跟隨48軍軍長賀晉年和政委陳仁麒率領的軍指揮所行動，就住在邱會作的家鄉興國縣城，而且我當時正被領導指定做群眾工作，對這件奇事竟一無所知，堪稱咄咄怪事。丁東先生的文章是根據程光所著《歷史的回顧》（以下簡稱《回顧》）中所記的一件事情寫成，據說是邱會作親述：在1949年解放大軍南下過程中，48軍直屬隊的一個班住在他家中，因為給養一時供應不上，強吃了他家的穀，又殺了他家的豬，他父親還挨了班長的打，這位班長並罰他父親挑炮彈去興國縣城。丁東據此作了一番評論：「大軍南下，氣勢如虹」，但是，也不應掩蓋背後的陰暗面，而「底層百姓為之付出的代價，往往被歷史所忽略」。我又認真看了一遍該文，不禁掩卷沉思，繼而喟然長歎，因為這段所謂邱會

[1] 遲澤厚，1931年出生，1949年2月參加中國人民解放軍第四野戰軍第48軍。1950年3月加入中國共產黨。1953年5月由四野調入中南軍區司令部，長期在秘書、作戰部門工作。文革期間任廣東省軍事管制委員會辦公室副主任、省革委會辦事組副組長。1987年離休前任廣州軍區司令部動員部部長。離休後，以研究中共黨史、軍史為職志，有多篇重要文章問世。

作的親述，純屬編造，而造假者，即《回顧》一書的作者，竟是邱會作將軍的兒子。

一、「邱父挨打」破綻十出

人們常用「破綻百出」來形容一些不合情理的文章。關於邱父挨打的陳述只有四五百字，自然不可能有百處破綻，但我至少也可以指出10處：

一、該文稱，邱會作是「從四野下發的戰報」中，得知東路大軍已打到贛南。其實，這類消息當時都是由新華社統一發佈的，新華社在四野政治部設有一個總分社。四野總部不發這類戰報。

二、該文稱，住在邱父家中的那個班，是因為「給養一時供應不上」，才強吃邱家的稻穀（應是大米）並殺豬的。實則當時並未出現「供應不上」的情況。48軍軍部和直屬隊是7月31日晚間從高安一帶向贛南進發的，當時永新、泰和以北地區都已解放，初步建立起地方政權，大力支援部隊開進。由於時值三伏酷暑，又無敵情顧慮，部隊在吉安以北都是旅次行軍，一般是夜行曉宿，因而部隊不太疲勞，供應也有保障。從泰和以南部隊轉入戰鬥行軍，從泰和到興國不過一兩日行程，無論如何也不應發生因斷糧而與民爭食的情況。再說，「一時供應不上」就能成為強吃民糧特別是殺豬的理由嗎？

三、無論是部隊還是農村，在60多年前殺豬都是一件大事，更何況是像土匪似地強殺老百姓家的豬，這可不像在瓜地裡偷吃或強吃群眾一個甜瓜那麼簡單。而且，一個班不過十人左右，居然能殺掉、吃掉房東的一口豬！我在48軍軍部工作了4年有餘，還從未聽說過這樣的奇事。因為工作關係，我從上世紀五十年代開始，與邱家時有往來。我向邱家人求證此事，最後輾轉得到解放前一直與邱會作的父母生活在一起邱會作之妹邱聯鳳的回應，她說：「那時候全家吃糠咽菜，哪裡養得起豬！」

四、我軍從1949年4月開始統一佩帶「中國人民解放軍」胸章。48軍全體官兵是4月下旬佩帶胸章南下的。興國縣城是8月8日由48軍144師解放的。大約是8月9日上午，軍前指隊伍經高興圩進駐興國縣城，在那裡住 了兩天。記得經過高興圩時，大路兩旁站滿了人，氣氛熱烈，如同趁墟（趕集）。多數群眾是看熱鬧的，還有的是向部隊打聽十幾年前北上的親人的下落的——當年有上萬名興國籍的紅軍官兵參加了長征。邱父是個消息靈通的老革命，而在南下大軍如潮水般湧來之時，他竟會把佩帶著胸章住在他家中的解放軍當成「老總」，「問他們是什麼部隊」，端的是莫名其糊塗。倘若邱父真的要問，依當時情況，他應該說：「同志哥，你們是哪一部分的？」

五、據該文稱，那位班長打了邱父不算，第二天又罰老人家「為炮兵營挑炮彈到興國縣城去。」這就奇了：稍有點軍事知識的人都該知道，炮彈是不能離開火炮的，這個炮兵營的炮彈怎麼能脫離火炮，先運到邱父所住的偏僻小山村，然後再運（包括邱父的挑）回興國縣城的炮兵營，豈不是胡折騰嗎？順便說一句：興國縣城很小，當時我在興國城內沒見過一門火炮。再說遠點，軍指揮所的駐地，誰敢安排無關單位宿營？

六、據說炮兵營教導員因為「有點文化」，聽邱父講了邱會作的名字，「知道我的職務」，「吃了一驚」，知道自己的部下打了不該打、不能打的人（看來這個營打人似是平常事），炮彈也不叫邱父挑了，給了他一塊大洋，「打發他趕緊回去」。這段描繪極具想像力和戲劇性。我自信我的文化不比那位教導員低，而且又在軍機關工作，但說來慚愧，當時我並不知道邱會作其人，不知這位教導員是如何知道的？再者，48軍從北京地區出發，直到贛南戰役之前，都沒有同國民黨軍隊作戰，因而也就沒有發到「洋財」，我們發的津貼費都是人民幣，不知這位教導員的大洋又是哪裡來的？

七、據說那位班長所在的連，把邱父挨打一事「報到了軍部」（這應當是那位教導員發現打了不該打的人之後），結果驚動了軍政委陳仁麒。這又外行了，連和軍之間隔了幾級，按正常程式，這個連是不能直接向軍部作報告的。倘若逐級上報，需多日之後才能報到軍部，即使陳仁麒能夠看到報告，而此時他早已離開興國了，哪裡還能見到邱會作「父親的容貌」？

八、據說陳仁麒在得知邱父挨打之事後，「用電臺詢問了正在湖南作戰的我」。這一句話露出兩個馬腳：第一，45軍與48軍不在同一方向作戰，是不能互通電報的，更何況為私事通電報也不應該；第二，48軍進佔興國之時，45軍還正在江西萍鄉一帶休整待命，邱會作既未到湖南，更未作戰。

九、據說陳仁麒在核實情況後，給邱父「趕緊送去了幾百斤穀子和十塊大洋慰問」。48軍軍部拿出十塊大洋可能不難，穀子恐怕一粒也拿不出來，後勤部門和地方供應部隊的糧食全是大米。

十、據說邱父挨打之事連四野政治部主任譚政也知道了，他很生氣，「用通電的方式在全野戰軍批評了他們」。首先，這是一句外行話，軍語應叫「通報批評」；其次，既然是通報批評，就應當廣泛傳達，深入教育，可是我作為軍政治部的一名幹部卻從未聽過傳達。須知48軍是違紀挨批單位，竟無聲無息，這就更難解釋。不知四野政治部的這份通報發到哪裡去了？

以上是我從邱會作之父挨打的這一段文字中挑出的10處破綻。為慎重計，我決定再打電話向邱家有關知情人核實一下。邱的長子路光與我是忘年交，解放初他曾隨其父回過興國，我問他是否曾聽他祖父母、父母和姑母講過他祖父挨打的事？他說從未聽說，倒是他姑姑說過「承光亂說」之類的話。我講了我對此事的分析判斷，他表示贊同。至此，我有充分理由認定「挨打」事件純系杜撰。

說到這裡，我要為48軍講幾句話。48軍組建較晚，在第四野戰軍進軍中南之前所轄的13個軍中，地位不算突出。但是，這是一支具有光榮傳統為中國革命和建設做出過重大貢獻的部隊。紅軍時期的「大渡河連」，抗日戰爭時期擊斃日酋阿部規秀中將的「抗日功臣炮連」和「狼牙山五壯士」，解放戰爭時期捨身炸碉堡的戰鬥英雄董存瑞和被譽為「現代花木蘭」的郭俊卿，現在的駐香港部隊步兵旅，都出自這個部隊；這個軍還有兩個師參加了朝鮮戰爭。1949年7月底這個軍在受領解放贛南的任務後，專門進行了進入老蘇區的群眾紀律教育，整個戰役期間，群眾反映是良好的。舉個我親身經歷的例子：在進入興國縣城的當天下午，軍政治部保衛部長彭由要我從軍警衛營找幾名戰士，組織個糾察隊上街巡查，主要查看有無違犯群眾紀律現象。糾察隊需要臨時製作幾個臂章，我找來一面國民黨的「青天白日滿地紅」旗，準備扯了紅布制做臂章。彭由部長小聲地囑咐我：「喂，你可要把剩下的布頭藏好，不要叫別人看見呀！」那時新中國還沒成立，從法理上講，青天白日滿地紅旗還是「國旗」，所以彭由才如此謹慎。這件事情頗具代表性。試想，一個如此重視政策紀律的部隊，竟能聽任一個小小班長對群眾無法無天胡作非為而不顧嗎？《回顧》隨意拿48軍說事兒，給這個部隊扣「黑鍋」，是很不嚴肅、很不負責的。

二、遭肢解的《邱會作回憶錄》

我早就聽說在《邱會作回憶錄》出版之後，邱會作的次子程光（即邱承光）接連出版了《心靈的對話》（以下簡稱《對話》）和《回顧》兩本書，但很多人看後頗多非議，認為水分和疑點太多，很多話與邱會作的身份和一貫作風相去甚遠，對《邱會作回憶錄》甚至對邱本人都有負面影響；繼而聽說連他母親和他的兄弟等人對他寫的東西也不認可，並由此事造成家庭關係極度緊張。我只閱讀了邱會作夫人胡敏大姐贈送的《邱會作回憶錄》，感到受益匪淺，因還沒看後兩本書，當有人問我的看法時，我表示不願妄加置評。今年9月我赴京探訪故舊，路光去看我時，從良好願望出發，我還勸路光要慎重行事，認真聽取和對待弟弟的合理意見，也許他是缺少經驗，分寸把握不准，只要他能接受教訓，改了就好，不要為此事鬧得兄弟失和，遭外人議論。

最近看了丁東先生文章中引用的《回顧》中關於邱會作之父挨打的這段文字，在吃驚之餘我趕緊有重點地看了此書含有邱父挨打這段文字的第15章《工作在中南軍區》。不看則已，一看目瞪口呆：通篇信口開河，已經到了肆無忌憚、隨心所欲的地步。繼而我又把《對話》找來，對照《邱會作回憶錄》看了我認為對其中內容比較熟悉的一些章節。看後總的感覺是，《對話》和《回顧》這兩本書，實際是改頭換面的《邱會作回憶錄》，但是作者已經不是邱會作了。兩書的作者當然想到了這個問題，為了表示兩書是不同於原作的創作，於是利用原作的一些空檔，加進一些個人的東西，或者對原作的一些段落加以改寫、充填、抻拉。這種手法，一般讀者如不對照原著，往往不易發現，但對於熟悉邱會作歷史的人來說，則恰恰可以從中發現對原作進行肢解、拼接甚至杜撰的馬腳或痕跡。這裡掛一漏萬地舉幾個比較明顯的例子：

一、《回顧》第243頁假邱會作之口稱：「衡寶戰役殲敵7.7萬餘人，我們45軍就殲滅敵5萬餘人，……擊斃生俘將官十餘人」；「45軍殲滅敵人4個精銳主力師」。而實際情況是，整個衡寶戰役共殲滅國民黨軍4.7萬多人，其中有白崇禧集團4個精銳師2.9萬多人，被俘（無擊斃者）將官8人，但這包括了第40、41、49軍的戰績。《邱會作回憶錄》對這次戰役的戰果記述雖然也不夠準確，但比較接近實際，而《回顧》的描述則太離譜了。

二、《回顧》第264頁稱，1951年春成的華南軍區「受中央人民革命軍事委員會和中南軍區（駐武漢）雙重領導，……管轄廣西軍區、海南軍區、粵東軍區、粵西軍區4個 省級軍區」。這段文字既不符合實際，又講了外行話。中央軍委關於組建華南軍區的電令中，明確指示華南軍區「歸中南軍區領導」；把廣西軍區、海南軍區、粵東、軍區、粵西軍區並稱為「省級軍區」，說明作者不瞭解當時軍隊的編制體制，須知廣西軍區當時是二級軍區，而海南軍區則是明令規定的三級軍區，粵東、粵西軍區分別由第41、43軍兼，也相當於三級軍區。《邱會作回憶錄》對這段歷史的記述還是比較準確的。

三、1952年7月，中南軍區機關移駐廣州，華南軍區機構與之合併，人事作了相應調整。《回顧》第265頁稱，擔任軍區政部副主任的邱會作居然「還兼任中南軍區保衛部部長」；更令人不可思議的是，中南軍區司令員林彪竟也隨機關來到廣州上班了，「林彪住在廣州市東山達道路的留園」；林彪甚至還不坐汽車，走街穿巷地到邱會作家中串門！事實是，邱會作在他的回憶錄中說他兼任的是中南軍區軍法處處長，這在四野的大事記中也有記載；而林彪在南下作戰結束之後，一直住在北京。留園則是廣州軍區在上世紀六十年代才在軍區司令部大院中建成的一個小招待所，林彪也從未住過；林彪到邱家串門之事，自然更是子虛烏有了。

四、《回顧》第269頁繪聲繪色地記述了中南軍區機關移駐廣州之後，陶鑄在一次黨委辦公會議上的講話，而《邱會作回憶錄》中則無此記載。其實，陶鑄早在1951年即去華南分局任第四書記，忙得不可開交，他雖然在軍區還掛著政治部主任的職務，卻基本不管軍區的事情了。

五、1960年1月中央軍委在廣州召開擴大會議，在此之前的廬山會議上取代彭德懷主持軍委工作的林彪，提出了「北頂南放」的戰略方針。《回顧》第328、329頁對此的解釋是：「我們的假想敵是美國和蘇聯」，「北邊，對蘇聯要頂得住；……在東南沿海，對美蔣則要實行運動防禦」。我是參加了這次會議的，而且會前還曾遵照林彪的意圖為他準備了資料。此時的中蘇關係雖已比較緊張，但還沒有提出以蘇為假設敵的問題，《回顧》是把六十年代中期以後的戰備思想大大提前了。「北頂南放」主要是糾正平分兵力、處處設防的思想和做法，而不是因為作戰對象的改變。這裡還可以提供一個例證，渤海灣屬於「北頂」的戰區吧，這次會議之後組建的北海艦隊，就是為了防備美軍重走英法帝國主義的老路的。

六、《對話》第374、375頁稱，1971年5月，邱會作陪同越南黨負責人黎筍到廣州，「正在廣州（從化）的朱德打電話給我，說要見一見黎筍」，邱不敢作主，打電話請示周恩來，結果遭到嚴厲批評。此處還提到李富春、滕代遠等人。這段文字尤屬荒誕：朱老總是中共中央政治局委員，李、滕則是中央委員，他們都已在1970年7月即離開從化去廬山參加九屆二中全會，以後直至去世，再未回來。邱會作在廬山應是見過他們的，豈能健忘若此！順便說明，《邱會作回憶錄》中也根本無此記載。

……

以上只是隨手拈來的幾個例子。據瞭解，兩書的作者在出書之前曾將書稿請一位當代史專家看過。由於時間緊迫，那位專家只對《回顧》作了若干修改。改總比不改強，不然還會留下更多錯誤。

邱會作不但在四野部隊而且在全軍素以勤奮好學、博聞強記、精明幹練著稱，前面所舉數例，對邱會作來說，都是大事，即使他晚年再健忘吧，怎麼竟能被他攪得如同一盆漿糊？這哪裡是人們印象中的邱會作！而更令人不解的是，同一個邱會作，在《對話》和《回顧》兩書中講的許多事情，同他在《回憶錄》中講的卻截然不同！ 那麼對兩書所述「歷史」的真實性，就不僅僅是一個懷疑問題了！

三、一個老兵的忠言

目前的史學界風氣不正，胡編亂造、似是而非、半真半假甚至完全作假的所謂「史作」充斥市場。當代史領域尤其如此。造成這種局面：有的是因為作者對所書之事缺乏親身感受，手中史料不足，功力不夠，勉為其難，於是只能以有限的史料加臆想演繹，讓先天不足的產品帶病出世。這種情況還算好的。更惡劣的是有的人心知肚明，但為了迎合社會風尚，或為了達到某種私利目的而蓄意作假。對《對話》和《回顧》兩書所出現的問題，我希望是前者。

史書的靈魂是真實。一個失掉靈魂的人，最多只是行屍走肉；不實的史作一文不值。有的人寫了不實的史作，一時沒有被人識破或無人出來揭發，自以為得計。豈不知假作真時真亦假，更何況西洋景早晚要被拆穿。不負責任地亂寫，危害很大，代價極高。它誤導讀者，混淆是非，很容易被一些別有用心的人所利用。特別是具有特殊身份的作者，他們的作品，更易受到廣大讀者的關注和信賴，「邱父挨打」這段文字，不是連見多識廣的丁東先生都信以為真了嗎？作假的最終受害者還是作者自己。不知「兩書」的作者可曾想過，當事情的真相為廣大讀者所識破之時（這是必然的），那些發現受了騙的人們將會怎樣看你？你將何以自處？

寫史是一件極為嚴肅甚至可說是神聖的工作，中國史學界是有光榮傳統的。古人不惜拋頭顱灑熱血或忍辱負重以維護歷史真實的壯舉，為我們樹立了光輝榜樣，是我們民族的驕傲。要排除各種私心雜念，懷著高度的責任感寫史，此即可謂史德。古人提倡勉勵士節，史德即是士節在對待歷史問題上的態度和表現。寫史一定要有所得，有所感，司馬遷說它是「聖賢」們「述往事，思來者」的「發憤之所為作也」，切切不可勉強去寫。為人子者，對父母應當是心懷崇敬的，是希望為他們增光的。兩書的作者倘若感到《邱會作回憶錄》對某些問題的陳述意有所未盡，盡可以詮釋和補正，這類著作在中國歷史上是很多的，而且同樣受到讀者的重視。模仿父親的口氣，另起爐灶，糊弄讀者，則是畫虎 不成反類犬了。同時，這也必將損害邱會作將軍的形象，甚至會讓人對他的回憶錄產生一些疑問。作為一個第四野戰軍的老戰士，我也深感痛心。希望這種狀況盡快成為過去。

2011年12月29日於廣州

往事

青海省長王昭
——從糾「左」、偏「左」到被「左」扼殺

尹曙生[1]

「王青天」青海糾「左」

1958至1961年，青海省委第一書記高峰、副省長薛克明等領導人在經濟、文化非常落後的少數民族地區強制推行「大躍進」。據我所知，1958年底統計青海人口260萬，到1962年降到205萬，減少55萬。減去從勞改單位釋放回內地的5萬多，還有50萬。除小部分逃到新疆等地外，至少餓死40萬左右，占全省人口六分之一！

當時，包括周恩來在內的中共領導人只知道青海問題嚴重，到底到什麼程度，並不清楚。1961年春，公安部副部長王昭調任青海省委第二書記（代理第一書記）兼省長，行前周恩來與其談話。次年，內蒙古自治區區委書記楊植霖調任西北局書記，代理青海省委第一書記。楊常駐西安，主持青海黨、政工作的是王昭。

王昭1917年生於河北平山，1932年加入中國共產黨，1936年任中共平山縣委書記，抗日戰爭時期任晉冀區黨委副書記，解放戰爭時期任石家莊市委書記兼市長、軍政委、兵團政治部主

[1] 尹曙生，1937年生，安徽舒城人。1961年北京政法學院畢業後入青海省公安廳、安徽省公安廳，退休前任安徽省公安廳常務副廳長。著有自傳體小說《時代悲歌》等13部作品，包括上百萬字的推理小說。

任，1953年由志願軍兵團政治部主任調任公安部政治部主任，同年任公安部最年輕的副部長。

青海省人間地獄般的狀況，深深地震撼了王昭。他認識到，青海省的問題具有典型性與普遍性，但是根子在中央。所以，對省委和各級黨委領導班子只進行了必要的調整、改組，對幾十名問題特別嚴重的領導人撤職、降職，只對其中個別人作了司法處分。省委常委、主管政法工作的副省長薛克明被開除黨籍、公職，省軍區司令員孫光降職，公、檢、法機關領導大換班，公安廳長被降職調到樂都縣當了排名最後的副縣長，檢察長、法院院長被免職。這些在溫和的整風運動中受處分者，文化大革命中必然反過來批鬥王昭，而且隨後不僅官復原職，有的還升了官。

王昭單槍匹馬到青海，要依靠原省委常委的大多數。省委領導層的大格局基本未變，原來的五位副書記繼續留任（其中薛宏福一直做到1971年），只從公安部帶來王仲方做省委常委兼秘書長。糾「左」只是在系統內部進行整風，主要方式是自我糾正；特別嚴重的地方，省裡派工作組幫助和督促檢查。對待冤假錯案，也由原處理機關複查。從1961年6月到1962年6月，複查了本省捕、判的35825個案件，占三年捕判總人數的57%；釋放了13673人，到1962年底又釋放了4000多人。

由於王昭的到來，解散食堂、採取緊急救援措施，人口大量死亡的狀況迅速得到扭轉。儘管生活仍然極端困難，每人每天在1961年還吃不到半斤糧，但是不用進食堂，用野菜、樹皮加以補充，不至於餓死。如果繼續在食堂喝大鍋清湯，那就非餓死不可。所以人們發自內心擁護王昭，呼其為「王青天」。

當時，青海農牧業生產遭到毀滅性破壞，短時期內難以恢復。王昭通過實際考察，為了調動農、牧民生產積極性，在偏僻農村允許以生產隊為核算單位，允許作業組承包一定數量的土地；在牧區允許牧民個人承包餵養牛羊；在城市積極組織生產最迫切需要的生活用品；另外還向中央有關部門申請給青海多調撥生產資料和商品。到1962年底、1963年初，多數農牧民家裡有了鐵鍋和菜刀，布票由原來每人每年7尺加到15尺，城市居民日用品供應也有了改善。

「死心眼」的王昭

這時，毛澤東要求在全國農村開展社會主義教育運動，階級鬥爭的弦越繃越緊。1963年8月，王昭親自掛帥，兩位省委副書記參加，從省直機關抽調30多名廳、局幹部、300多名普通幹部組成「四清」工作團，浩浩蕩蕩開進離西寧市幾十公里的湟中縣平安公社開展社教試點。

筆者大學畢業後被分配到公安部，剛剛報到，即因王昭要人，調去青海省公安廳工作。開始第一年的具體工作在複查案件辦公室，閱讀、整理公安機關（包括勞改、勞教部門）上報的整風運動材料，接觸大量血腥、悲慘、荒唐、令人髮指的事件。另外，直至1966年，參加全部5期「四清」，目睹運動全過程。

在工作團動員大會上，王昭按照毛澤東的口徑，大談特談階級鬥爭的嚴重性，大談特談開展社會主義教育的必要性。對工作團每一個成員提出了嚴格的要求，強調要住在貧下中農家裡，和農民同吃、同住、同勞動，不准搞特殊化，要緊緊依靠貧下中農，通過社教運動，把被地、富、反、壞、右篡奪的領導權奪回來。他規定了嚴格的八條紀律，工作隊員違犯者，一律開除黨籍、開除公職。工作隊員不准帶吃的、喝的，不准下館子，違者開除公職，是黨員的要開除黨籍；和女社員發生兩性關係的，以壞分子論處，等等。

沒有下去之前，工作隊員並不知道農村實際狀況，下去之後才知道，農民實在太窮，農村實在太苦了。和農民同住、同勞動問題不大，但是要和農民同吃飯，就意味著挨餓和得浮腫病。王昭以身作則，住在一戶最貧困的農民家。早晨吃的是土豆、白開水，中午是發了黴的青稞面饃，晚上是乾菜根泡後用水煮，在裡面撒一些雜面，成了雜麵糊糊，調料只有幹辣椒面。對一個患有糖尿病的人來說，這是難以生存的。

公安廳派一位警衛人員跟著王昭，想給他單獨弄點吃的，遭到嚴厲批評。一起下去的那兩位省委副書記，只呆了一個多星期，就找藉口回西寧，然後乾脆住進醫院了。死心眼的王昭，硬著頭皮，堅持在那裡。直到一個多月後發高燒，才不得不回西寧治病。稍有好轉，就又下去。包括他的警衛在內，幾個幹部經過商量，找各種藉口，要王昭每星期回西寧一、二次，以便改善一下生活。三個多月的「四清」結束後，王昭自己和100多名工作隊員得了浮腫病。13個工作隊員實在餓得受不了，違反紀律偷帶食品、或叫家屬偷偷送吃食，如餅乾、糖果之類，或偷偷到平安鎮上買高價食物，被發現後開除黨籍或公職。

此後，王昭不遺餘力地貫徹毛澤東反修防修的理論，在青海省大搞「四清」運動，積極貫徹西北局指示，在農村進行「民主革命補課」，重新補劃地主、富農成分（牧區劃牧主和富牧成分），大整基層幹部，把「大躍進」的災難性後果轉嫁到基層幹部頭上。

王昭把開始好轉的青海經濟再次推向絕境。農村的赤貧他是知道的，親身經歷過的。為什麼要這樣做呢？可能是身不由己吧。但是，毛澤東要求各個省委都要搞社教試點，而且要向中央報告。省委第一書記楊植霖不親自出馬，你王昭帶這個頭幹什麼？我一直不理解。他完全有理由住院治療疾病。

文化大革命開始時，王昭就因患糖尿病在北京治病。他還患有肺氣腫等多種疾病。這和他在青海省工作5年多的辛勞有著密切關係。青海除東部農業區海拔在3000米以下外，80%以上地區在海拔4000米以上。王昭跑遍青海，甚至帶科技人員到高寒牧區瞭解地質、礦藏、牧場、草地，研究發展青海省農牧業生產和石油、有色金屬、鹽湖開採。在那裡，氣候變化極快，有時在一個上午或下午，就可以經歷春、夏、秋、冬四個季節。高原嚴重缺氧，對病人危害很大。

一次，王昭到玉樹，在翻越5600米的巴彥喀拉山時，由於氧氣袋裡的氧氣已經用完，他頓時休克。司機加快速度開車，想在最短時間裡翻過山嶺到地勢較低的地方。山是翻過去了，可是到4000多米的低處，車也翻了。王昭腰部、頸部受傷，後經醫院治療，脖子還是轉動不靈，腰不能伸直，這樣仍然堅持工作。他是真想改變青海的落後面貌啊！

「四清」中王昭的偏「左」

在「四清」運動中，王昭帶隊來到平安公社，要為今後全省開展社教運動豎立樣板。王昭在給中共中央的報告中，第一個標題就叫做「平安公社不平安」，其中把公社、生產大隊、生產隊三級幹部推行「大躍進」時的種種強迫命令、多吃多占，把群眾對「大躍進」說過的牢騷話、小偷小摸行為，都說成階級鬥爭、資本主義復辟；把部分基層幹部在左傾路線逼迫下的違法亂紀，蛻化變質，說成階級敵人篡奪領導權；把還沒有斷子絕孫的個別地主、富農家庭成員的任何行為，說成想反攻倒算，等等。

平安公社、大隊、生產隊90%的幹部被批鬥，37人被鬥後自殺，19人被逮捕。在對敵鬥爭階段，開展了對「五類分子」的群眾批鬥會。可是，儘管工作組員一再交代怎麼說話、怎麼批判，積極分子上臺後，還是不知說什麼。因為「五類分子」早已是「死老虎」，現行破壞活動根本沒有，臨時編造也編不出來。大會往往冷場，或者突然變成控訴「大躍進」所受的苦：人民公社成立後，怎麼把家裡東西共產了，怎麼扒家裡的房子、砸家裡的鐵鍋，家裡人是怎麼餓死的……

王昭要求每個生產大隊都要開好對敵鬥爭大會。為此，他把西寧市公安局長擔任工作組長的大隊作為試點，其它十幾個生產大隊工作組來觀摩、「取經」。可是對敵鬥爭大會卻變成了控訴大會，王昭非常氣憤，撤了工作組長的職。

為啟發農民「階級覺悟」，在社教運動中，一項重要工作就是要在社員中開展憶苦思甜活動，憶舊社會的苦，思新社會的甜。可是，幾乎每個工作組都遇到一個難題：社員不憶舊社會的苦，而是憶「大躍進」以來的苦。為了做好準備，有時工作隊員要事先導演社員如何上臺憶苦思甜，反覆教。可是他們一旦上了台，有些說著說著就聯繫上了「大躍進」，幹部如何打他們，他家裡的人是怎麼餓死的……說著說著就泣不成聲。這時，如果原來的幹部在場，只要有一個社員喊一聲他的名字，馬上就有人把他揪到臺上，拳打腳踢，誰也制止不了。憶苦思甜會變成武鬥會，有的幹部被當場活活打死。

據湟中縣統計，全縣「四清」運動中有489名基層幹部自殺。到1966年，青海33個縣「四清」運動中，有3000多名幹部自殺，99%以上都是生產大隊、生產隊裡的幹部，公社、縣裡的幹部有40多人自殺。

按設想，要把農村新惡霸把持的村政權撤換、改組，把得到群眾擁護的好人選出來當幹部。具有諷刺意味的是，王昭親自蹲點的那個大隊，選出來的黨支部書記叫劉維金。原來是個有名的懶漢，土改以後沒有翻身，娶不起老婆，獨身一人生活。工作組進村時，要挑選最貧困的農家住。他家最窮，兩間破草房不能住人。還是工作組出錢派人維修，才能住人。靠這樣的人來當大隊幹部，是沒有能力領導大隊的。後來王昭被捕入獄，他也受到牽連，被多次遊街毒打，不久死去。

王昭的「左」還表現在幹部退贓和群眾分紅上。「大躍進」

年代，幹部為了自己和家人不被餓死，多吃多占，成為一種普遍現象。現在來清算他們累計多吃多占多少糧食，多少錢，要退賠，數字驚人，事實上根本就不可能兌現。工作組開始把社員的胃口吊得很高，到實際退賠時，幾乎沒有什麼東西可退。因為在一個赤貧的農村，幹部比社員也好不到哪裡去，比社員多吃的糧食不能讓他再吐出來。幹部家餓死人少，這是事實。但是現在要把糧食退出來，就意味著斷了活路。很多幹部自殺，就是想以死來保全家裡那點糧食不被退賠，給家人留條活路。至於家庭財產，也沒有什麼。至多衣服的補丁少些，鍋碗盆勺齊全些，多那麼一兩件木質傢俱。有的工作組把剛嫁給幹部家的媳婦娘家陪嫁衣物也拿來分紅。甚至在王昭蹲點的大隊，為一件女燈芯絨褂子（最值錢的一件衣服）分給誰產生矛盾，最後沒有辦法，用剪刀剪成5塊，分給社員。王昭為此撤了工作組長的職。

青海「四清」運動越來越「左」。從1965年開始，在中共西北局第一書記劉瀾濤的積極宣導下，又增加了一項重要內容——在農村進行民主革命補課，補劃「漏劃」的地主、富農成分和分子。這次跟「大躍進」時不同的是，只組織群眾進行所謂「說理鬥爭」，很少逮捕法辦。到1966年，補劃、補定了3萬多地主、富農成分和地主、富農分子，幾乎全是冤案。

1961年的「王青天」到哪裡去了？當時的王昭和此時的王昭，判若兩人。

「四清」運動又一次在青海把「左」傾路線發展到極至。90%以上的基層幹部在運動中被打，被刑訊逼供，家屬受牽連。四分之一的脫產幹部被開除，60%的黨員被清除出黨，90%的公社書記被撤換。由於「大躍進」造成的悲慘局面人們記憶猶新，把所有的賬都算在這些基層幹部身上。批鬥幹部的大會比土改時批鬥地主、惡霸還要厲害。儘管有時工作組也強調不准搞武鬥，但是，群眾往往不聽。因為每個生產大隊、生產隊都有餓死的人，少則幾人，多則十幾人、幾十人。這些被餓死的人，都和幹部不顧人民死活有關。有的甚至是被幹部整死、打死，或送到公安局死在監獄、勞改隊的。群眾有滿腔怒火，一旦被點燃起來，什麼說教也沒有用。另一方面，這些幹部也有自己的苦衷：當初不那樣幹，也生命難保……此時的王昭同樣是如此。王昭不這樣幹，自有張昭、李昭會幹。

王昭的悲慘末日也快到了，只是他並不知道。

接待鄧小平留下禍患

1966年3月，鄧小平率領薄一波、劉瀾濤、楊成武、賈拓夫等人到青海視察，主要是到211廠（核武器製造、實驗基地）。

為了接待鄧小平，王昭成立專門的班子，做了大量的準備工作，包括每頓飯吃什麼，都經過精心安排。比如事先指示玉樹軍分區派兩個班的兵力到高山打雪雞。雪雞生活在海拔4000米以上的雪山上，以高山雪蓮為主要食物，營養豐富、味道鮮美。他知道鄧小平愛吃狗肉，於是要公安廳將一隻警犬宰殺。為了首長購物，他特地從全省各地調來貴重野生皮毛。鄧小平原來是不準備住在西寧市裡，而住在專列火車上的。可是王昭多方請求，要他住到高鋒當第一書記時為毛澤東蓋的行宮——勝利公園賓館，並接見處以上幹部，和他們合影留念。鄧小平見盛情難卻，住到了勝利公園賓館。公安廳為確保安全，將賓館服務人員完全換成公安人員，炊事人員也由公安人員在一旁密切監視。對每一個房間，每一件傢俱的擺放，王昭都要親自檢查。為鄧小平住的房間那張床的擺放位置，就先後改了三次。為了突出政治，房間裡擺什麼書他也煞費苦心，最後決定放毛選四卷和《毛主席語錄》。中央其他領導人的著作，只擺放了一本劉少奇的《論共產黨員的修養》。鄧小平只住一個晚上，他喜歡打麻將，哪會看書？當時全國掀起學習毛澤東著作的高潮，王昭這樣做是可以理解的。只是他的嗅覺太不靈敏，把毛澤東要打倒的劉少奇的著作也放到房間裡，成了日後造反派揪鬥他的重要理由。

就在王昭忙活的時候，毛澤東在上海、杭州召開沒有劉少奇、周恩來、鄧小平等人參加的中央政治局擴大會議，緊鑼密鼓策劃文化大革命。鄧小平名義上是請假到西北視察「大三線」建設，他在青海視察，極少說話，悶悶不樂，可見憂心忡忡。我作為公安廳派到賓館的服務人員，親眼目睹了鄧小平嚴肅的面孔。

王昭代表省委的彙報，是在由西寧開往位於海晏縣的221廠專列上進行的。鄧小平幾乎沒有作什麼指示，可見心情之沉重。雪雞他吃了，並讚美味道不錯，但是狗肉就沒有吃。這裡要講一段小插曲：

由於鄧小平心情不佳，到賓館住下，不願意動。而薄一波在劉瀾濤等陪同下到50公里外的塔爾寺參觀，由於道路不好，耽誤了時間，沒有按時回來。可是總書記不能不按時吃飯，於是就先開飯。領導雖然不多，但是隨員不少，整整四桌。雪雞好吃，吃完再上。一共只打了3隻雪雞，炊事員不知道有人到塔爾寺去了，將做好的雪雞統統上了。等薄一波等從塔爾寺回來，另開一桌飯時，王昭見沒上雪雞，幾次大聲喊：快上雪雞！可是哪裡還有！負責接待的省委辦公廳主任馬萬里悄悄告訴王昭，雪雞吃完了。還是薄一波解了圍，笑著說：總書記代我們嚐了鮮就行了，我們吃狗肉。這一幕我至今記憶猶新。給首長準備的貴重皮毛等土特產品，鄧小平根本沒有心思買，倒是北京來的工作人員買了一些。

鄧小平一行離開青海，王昭累病了，到外地治療。紅衛兵起來造反，西北局領導劉瀾濤叫王昭不要回青海，安心在北京治病。這是一個非常好的藉口。可是王昭聽說省委被造反派弄得不能辦公，他對身邊的工作人員說：我不能讓辛辛苦苦得來的成果毀於一旦，不能讓青海人民再受苦難。於是，不聽善意勸阻，回到西寧。他和衝擊省委的造反派辯論，經常被推打，身上有很多傷。但是這時，還沒有人敢公開對他進行武鬥。

王昭「執迷不悟」，天天上班，經常和紅衛兵在省委大樓前辯論。那些在1961年、1962年整風運動中受到過直接或間接處分的人，看到形勢對王昭不利，給造反派出謀劃策，提供內部機密，提供打倒王昭的「炮彈」。包括接待鄧小平的詳細情況，都在大字報上貼出來了，說王昭為了接待鄧小平一行，花了幾萬元，光招待吃飯費就花了1萬多元，而每人只交了1.65元，加起來才幾百元。尤其是派2個班兵力打獵10天，戰士在高山上非常辛苦，有的人凍壞手腳。為了招待黨內第二號走資本主義道路的當權派鄧小平和61個「叛徒」集團中的薄一波、劉瀾濤，如此大動干戈，不惜花費民脂民膏，這說明王昭本人就是徹頭徹尾的修正主義分子。有大字報說他把偉大領袖毛主席和黨內最大的走資本主義道路的當權派著作放在一起，更是罪該萬死！

這些大字報對王昭非常不利。隨著劉、鄧被公開批判，造反派把王昭關押起來，輪番批鬥。省委某些副書記、常委，則把一切責任都推到王昭身上，自己經常出現在批鬥王昭的主席臺上坐著。這些「大躍進」時期的「左」派人物，搖身一變，又成了支持造反派的革命領導幹部。

出逃與自投羅網

王昭被造反派關在省委汽車房裡。一天晚上，他起來小便，意外跌倒，摔斷胳膊。造反派不讓住院治療，只紮上繃帶。同情他的警衛員蘇太福，知道如果不及早把骨頭接好，將會造成殘廢。於是一天深夜，撬開汽車房的鎖，將王昭從裡面接出來，用蘇聯嘎斯六九吉普車經大通、祁連，翻越祁連山脈，到達甘肅張掖，然後坐火車到達洛陽。王昭改名換姓，住進洛陽骨科醫院治療。

王昭突然失蹤，造反派暴跳如雷，派人到處搜捕。在北京王昭家周圍有人日夜守候，結果都沒有發現蹤影。將王昭轉移到洛陽的警衛員安排得非常周到，如果王昭安心養病，是平安無事的。可是，他對毛澤東發動文化大革命的真實意圖不瞭解，存在幻想。以為同過去歷次政治運動一樣，很快就會過去。可是他想錯了，等待他的將是滅頂之災。

1967年春天，古城西寧，寒風凜冽，烏雲密佈，沙塵暴不時光臨，預示著一場大災難就要降臨。青海兩大派群眾組織——捍衛毛澤東思想宣傳隊（簡稱「捍衛隊」）和八・一八革命聯合造反司令部（簡稱「八・一八」）為了爭奪《青海日報》控制權，展開激烈鬥爭。2月23日凌晨，守衛在報社周圍、防止武鬥的部隊，突然和「八・一八」造反派組織發生衝突，開槍沖進報社，當場打死179人，打傷1000多人，報社裡面血流成河。這還不算，幾天之內，駐軍部隊在公、檢、法機關的配合下，在全市搜捕「八・一八」造反派骨幹成員幾千人。省、市監獄關不下，就臨時關在一些機關禮堂。「八・一八」的幾個頭目，除一號頭目馬繼文（汽車場工人）身中五彈、生命垂危，軍管會指示為了保留「活證據」，必須全力搶救，保住了性命，其餘頭目全部被捕。「八・一八」被宣佈為非法組織取締、解散。在一個月時間裡，「捍衛隊」在軍管會的領導下，對被抓起來的「八・一八」骨幹成員，採用各種刑訊逼供手段，加深了兩大派群眾組織之間的相互仇恨，為「八・一八」被平反以後的報復埋下隱患。

1967年3月28日，中共中央、國務院、中央軍委、中央文革小組聯合發出《關於青海問題的決定》，把「二・二三事件」定為反革命事件。把王昭、趙永夫、張曉川定為這一事件的幕後策劃者。趙永夫是青海省軍區司令，張曉川是總後勤部205部隊司令兼政委。他們與之有直接關係可以理解，因為開槍的部隊是趙、張管的部隊。事件發生後抓捕、審訊幾千名「八・一八」造反派群眾，是在他們領導下進行的。他們為這一慘案負責當然是對的。

儘管他們始終不承認下令開槍，也沒有證據證明他們曾經下令開槍。可是王昭和「二・二三事件」確實沒有任何關係。在洛陽治病，只有他的警衛員知道，任何造反派和他都沒有聯繫，而且他還是兩大派群眾組織都要打倒、都要揪鬥的對象。可是這一顛倒黑白的決定報紙上登了，廣播上播了。王昭聽到廣播後十分生氣、不滿。他要到北京找中央、找毛澤東、找周恩來說明情況。

王昭太天真了。別人勸他不能去，「八・一八」死、傷了那麼多人，到處找你，落到他們手裡還有好日子過嗎？光棍不吃眼前虧，不能自投羅網。可是他不聽，骨傷還沒有治好就回到北京家中。公安部造反派馬上把他拘禁起來，並通知「八・一八」。青海省造反派如獲至寶，馬上派人到京揪鬥王昭。

周恩來發話與王昭被「左」扼殺

造反派來人揪鬥，並要把王昭帶回青海，反映到周恩來那裡。周恩來說：「你們把王昭接到青海批鬥，可以。但是，只能文鬥，不能武鬥；要燒而不焦，保證他的生命安全。」

王昭到青海工作前，是周恩來找他談的話。周恩來這時這樣說，讓人欲哭無淚。為什麼不能親自接見王昭，直接瞭解情況呢？王昭是滿懷信心到北京找周恩來為自己辯護的，否則他會聽人勸告在洛陽繼續秘密治病。周恩來的指示反而成了青海造反派拘禁、批鬥王昭的理由。

「燒而不焦」，這是什麼語言？

據說，在文化大革命批鬥老幹部的高潮中，毛澤東對女兒李敏說：「人批得過火了受不了。就像烤鴨不能烤糊，不能烤焦，要恰到火候。……不能烤焦了，焦了就不能吃了。」周恩來是否從此受到啟發，才做出指示，不得而知。可正是這個指示，使王昭陷入絕境。

王昭被押回青海時，「八・一八」已經成了得到中央肯定的造反派組織。那些死、傷的造反派家屬、親人懷著強烈的復仇情緒對王昭進行批鬥。我不願意具體描述那種種法西斯暴行，只舉一例。一次，王昭被吊在解放牌卡車上遊街示眾，負責押運的6位造反派將吸剩的煙頭從他衣領裡丟進去，一共丟下21顆煙頭，王昭的脊樑被燒了幾十個血泡。恐怕王昭做夢也沒有想到，自己到青海來糾正極左路線，卻要被極左路線扼殺在這裡。

幾個月後，經周恩來簽字批准，王昭被正式逮捕，關進公安廳監獄。他本有多種疾病，胳膊摔斷還沒有治好，生活條件極差，馬上就病倒了。他還懷著希望，不斷給周恩來寫信，為自己申冤。我不知道周恩來是否收到王昭的信，既然他親自批准正式逮捕王昭，自有原因。王昭還孜孜不倦寫信，共有12封之多，只能是白費力氣了。

王昭對專案組指控他是羅瑞卿「死黨」一直不承認，說他們只是工作關係。1957年反右派時，羅瑞卿在黨組會議上說，公安部是毛主席直接領導的，在中直機關是一個大部，在反右派中要起帶頭作用，於是劃了63個右派，還有不少人被劃為右傾，受到黨紀、政紀處分。作為副部長兼政治部主任，王昭是有不同看法的。到公安部工作的人都受到過嚴格審查，政治歷史沒有問題。而且，被劃右派的人都沒有什麼問題，只不過給領導提過意見，這樣做是不公道的。可是，羅瑞卿的權威使他無法阻止這樣做，他為此一直感到有愧。

此時青海省實行軍管，公檢法軍管會主任曾征是王昭專案組組長。王昭哪裡知道，他1961年到青海糾正「大躍進」、平息叛亂中的左傾錯誤，不僅得罪了一大批地方上的大、小官員，而且也得罪了部隊上的一些人。平息1958年武裝叛亂，青海省軍區司令是孫光，而省委第一書記高峰兼任省軍區第一政委、黨委書記。孫光在平亂中犯嚴重錯誤，被降職調到陝西省軍區當後勤部副部長，由少將正軍級幹部降到副師級。如果錯誤不是很嚴重，不會這樣處理。

筆者不瞭解軍隊在整風中暴露出哪些問題，但是我想不會比公安機關好。一些軍方人士不會忘記是王昭1961年到青海來整了他們。

公安廳看守所和公安廳勞改局職工醫院相隔只有幾百米。1970年，王昭病重。看守所向軍管會報告，要求把他送到醫院治療，並通知醫院準備好病房。軍管會遲遲不作答覆。直到王昭病情加重，不搶救就會死，看守所醫生感到責任重大，不得不親自到軍管會直接給領導彙報。適逢幾個負責人在打撲克，醫生站在一旁，戰戰兢兢地說：「王昭大吐血，我們沒有辦法治療，如果不馬上送醫院搶救，今天晚上恐怕過不去。」軍管會副主任一面打撲克，一面冷冷地說：「王昭不是省委書記、不是省長，是經過中央批准逮捕的犯人，是殺害革命造反派的兇手，你為什麼那麼同情他？你的階級感情哪裡去了？造反派們的血難道就要白流嗎?!」

醫生一句也說不出來，只好走了。他知道自己已經盡到責任，王昭死了和他無關。

第二天早晨，看守員打開王昭監房，發現他已死。地上有一灘血，王昭手裡還攥著給周恩來總理沒有寫完的信。信上寫著：

> 周總理：這是我寫給你的最後一封信。我知道這封信還沒有到你手裡時（也許永遠也到不了你手裡），我就離開這個世界了。你把我派到青海來糾正青海省委錯誤路線給青海人民帶來的災難，我做了，使青海的工農業生產有了一定程度的恢復和發展，人民生活有了一定的提高，平反了大批冤案，有效地制止了非正常死亡，民心也比較順，只要繼續努力，青海的落後面貌是可以改變的。我知道有很多工作還沒有做好，這幾年省委把主要精力用在社會主義教育運動上，對工農業生產抓得不是很緊，那是為了響應偉大領袖毛主席的號召，反修防修，使中國永遠不改變顏色。我一直是按毛主席、黨中央的指示，竭盡全力在做工作，剛來青海時，

> 我身體非常健康，你找我談話時，不是還讚揚我的身體好、到青海工作沒有問題嗎？可我現在一身是病。造反派說我是反革命修正主義分子、羅瑞卿死黨，說我是『二・二三』事件的幕後策劃者，都不是事實。我和羅瑞卿在公安部是工作關係，他到總參當參謀長後，我們很少接觸，只是1962年中央在蘭州召開西北民族工作座談會，羅瑞卿到西北視察，到會聽取對軍民關係的意見時，我對1958年至1959年軍隊在青海平息反革命武裝叛亂時，不按中央政策辦事，殘酷虐待俘虜和濫殺無辜、嚴重傷害民族感情談了看法，對負有直接責任的省軍區司令孫光處理太輕提過意見。羅瑞卿表示，我的意見很好，將認真研究。不久，孫光被處以留黨察看二年，降職調到陝西省軍區任後勤部副部長。我是在中央召開的會議上光明正大提意見，沒有和羅瑞卿有私下往來，怎麼就是羅瑞卿死黨呢？『二・二三』事件前20多天，我就偷著離開青海，到洛陽治病，兩派造反組織都要鬥爭我，到處找我沒有找到，我直到『3・28』中央決定為『八・一八』革命造反派平反，才知道青海發生了『二・二三』事件，打死打傷那麼多人。中央決定把我和『二・二三』事件聯繫起來是不正確的。總理，你可能聽過青海省某些人不實的彙報，才同意對我批鬥、逮捕的吧……」

看守所長向軍管會領導彙報，領導問：王昭死前留下什麼？所長交出這封未寫完的信。領導看完，批示：送省軍管會領導閱後退回銷毀。我在軍管會秘書組當秘書，將王昭絕筆存檔。1978年又提供線索從公安文檔資料中找出這封信，交給了複查王昭案件的工作組。

當時軍管會做出決定：王昭死亡，嚴格保密，不得外傳，以在大街上發現無名屍體為名送火葬場火化，骨灰暫存火葬場。

1958到1960年，青海對於死亡犯人，不通知其在外地的家屬，以無名屍體處理。如今，王昭也是這個待遇。他可說是家破人亡，妻離子散。夫人在北京高院工作，文革中受盡折磨，王死後抑鬱而終。夫妻唯一的女兒飽受刺激，得了精神病。

軍管會不敢不向中央報告，但說王昭住在醫院，經過多方搶救無效死亡。周恩來知道後，批評青海沒有按他的指示保護好王昭的人身安全。這對死者已經毫無意義，不過對關在監獄裡的其他受害者卻大有好處。第一個受益者就是被王昭從公安部要到青海擔任省委常委兼秘書長、主管政法工作的王仲方。

王仲方做了羅瑞卿十年政治秘書（其職責是政策性檔起草、把關），文化大革命開始後最先受到衝擊，早於王昭幾個月，經周恩來批准被捕入獄。王昭和王仲方是造反派要打倒的省委主要對象，也是被批鬥得最殘酷的，而省委第一書記楊植霖和副書記、常委們，基本沒有什麼觸動。這可以看出，王昭到青海後的糾「左「確實觸犯了一些人的利益，時機一到，終於遭到報復。

王昭死後不久，看守所裡來了幾位醫生，非常仔細地給王仲方檢查身體，給他打針，服一些平時見不到的好藥。伙食上照顧尤佳，派專人做好飯、好菜，王仲方稱之為「吃小灶」（文革前，廳以上幹部有專門供應的副食品，專人做飯吃，叫做小灶；另外還有特殊的商品供應）。這才使身體每況愈下的他被關押5年後，還能活著走出監獄。在回憶錄《煉獄》中，王仲方說：「我感謝王昭在天之靈對我的關懷，要不是他的死引起中央領導注意，改善監管條件，我也不會活著走出監獄。我強烈痛恨造反派對王昭和我的迫害。」

1979年，王昭得到徹底平反。家屬費了九牛二虎之力才從火葬場找到王昭骨灰，接到北京。他的戰友、時任中央組織部長的胡耀邦在王昭平反問題上起到了關鍵作用。他飽含深情和眼淚迎接戰友的骨灰，陪同送到北京八寶山公墓一室安放。

我的回憶
——文革中的「楊余傅事件」

蔣平安

最近，我在網上看了不少材料。其中看到楊成武將軍向記者談他在文化大革命中慘遭林彪迫害的那一篇文章，這又把我的思緒引到文化大革命那個動亂的年代，使我再次想起那天，那個夜晚發生的事情。1968年3月22日夜裡，是我跟隨我的首長邱會作將軍和海軍政委李作鵬將軍，把楊成武從他的家裡帶到人民大會堂新疆廳，交給了周恩來總理。

我說帶楊成武，而不是抓楊成武，這是十分準確的語言。因為楊成武是代總參謀長，是邱會作的上級，倆個人的工作關係和感情一直很融洽，我也認識他，連他老婆趙志珍也認識我。我們對楊成武一點敵意也沒有。1967年1月，在文化大革命中，邱會作差點被造反派打死，在邱會作被林彪派葉群和陳伯達營救出來，送到翠微路總參三所二樓，當時楊成武得知邱會作被救出，立即和夫人趙志珍趕來看望，楊成武抱著躺在床上被打的不能動的邱會作，邊哭邊問候，可見他們之間的感情不一般。從我跟邱會作當警衛員以來，從在三座門軍委開會，到京西賓館的軍委辦事組辦公，以及在人民大會堂總理召集的會議及其各種場合見到楊成武的機會不計其數。更有1967年的武漢7・20事件，楊和邱都在毛主席身邊。楊的夫人趙志珍有時見到我還有意說上幾句閒話。有一次，在京西賓館，我碰上楊代總長和趙志珍，趙喊住我，我走過去，趙對楊介紹起了我，說這就是邱部長的警衛員小蔣，這孩子可好了！楊說，我知道，認識他。那時，我們對楊成武都是很敬重的！怎麼9．13之後，楊成武對記者說，那天晚上邱會作和李作鵬帶人翻牆衝上樓闖進他的臥室去抓他?!這是不真實的。

楊在他的回憶《文革中遭受林彪迫害全過程》中說：「我的家被幾十名全副武裝的，有兩個營，包圍起來」；楊成武還對記者這樣說：「邱會作對我說,林副主席請你去開會，我說：『開什麼會？要你們兩個來請，啊？你們搞什麼名堂！』楊說他（自己）轉身拿起紅色電話機，想問問總理是怎麼回事。可是電話線已被切斷。我一邊跟他們向外走，一邊怒氣沖沖的對他們說：『你們到底搞什麼名堂？開會，開什麼會？不要當騙子！要有黨性！沒有黨性也得有點良心』」；楊說：「母親大聲呼號：『我兒子從小跟著毛主席，不反對毛主席啊』」；「在兒女的哭喊聲中，我被押上一輛黑色吉姆車，坐在邱會作和李作鵬中間，駛向人民大會堂」；楊說：「我被帶到林彪辦公的會議廳，除了周恩來、汪東興、李天佑、王新亭等同志外，主要是林彪、黃永勝、吳法憲、李作鵬、邱會作、康生、江青、陳伯達、姚文元、葉群等那夥。」

這些，楊成武完全是向記者瞎說。其他的我先不講，我要問楊成武，你此時見到黃永勝啦？我可以這樣說，黃永勝還在從廣州來的飛機上呢，還沒落地呢！

事情經過當時是這樣的。1968年3月22日，晚上九點左右，我跟隨首長從京西賓館軍委辦事組會議室到達人民大會堂，總理在福建廳召集會議，進北門。首長進去後，我被攔了下來，我心裡明白，這是警衛級別提高了，一定有毛主席或林副主席在裡邊。我把首長的文件包交給首長以後，就回到車裡等待。車也不能停在上面，而是停在大臺階的下面。回到車上，我觀察除了有幾輛吉姆和伏爾加外，還有三四輛軍用吉普車也停在離我們的車不遠的地方。這和平時是不一樣的，使我的心裡莫名其妙地有些緊張。心裡想，今天晚上不會是有啥事吧。在那個文化大革命的最亂的時候，被專案的人多，說打倒誰，誰就倒臺了。不一定會發生什麼事呢。

我在車裡，很冷，司機張子貴師傅過一會就發動一下車，眼睛一直注視著大會堂北門，隨時準備開上去接首長。大約在23日凌晨一點，我看見幾個軍人出來了，過了一會副總長王新亭出來了，又過了一會通信兵總部江文主任出來了。我心裡想，江文是管電話的，是不是斷誰的電話去了。當時我敏感的就是這麼想的！

又過了一會，我看見我的首長邱會作和海軍李作鵬政委一起出來了。我和周輝（李的警衛員）急步跑上去，把他倆引到車邊。到了車邊，邱對李說：「坐誰的車？」首長接著對我說：「去楊成武家。我說坐我們的車吧，讓張巨集在前面（張巨集是李的專車司機）。」我知道我們的司機張自貴師傅路不熟，我才這樣說的。

車剛起步不久，首長對我說：「小蔣，帶槍了嗎？」我說：「帶了！」我想，首長知道我一直都帶著槍，他這是暗示我下來的事情危險，讓我警惕！我心裡想，是不是什麼壞人扣在楊代總長家裡，要把他帶到什麼地方去？我根本不會想到是楊成武被打倒了！

到了楊成武住地院子外面，我看見警衛剛換過，也就十來個人，並不是像楊成武對記者說的那麼邪乎，有兩個營包圍了他的家。我們進到衛兵室，王新亭正在向兩個幹部交代任務。王新亭看到邱和李進來了，就把話停了下來，我站在門口，邱就對他們說：「總理指示，帶楊紙字不留！」我一聽，心裡一驚，怎麼是帶楊呀?!

我們進入楊成武的院子，我走在前面，大鐵門中間的小門我用手一推就開了，門沒有鎖。9・13以後，楊成武對記者說，我們是翻牆進去的！他淨瞎說。

我們進到院子，漆黑一片，楊成武住的二層樓裡面也沒有燈光。我走在前面，後面跟著邱、李，周輝跟在首長後面。一樓的房門也沒有鎖，我一擰門把手，門也開了。在黑暗中我摸到開關，打開了電燈，楊成武的警衛參謀王大個子站在第二道門那裡，他很胖，兩眼紅紅的像是瞌睡熬的。我相信，楊和他的家人聽到外面換防的動靜，肯定都沒睡覺。王大個子看見我們，對首長苦笑著點頭說了一句：「邱部長李政委。」我們也沒理他。

我打開了其它的燈開關，走在前面，過了大廳，上了二樓。楊的愛人趙志珍就站在二樓樓口。她對邱李也是勉強笑著打招呼說：「邱部長李政委，你們來了！」，接著，突然她就放聲哭著說了一句：「邱部長李政委呀，你們兩個可是知道我們老楊是什麼樣的人呀！」雖然他們之間非常熟悉，但這個時候邱和李又能說什麼呢，所以邱和李也沒有答腔。

邱和李就走進了楊成武的辦公室，坐在沙發上，我站在辦公室的門口，我讓周輝下到樓下去。邱和李進到楊的辦公室時，過了一會，楊成武穿著睡衣站在他的辦公室了。邱對楊成武說：「總理請你去開會。」楊成武不講話。邱和李也是一句話沒講。我看見楊的辦公室的牆上掛著林副主席和楊成武的合影大照片。楊的精神不好，他驚恐緊張，但他很沉著，頭髮長的有些長，黑髮下面長出了白髮。他們互相之間沉默著。楊成武在辦公室裡走來走去，突然他有點發火，大聲說：「我要給林副主席打電話！」他抓起了紅色電話機，電話沒聲音，他把電話摔在桌子上說：「你們搞什麼名堂?!」邱和李勸楊成武快把衣服穿上。

這時，楊進了他的臥室，我怕楊成武發生意外，就跟了過去。楊和他的兒子東勝在衛生間說話，我想上去干涉，邱會作一把拉住我，按首長的意思，就沒有干涉。我想，講就讓他們講吧，楊也是認識我的，邱和楊的關係一直也是很好的！可是，9・13後，楊成武卻對記者說，邱對他說是「林副主席請他去開會」，說是「要給總理打電話！」這無非是他想把和林彪的關係脫的乾淨些罷了。我想，這是幹嘛呢，如果林彪不倒呢，看你又怎麼說?!還說「帶人闖進他的臥室」，瞎說！

過了一會，楊成武穿好了衣服來到他的辦公室，我們就下樓了。由於楊的身體不好，下樓時我就攙扶著他。因為在這之前，他有一二十天都沒去京西賓館軍委辦事組開會了，聽說他病了。

我們剛下到樓下大廳，楊的孩子們已被中央警衛團的人控制在飯廳，他們看見了他爸，就爸爸……爸爸的一起哭著大聲喊了起來！楊看到了他的老母親，我鬆開手，我就讓楊過去和他的母親說話。可楊在9・13後對記者說是他「掙開了我們」。當時我沒跟過去，沒聽到楊對他母親說了些什麼。加上他的女兒們喊聲太大，楊和他母親說話的聲音小，又有三四步的距離，我們也都沒聽到。我說楊代總長走吧！我攙扶著楊成武就向外走。他的小孩們這時一起大喊，爸爸……爸爸！再見！再見！保重！最後的勝利是我們的！楊的那個女兒楊俊生吧，很烈性，聲音最大。這番情景，我當時的心裡當然是很難過的。

楊、邱，李坐在我們的吉姆車上。楊坐在邱和李的中間。我坐在司機的旁邊。在路過北京衛戍區門口時，楊成武突然哭咽地大聲說：「老邱呀，你們要把我帶到哪裡去？」邱只說了一句：「總理叫你到大會堂開會。」當時邱的聲音有些低沉沙啞，可能也不是滋味吧。然後邱和李一路上也沒再講話。

到了人民大會堂，我攙著楊成武上大臺階，進北門，走進了新疆廳。邱，李，楊坐在沙發上，他們之間也沒說話，我站在一邊。過了一會，我看見總理來了，總理後面跟著警衛，我就退了出來。

23日，天快亮了，我們離開人民大會堂。回到總後，首長在他的辦公室批閱文件，沒有睡覺。我有些奇怪，就問首長為什麼不休息？首長說：「休息個鬼！」一會就到西郊機場接人。一直到早上六七點鐘吧，我跟隨首長到西郊機場。廣州軍區的黃永勝司令員下了飛機，我才知道是來接黃司令的。

接到黃司令後，黃坐上了吳法憲的車，黃司令的夫人項輝方上了我們的車，我們的車跟在後面，離開了西郊機場。中途，當他們的車要向人民大會堂方向拐彎時，我問首長我們去哪？首長說回京西賓館。到了京西賓館，在車上首長對項輝方叮囑了一番。我們要離開京西賓館時，首長有些不放心，讓我再去叫住黃司令的愛人項輝方，我趕緊追上了她，首長走過來對項輝方叮囑說：「黃司令沒回來之前你不許給任何人打電話！」項回答說：「是是，遵令！」，項輝方當時也有些緊張，有些摸不著頭腦。

24日下午，我和首長就到了大會堂，協助總理準備晚上的大會。黨中央在人民大會堂召開了師以上幹部大會，林副主席講話，講話後，毛主席接見！楊成武，余立金，傅崇碧就被打倒了。在打倒楊成武時，江青還想把邱會作扯上一起打倒，林彪，總理，主席都不同意，江青才罷手。

2005年，我在鄭州遇見了當年在中央警衛局的李建華同志，他已是河南省警衛局的局長了。我倆談起往事，我問他：「當時在新疆廳我看見總理進來後我就出去了，你跟著總理，你聽到總理講什麼了嗎？」他說：「我就聽到了一句。總理邊走邊打著手勢說，『楊成武，你現在什麼話都不要說了。』」

文化大革命中的楊余傅事件，使楊成武因禍得福，他躲過了9・13事件的打擊。誰都知道，他在工作上感情上比誰都超過了和林彪的關係。他在9・13後，對記者講的所謂他慘遭林彪迫害的事，是說了瞎話的。依我看，他還應該感謝林副主席呢，是林彪保護了他。我認為，楊成武包括黃吳李邱，都是跟著毛主席打江山，軍政素質很高的黨的高級幹部，他們對中國革命有很大的貢獻！打倒的應該是禍國殃民的四人幫！而不是他們。

2008年10月28日，邱會作將軍魂歸故里，他的家鄉興國人民以「興國永遠是你的家鄉」熱烈歡迎他的回歸。我懷著對首長十分崇敬的心情，參加了江西興國人民為他隆重舉行的邱會作將軍銅像揭幕骨灰安放儀式。我在返回鄭州時，首長的兒子老三光光開車送我。在車上，首長邱會作將軍的音容相貌，和他在一起的歷歷往事，不斷在我的腦海裡浮現。回憶往事，光光對我說：「爸爸說他當年去楊成武家帶他是不想去的！」我說：「那怎麼行?!是總理讓他和李作鵬將軍去的！不去，行嗎?!」

建議大家看看《邱會作回憶錄》吧，那才是客觀真實悲壯的歷史！

2012年1月於鄭州

四十多年來我一直想說的話

宋彬彬

文革爆發至今四十多年過去了，面對社會上關於「宋要武」的傳說我一直保持了沉默。一方面是因為傳說不等於事實；另一方面我深知自己無論說什麼都只會引起更大的波瀾。想到文革中那麼多人受到冤屈、迫害，甚至致殘、致死，和他們相比，我這又算得了什麼，不說就不說了。近幾年，為了搞清楚在那個年代、在那一天，在我們身邊究竟發生了什麼，許多人站了出來，從不同的角度記述或講出自己的經歷和反思，漸漸復原出當年的真實面貌。作為當事人的我也問自己：在那些天我做了些什麼？我應該承擔什麼責任？在尋找真相和反思自我的過程中我最終明白，再繼續沉默，不僅是對歷史不負責任，對自己不負責任，也是對那些因說了真話而直面社會質詢和責難的校友們的傷害。我應該講了，哪怕風波再起，哪怕再次面對靈魂的拷問。我相信，這已不是四十年前。

一、關於兩宗「罪行」

綜合各種文章和傳說的內容，我的「罪行」大體歸結為兩宗：一是文革初期組織過紅衛兵的殺人比賽，自己親手殺了七八個人。二是1966年8月5日下午北京師大女附中（簡稱「女附中」，現名北京師範大學附屬實驗中學，下簡稱「實驗中學」）部分學生遊鬥校領導發生了暴力行為，黨總支書記、副校長卞仲耘不幸遇難。我被認為是施行暴力的「紅衛兵」組織的負責人。

第一宗罪名，早在1966年大串聯期間就開始在各地傳播並廣泛流傳、形成文字見之於多種書刊雜誌，比如某著名學者在其《自撰年譜》中就加以引用。但也有文章表述了不同的看法。2008年，原北京十一學校的一位老師撰文指出，他若干年前所寫文章中提到打死七八個人的學生，並不是宋彬彬。

第二宗罪名，雖然在80年代實驗中學已經為我做過明確的組織結論，說宋彬彬在學校文革中沒有打人和暴力行為，但此結論無人理會。90年代以來，在一些文革研究者的筆下，我成為「八五事件」的責任人。這個說法更被國內外多人援引而逐漸擴散。2002年美國出版的一本嚴肅的學術論文集中有一篇文章也持類似說法。我覺得不能再回避了，從此時起，我開始認真地回憶和整理我在文革初期的經歷。

2003年春，我給劉進打電話說起這個想法。之後，我開始找同學瞭解當年情況，說明自己回憶。2006年，我和一些同學集中走訪了不少老師、校友，後來還開過幾次座談會。在我們班（女附中66屆高三3班）兩次班級座談會上，十幾位同學敞開心扉，從文革前的教育、切身的感受一直談到文革初期學校發生的幾件大事，她們具體、生動的敘述喚起我不少記憶。還有校友找出了文革時期的筆記或給我寫了文字材料，有的校友和我一起做了多次的交流，幫助我回憶、梳理、分析。經過幾年的努力，我基本理清了自己文革前的思想狀況和文革開始後頭三四個月的經歷。

二、文革前後

1960至1966的中學六年，我都是在女附中度過的。上初中時大家都很單純，除了上課，腦子裡沒有別的，就是玩，直到初中畢業我連入團申請書都沒寫過。1963年我升入高中後，學校階級鬥爭教育開始明顯加強。雖說有「講成份但不唯成份」的階級路線，但團內還是做了在發展工作中貫徹階級路線的報告，要重點培養幹部子弟。在團組織的幫助下，我高一入了團。入團後，我覺得自己政治上比較幼稚，所以願意和比我成熟的同學接近。那時我每天給劉進補習俄語，因為她一貫反對同學中的驕嬌二氣，反對幹部子弟特殊化，在早鍛煉和勞動時特能吃苦，還敢於在課堂上提問題，所以我對她的印象很深。我覺得要當無產階級革命事業的接班人，就應該像她那樣自覺鍛煉。那時，我們班組織過不少活動，像從學校步行去爬鷲峰，給革命母親夏娘娘掃墓，請紅四方面軍的老戰士講革命故事，等等。我們每天學毛選，以古今中外的英雄人物為榜樣，批判頭腦中的小資產階級思想。雷鋒的很多話成了我們的口頭語：「黨的需要就是我的志願」，「做一顆永不生銹的螺絲釘」，還有王杰的「一不怕苦，二不怕死」等等。班裡同學的思想也很活躍，大家常在政治課上提出各種問題展開討論，不清楚就問老師，但課任老師經常回答不了，於是學校派教導處副主任梅老師教我們班的政治課。

1966年春季開學後，報刊上的批判文章不斷，給人一種山雨欲來風滿樓的感覺。那時我們高三年級已經學完了全部高中課程，進入複習備考階段，可我們無法靜下心來學習，覺得不讓「江山變色、國家變修」比高考更重要。1966年4月我入了黨，學校16名學生黨員組成了學生黨支部。當我們得知，1965年在社會主義教育運動的背景下，北京四中、六中、八中發生學潮的消息時，都很羨慕，認為他們提前經受了階級鬥爭大風大浪的考驗，希望女附中也能有這樣的機會。在學生黨支部會上，大家熱烈討論國際、國內形勢，積極分析什麼是修正主義教育路線的表現，對我校在貫徹教育方針上提出了不少意見和建議，還和負責學生黨支部的梅老師展開討論或辯論。

1966年6月1日，人民日報發表了「橫掃一切牛鬼蛇神」的社論。2日，中央人民廣播電臺播發了北京大學聶元梓等人的大字報。那天一早，高三的學生黨員劉進、馬德秀來學校找我（我是住校生）。劉進說：「現在黨號召了，咱們原來提的意見可以說出來了，你願意寫大字報嗎？」我想，這是保衛黨保衛毛主席保衛社會主義的鬥爭，這些意見在支部也討論過，因此當即表示同意。我們連草稿都沒有打，三人邊說邊由劉進寫在舊報紙上。她簽名後，我和馬德秀也簽了名。現在我已記不清楚大字報的標題和具體的措辭了，只記得是對學校不讓我們高三學生參加運動有意見，說學校教育路線上有問題。近年，有幾個同學回憶起大字報的題目是「校領導把我們領向何方」，開頭的一句話是 「外界革命形勢轟轟烈烈，學校卻是死水一潭，學校一心想引導的是讓我們進行高考複習……」大字報貼出後，學生們議論紛紛，遲遲不回教室上課，有不少人也開始寫大字報聲援。學校一下子亂成這樣，是我事先沒有想到的。有老師批評我們這樣做是「反黨」，校黨總支的老師也害怕我們滑向右派學生。當天下午他們在一間大階梯教室裡幫助教育我們，可我們不明白為什麼貼大字報就是反黨。6月3日晚，團中央的幾個幹部來到學校，他們說我們貼大字報做得對，做的好，堅決支持！還說我們是毛澤東時代的好學生。聽到他們的肯定，我們激動得熱淚盈眶。

6月4日，由團中央幹部組成的工作組正式進校。上午，工作組召開全校大會，傳達了北京市委提出並得到中央批准的八條意見，[1]強調要把全校師生團結在黨團組織周圍，有序地開展文化革命，不要搞過激行為，讓我們要在黨的領導下參加文化大革

1 八條要求：（1）大字報要貼在校內；（2）開會不要妨礙工作、教學；（3）遊行不要上街；（4）內外區別對待，不准外國人參觀，外國留學生不參加運動；（5）不准到被揪鬥的人家裡鬧；（6）注意保密；（7）不准打人、污蔑人；（8）積極領導，堅守崗位。摘自鄭洸《共青團歷史上的人和事》中國少年研究中心，青運史研究文庫，2005年內部出版，頁219。

命，把學校的運動深入下去。聽到這些話，我心裡踏實多了，覺得有黨派來的工作組，學校亂的局面就可以扭轉過來了。工作組進校後，我們每天都忙忙碌碌的，但具體忙的是什麼多已記不清。經過這幾年的調查瞭解，憶起了一些，特別難得的是一位同學還保留著當年的筆記，據此我整理出以下記述。

6月6日，在工作組的主持下成立了「女附中革命師生代表會」，其中學生代表會（簡稱「學代會」）主席是劉進，副主席4名，我是其中之一。我們分頭負責，把工作組開展運動的要求佈置給各年級的核心小組，年級再佈置給各班的核心小組。每天還要收集執行情況向工作組彙報，大家天天十幾個小時地忙碌著，也不知道累。教師代表會只有兩名老師，由他們負責組織老師的學習和寫大字報。不久，在工作組的領導下，學生都在本班教室按佈置的計畫來學習毛選和黨報社論、寫大字報，下午在校園看大字報。

6月17日，學校貼出了第一張反工作組的大字報。學生立即分為保、反兩派，聚在宿舍樓前展開大辯論。當時，我們學代會的同學都不同意她們這種作法，認為工作組是黨派來的，運動也在有序深入，對工作組有意見完全可以提出來，為什麼非要貼大字報呢？6月21日、22日，工作組在大操場主持召開了兩個半天的揭發批判會，主要是批判以卞仲耘為首的校領導所謂的修正主義教育路線。會上，一位管過人事的老師揭發卞校長是假黨員，激起了學生的憤怒。隨後，校外人員袁某帶著兒子和母親在工作組沒有允許的情況下哭喊著沖到臺上控訴卞校長有生活作風問題。她們邊哭訴邊揪打卞校長，會場一下子就失控了。幾個原來站在臺上拿木槍的高年級同學開始用木槍捅打卞校長，還不斷有學生、老師跑到臺上喊口號質問、推打，卞校長當時就吐了。揭發出卞校長的這些問題讓師生感到驚訝、氣憤，但是出現打人的混亂局面，我覺得這不符合中央八條，即便是出於義憤也是不應該的。6月27日，出現了第二張反工作組的大字報，這一次沒有引起太大的反響。

6月底，工作組在全校公佈了「卞仲耘反黨反社會主義的罪行」。7月初，女附中被劃為四類學校，卞仲耘和胡志濤兩位校領導被劃為四類幹部。全校師生集中對卞、胡等校領導的所謂罪行「梳辮子」、深批深挖。工作組除了具體安排運動進程外，還提出了「邊學習、邊議論、邊揭發、邊批判」的口號，學生按班級每天半天學習、半天揭批。一位同學當時的筆記記錄了6月底傳達了李雪峰、胡克實的報告，佈置的討論題有「放手發動群眾和加強領導的關係」、「文鬥和武鬥哪一個水準高」等等。

7月5日上午，胡啟立、張世棟（女附中工作組組長）帶著劉進和我到中南海向鄧小平彙報學校運動情況，卓琳也在場。當時主要是工作組彙報，鄧插話或集中講幾點。很多原話我已記不清了，記得最清楚的是聽到袁某帶人衝會場時，鄧當即說這是個壞人。鄧強調一定要加強黨的領導，儘快恢復黨團組織正常工作；一定要制止在校園出現紅衛兵組織；恢復團組織的辦法就是把學習好、思想好、有影響和號召力的學生吸引到團組織周圍，讓鬧事的沒有領頭人。還說要和反工作組的同學辯論清楚這些問題，缺席辯論也可以；說運動每發展一步都要排隊分清左中右；還說哪裡有那麼多修正主義，一個學校頂多一兩個，要抓緊解放大部分的幹部和教師。當天下午，張世棟在全校講話，號召開展「要不要和工作組爭奪領導權」的辯論，辯論進行了三個半天。那幾天滿校園貼的都是批駁反工作組同學的大字報，有些同學還被追著打罵，一些人回到家裡還有家長找談話。

7月20日前後，大部分同學去邢臺軍訓；少部分從高年級各班抽調的同學參加對校領導和教職員工的集訓；一部分所謂有問題的學生還被安排到郊區農村勞動。我參加了集訓。集訓是按照「四清」的方式進行的，當時把所有教職員工都編成小組，先自己做準備，準備好就在小組發言，由學生主持小組會幫助他們，讓他們早點「洗澡、下樓」和爭取重返講臺。

集訓開始不久，傳來了毛主席批評工作組的消息。

7月29日，人民大會堂召開萬人大會，李雪峰在會上宣佈了北京市委撤銷工作組的決定。7月30日下午女附中工作組宣佈撤出學校。那幾天聽的最多的話就是讓學生自己解放自己，自己起來革命。還說革命就是要「運」，要「動」，要靠自己。雖然我知道這是中央的部署，可撤了工作組的感覺就像找不到組織一樣，我搞不明白自己怎樣去「運動」，不明白工作組怎麼就成了阻礙文化革命運動的消防隊，也不明白我們跟著工作組走怎麼就犯了錯誤。

8月1日軍訓的同學返回學校時，校內外已出現血統論的對聯，校園裡很亂。當時有不少幹部子弟為對聯叫好，認為是長了「紅五類」的志氣；但也有說這樣刨個三代四代，咱們「紅五類」也要變成混蛋的；更多的同學因感到喘不過氣來的壓力而沉默。在辯論對聯時，我覺得它不符合黨的「重在表現」政策，不利於團結大多數，對這種霸道和咄咄逼人我很反感；但有不少人說它客觀上起到推進運動的作用，而且矯枉必須過正。在對聯問題上，我是有困惑和有保留的，但我沒有公開質疑。

工作組在校期間，少數反工作組的學生已游離于校外，並成立了自己的組織「紅旗」。工作組撤離後，「紅旗」的骨幹學生回到學校。據初三和高三幾位同學回憶，原來「紅旗」的骨幹學生于7月31日在食堂佈告欄貼出成立「毛澤東主義紅衛兵」（簡稱「主義兵」）的大字報。黨中央、毛主席肯定了反工作組是正確的，她們成了革命的左派，而我和原學代會的成員都跟著工作組犯了錯誤，成了「保守派」。對於下一步運動應該怎樣搞，學校的形勢會怎樣發展，自己應該怎麼辦，我感到很迷茫。

8月5日下午，發生了因本校學生的暴力行為導致卞校長死亡的嚴重事件。我事先不知道要遊鬥校領導，事後瞭解是高一部分學生發起的。那天下午，劉進、我和一些同學聚在東二樓原工作組的辦公室討論下一步該怎麼辦，幾個初中學生跑來告訴我們有人在大操場打人了。劉進、我和幾個原來學代會、核心小組的同學趕快跑到操場，看到卞校長等五個校領導被學生押著遊街，他們有的拿著簸箕，有的頭上扣著紙簍，臉上身上都很髒。我們勸她們不要打人，她們說，現在工作組撤了，「黑幫」都神氣了，今天讓他們遊遊街有什麼不對?!我們說，不是不讓鬥「黑幫」，但鬥「黑幫」也不能打人呀，打人不符合黨的政策。她們不說話了，我們讓圍觀的同學散開後，就回東二樓了。後來，低年級同學又來告訴我們說後操場上打人了，劉進和我趕去，看見後操場聚了不少同學，校領導被人逼著挑土，筐裝得很滿，挑不動就要挨罵挨打。劉進和我勸告那些監管校領導的學生，說勞動就是勞動，一定不要打人，筐那麼大，他們的確抬不動。看她們沒有表示異議，我們就離開了。

8月5日傍晚，又聽說卞校長躺在後操場，人快不行了。劉進、我和一些同學趕快跑到後操場，當時李松文老師也在場。劉進讓工友打開了後門，大家一起用手推車把卞校長推到郵電醫院。起初大夫不敢救，說是「黑幫」分子不能救，於是我們和醫護人員發生了爭吵。劉進說必須搶救。據一位同學回憶，我當時說共產黨有三大紀律八項注意，俘虜還要優待呢。據李松文老師近年回憶，醫院要求出示學校證明，但當時不可能開具這樣的證明，李老師問是否可以簽名作證？醫院同意了，並說必須有老師的簽名才行。於是李老師帶頭簽名，並徵得幾位在場高年級學生（包括我和劉進）的同意，寫下了6個學生的名字。李老師把簽字的紙條交給大夫後，醫院才開始搶救。一個多小時後，卞校長搶救無效死亡。

近年來我聽到一個說法，說我在事發後對卞校長的丈夫王先生說，我從遠處看到了卞校長躺在宿舍樓前。我不記得與王先生交談過有關卞校長之死的事。我曾找了一些同學、老師詢問，她們對此也沒有印象。所以在這裡我只能說，我確實不記得有這次會面，也不記得在文革中與王先生有過其他個人接觸。

第一次經歷這種事情和看到這種場面，我很害怕，也很緊張，卞校長問題還沒有定性就被打死了，這可怎麼辦啊。劉進說應該趕快向市委彙報，於是我們和一些還在醫院的同學連夜走到北京飯店去找市委領導，市委第二書記吳德接見了我們。吳德聽了彙報後半天都沒有說話，後來才慢慢說的。劉進和我都記得他說的大意是：這麼大的運動什麼事情都可能發生，也難免要出現這樣那樣的問題……人死了就死了……你們不要擔心、害怕，回去注意保密，不要擴大影響。

走回學校後，大家心裡很亂，幾個人坐了一夜。我們剛跟著工作組犯了這麼大的錯誤，還不知道怎樣才能繼續參加運動，學校就出了這麼大的事情。現在雖然上級講話了，但「這麼大的運動什麼事情都可能發生」該怎麼理解？「人死了就死了」該怎麼理解？我們又該怎麼辦？但無論怎樣，應該儘快將卞校長死亡的消息和吳德講話傳達給全校師生。劉進是原學代會主席，她說就由她來說吧。第二天早上，劉進通過廣播向全校宣佈卞仲耘死亡的消息，傳達了吳德的講話，包括那句「死了就死了」，還說以後不許打人了。

在那些天裡，我們在一起議論最多的是再這樣亂下去不行了。8月8日，劉進、我和一些同學一起商量怎麼辦，有同學提出成立女附中的「文化革命籌備委員會」（簡稱「籌委會」），想以籌委會這種有組織的形式繼續革命、參與運動。於是，按工作組在校時學生代表會的思路，由劉進擔任籌委會主任，我和其他幾個同學擔任了副主任。

通過2003年以來的調查和回憶，女附中的紅衛兵應該是籌委會成立之後出現的。那時紅衛兵運動開始席捲北京城區各中學。

說出現，是因為女附中的紅衛兵沒有貼大字報宣佈成立，也沒有章程和組織機構，很鬆散，所謂家庭出身沒有問題的同學，認為自己是紅衛兵的，那就是了。紅衛兵和籌委會由同一批人負責，我也是負責人之一。8月18日前兩天，我們接到去天安門廣場集會的通知後，各班都開始做準備，主要是製作紅衛兵袖章和標語牌，為了能戴著袖章參加集會。

8月18日那天，是由劉進帶隊去的，學校的隊伍很早就到達了天安門廣場。聽到廣播中說讓一些學校派人到天安門城樓下集合（分配給女附中40個名額），劉進讓我選人帶隊去，她留下照看學校的隊伍。到了天安門前，我們才知道是要上城樓。那時，毛澤東等多位國家領導人已在天安門城樓上。被邀請登上城樓的中學生有上千人之多，學生中膽子大的都去給中央領導人戴紅衛兵袖章。我本來戴的是沒有字的紅袖章，臨上天安門時，有個同學說她的袖章有「紅衛兵」三個字，比我的好看，就把她的給了我。在天安門城樓上，我身後一個男生（後來知道是師院附中初中生）看到別人都上去給領導人獻了袖章，就推了我一下說：「你這袖章挺好的，為什麼不去給毛主席獻呢？」當時，我旁邊站著公安部長謝富治，他原來跟我父親在一起工作，也認識我。我問他，我能不能去給毛主席獻袖章，初二年級的一個同學也說要去獻紅領巾，他同意後我倆就過去了。毛主席並不認識我們，也不知道我們是哪個學校的。他問我：「你叫什麼名字啊？」我說叫宋彬彬。「是文質彬彬的彬嗎？」我說：「是。」毛又說：「要武嘛。」當我從天安門下來見到同學們時，大家圍著我問長問短十分羨慕，都覺得這不只是我而是大家的光榮學校的光榮。

8月18日下午返回學校後，《光明日報》一位年輕的男記者來採訪我，我就把那兩句話講了。他讓我寫下來，我說就這麼兩句話不用寫了吧。後來我和幾個同學說起記者約稿的事，她們也說就這兩句話有啥可寫的？我沒有想到，8月20日《光明日報》發表了一篇文章，題目是「我給毛主席戴上紅袖章」，署名宋要武，括弧宋彬彬。看到那篇文章我很生氣，對同學說，怎麼沒有徵求我的意見就隨便寫文章登報呢？怎麼還把我的名字也改了？我的名字是父母給起的，我根本沒有想過要改名啊。我們班一個同學也說，怎麼能叫「要武」呢？太不好聽了。現在重讀那篇《光明日報》的文章，文中對「要武嘛」三個字大做文章，這哪是我能寫出來的。接著《人民日報》轉載了《光明日報》的文章。從此，宋要武的名字滿天飛，全國各地都有人給我往學校寫信，大部分寫的是宋要武收，也有寫宋彬彬收的。這麼一來，別說宋要武，就連宋彬彬這個名字我也不能用了。幾個月後，班裡幾個同學幫我改名，她們翻字典翻到「岩」字，我就改名叫宋岩了。當時我曾對劉進說，人怕出名豬怕壯。她問什麼意思？我說豬壯了就該被殺了。

當天回到學校後，毛澤東主義紅衛兵的幾個同學來找劉進和我，其中有一個是反工作組的骨幹。這個同學對我給主席獻袖章很氣憤，她認為我們犯了保工作組的錯誤，沒有資格給毛主席獻袖章。還說這樣做是不分是非，不利於運動向正確方向發展，應該糾正。我們覺得她說的對。原來我們是想自己解放自己，繼續參與運動，沒有想到這種作法是延續了保工作組的錯誤，所以我們不應該也沒有資格再擔任籌委會的職務了。8月19日，劉進和我寫大字報聲明退出籌委會。大字報貼出後，籌委會陷入癱瘓。此刻，我多少感到了鬥爭形勢的複雜，之後還有不少記者想來採訪，我一概謝絕。外校紅衛兵有事來找我，我也回避了。有學生來學校設法找到我，看到我後很失望，說「要武」怎麼是這個樣子啊。對「8・18」後的暴力升級、打人成風，我感到不解，我們班曾抄了幾個同學的家，我沒去，也沒有參與社會上的「破四舊」、抄家等打砸搶暴力活動。

8月底，王任重把我和劉進叫到釣魚臺，動員我們去武漢保湖北省委。劉進不去，她說不是要自己解放自己嗎？為什麼湖北的事讓我們去？我答應去了，因為抗戰時期王任重是我父親的老部下，在冀南抗日根據地發生大災荒時，他倆還同拉一個犁杖一起耕過地，我信任他，對他有感情，同時也覺得反省委不對。9月初，我和高一2班的4位同學一起去了武漢，我們都是女附中的紅衛兵。到武漢後，湖北省委安排我們住在省委招待所，在我們之後來的清華附中的幾個學生也住在這裡。當時，有好多保省委的大學生來找我們，讓我們支持他們。我說我們得先瞭解情況，然後再做結論。於是我們去了武鋼和好幾所大學看大字報，開座談會。跑了幾天後，大家一起討論，看該不該炮打省委。最後的結論是，湖北省委基本是好的，應該三七開。當時我們是邊討論邊寫草稿，都是分析說理的，沒有帶一個髒字。文章寫好後就交到了省委。

記不清楚是第二天早上還是第三天的早上，我們看到當地報紙中夾帶著署名宋要武等人支持湖北省委的公開信，一看我們5個人全都傻了。因為這根本不是我們的原稿，對湖北省委，公開信說的不是三七開或者二八開，都成了一百一十開了，不但措辭激烈，還夾帶著當時流行的罵人粗話。我非常氣憤、不解，立即去湖北省委找到負責同志詢問。他和我談了很長時間，聲淚俱下地說：「我們跟著毛主席爬雪山過草地，抗戰八年吃了多少苦，犧牲了多少同志，現在要打倒我們，我們怎麼會是反黨、反毛主席的呢？」說老實話，我很同情他們，不相信他們會是反黨反毛主席的走資派。我說，我們可以聲明支援省委，但你們也要實事求是，那個公開信不是我寫的，你們不能以我的名義發表，而且我也不叫「宋要武」。他們同意我寫一份聲明，交給省委印發。當晚我就寫好了一份簡單的聲明，說原來發出去的公開信不是我們5個人寫的，我也不叫宋要武，但我們覺得湖北省委是好的，不同意打倒省委，也不願意看到兩派群眾的對立。這時有人突然通知我，說我父親病重，火車票已經給我們5人買好了，我心裡著急就把寫好的聲明交給他們了，請他們一定幫助儘快印發。

回到家裡，見到媽媽的第一句話就是問我爸得了什麼病，我媽說你爸沒病啊。我這才明白，實際上是湖北省委想支走我。我跟媽媽講了經過，她勸我以後不要再提這事了。媽媽說他們那樣做的確不對，但他們是在危難關頭，已經被鬥、被打、被逼無奈了，處於那種情況下，他們不得不出此下策，想利用「宋要武」的名聲保自己。聽了媽媽的話，我理解老幹部們真的很無奈，以後也沒提過武漢之行，但那種在不知不覺中被利用的感覺我無法忘記。從武漢回來後，班裡同學見到我，說你這個不懂政治的人怎麼卷到政治裡去了？從此，我遠離運動成了逍遙派，連對學校的運動都不聞不問，更沒有去參加「西糾」、「聯動」等老紅衛兵組織。儘管如此，社會上關於「宋要武」的傳言一直沒有斷過。1968年初，江青在一次大會上罵了我父親，說宋任窮的鬼女兒去武漢保了湖北省委如何如何。4月我和媽媽被押到瀋陽軟禁起來，與外界基本上失去了聯繫。

1969年初春，我從瀋陽逃出來到內蒙牧區找同學插隊，人還沒到，謠言就先到了，說「宋要武」殺人放火、強姦婦女、無惡不作。當地老鄉很害怕，不敢收留我。要不是北京知青們把自己口糧、衣物勻給我，並鼓勵我堅持下去，我真不知道以後的路該怎樣走。插隊時我一直埋頭勞動，得到牧民的理解肯定。1972年春，在牧民老鄉和大隊公社領導的推薦下，我被一所大學接收，後又因謠傳被退掉。老鄉和知青都去反映情況，最後是負責錫盟招生的金老師頂住壓力想辦法錄取了我，讓我走進長春地質學院的校門，從此改變了我的命運，幸運地開始求學生活。此後，我不提過去，不提家庭背景，只想遠離喧囂，認真學習和工作，平靜地和家人生活，與同事和朋友相處。

1995年，我校一位校友（68屆高中）在香港發表了《1966：學生打老師的革命》，她在文章中第一次將8月5日校長之死和8月18日我在天安門上給毛帶袖章聯繫起來，作為因果關係來論證。2004年，她的又一篇文章〈卞仲耘之死〉，更是多次提到我的名字，甚至直接指出我是導致校長之死的紅衛兵暴力事件的負責人。她舉出的唯一證據是前面說到的那個為搶救卞校長而給醫院作擔保的7人名單，她說：「這7人中有6人是紅衛兵學生。名單上的第一個名字是宋彬彬，該校高三學生，紅衛兵負責人。」實際上，名單第一個名字是李松文老師，我的名字寫在最後。

多年以來，該校友的文章在社會上產生了廣泛影響。輿論普遍接受了她的引導，認為是宋彬彬帶領紅衛兵打死了校長，因而八一八受到毛的接見，毛給我改名「宋要武」，同時我的父親還被升為政治局候補委員。一些中外學者也將這一講法寫入文章或專著中，以訛傳訛，還被不少人添枝加葉，以聳人聽聞的內容在互聯網上傳播，像滾雪球一樣越滾越大。

2002年，美國出版了一本性學研討文集，其中有一篇美國女學者Emily Honic研究卞仲耘之死的文章，她根據那位校友的說法，把我和「八五事件」聯繫在一起，並把我給毛獻袖章與我父親是中共中央政治局候補委員聯繫在一起。有美國朋友說，這樣的說法太吸引西方人的眼球了。他們認為，社會上的謠言可以不理睬，而一旦寫進學術著作性質就不一樣了，影響惡劣。他們建議我表明態度，說清情況，必要時訴諸法律。後來，我的一位美國朋友與Honic及出版社進行了溝通。他們瞭解真相後向我公開道歉，並承諾如該書再版會予以更正。[2]

在此之前，紀錄片《早晨八九點鐘的太陽》的導演卡瑪也曾動員我接受她的採訪，起初被我謝絕了。後來發生了這件事，

[2] 美國女學者Emily Honic及出版社的道歉信見《亞洲研究通訊》2003年春季刊（總第48卷第2期）。

大家都勸我不要再沉默，他們認為在一個嚴肅的場合說明事實真相，是對歷史負責任的表現。這樣，我才在紀錄片殺青之際接受了卡瑪的採訪，並從2003年開始調查回憶自己在女附中文革初期的情況。有人不理解我在影片中為什麼不露面？因為我不想在美國成為公眾人物而再次捲入輿論的漩渦，更不願單位同事和家人的平靜生活因我而受到干擾。

三、我為什麼參選「榮譽校友」

2007年，實驗中學要舉辦90周年校慶並評選90名知名校友（正式名稱為「榮譽校友」）。有同學推薦了我，並通過了學校的初選。當時我的第一反應是拒絕。後來，在一些同學、朋友的勸說下，我接受了他們的看法：這是為自己澄清的機會。這期間，我也猶豫過，也曾想退出，怕接受提名給母校帶來負面影響。可同學們告訴我，已進入了評選程式，如退出就等於默認了那些謠言。而且，我退出也會給學校和推薦人帶來不好的影響。這樣，我在猶豫不決、進退維谷中參加了「榮譽校友」的評選。我是麻省理工學院（MIT）地球和大氣系第一位來自中國大陸的女博士，這是我被推選的理由。

同年3月，我們班準備製作一張名為《六十回眸》的光碟作為校慶禮物，也是為我們自己共祝花甲。關於光碟的圖文，班裡形成共識，不提8・18，不用我給毛戴袖章的照片。因為我接受了「知名校友」的評選，所以班裡把這個原則也反映給校慶辦公室和校領導。我按班裡的要求，把自己離校後的照片選了一遍，選照片時我百感交集，情不自禁寫下一些抒發感情、說明背景的話，以供做光碟時參考。這些材料我在4月底發給了做具體工作的同學，沒有想到這封私人郵件會上傳到學校「榮譽校友」評選的網路上。7月23日，我在母校網站上發現後非常驚訝。更讓我不能接受的是，關於我的「個人簡介」裡還有8・18我給毛戴袖章的內容。我馬上找到劉進，請她和學校聯繫，要求校慶辦公室將關於我的圖文全部從網上拿下來。雖然劉進和我多次催促，但直到校慶活動結束仍未見改變。

在校慶活動當天，更讓我感到震驚的是那張照片竟然放在大幅展板上，先豎立在人民大會堂的活動現場，後又陳列在校園裡。《90年輝煌——北京師範大學附屬實驗中學90年圖志》的第三章也用了這張照片。

我當選為榮譽校友一事在海內外迅速被熱炒為政治事件，實驗中學的校慶也由此成了為文革翻案、替紅衛兵張目的活動。網上流傳著不少聲討我的文章，最嚴重的指控就是我與卞校長之死有直接關係。讀了這些文字，我的心情非常沉重。一是為文革中的死難者感到傷痛；二是為謠言難以澄清而心力交瘁。我希望過平靜的生活，可是這個簡單的願望卻難以實現。我想說清真相，但說什麼都會被誤解。我終於明白，試圖通過一次校慶活動澄清自己的想法，在政治上是多麼幼稚；同時也認識到，實驗中學的校慶之所以會演化為一個事件，是因為它再次觸動了文革受害者心中難以癒合的傷疤。文革的陰影還遠遠沒有散去，我只考慮為自己澄清名譽而去參加榮譽校友的評選是錯誤的不明智之舉。

四、我的反思和道歉

40多年過去了，我曾一次次地問自己，為什麼會參與寫女附中的第一張大字報？答案是，在那個年代自己滿腦子想的都是保衛黨、保衛毛主席，不讓資本主義復辟，都是響應黨的號召批判修正主義教育路線，自覺地在階級鬥爭的大風浪中經受鍛煉。後來，我逐漸認識到，儘管文革是全國性的運動，但具體到我們學校，這張大字報實際上起的是拉開學校文革序幕的作用。我參與寫了，就應當承擔責任。作為女附中的一名學生，我永遠忘不了1966年8月5日這一天。校長被自己的學生毆打折磨致死，這是女附中的奇恥大辱，也是我和許多同學心中無法解開的結。我從內心感到深深的自責，我不能原諒自己那天的阻止不力和反應遲緩，正當盛年的卞校長因受盡自己學生的凌辱和折磨而失去了生命，卞校長的丈夫失去了妻子，卞校長的兒女失去了母親。我想利用這個機會，向「八五事件」中不幸去世的卞仲耘校長表示最深切的悼念，向她的家人和所有「八五事件」中受害的校領導及其家人表示深深的歉意。文革後，我一直想去看望王晶垚先生，當面表達我的歉意。但是，我的處境又使我不能不謹慎行事。2006年清明期間，幾位同學去看望了王先生，向卞校長的遺像獻花以表達我們40年來的思念、哀悼與歉意。我想去又不敢去，我不想因自己的敏感身份，給老人帶去刺激和哀傷。

女附中的「八五事件」，是長期以來「階級鬥爭教育」的產物。當時，工作組因為犯了壓制群眾革命的錯誤而被撤走，黨報社論號召群眾自己解放自己，自己起來鬧革命。因此，絕大多數同學想的也是怎樣才能跟上革命形勢的發展。8月5日，學生發起遊鬥所謂「黑幫」，出現了暴力局面，導致卞校長不幸去世。「階級鬥爭教育」讓我們大多數人在看見校領導被施暴時，雖然心裡同情，但不敢說什麼，更不可能站出來堅決反對。一些無力的勸阻雖暫時緩解了事態，但根本無法制止新一輪的毆打折磨。現在我認識到，這種對生命的集體性漠視也是發生悲劇的重要原因。最後我想說的是，我對上述所說的每一句話負責。我將以對母校、對文革受難者、對歷史負責的態度，繼續進行反思。我更期望我們的民族、我們的國家永遠不要再發生那樣的動亂和悲劇。

寫於2007年12月，2012年1月改定

編後記

這是我為《記憶》編的第四本書，有人說，我以編書為樂。此言大謬。幾乎在編第一本書的時候，我就煩了—我有自己的書要寫，幹嘛給他人做嫁衣？何況，有人猜忌說：《記憶》想拉山頭、搶地盤，當「武林老大」。更有人四處散佈謠言：《記憶》拿了人家的錢財，要替人免禍消災。

我這個人，任勞不任怨，更受不了造謠誹謗，聽了這些話，自然要煩上加煩。

有人會問：煩？煩，你還一本接一本地編？

好，我告訴你為什麼—

因為我要抗議當局對言論的封殺，因為我要為這裏的文章叫好，因為我要借海外之力，以出書的方式回報為《記憶》無償撰稿的人們，因為我要為《記憶》聚斂人氣，擴大影響。還因為，這話說起來有點自相矛盾—我在編書的時候，再一次感受到知識的娛悅、理性的光輝和邏輯的力量。

我跟朋友商量，再有三年，就是文革發動五十周年，咱們是不是做些什麼？朋友笑我杞人：「誰知道三年後會怎麼樣？沒準言論開放，文革上了央視的『百家講壇』，你也用不著辦什麼《記憶》。」

啊，如果真有這麼一天，我要為國家歡欣，為民族稱慶，為我終獲「解放」而歡呼雀躍—那時候，我可以駕車出遊，可以居家練字，可以重拾寫了半截的劇本，可以完成未竟之著作，而不必背負辦刊和編書的重負。誣陷《記憶》拿了別人的錢，譏我想當「武林大老」、「道德真君」的人們，也可以休矣。

編者謹識　北京　櫻花園　2012.12.30

知青年代02　史地傳記類　PC0293

故事不是歷史
──文革的紀實與書寫

編　　者　啟　之
主　　編　蔡登山
責任編輯　鄭伊庭
圖文排版　郭雅雯
封面設計　秦禎翊

出版策劃　要有光
發 行 人　宋政坤
法律顧問　毛國樑　律師
印製發行　秀威資訊科技股份有限公司
114台北市內湖區瑞光路76巷65號1樓
電話：+886-2-2796-3638　傳真：+886-2-2796-1377
http://www.showwe.com.tw
劃撥帳號　19563868　戶名：秀威資訊科技股份有限公司
讀者服務信箱：service@showwe.com.tw
展售門市　國家書店（松江門市）
104台北市中山區松江路209號1樓
電話：+886-2-2518-0207　傳真：+886-2-2518-0778
網路訂購　秀威網路書店：http://store.showwe.tw
國家網路書店：http://www.govbooks.com.tw
總 經 銷　聯合發行股份有限公司
231新北市新店區寶橋路235巷6弄6號4F
電話：+886-2-2917-8022　傳真：+886-2-2915-6275

出版日期　2013年4月　BOD一版
定　　價　520元

國家圖書館出版品預行編目

故事不是歷史：文革的紀實與書寫 / 啟之編 . -- 一版 . --
臺北市：要有光, 2013. 04
面；　公分. -- (知青年代；2)
BOD版
ISBN 978-986-89128-7-8 (平裝)

1. 文化大革命　2. 文集

628.75　　102004497

讀者回函卡

感謝您購買本書，為提升服務品質，請填妥以下資料，將讀者回函卡直接寄回或傳真本公司，收到您的寶貴意見後，我們會收藏記錄及檢討，謝謝！

如您需要了解本公司最新出版書目、購書優惠或企劃活動，歡迎您上網查詢或下載相關資料：http:// www.showwe.com.tw

您購買的書名：______________________________

出生日期：________年________月________日

學歷：□高中（含）以下　□大專　□研究所（含）以上

職業：□製造業　□金融業　□資訊業　□軍警　□傳播業　□自由業

　　　□服務業　□公務員　□教職　□學生　□家管　□其它_____

購書地點：□網路書店　□實體書店　□書展　□郵購　□贈閱　□其他

您從何得知本書的消息？

□網路書店　□實體書店　□網路搜尋　□電子報　□書訊　□雜誌

□傳播媒體　□親友推薦　□網站推薦　□部落格　□其他__________

您對本書的評價：（請填代號　1.非常滿意　2.滿意　3.尚可　4.再改進）

封面設計____　版面編排____　內容____　文／譯筆____　價格____

讀完書後您覺得：

□很有收穫　□有收穫　□收穫不多　□沒收穫

對我們的建議：______________________________

____

____

____

請貼
郵票

11466
台北市內湖區瑞光路 76 巷 65 號 1 樓
秀威資訊科技股份有限公司 收
BOD 數位出版事業部

………………………………………………………………

（請沿線對折寄回，謝謝！）

姓　名：＿＿＿＿＿＿＿＿ 年齡：＿＿＿＿ 性別：□女 □男

郵遞區號：□□□□□

地　址：＿＿＿＿＿＿＿＿＿＿＿＿＿＿＿＿

聯絡電話：(日)＿＿＿＿＿＿＿＿＿＿ (夜)＿＿＿＿＿＿＿＿＿＿

E-mail：＿＿＿＿＿＿＿＿＿＿＿＿＿＿＿＿